Daniel Barth
Kinderheim Baumgarten

Unter anderem sind bisher folgende Titel im Psychosozial-Verlag in der Reihe »Psychoanalytische Pädagogik« erschienen:

BAND 03 Helmuth Figdor: Scheidungskinder – Wege der Hilfe. 1998.
BAND 05 W. Datler, H. Figdor, J. Gstach (Hg.): Die Wiederentdeckung der Freude am Kind. 1998.
BAND 06 Susanne Kupper-Heilmann: Getragenwerden und Einflußnehmen. Aus der Praxis des psychoanalytisch orientierten heilpädagogischen Reitens. 1999.
BAND 08 Wilfried Gottschalch: Mit anderem Blick. Grundzüge einer skeptischen Pädagogik. 2000.
BAND 10 U. Finger-Trescher, H. Krebs (Hg.): Mißhandlung, Vernachlässigung und sexuelle Gewalt in Erziehungsverhältnissen. 2000.
BAND 12 Roland Kaufhold: Bettelheim, Ekstein, Federn: Impulse für die psychoanalytisch-pädagogische Bewegung. 2001.
BAND 13 M. Muck, H.-G. Trescher (Hg.): Grundlagen der Psychoanalytischen Pädagogik. 2001.
BAND 14 K. Steinhardt, W. Datler, J. Gstach (Hg.): Die Bedeutung des Vaters in der frühen Kindheit. 2002.
BAND 15 V. Fröhlich, R. Göppel (Hg.): Was macht die Schule mit den Kindern? – Was machen die Kinder mit der Schule? 2003.
BAND 18 Helmuth Figdor: Kinder aus geschiedenen Ehen: Zwischen Trauma und Hoffnung. 2004.
BAND 19 Kornelia Steinhardt: Psychoanalytisch orientierte Supervision. Auf dem Weg zu einer Profession? 2005.
BAND 20 Fitzgerald Crain: Fürsorglichkeit und Konfrontation. Psychoanalytisches Lehrbuch zur Arbeit mit sozial auffälligen Kindern und Jugendlichen. 2005.
BAND 21 Helmuth Figdor: Praxis der psychoanalytischen Pädagogik I. 2006.
BAND 23 V. Fröhlich, R. Göppel (Hg.): Bildung als Refexion über die Lebenszeit. 2006.
BAND 24 Helmuth Figdor: Praxis der psychoanalytischen Pädagogik II. 2007.
BAND 25 Beate West-Leuer: Coaching an Schulen. 2007.
BAND 26 A. Eggert-Schmid Noerr, U. Finger-Trescher, U. Pforr (Hg.): Frühe Beziehungserfahrungen. 2007.
BAND 27 M. Franz, B. West-Leuer (Hg.): Bindung – Trauma – Prävention. 2008
BAND 28 T. Mesdag, U. Pforr (Hg.): Phänomen geistige Behinderung. 2008.
BAND 29 A. Eggert-Schmid Noerr, U. Finger-Trescher, J. Heilmann, H. Krebs (Hg.): Beratungskonzepte in der Psychoanalytischen Pädagogik. 2009.
BAND 30 J. Körner, M. Müller (Hg.): Schuldbewusstsein und reale Schuld. 2010.
BAND 31 B. Ahrbeck (Hg.): Von allen guten Geistern verlassen? Aggressivität in der Adoleszenz. 2010

Band 32

HERAUSGEGEBEN VON BERND AHRBECK,
WILFRIED DATLER UND URTE FINGER-TRESCHER

Psychoanalytische Pädagogik

Daniel Barth

Kinderheim Baumgarten

Siegfried Bernfelds »Versuch mit neuer Erziehung«
aus psychoanalytischer und soziologischer Sicht

Psychosozial-Verlag

Die vorliegende Arbeit wurde von der Philosophischen Fakultät der Universität Zürich im Herbstsemester 2007 auf Antrag von Prof. Dr. Reinhard Fatke und Prof. Dr. Brigitte Boothe als Dissertation angenommen.

Bibliografische Information der Deutschen Nationalbibliothek
Die Deutsche Nationalbibliothek verzeichnet diese Publikation in der Deutschen Nationalbibliografie; detaillierte bibliografische Daten sind im Internet über <http://dnb.d-nb.de> abrufbar.

Originalausgabe
© 2010 Psychosozial-Verlag
E-Mail: info@psychosozial-verlag.de
www.psychosozial-verlag.de
Alle Rechte vorbehalten. Kein Teil des Werkes darf in irgendeiner Form (durch Fotografie, Mikrofilm oder andere Verfahren) ohne schriftliche Genehmigung des Verlages reproduziert oder unter Verwendung elektronischer Systeme verarbeitet, vervielfältigt oder verbreitet werden.
Umschlagabbildung: Baracke Nr. 5 (nicht Bernfelds Heim zuzurechnen) mit Jugendlichen/jungen Erwachsenen und Rennrad aus der damaligen Zeit. Die gute Auflösung lässt vermuten, dass die Fotografie (grob datiert „ca. 1920") wahrscheinlich im Frühling aufgenommen wurde.
Umschlaggestaltung & Satz: Hanspeter Ludwig, Wetzlar
www.imaginary-world.net
Printed in Germany
ISBN 978-3-8379-2048-2

Inhalt

Vorwort		9
1	**Einleitung**	**13**
1.1	Historische Barrieren gegen eine breite Rezeption des Baumgarten-Texts	16
1.2	Zur frühen Rezeptionsgeschichte	21
1.3	Die Rezeption im Anschluss an 1968	26
1.4	Die Rezeptionswelle der 90er Jahre	34
1.5	Erkenntnisinteresse	41
1.6	Methode	44
1.6.1	*Die tiefenhermeneutische Literaturinterpretation*	45
2	**Politik: Die Schaffung kultureller Tatsachen als Strategie im Kampf um gesellschaftliche Veränderung**	**51**
2.1	Die Vorgeschichte des Kinderheims Baumgarten	51
2.1.1	*Bernfelds Politisierung im Vorfeld von Baumgarten: Wiener Jugendkulturbewegung und Jerubbaal*	53
2.1.2	*Politische Tendenzen und Gruppierungen innerhalb des Wiener Judentums*	60
2.1.3	*Entstehungsgeschichte des Kinderheims*	63

2.2	Die Rekonstruktion von Bernfelds Strategie	70
2.2.1	*Das Referenzschema der Rekonstruktion:*	
	Ein Modell gesellschaftlichen und familialen Wandels	71
2.2.2	*Bernfelds Strategie auf der Folie*	
	von Hoffmann-Nowotnys Modell	73
2.2.3	*Die kulturelle Ebene*	77
2.2.4	*Die strukturelle Ebene*	88
2.2.5	*Politischer Kampf vs. Kulturkampf:*	
	»Revolutionierte Erziehung« und die Schaffung	
	»sozialistischer Tatsachen« als indirekte Strategie	
	zum Umsturz bürgerlicher Hegemonie	100
2.3	Zusammenfassung	103
3	**»Neue Erziehung«: Rekonstruktion des »idealen Konzepts« bzw. der »expliziten Theorie« in Baumgarten**	111
3.1	Pädagogik als »Antinomie zwischen dem berechtigten Willen des Kindes und dem berechtigten Willen des Lehrers«	120
3.1.1	*Der Geltungsanspruch auf Verständlichkeit:*	
	Durch »Mitlärmen« und »Mitspielen«	
	zur intersubjektiv geteilten Lebenswelt	122
3.1.2	*Der Geltungsanspruch auf expressive Wahrhaftigkeit:*	
	»Wir hielten Wort«	133
3.1.3	*Der Geltungsanspruch auf normative Richtigkeit:*	
	Von der Entwicklung »rechter Kameradschaft	
	und rechten Vertrauens« zur legitimen Heimordnung	151
3.2	Die Ausbildung »antiegoistischer Seelenkräfte« als psychoanalytische Begründung von »Erziehbarkeit«	155
3.2.1	*Die Bedeutung der Psychoanalyse im Baumgarten-Text*	156
3.2.2	*Unerziehbarkeit: Das anarchistische,*	
	autoerotische Funktionieren der Partialtriebe	
	in der »sado-masochistischen infantilen Periode«	163
3.2.3	*Auf dem »Umweg der erweiterten Selbstliebe«*	
	zur »Erziehbarkeit«: Der Weg vom Ich zum Du	
	führt über den Freund, die Gruppe und das Kinderkollektiv	170

3.3	Der komplementäre Aufbau von subjektiver und sozialer Welt: Triebwandel und Entwicklung normativer Ordnungen im Rahmen der Schulgemeinde	178
3.3.1	*Chaos: die »Zeit der Abreaktion«*	182
3.3.2	*Autoritative Ordnung*	186
3.3.3	*Technische Ordnung*	188
3.3.4	*Moralische Ordnung*	195
3.4	Zusammenfassung und kritische Würdigung	202

4 Sozialpädagogik: Versuch einer Rekonstruktion des »realen Konzepts« bzw. der »impliziten Theorie« von Baumgarten   219

4.1	Die impliziten Voraussetzungen des Bernfeld'schen Konzepts von Gemeinschaftserziehung: »ein Kern für Freiheit und Verfassung reifer Kinder«	223
4.1.1	*Wer waren die Baumgarten-Kinder? Subjektive Struktur und gruppale Identitäten*	230
4.1.2	*Bernfelds leises Erschrecken über das Erziehbarkeitsniveau der Baumgarten-Kinder*	237
4.1.3	*Der Schülerausschuss als Krisenintervention und nicht unwesentliche Modifikation des Metamodells »Schulgemeinde«*	243
4.2	Weitere Stagnation bei der Entwicklung der Schulgemeinde	250
4.3	Alltagsorientierung vs. Pensionatversorgung	253
4.4	Zusammenfassung und Würdigung	259

5 Soziologie: Der strukturelle Misserfolg des Versuchs mit »neuer Erziehung«   265

5.1	Das Feld des institutionellen Auftrags: Die Grundspannung	268
5.1.1	*Spannungstransfer aus dem Feld des institutionellen Auftrags: Intrarollenkonflikte und Interrollenkonflikte*	272

5.2	Der Kampf um Macht und Prestige im Feld der strukturellen Hierarchie	275
5.2.1	*Phänomenologie des Konflikts zwischen Pädagogik und Verwaltung*	275
5.2.2	*Peter Heintz' Theorie der strukturellen und anomischen Spannungen*	280
5.2.3	*Drei Typen von individuellem Anpassungsverhalten an anomische Spannungen*	297
5.3	Das Feld des Angestellten-Spannungsinputs	310
5.3.1	*Der Ruf nach einer »richtigen Schule«*	313
5.4	Das Feld des Insassen-Spannungsinputs	337
5.4.1	*Das Schulschwänzen als »systemnotwendige Abweichung«*	338
5.5	Zusammenfassung	345

6 Schluss 349

6.1	Die Konstitution sozialer Ordnung als sozialpädagogische Aufgabe	349
6.2	Analytische Sozialpsychologie als wissenschaftliche Basis von Sozialpädagogik	352
6.3	Die Erfahrung der sozialen Grenze von Erziehung als Anfang gesellschaftstheoretischer Reflexion und kritischer Sozialpädagogik	358

Literatur 367

Vorwort

Literaturverzeichnisse sozialpädagogischer Literatur hatten mich zwar schon verschiedentlich auf Bernfelds Buch »Kinderheim Baumgarten« aufmerksam gemacht, dennoch sah ich mich lange Zeit nicht veranlasst, das Buch zu suchen und zu lesen. Irgendwann aber fand das Buch mich. Es stand in der Bibliothek des Pädagogischen Instituts zuvorderst auf einem Regal und hatte eben einen neuen hellbraunen Einband bekommen. Offenbar, so schloss ich, berichtet dieses Buch über Erfahrungen, die man hier bewahren will. Diese erste Intuition war wegleitend für die große Rekonstruktionsarbeit, welche in vorliegendem Buch zusammengefasst ist.

Bernfelds Schriften faszinierten mich. Deren analytische Schärfe, die unverstellte Kritik und der utopische Schwung machten die Lektüre zum Vergnügen. In seinem Konzept des »sozialen Orts« fand ich ein Verständnis des Menschen als integrale Einheit seiner psychischen und sozialen Systeme. So las ich weiter von Aufsatz zu Aufsatz und hoffte, in Bernfelds fragmentiertem Werk auch eine analytische Methode des »sozialen Orts« zu finden. Diese große Identifikation war nachhaltige Antriebsfeder und zugleich großes Hindernis bei der Rekonstruktion von Bernfelds »Versuch mit neuer Erziehung«. Eine Zeit lang bestand die Gefahr, dass ich im Baumgarten-Text nichts anderes erkennen konnte, als meine eigenen Lebensängste und -hoffnungen. Erst die Reflexion auf meine eigene Lernbiografie ermöglichte das Setzen einer Interpunktion zwischen Forschungsobjekt und Forschersubjekt.

Ich möchte Herrn Christoph Zimmermann, Psychiater und Psychoanalytiker in Bern, vielmals danken für seine Hilfe bei der Klärung von Fragen, die ich zu Bernfeld stellte, die letztendlich aber immer auch mich betrafen. Das »Auseinanderbeineln« dieser subjektiven Anteile im Erkenntnisprozess schaffte erst die Voraussetzungen, die pädagogische Leistung Bernfelds in einer kritisch-würdigenden Perspektive zu sehen.

Mein Erkenntnisinteresse war systematischer Art. Mich interessierte der erziehungstheoretische Ertrag der Baumgarten-Erfahrungen. Mit fortschreitender Arbeit realisierte ich aber, dass Bernfelds Text viel Widersprüchliches und Irritationen enthält, wodurch eine vom historisch-politischen Kontext absehende Rekonstruktion zwangsläufig die Bedeutung des Berichts verfehlen oder verzerren musste. In Anlehnung an Bernfelds biografische Fragmente zu Freud begann ich, den Baumgarten-Bericht als Ausdruck eines ganz bestimmten »sozialen Orts« zu lesen. Ich möchte Herrn Gerhard Schmitz, Lacan-Übersetzer in Frankfurt, danken für seine hilfreichen Hinweise auf Spuren im Text, anhand deren sich nicht nur der politisch-historische sondern auch der theoriegeschichtliche Hintergrund von »Kinderheim Baumgarten« erschließen ließ. Seine profunden Kenntnisse der Freud'schen Psychoanalyse bewahrten mich, Bernfelds Understatement in diesem Bereich aufzusitzen.

Die wohl profundeste Kennerin des Denkkollektivs rund um Bernfeld traf ich am Institut für Bildungswissenschaften der Universität Wien (Forschungseinheit Psychoanalytische Pädagogik) in Frau Helga Schaukal-Kappus. Im Gespräch mit ihr wurden die sozialen Bezüge, die Bernfeld prägten, in lebendigster Form greifbar. Die Fotos, welche sie mir freundlicherweise für diese Publikation zur Verfügung stellte, sind schlicht sensationell, weil bis dahin erst eine Abbildung des ErzieherInnenteams von Bernfeld bekannt war. Michael Wininger (Universität Wien) verdanke ich den Hinweis auf das Archiv des Joint Distribution Committee in New York, von wo ich zwei Innenansichten der Baumgarten-Räumlichkeiten bekam.

Den langen Atem, der für eine solche Arbeit nötig ist, verlieh mir eine Gruppe von Soziologen, mit denen ich seit Jahren regelmäßig diskutiere: Martin Graf, Christian Vogel, Adrian Fischer, Edith Piller und Juliette Graf. Speziell danken möchte ich Martin Graf, dessen soziologische Lektüre des Baumgarten-Texts mir ermöglichte, pädagogischen Erfolg und strukturellen Misserfolg des »Versuchs mit neuer Erziehung« sauber auseinanderzuhalten.

Zu Dank verpflichtet bin ich auch meinem Doktorvater, Professor Dr. Reinhard Fatke. Sein Interesse am Bernfeld-Projekt in Form von sporadischen Nachfragen erreichte mich oft in Momenten, in denen die Arbeit ins Stocken geraten war und die Fertigstellung mehr als fraglich. Ich bin glücklich, dass dies gelungen ist.

Daniel Barth
Rapperswil-Jona, im Januar 2010

1 Einleitung

Wer die Probleme der Vergangenheit studiert, hofft in der Regel, die Probleme der Gegenwart, vielleicht sogar jene der Zukunft, besser verstehen zu können. Dies ist meine Motivation, in der vorliegenden Arbeit einen Praxisbericht Siegfried Bernfelds über seine sozialpädagogische Arbeit im Kinderheim Baumgarten, einem Projekt der jüdischen Kinder- und Jugendfürsorge im Wien der Ersten Republik, in rekonstruktiver Absicht aufzugreifen. Ich bewege mich mit dieser Absicht auf den von Böhnisch, Schröer und Thiersch aufgegleisten »Wege[n] zu einer Neubestimmung« (2005) sozialpädagogischen Denkens. Meine Dissertation kann in diesem Sinne als Beitrag zum Dresdner Projekt verstanden werden, mittels historischer Rückversicherung die Wurzeln und Ursprungsmomente von Sozialpädagogik »aufzuschließen« (Niemeyer et al. 1997; Böhnisch und Schröer 2001; Stecklina 2002).

Das primäre Erkenntnisinteresse ist jedoch ein systematisches. Am Anfang stand die Intuition, dass Bernfeld, dieser »geniale Geist«[1] (Beutler 1995, S. 354), eine Theorie der Erziehung entwickelt, deren gesellschaftstheoretische und anthropologische Grundlagen im »Sisyphos« erstmals systematisch ausgebreitet sind: Marxismus (Bernfeld 1925a, S. 58) und Psychoanalyse (ebd., S. 66). Wie diese beiden »Grundpfeiler für den Bau der Erziehungswissenschaft« (ebd.) in pädagogische Handlungskonzepte übersetzt werden können, ist auf den letzten beiden Seiten des »Sisyphos« kurz angedeutet:

---

[1] Auch Edith Kramer sagt über ihren Onkel, dass er »halt genialer als die anderen« war (Heller 1993, S. 97).

1 Einleitung

»Es ist wunderbar leicht, Kinder und Jugendliche noch zu beeinflussen und die erstaunlichsten Veränderungen an ihnen zu erreichen. Selbst tief verwahrloste, verbrecherische und verwilderte Kinder wandeln sich in wenigen Monaten von Grund auf. Man muß sie nur ihrem Milieu entreißen, sie in eine wohlgefügte Kindergemeinschaft einreihen, in ihnen durch geduldiges Liebe Erweisen Gegenliebe wecken und sie durch konsequentes Versagen, das ihren primitiven, so erwachenden Liebeszielen auferlegt wird, nötigen, sich mit dem Lehrer, den Kameraden, der Gemeinschaft zu identifizieren. Pestalozzi hat all das in Neuhof und Stanz ohne Bewußtsein und ohne Reflexion getan. Uns hat Freud gelehrt, solche Umwandlung der Kinder zu verstehen« (ebd., S. 154f.).

Das hier skizzierte Programm einer psychoanalytischen Gemeinschaftserziehung ist zugleich eine Kürzestzusammenfassung von Bernfelds Erfahrungen in Baumgarten. Was im Zitat an handlungstheoretischen Konzepten angedeutet ist, werde ich im Detail aus Bernfelds »Bericht über einen ernsthaften Versuch mit neuer Erziehung« rekonstruieren. Ebenso werde ich die Freud'sche Entwicklungspsychologie, auf deren Basis Bernfelds ErzieherInnenteam in Baumgarten seine Handlungen begründet, herausarbeiten und in einen Zusammenhang mit den berichteten sozialpädagogischen Interventionen stellen (Kap. 3.2). Das wäre aber bloß der eine »Grundpfeiler« von Bernfelds Theorie der Erziehung, der sich bereits im Baumgarten-Text durch ein bisher wenig beachtetes Maß an theoretischer Reflexion als außerordentlich tragfähig erweist.

Der zweite, marxistische »Grundpfeiler«, den ich im Titel dieser Arbeit als soziologischen bezeichne, wird in der Fortsetzung des Zitats von oben thematisch:

»Was von den verwahrlosten Kindern gilt, trifft die in der Familie krank, schlimm, unerziehbar, unerfreulich, besorgniserregend gewordenen nicht minder. Wie viele von ihnen blühen auf, sowie sie dem Bannkreis der Ödipussituation entflohen sind. Wie leicht sind ihnen hier die Verzichte. Angesichts dieser Bereitschaft zum Verzicht, dieser weitgehenden, leicht erreichbaren Wandelbarkeit, Erziehbarkeit des Kindes, in dem geeigneten Milieu wohlgemerkt, ist die eine große Möglichkeit der Erziehung gegeben: die Organisation des Kinderlebens in eigenen Institutionen, die für eine überwältigende

1 Einleitung

Mehrzahl aller Kinder Entfaltung, Blüte, Harmonie bringt. Eine Möglichkeit, die von sozialen Gegebenheiten gestattet oder versagt wird« (ebd., S. 155).

Die Erziehung ermöglichenden bzw. verhindernden »sozialen Gegenbenheiten«, welche hier im letzten Satz kurz angedeutet sind, beschreibt Bernfeld im Baumgarten-Bericht ausführlich. Es handelt sich hierbei aber nicht um eine nüchterne Deskription, sondern um eine Art Kampfbericht oder – wenn man so will – um ein Leidensprotokoll. Bernfeld kämpft auf verschiedenen Feldern um die Erweiterung seiner Handlungsmöglichkeiten als Heimleiter und versucht, die strukturellen Widerstände in ihrer Dynamik zu verstehen. Ich interpretiere diese Versuche als soziologische Analyse seines pädagogischen Experiments und werde die Erklärungsansätze von Bernfeld vor dem Hintergrund eines spannungstheoretischen Modells rekonstruieren (Kap. 5).

Bevor ich anschließend die Rezeptionsgeschichte von Bernfelds Baumgarten-Bericht zusammenfasse, gilt es zunächst die historischen Gründe aufzuzeigen, welche einer breiten Rezeption dieses Textes entgegenstehen. Es ist nämlich erstaunlich, dass diesem Buch Bernfelds, dessen berühmteste Publikation *Sisyphos oder die Grenzen der Erziehung* (1925a) gemäß einer Umfrage unter Angehörigen der erziehungswissenschaftlichen Zunft immerhin als die »pädagogisch wichtigste Veröffentlichung des 20. Jahrhunderts« auserkoren wurde (Horn und Ritzi 2001), bisher lediglich ein einziger eigenständiger Beitrag (Koch 1974) gewidmet wurde. Die Wiederentdeckung Bernfelds im Anschluss an 1968 und im Rahmen des Rezeptionsschubs Anfang der 90er Jahre brachte keine weiteren Publikationen, welche ausschließlich den Baumgarten-Bericht zum Thema gehabt hätten. Die Gründe hierfür dürften einerseits historisch bedingt sein, andererseits in der Komplexität des Textes selbst liegen. Diese besteht darin, dass der »erziehungstheoretische Ertrag« (Herrmann 1996a, S. 349) von Baumgarten nur dann sichtbar wird, wenn zuvor der politische Kontext des »Versuchs mit neuer Erziehung« im Detail rekonstruiert worden ist. Die Dissertation von Koch (1974), deren Schwerpunkt bei den »Voraussetzungen« der in Baumgarten praktizierten Pädagogik liegt, versucht diesen politischen Rahmen aufzuzeichnen, gelangt dann aber nur gerade in einem Kapitel zu dem von Bernfeld beschriebenen

Erziehungsprozess (ebd., S. 151–180). So betrachtet setzt meine Dissertation dort ein, wo Koch vor mehr als 30 Jahren aufgehört hat.

1.1 Historische Barrieren gegen eine breite Rezeption des Baumgarten-Texts

Für Rezeptionswiderstände wird in der Fachliteratur immer wieder die dreifache Außenseiterposition Bernfelds als Sozialist, Jude und Psychoanalytiker verantwortlich gemacht (vgl. z. B. Herrmann 1992, S. 16; Böhnisch et al. 2005, S. 69). Horn und Ritzi gehen von einer grundsätzlichen »Ablehnung Bernfelds in der Weimarer Republik« aus und schreiben: »Die Kolleginnen und Kollegen der 1920er Jahre würden angesichts der Rangfolge mehr als verwundert den Kopf schütteln, so etwa, wenn sie Siegfried Bernfelds Buch [1925a, D. B.] auf dem ersten Platz entdecken müssten« (2001, S. 16). Dies ist sicher zutreffend. Ein genauerer Blick lohnt sich gleichwohl, denn Bernfeld stellten sich nicht nur in Deutschland, sondern auch im »Roten Wien«, dem Geburtsort der Psychoanalyse, Widerstände entgegen, obwohl hier der politische und soziokulturelle Kontext anderes erwarten ließe.

In Wien lebte damals nach der Zerstückelung des Kaiserreichs knapp weniger als die Hälfte der Einwohner Österreichs. Die Sozialdemokraten, welche hier in den Wahlen gesiegt hatten, nahmen die Demokratie ernst. Sie setzten große Fortschritte im Sozial-, Gesundheits- und Erziehungswesen durch, wurden aber von den Klerikalen und Konservativen außerhalb Wiens in Schach gehalten.[2] »Die von der sozialistischen Wiener Stadtregierung [...] inszenierte Bildungs- und Erziehungsreform quer durch alle Erziehungsfel-

---

2 Diese Machtbalance zwischen der Stadt Wien und dem Land Österreich war breit abgestützt in der Bevölkerung und steht nach Langer (1986, S. 71) in Zusammenhang mit der Zurücknahme der revolutionären Perspektive in der sozialdemokratischen Partei: »Wie die Mehrheit der fortschrittlichen Liberalen wählten meine Eltern bei Gemeindewahlen ›rot‹ also sozialdemokratisch, bei Wahlen für die Landesregierung aber ›schwarz‹, also christlichsozial. Tatsächlich wollte nicht einmal die Mehrheit der ›Sozi‹-Führer den Wechsel. Sie entschieden sich für den Status quo und versprachen den Sozialismus für die Zukunft – wenn bei zukünftigen Wahlen die Hälfte des österreichischen Volkes ›plus eine Person‹ endlich hinter ihnen stünde.«

1.1 Historische Barrieren gegen eine breite Rezeption des Baumgarten-Texts

der und Bildungsbereiche hindurch sollte das Bildungs- und Sozialwesen pädagogisch und politisch modernisieren« (Böhnisch et al. 2005, S. 74). Für die Sozialpädagogik bedeutet das Rote Wien einen »disziplinären Aufbruch« (ebd., S. 72), in dessen Zentrum die Individualpsychologie Adlers steht.[3] Daneben existiert eine »Pluralität psychoanalytischer, psychologischer, soziologischer und pädagogischer Ansätze« (ebd., S. 78). Lauermann spricht von »mindestens drei durchaus divergierende[n] Kreise[n]«, die miteinander kooperieren:

> »Nun nach 1918 materialisiert sich das Unternehmen [Psychoanalyse, D.B.], indem die Basis erweitert wird. Eine ›Zeitschrift für psychoanalytische Pädagogik‹ wird im 1. Jahrgang ein Sonderheft über ›Sexuelle Aufklärung‹ herausbringen […]. Unter den Autoren: Bernfeld, Reich, Karl Landauer, Nelly Wolffheim. Dazu parallel: Alfred Adlers Aufklärungsfabrik an den Volkshochschulen Wiens und die städtischen Projekte Charlotte Bühlers unter der politischen ›Supervision‹ von Käthe Leichter; oder Anna Freuds Vorträge am Pädagogischen Institut der Stadt Wien über ›Technik der Kinderanalyse‹. […] Interessant ist nun, dass ein *Fall von Kooperation* vorliegt« (Lauermann 2000, S. 202f.; Hervorhebung D.B.).

Diese Interpretation wird von einer Zeitzeugin geteilt. Marie Langer schreibt, dass man sich über die Grundausrichtung der Bildungs- und Sozialreform einig war: In »Wien waren alle der Meinung, daß die Psychoanalyse auf das Schulsystem und auf die Erziehung angewandt werden sollte, wie auch in der Ausarbeitung der Gesetze und der Reformen des Strafvollzugs« (1986, S. 251).

Trotz dieses gemeinsamen Nenners bestimmten engagierte Debatten und gegenseitige Abgrenzung die Kommunikation innerhalb des wissenschaftlich-politischen Felds. Joseph Simon erinnert sich an seine Zeit in der Vereinigung sozialistischer Mittelschüler, dass es jeden Donnerstag einen Vortrag gab, der sich »zumeist mit den damals sehr aktuellen Gegensätzen zwischen Freuds

---

3 Nach Adam (1983) ist die Bevorzugung der Adler'schen Individualpsychologie durch die Zurücknahme der revolutionären Perspektive der austromarxistischen Erziehungstheorie begründet. »Die individualpsychologische Erziehungslehre konnte reibungslos in das Gemeinschaftserziehungskonzept der Schulreformer integriert werden« (S. 292).

1 Einleitung

Psychoanalyse und Alfred Adlers Individualpsychologie« beschäftigte (Simon 1979, S. 59). Hans Fischl, der an der Wiener Mittelschulreform maßgeblich beteiligt war (Adam 1983, S. 290), schreibt in einer sehr lobenden Rezension von Bernfelds »Sisyphos«: »Die Wege aber, die im einzelnen Fall, namentlich in schwierigen Einzelfällen, zu beschreiben sind, um jugendliche Seelen dem Gemeinschaftserlebnis aufzuschließen [...], scheinen uns durch Alfred Adlers Individualpsychologie unmittelbarer gegeben als durch die Deduktionen Freuds« (1926, S. 282). Auch Otto Rühle, der Bernfeld als »Kenner marxistischer Denktechnik« würdigt, kritisiert die psychoanalytische Argumentation im »Sisyphos«: »Mit der Wahl der Freudschen Psychologie als Arbeitsmethode versagt Bernfelds Marxismus« (1926, S. 122). Diese Beispiele zeigen zugleich die Kräfteverhältnisse in der Auseinandersetzung zwischen »individualpsychologischer« und »kritisch-psychoanalytischer Formation« in der sozial- und schulpädagogischen Diskussion des Roten Wiens. Der von Böhnisch et al. (2005, S. 68) gewählte Titel für die Rekonstruktion dieses Sozialdiskurses ist äußerst präzis.

Die Vorrangstellung der Individualpsychologie[4] ist sicher ein Grund, warum Bernfeld im Kontext der Diskussion um die reformpädagogischen (Keim 1984) und wohlfahrtsstaatlichen Innovationen des Roten Wiens eine geringe Bedeutung zukam.[5] Der zweite Grund, warum die Rezension von Bernfelds Baumgarten-Bericht in den 20er Jahren nicht breiter erfolgte, besteht im jüdischen Kontext, innerhalb dessen das Experiment stattfindet (vgl. hierzu das Zitat weiter unten von Lazarsfeld und Wagner 1924, S. 3). Eine Korrektur dieser marginalen Position erfolgt, als der aufsteigende Nazismus in greifbare Nähe rückt und absehbar wird, dass die pragmatische Praxis

---

4 Diese wird auch von Bernfeld bestätigt: »Psychologen, Erzieher, Sozialarbeiter, die gesamte Jugendbewegung, Erziehungsinstanzen der sozialistischen Parteien und der neuen demokratischen Regierungen – sie alle orientierten allmählich ihre Aktionen, Ideen und sogar Institutionen an psychoanalytischen Richtlinien, die allerdings im allgemeinen den etwas seichten Adlerschen Theorien entstammten« (1952, S. 444f.).
5 Bernfeld schreibt zwar in einem Brief an E. Neumann vom 30. Oktober 1925, dass er als Nachfolger von Aichhorn vorgeschlagen sei (Ekstein, Fallend und Reichmayr 1988, S. 233). Warum es nicht zur Wahl an die Stelle im Jugendamt der Stadt Wien kam, ist mir nicht bekannt.

1.1 Historische Barrieren gegen eine breite Rezeption des Baumgarten-Texts

der Wiener Bildungs- und Sozialreform der politischen Repression nichts entgegenzusetzen hat.

»Im ›Roten Wien‹ war bekanntlich das Bibliothekswesen sehr gut ausgebaut. Um die Erwachsenenbildung zu fördern, gab es in jedem Bezirk eine Arbeiterbücherei. Anhand der Kataloge, die entweder Bücher empfehlen oder den Bücherstand angaben, läßt sich Anfang der dreißiger Jahre eine Entwicklung zugunsten der Psychoanalyse nachweisen. Noch Ende der zwanziger Jahre ist zu den Themen Sexualität, Pädagogik und Psychologie fast ausschließlich individualpsychologische Literatur angegeben. [...] 1933 überflügelt die Psychoanalyse im Katalog ›Die wissenschaftlichen Bücher der Arbeiterbücherei Brigittenau‹ im Abschnitt ›Psychologie‹ die Individualpsychologie bereits bei weitem. Nun werden außer Freud auch Aichhorn, Bernfeld, Anna Freud, Rank, Reik und die psychoanalytischen Zeitschriften empfohlen« (Reichmayr 1981, S. 159f.).

Anna Freud betont die zentrale Bedeutung Siegfried Bernfelds und seines Baumgarten-Experiments für die Ausprägung des Denkkollektivs, das Böhnisch et al. (2005) als »kritisch-psychoanalytische Formation« bezeichnen:

»Wien [war] damals auch ein fruchtbarer Boden für die analytische Erforschung der normalen Kinderentwicklung und für die Anwendung der hier gewonnenen Einsichten auf die Erziehung. Viele von uns hatten sich seit Jahren durch die Vorträge Siegfried Bernfelds für Lehrer und Jugendführer inspirieren lassen, und viele junge, begeisterte Pädagogen hatten an seinem Versuch mit neuer Erziehung im Kinderheim Baumgarten [...] teilgenommen« (Freud 1926/1927, S. 4).

Diese Aussage legt die Interpretation nahe, dass Anna Freud selbst in Baumgarten nicht mit dabei war, obschon sie gemäß einer handschriftlichen Notiz Bernfelds (1921a, S. 34) als Lehrerin der »III. Klasse« vorgesehen war.

Wichtig ist zu sehen, dass Bernfelds »Versuch mit neuer Erziehung« ganz am Anfang des »disziplinären Aufbruchs« steht, der nach Böhnisch et al. (2005, S. 72) ganz wesentlich »von einem tiefenpsychologischen Denken getragen wurde«. Bernfeld schreibt, dass man um 1920 »kaum noch eine Zeitung aufschlagen oder in einen Nachtclub oder in irgendeine Veranstaltung gehen konnte, ohne etwas im Zusammenhang mit der Psychoanalyse oder etwas Polemisches gegen sie zu hören« (1952, S. 445). Direkt ›infiziert‹ vom

Baumgarten-Experiment waren Paul Lazarsfeld und Ludwig Wagner, die Bernfeld wahrscheinlich im Rahmen seiner Vorträge auf der Dachterrasse der Schwarzwald-Schule kennenlernten (Hoffer 1965, S. 162).[6] Dr. Eugenie Schwarzwald, die feministisch und politisch engagierte Direktorin dieser Mädchenmittelschule mit kulturell großem Einfluss, organisierte jeweils im Sommer Kinderkolonien, in der die Leiter lediglich sechs, sieben Jahre älter waren als die teilnehmenden Kinder (Greffrath 1979, S. 105; Langer 1986, S. 46, 70f.). Im Rahmen einer solchen Kinderkolonie in Lind bei Villach replizieren Lazarsfeld und Wagner das Baumgarten-Experiment (Rosenmayr 1962, S. 73; Dudek 1990, S. 341).

>Bernfelds Buch [1921a, D.B.] hat vor allem in Kreisen sozialistischer Erzieher nicht die ihm gebührende allgemeinste Beachtung gefunden, weil es ein Bericht über ein Experiment in jüdischem Rahmen ist. Es wurde sogar schon daran gedacht, den prinzipiellen Ertrag seiner Arbeit in einer eigenen Broschüre zusammenzufassen.[7] Nun lassen sich aber pädagogische Theorien und Erkenntnisse, insbesondere wenn sie sich auf das so unbearbeitete Gebiet der Massenerziehung beziehen, so unvergleichlich besser an praktischen Beispielen aufweisen, daß es uns ein Dienst und nicht als ein Diebstahl an Bernfeldschen Ideen erscheint, sie hier zu wiederholen und ihre Bewährung in einem zweiten Fall zu zeigen« (Lazarsfeld und Wagner 1924, S. 3).

Lazarsfeld und Wagner widmen ihren Koloniebericht »Gemeinschaftserziehung durch Erziehergemeinschaften« (1924, S. 2) Prof. Dr. Max Adler sowie dem ersten Heeresminister der Ersten Republik, Dr. Julius Deutsch, dessen Kinder wie die Autoren selbst Mitglieder der Vereinigung sozialistischer Mittelschüler sind (Simon 1979, S. 58f.). Der Universitätsprofessor Dr. Max Adler gehört zur äußersten Linken der sozialistischen Partei, an der sich die Vereinigung sozialistischer Mittelschüler orientierte. Max Adler ist zudem Autor des Buchs *Neue Menschen. Gedanken über sozialistische Erziehung*

---

6 Nach Marie Jahoda-Lazarsfeld hatten »Wyneken und Bernfeld [...] einen großen intellektuellen Einfluß auf Ludwig Wagner und Paul Lazarsfeld« (Greffrath 1979, S. 106).
7 In einem Aufsatz mit dem Titel »Die sozialistische Erziehung und das Gemeinschaftsleben der Jugend« (Lazarsfeld 1923) erwähnt Lazarsfeld neben Baumgarten auch Bernfelds methodische Überlegungen zur Erforschung jugendlicher Gemeinschaften (1916a).

(1926), wo er in einer Fußnote auf Bernfelds »Versuch mit neuer Erziehung« Bezug nimmt:

> »Erst während der Korrektur ist mir das Büchlein von Dr. Siegfried Bernfeld ›Kinderheim Baumgarten‹ (Berlin 1921) in die Hand gekommen. Möchte doch ein jeder, den nicht schon der alte Owen überzeugt hat, welche Wunder eine zielbewußte revolutionäre Erziehung hervorbringen kann, diese eindrucksvolle Schrift lesen, wobei zu bedenken ist, daß die dort geschilderte Erziehung wegen der denkbar ungünstigen Umstände innerer Art gar nicht dazu gekommen ist, ihre sozialistische Orientierung zur vollen Auswirkung zu bringen« (Adler 1926, S. 82f.).

Interessant ist, dass Bernfeld Max Adler trotz des ähnlichen Themas offenbar nicht näher bekannt war. Anscheinend gab es zwischen den »sich überlappenden Interessenkreisen und Denkkollektiven« (Jahoda 1998, S. 137; Übersetzung D. B.), welche die kulturelle und intellektuelle Sphäre des Roten Wiens strukturieren, auch Zwischenräume oder nur schwache Berührungen.

1.2 Zur frühen Rezeptionsgeschichte

Insgesamt sind mir drei Rezensionen bekannt, die unmittelbar nach dem Erscheinen von Bernfelds »Bericht über einen ernsthaften Versuch mit neuer Erziehung« 1921 publiziert wurden. Die bekannteste ist diejenige von Carl Mennicke, dem Leiter des Sozialpolitischen Seminars der Deutschen Hochschule für Politik in Berlin. Das sozialpolitische Seminar war aufgeteilt in eine »Wohlfahrtsschule« und eine »Wirtschaftsschule«. Bei der »Wohlfahrtsschule« handelte es sich um die einzige Abteilung der Hochschule, die eine Ausbildung für sogenannte »Sozialbeamte« vermittelte. Bernfeld gab in diesem Rahmen von 1926 bis 1930 Abendseminare zu Fragen der Jugendfürsorge und deren psychologisch-pädagogischen Grundlagen (Erich 1992, S. 176ff.).[8]

---

8 In einer Jubiläumsschrift der Deutschen Hochschule für Politik ist Bernfeld im Dozentenverzeichnis (Jäckh 1931, S. 301) aufgeführt. Über direkte Kontakte zwischen Bernfeld und Mennicke ist mir nichts bekannt. Aufgrund der institutionellen Verbindung gehe ich aber

1 Einleitung

Mennickes Rezension ist motiviert durch die Suche nach Antworten auf die »sozialpädagogische Verlegenheit des gesellschaftlichen Körpers« (Mennicke 1926, S. 331) im 20. Jahrhundert. Nach Mennicke vermögen die Familie sowie die »alten bäuerlichen und handwerklichen Lebensformen« (ebd., S. 329) ihre Vergesellschaftungsfunktion nicht mehr zu erfüllen, was von den Subjekten als Orientierungsverlust und Entsolidarisierung wahrgenommen werde. Auf der Suche nach neuen Formen eigenständig entwickelten Gemeinschaftslebens, welche an die Stelle der vormodernen treten können, stößt Mennicke auf Bernfelds Baumgarten-Bericht (Böhnisch und Schröer 2001, S. 25; Böhnisch et al. 2005, S. 68), aus dem er zentrale Stellen wörtlich zitiert.

> »Das Ringen um eine eigene Form kindlichen Gemeinschaftslebens ist zwar entfernt noch nicht so stark wie das Suchen nach neuen wahrhaft bildenden Verhältnissen für den jugendlichen Menschen. Aber vorhanden ist es doch und hat bereits kräftigen Ausdruck gefunden. [...] Die Erscheinungen, von denen hier zu reden wäre, sind schon ziemlich mannigfaltig. Wir beschränken uns zunächst auf eine, über die kürzlich ein ziemlich umfassender Bericht herausgekommen ist: das Kinderheim Baumgarten« (Mennicke 1921, S. 44).

Im gleichen Jahr erscheint auch eine Rezension in der »Internationalen Erziehungs-Rundschau«, der Beilage zur Monatszeitschrift *Die Neue Erziehung*, welche von Paul Oestreich herausgegeben wird (Oestreich 1921). Paul Oestreich entwickelte ab 1919 eine Einheitsschulkonzeption und gehörte zum »Bund Entschiedener Schulreformer«, der sich als Opposition zur Bildungspolitik der Weimarer Verfassungsparteien um die Positionen einer sozialistischen Erziehungstheorie formierte (Bernhard 1996, S. 330–335). Die Rezension von Bernfelds »Kinderheim Baumgarten« ist ohne Autor. Die Wahrscheinlichkeit, dass sie von Paul Oestreich

---

davon aus, dass die beiden eher durch »disziplinäre Kommunikation« als über eine »geistige Brücke« (Böhnisch et al. 2005, S. 68) verbunden waren. Unübersehbar ist nämlich die Verwandtschaft von Mennickes Argumentation, wo Bernfelds Konzept des Sozialen Orts beispielsweise in folgender Formulierung aufscheint: »Alle diese Erscheinungen müssen [...] als Relativierungen des eigenen gesellschaftlichen und geistigen Standortes [zum Bewusstsein kommen] und müssen infolgedessen die Geneigtheit zu freier Prüfung und Würdigung der andern Standorte [...] wecken und stärken« (Mennicke 1931, S. 119).

1.2 Zur frühen Rezeptionsgeschichte

stammt, ist jedoch hoch. Hierfür spricht, dass ein Vergleich zwischen Bernfelds Kinderheim Baumgarten und Wilkers Fürsorgeerziehungsheim Lindenhof angestellt wird, obwohl Wilkers Buch noch nicht erschienen ist (Oestreich 1921, S. 60). Dieses musste dem Autor dennoch bekannt gewesen sein. Interessant ist auch die Feststellung einer Analogie auf der Ebene des politischen Kontexts:

»Der Krieg und die Nachkriegszeit haben mit den außerordentlichen Notlagen und Anforderungen, die sie mit sich brachten, auch in einem Maße die Verhältnisse aufgelockert und Möglichkeit zu besonderen Maßnahmen geschaffen, wie sie sonst nicht entfernt so bestand. [...] Die Geschichte hat zwei [...] Fälle zu verzeichnen, in denen schöpferische Erzieher während dieser Zeit an Stellen berufen wurden, wo sie eine große pädagogische und organisatorische Aufgabe zu bewältigen hatten: Dr. Karl Wilker im Berliner Fürsorgeerziehungsheim ›Lindenhof‹ und Dr. Siegfried Bernfeld im Wiener jüdischen Kinderheim Baumgarten« (Oestreich 1921, S. 59f.).

Dass das Baumgarten-Experiment von einem Kreis Erzieher wahrgenommen wurde, der in der Weimarer Republik Ansätze für eine proletarische Pädagogik geschaffen hatte, die wie Bernfelds eigene Theorien in völligem Gegensatz zu den bürgerlich-konservativen Ansichten etwa Eduard Sprangers und anderer standen, war zu erwarten (explizit in Bernfeld 1927c, S. 174–203; vgl. hierzu auch Dudek 1996, S. 64ff.). Weit erstaunlicher, ja fast unglaublich, ist die Aussage des hochbetagten Wilhelm Flitners, dass Baumgarten auch vonseiten des pädagogischen Establishments diese frühe Aufmerksamkeit zukam:

»Als dieser Bericht als Buch erschien, stand sein Verfasser mit einem Schlag in der vordersten Reihe der führenden Reformpädagogen in Deutschland – aus deren Gesellschaft er sich vier Jahre später mit seinem ›Sisyphos oder die Grenzen der Erziehung‹ ebenso entschieden wieder verabschiedete« (Herrmann 1996b, S. 229).

Die implizit behauptete Diskontinuität zwischen den beiden Schriften widerspricht der vorliegenden Rekonstruktion. Psychoanalyse und Marxismus strukturieren bereits den Bericht über das Baumgarten-Experiment so unverkennbar, dass eine ausschließlich reformpädagogische Lesart ausgeschlossen scheint.

Josef K. Friedjung (1922), der das Baumgarten-Buch in der psychoanalytischen Fachzeitschrift »Imago« rezensiert, sieht sowohl die politische Dimension als auch die psychoanalytische Begründung von Bernfelds Erziehungsexperiment.

> »Der Versuch ist trotz der widrigsten Bedingungen geglückt, und es ist ein hoher Genuß, Bernfelds sachkundigem, liebevollem, auch sprachlich fesselndem Berichte zu folgen: Aus einer bejammernswerten Herde von vernachlässigten, verbitterten, zumeist verwahrlosten Kindern versteht der psychoanalytisch geschulte Erzieher durch Mobilisierung der verdrängten, sich im Narzißmus erschöpfenden Libido in kurzer Zeit eine liebenswürdige Kindergemeinde zu entwickeln. Dieser Leistung kommt bleibender Wert zu, ist doch mit ihr Bresche gelegt in eine Mauer von Vorurteilen, die um so fester gefügt ist, je mehr sich hier ›geheiligten‹ Traditionen höchst weltliche materielle Interessen verbinden« (ebd., S. 511).

Die »materiellen Interessen« der Trägerschaft Baumgartens sowie deren ideologische Legitimation – im Zitat als »›geheiligte‹ Traditionen« bezeichnet – werde ich im 2. Kapitel rekonstruieren. Der politische Gehalt von Bernfelds Versuch erschließt sich dem Leser, wenn er die Restriktionen der bürgerlichen Trägerschaft als Reaktionen auf Bernfelds Programm institutioneller Innovation und politischer Sozialisation liest.

Bereits Mitte der 30er Jahre gerät Bernfeld in Vergessenheit und selbst in der Zunft der psychoanalytischen Pädagogen scheint sein »Versuch mit neuer Erziehung« und seine Arbeiten zu einer sozialpsychologischen Grundlegung der Erziehungswissenschaft kein Referenzpunkt mehr zu sein.[9] Anders lässt sich Zulligers Diktum von der »Lücke in der psychoanalytischen Pädagogik« (1936) nicht verstehen. Wenn Zulliger schreibt, dass »psychoanalytische Pädagogik eine massenpsychologische Tätigkeit

---

9 Eine Ausnahme bildet hier Edith Buxbaum in Wien, die Bernfeld noch persönlich gekannt hatte (Buxbaum 1966, S. 6). In ihrem Aufsatz »Massenpsychologische Probleme in der Schulklasse« nimmt sie mehrmals auf Arbeiten Bernfelds Bezug, einmal auch auf den Baumgarten-Bericht (Buxbaum 1936, S. 221).

bedeutet, die unter anderen Bedingungen arbeitet als solchen, wie sie bei der Behandlung eines einzelnen Kindes bestehen« (ebd., S. 357), dann wiederholt er im Grunde genommen Bernfelds Kritik der bürgerlichen Pädagogik als »Paargruppen«-Erziehung:

> »Denn selten nur wird die Schule als eine besondere Gesellungsform gesehen, aus der sich eigenartige Wirkungen und Formen ergeben. Den meisten Pädagogikern erscheint die Schule, die Schulklasse als eine Summe von Paargruppen; sie beschreiben die Vorgänge in der Schule daher falsch und fordern Massnahmen und Einrichtungen, die sie der Paargruppenerfahrung entnehmen« (Bernfeld 1925a, S. 58).

Bei Zulliger sucht man allerdings vergebens nach einem Verweis auf die originären Überlegungen Bernfelds, der bereits am VIII. Internationalen Psychoanalytischen Kongress vom 21. bis 23. April 1924 in Salzburg seine Konzeption einer psychoanalytischen Pädagogik vorträgt. »Deren Möglichkeit [sieht Bernfeld] in den Erkenntnissen der Psychoanalyse über kollektive (Massen-)Phänomene im Keim angedeutet« (Internationale Zeitschrift für Psychoanalyse, 10. Jg. 1924, S. 224), steht in einer Kurzzusammenfassung ohne Angabe des Autors.

Man kann sich fragen, warum sich das Bernfeld'sche Programm einer psychoanalytischen Sozialpädagogik so spät durchsetzt und dies ohne Verweis auf seine Ursprünge. Vielleicht brauchten Bernfelds WeggefährtInnen einfach so lange, um die Relevanz der sozialpsychologischen Schriften Freuds – Zulliger erwähnt sie als Referenzpunkte fein säuberlich aufgelistet (1936, S. 344), ohne zu realisieren, dass Bernfeld bereits im Baumgarten-Text damit gearbeitet hat (Kap. 3.2) – für eine psychonalytische Pädagogik zu realisieren. Vielleicht aber will Zulliger einfach Bernfeld beerben, nachdem dieser ins Exil gehen musste und dort publizistisch fast verstummte. Tatsache ist, dass Zulliger mit seinem Buch »Horde – Bande – Gemeinschaft« (1961) versucht, die von ihm konstatierte vermeintliche »Lücke« zu stopfen. Auch in dieser späteren Publikation findet sich kein Hinweis auf Bernfelds Arbeiten, von denen sich *Horde – Bande – Gemeinschaft* durch die relativ starre Anlehnung an Freuds »Massenpsychologie und Ich-Analyse« unterscheidet (vgl. dazu Rehm 1968,

S. 143f.). Vielleicht hat sich Zulliger nach seiner Emanzipation von Pfister[10] einfach enger an Freud orientiert, womit der oben geäußerte Verdacht des unrechtmäßigen Erbes entkräftet würde.

1.3 Die Rezeption im Anschluss an 1968

Der Verdienst, Siegfried Bernfeld wiederentdeckt zu haben, gebührt den Herausgebern (Hans Blumenberg, Jürgen Habermas, Dieter Henrich, Jacob Taubes) und der Redaktion (Karl Markus Michel) der Reihe »Theorie 2« des Suhrkamp Verlags. Sie brachten das erstmals 1925 im Internationalen Psychoanalytischen Verlag erschienene Buch *Sisyphos oder die Grenzen der Erziehung* im Jahre 1967 wieder heraus.

Dieser außerpädagogischen Wiederentdeckung folgte in den Jahren 1969 bis 1971 die Edition von Lutz von Werder und Reinhart Wolff, welche jeweils drei Bände von Schriften Bernfelds mithilfe des selbst gegründeten März Verlags und 1974 über den Ullstein Verlag herausgaben. Reinhart Wolff, der damals als Assistent am Soziologischen Institut der Freien Universität Berlin arbeitete, beschreibt eindrücklich, mit wie viel »Spürsinn« und »bibliothekarischer Kompetenz« (1992a, S. 218) sie die Texte von Bernfeld zusammentragen mussten.

> »Viele können sich ja heute gar nicht mehr vorstellen, in welcher wissenschaftlichen Wüste wir uns damals befanden und daß in den 60er Jahren nicht nur der Anschluß vor allem an die US-amerikanische moderne psychologische und pädagogische Forschung noch nicht gelungen war, sondern vor allem auch die eigenen kritischen Traditionen in Psychologie, Soziologie und Erziehungswis-

---

10 Zulliger stellt diese Emanzipation in Zusammenhang mit seiner zunehmend sozialpsychologischen Auffassung der Aufgabe als Lehrer. »Er [Pfister, D.B.] konnte nicht recht billigen, daß ich, je erfahrener und älter ich wurde, die psychoanalytische Pädagogik mehr und mehr als eine kollektiv-sozialpsychologische Angelegenheit betrachtete und die Einzelbehandlungen im Sinne der ›kleinen Psychotherapie‹ weitgehend ausschaltete – die Schüler, die eine solche nötig hatten, führte ich in Spezialbehandlungen zu Kinderpsychoanalytikern und -analytikerinnen« (Kasser 1963, S. 39).

1.3 Die Rezeption im Anschluss an 1968

senschaft (von der Psychoanalyse bis zur kritischen Theorie) völlig verschüttet waren« (ebd.).

Deutlich wird hier, wie Lutz von Werder und Reinhart Wolff, welche Bernfelds Schriften unter dem »klug gewählten Titel« (Niemeyer 1998, S. 174) *Antiautoritäre Erziehung und Psychoanalyse* herausgaben, für ihre eigenen Vorstellungen eines Neubeginns Kräfte aus der Wiederbelebung unterdrückter Traditionen beziehen. In diesem Sinn erinnert sich auch Thiersch »an die Herausforderung und Befriedigung, sich mit Bernfeld, dem Juden, Kommunisten und Psychoanalytiker, einer Tradition auszusetzen, die übergangen und an den Rand gedrängt war und die es endlich in ihr zustehendes Recht einzusetzen gilt« (Thiersch 1992, S. 227).

Im »Nachwort der Herausgeber« (von Werder/Wolff 1969, S. 674–676) wird ausführlich auf den Baumgarten-Text Bezug genommen. Interessant ist die Reihenfolge der Themen, welche als bedeutungsvoll hervorgehoben werden: (1) Erstens entwickle Bernfeld die »Umrisse einer neuen Erziehung« und begründe diese *wissenschaftlich*, d. h. mit der *Psychoanalyse* Freuds (ebd., S. 674f.). (2) Zweitens kritisiere er die *Herrschaftsverhältnisse innerhalb des Generationenverhältnisses* als narzisstisch motivierte Selbstüberschätzung des Erziehers. Erst »die Herstellung eines reflektierten, ruhigen Verhältnisses des Erziehers zu seiner eigenen Kindheit« (ebd., S. 675) ermögliche ein Bewusstwerden der Gegenübertragung vom Erzieher auf das Kind und damit eine Rationalisierung dieses Verhältnisses. Auf dieser Basis seien die »Bedingungen repressionsfreier Entfaltung des Kindes« (ebd., S. 675f.) gegeben. Werder und Wolff bezeichnen diesen selbstreflexiv geklärten Umgang mit Aufwachsenden als *»antiautoritäre Erziehung«* (ebd., S. 675). (3) Drittens entwickle Bernfeld in Baumgarten eine *sozialistische Pädagogik*, in deren Zentrum die Schulgemeinde steht. Dieser »Zusammenhang freier Kollektivität« (ebd., S. 676) bilde den Rahmen für die Sozialisation motivationaler Grundlagen, welche für eine sozialistische Gesellschaft Voraussetzung sind. Diese drei Punkte fassen die Rezeptionsinteressen der Phase nach 1968 idealtypisch zusammen (vgl. hierzu auch Wolff 1992a, S. 219):

➤ Kritische Erziehungswissenschaft und kritische Theorie des Subjekts

1 Einleitung

➢ Erziehung der ErzieherInnen durch psychoanalytische Selbstreflexion
➢ Sozialistische Pädagogik und kritische Erziehungswissenschaft als Mittel im Klassenkampf auf dem Bildungssektor

Die Rezension von Kurzweil (1971) setzt die Präferenzen in ähnlicher Reihenfolge: Psychoanalyse, Herrschaftskritik und sozialistische Erziehung am Beispiel von Baumgarten. Obwohl der Autor zweifelsohne nicht zu den politisch engagierten Pädagogen gehörte[11], gleicht seine Bernfeld-Lektüre derjenigen von Werders und Wolffs: »Die Forderung nach radikal antiautoritärer Erziehung ist weit mehr politisch als psychologisch [gemeint ist psychoanalytisch, D. B.] begründet« (Kurzweil 1971, S. 823). Im Unterschied zu Wolff aber, der von der Nachahmung Baumgartens abrät – »imitiert nicht die begrenzt gültigen antiautoritären Erziehungsexperimente« (Wolff 1970, S. 38) –, würdigt Kurzweil Bernfelds Schrift und stellt sie in die Reihe berühmter pädagogischer Praxisberichte.

»Sein Bericht über Kinderheim Baumgarten, der bis jetzt in der pädagogischen Welt ziemlich unbekannt ist, ist eine der interessantesten und aufschlußreichsten pädagogischen Schriften der letzten Jahrzehnte. Sie verdient es, in die Reihe mit Neills Bericht über Summerhill, Makarenkos ›Pädagogisches Poem‹ und Korczaks ›Wie man Kinder lieben soll‹ gestellt zu werden« (Kurzweil 1971, S. 824).

Dass der Versuch schlussendlich gescheitert ist, tue der Qualität von Bernfelds Bericht keinen Abtrag: »In historischer Perspektive gesehen schmälert dieser Mißerfolg Bernfeld's erzieherisches Werk ebenso wenig, wie seiner Zeit die praktischen Mißerfolge Heinrich Pestalozzis zur Diskreditierung dieses großen Erziehers geführt haben« (ebd., S. 825).

---

11 Stellen wie folgende lassen auf einen konformistisch-affirmativen Standpunkt des Rezensenten schließen: »Eben weil die Psychoanalyse nicht nur eine Heilmethode ist, sondern in die verschiedenen Gebiete der Kultur [...] eindringt und den Anspruch erhebt, die höchsten Manifestationen menschlichen Geistes als vom Sexualtrieb herrührend deuten zu können, tritt ihr umstürzlerischer Charakter zutage und an diesem war Bernfeld besonders interessiert« (Kurzweil 1971, S. 815).

1.3 Die Rezeption im Anschluss an 1968

Manfred Liebel nimmt das Scheitern Bernfelds ernster und zieht daraus – möglicherweise in Bezug auf die damals aktuelle »Heimkampagne« (Brosch 1971) – folgende Konsequenz:

>»In der Tat würde eine Demokratisierung eine Umwälzung des gesamten Systems der Heimaufsicht und der rechtlich kodifizierten individuellen Aufsichtspflichten der Erzieher vorab notwendig machen: die Schulgemeinde läßt sich nur in Heimen realisieren, die von reglementierenden Eingriffen der Aufsichtsbehörden und Trägerinstitutionen frei sind« (Liebel 1971, S. 70).

Dass es einen solchen Ort jenseits »reglementierender Eingriffe« in der Gesellschaft nicht gibt, entgeht Liebel an dieser Stelle, vielleicht weil er dem versteckten Idealismus Bernfelds aufsitzt. Bernfeld versteht nämlich Erziehung im Baumgarten-Text nicht als Funktion der Gesellschaft, sondern umgekehrt: die jüdische Gemeinschaft Wiens in Abhängigkeit zur »Freien jüdischen Schulsiedlung«. Ich komme in Kapitel 2.2.3 darauf zu sprechen.

Die beiden profundesten Baumgarten-Studien, diejenige von Annette Koch (1974; Schulte [dies., Namensänd. nach Heirat] 1999) sowie diejenige des Amerikaners Philip L. Utley (1975 und 1979), können ebenfalls dieser zweiten Rezeptionsphase zugeordnet werden und weisen erstaunliche Übereinstimmungen auf. Beide sehen klar, dass Baumgarten einen wichtigen Wendepunkt in Bernfelds Nachdenken über Erziehung darstellt. Nach Koch gibt Bernfeld im Anschluss an seine Baumgarten-Erfahrung die Vorstellung auf, dass mittels Erziehung sozialer Wandel ausgelöst oder akzeleriert werden kann.

>»Die Erfahrungen im Kinderheim Baumgarten veränderten Bernfelds theoretischen Standpunkt. [...] Die utopistische Tendenz in Bernfelds frühen Arbeiten und seine Hoffnung, im Kinderheim sozialistische Erziehung als ›Vorwegnahme‹ realisieren zu können, zeigen, daß er damals [...] eine Veränderung durch Erziehung für möglich hielt. 1925, in seinem Buch über die Sisyphos-Arbeit des Erziehers, distanzierte er sich von den Hoffnungen der Reformpädagogik und lehnte sowohl im institutionellen als auch im individuellen Bereich ab, was er die ›Additionstheorie‹ nennt: er bestreitet, daß einzelne vorbildliche Erziehungsinstitutionen viele Nachahmer haben würden und daß damit die Qualität in Quantität umschlage« (Koch 1974, S. 181).

1 Einleitung

In Tat und Wahrheit ist diese auf dem Liberalismus bürgerlicher Ordnung[12] basierende »Additionstheorie« oder »Reformtheorie« (1925a, S. 123; vgl. auch Geiringer 1920, S. 47) bereits im Bericht über Baumgarten falsifiziert:

> »Und es bleibt nur, anknüpfend an einiges im ersten Kapitel Angedeutete, hinzuzufügen: es gibt keine Inseln der Seligen in unserer unseligen Welt; man wird solche Erzieher nicht arbeiten lassen, wenn sie versuchen sollten, gemeinsam ein solches Werk [gemeint ist eine ›wahrhaft ernste Schulgemeinde‹, D.B.] zu schaffen; man wird sie zu hindern wissen, denn Vorwände gibt es genug, wo es sich um den Bestand des Bürgertums handelt – und gar des jüdischen« (Bernfeld 1921a, S. 58f.).

Wichtig ist hier Bernfelds Hinweis auf das »erste Kapitel« (Bernfeld 1921a, S. 11–27), wo er seine Strategie der »Schaffung kultureller Tatsachen« erläutert. Ich werde in Kapitel 2.2 begründen, dass die Gründung Baumgartens in diesem politischen Kontext zu interpretieren ist, d.h. als Beitrag zu einem System von »Institutionen, die uns aus dem heutigen Zustand herausheben würden« (ebd., S. 27). Am Ende des ersten Kapitels im Baumgarten-Text scheint die »Additionstheorie« noch gültig zu sein. Die Grenzen der bürgerlichen Liberalität (vgl. auch Bernfeld 1929g, S. 265) erfährt er dann während seines »Versuchs mit neuer Erziehung«, was dann zur oben zitierten pessimistischen Haltung im 4. Kapitel führt. Ich nehme aber an, dass die vollständige und endgültige Desillusionierung bezüglich seiner Handlungsspielräume als Heimleiter erst einige Zeit nach dem Ende von Baumgarten erfolgt. Bernfelds Beschreibung der Spannungen im Feld der strukturellen Hierarchie und auf der Ebene des institutionellen Auftrags (vgl. Kap. 5.2 und Kap. 5.1) gleicht nur entfernt einer soziologischen Analyse, aus der die strukturell gegebenen Handlungsmöglichkeiten ersichtlich würden. Die starke Aversion gegen die Verwaltung des Heims und dessen Trägerschaft zeigt, wie kränkend der Verlust der pädagogischen Provinz wiegt (Fatke 1993, S. 85f.),

---

12 Bürgerliche Ordnungen unterscheiden sich von totalitären dadurch, dass Institutionen nicht ›gleichgeschaltet‹ sind. Weil die Spontaneität der Subjekte durch weitgehende Persönlichkeitsrechte geschützt ist, würde eine herrschaftliche Kontrolle auf der Ebene der Institutionen dazu in Widerspruch stehen.

1.3 Die Rezeption im Anschluss an 1968

und wie lange Bernfeld wohl – trotz gegenteiliger Behauptung bereits im Baumgarten-Text – an die Existenz von »Inseln der Seligen« (1921a, S. 59) geglaubt hat. Im »Sisyphos« aber erscheint die in Baumgarten so schmerzhaft erfahrene »soziale Grenze« theoretisch in einer Schärfe reflektiert, die bis heute ihresgleichen sucht.

Was Bernfeld aus Baumgarten lernt, sieht Utley genauso wie Koch:

»Durch das Lösen seiner eigenen finanziellen Probleme, die Geldbeschaffung bei jüdischen Kapitalisten und dem Zurechtkommen mit Administratoren hatte Bernfeld gelernt, dass Macht auf Geld beruhte. Im Umgang mit proletarisierten Waisenkindern lernte er, dass ein Minimum an materiellem Komfort nötig war, um Verbrechen auszuschließen und eine moralische Gemeinschaft zu gründen. Er nahm dadurch eine zunehmend materialistische Haltung an.« (Utley 1979, S. 365; Übersetzung M.R.[13]).

Als Hinweise, dass Bernfeld in Baumgarten vom Kopf auf die Füße gestellt wird, sieht Utley zum einen die sparsame Verwendung des Adjektivs »geistig« (ebd., S. 363), zum anderen die Überwindung der idealistisch-elitären Vorstellung, dass »die geistig wache Jugend [engl. geistig youth] und kreative Doktoren grundsätzlich als den gewöhnlichen Erwachsenen überlegen angeschaut wurden und erwartungsgemäß eine perfekte Gesellschaft bilden sollten« (ebd.; Übersetzung M.R.), wie sie als Utopie bspw. in *Das jüdische Volk und seine Jugend* (1919a) entworfen wurde. Hierzu gehört die Aufgabe der Vorstellung, dass gesellschaftlicher Wandel primär von der Jugend ausgeht. Zwar kann die Innovationskraft der Jugend gewisse »Zonen« der Gesellschaft »erhitzen« (Erdheim 1984, S. 271–367), ohne Rückendeckung von den Massenparteien kommt es aber unweigerlich wieder zur »Abkühlung« des kulturellen und sozialen Wandels (z.B. Bernfeld 1928a, S. 452f.). Die Überwindung der Grundkonzeption, die das jugendkulturelle Engagement Bernfelds im Kern strukturierte, erfolgt im Rahmen eines Lernprozesses, der – wie oben bereits erwähnt – erst einige Zeit nach Baumgarten abgeschlossen ist:

---

13 Die kontextsensible Übersetzung der englischsprachigen Zitate übernahm dankenswerterweise Melanie Ruoss, wissenschaftliche Assistentin an der Interkantonalen Hochschule für Heilpädagogik Zürich.

1 Einleitung

»Ende der 1920er Jahre dachte er [Bernfeld, D. B.] immer noch – angespornt von innerlichem, nationalen Bewusstsein, kommunitärer Moral und Respekt für die Arbeit von Lehrern wie denjenigen in Baumgarten –, dass Schüler innerhalb der Jüdischen Nation eine jugendliche sozialistische Revolution durchführen könnten. Später, im Jahr 1922, gelangt er zur Überzeugung, dass jugendliche Revolutionäre nicht Autonomie per se anstreben sollten, sondern die sozialistischen Bemühungen des erwachsenen Proletariats [i. S. der Massenparteien, D. B.] fördern sollten, welches als Einziges die Macht hatte, die Befriedigung der jugendlichen Bedürfnisse in Schulgemeinschaften eventuell zu garantieren« (Utley 1979, S. 366; Übersetzung M. R.).

Die *soziologische Wende* in Bernfelds Theoriebildung wird von allen Hauptprotagonisten der Rezeptionswelle nach 1968 hervorgehoben und gewürdigt. Angesichts der damals noch keineswegs gelungenen Überwindung geisteswissenschaftlicher Pädagogik und ihrer idealistischen Aporien erweist sich die Auseinandersetzung mit Bernfelds Lernen aus Baumgarten als höchst fruchtbar, um die eigenen Problemstellungen besser zu verstehen. Historisches Erbe dieses spezifischen Rezeptionsinteresses ist der bis heute mit Bernfeld assoziierte »geheime Zweifel darüber, ob und wie lange sich noch haushalten lasse mit den Wissensbeständen des Mainstream« (Niemeyer 1998, S. 173).

Die Aufgabe der soziologisch naiven Vorstellung, dass gesellschaftlicher Wandel eine Funktion von Jugendgruppen und Erziehung ist, bedeutet einen Bruch in Bernfelds Theoriebildung, der durch seine Erfahrungen in Baumgarten wenn nicht ausgelöst so doch beschleunigt wird. Die Überwindung seiner ursprünglichen Konzeption, aus der Bernfeld in seiner Adoleszenz selbst soviel Antrieb, Hoffnung und utopischen Schwung geschöpft hatte, bedeutet einen Lernprozess, der nicht hoch genug veranschlagt werden kann. Es ist das Ende eines ungebrochenen Optimismus, der die Schriften Bernfelds bis 1921 durchzieht. Das Bewusstsein, dass die Möglichkeiten von Erziehung gesellschaftlich determiniert sind, begründet fortan eine pessimistische Konzeption, die anlässlich der Vorträge Bernfelds offenbar zu Diskussion und Widerspruch Anlass gab. So berichtet Bruno Frei, ein Journalist der Wiener Zeitung »Der Abend«, über einen Vortrag Bernfelds: Die Gedankengänge

1.3 Die Rezeption im Anschluss an 1968

»klingen beim Praktiker, wie die Aussprache gezeigt hat, zu pessimistisch. Warum? Weil sie schonungslos enthüllten, daß der Erziehung keine die Wirklichkeit verändernde Kraft innewohnt, daß sie vielmehr jenen Kräften, den politischen, gesellschaftlichen, nachhinkt, die auf die Wirklichkeit verändernd einwirken« (Frei 1928).

Vermutlich hat auch Siegfried Kracauer, ebenfalls Journalist, den Baumgarten-Bericht Bernfelds sehr aufmerksam gelesen. In einer Sammelrezension mit dem Titel »Philosophie der Gemeinschaft« (Kracauer 1924) nimmt er implizit auf Bernfelds Erziehungsexperiment Bezug und kritisiert daran die Konzeption einer pädagogischen Provinz jenseits der Gesellschaft.

> »Und die Jugend zumal [...] trachtet nach einem Gemeinschaftsleben, das sie aus der Kälte des leeren Raumes herausführe in eine Verbundenheit, die ihr Dasein durchaus umfängt. Auf vielen Wegen wird die praktische Verwirklichung des Ideals angestrebt: durch Gesinnungsbünde, durch *Siedlungen mehr oder minder kommunistischen Charakters* und durch eine Reihe von Versuchen, die an dem einen oder anderen Punkte [...] die Mechanisierung überwinden möchten und häufig *durchtränkt sind von sozialistischen Gedanken*. Trotz aller Abweichungen in der Einzelauffassung des Gemeinten ist das Ziel doch immer eines nur: Die Begrenzung jener gesellschaftlichen Mächte [...]« (ebd., S. 268f.; Hervorhebungen D.B.),

die Kracauer anhand einer Illustration von Tönnies Begriff »Gesellschaft« näher umschreibt als »anorganische[s] Getriebe der entseelten, nur noch zweckbestimmten Menschen, die sich in der durch Kapitalismus und Technik mechanisierten Welt bewegen« (ebd., S. 268). Die regressive Bewahrungsmentalität, die Kracauer hier den praktischen Versuchen mit Gemeinschaftserziehung vorwirft, kann man nicht telquel auch Bernfeld vorwerfen. Die Gründung des Kinderheims Baumgarten erfolgt offensiv als Maßnahme zur Bewältigung eines drängenden sozialen Problems (Kap. 2.2.4). Die Abgewandtheit gegenüber gesellschaftlichen Prozessen besteht bei Bernfeld dann aber darin, dass er in Baumgarten auf eine sozialistische Gesellschaft jenseits von Europa vorbereiten will und hierzu mit dem assimilierten Judentum bricht. Auf einer theoretischen Ebene macht sich diese Orientierung auf eine Zukunft außerhalb des aktuellen gesellschaftlichen Kontexts als Defizit soziologischer Reflexion bemerkbar. 1925 hat Bernfeld dies erkannt und kritisiert die soziologisch unaufgeklärte Pädagogik, der er in Baumgarten teilweise noch selbst aufsitzt.

»Zu furchtsam und fein, den Motor gesellschaftlicher Umwandlung zu erkennen und sich zur Bedienung an dies lärmende und gefährliche Ungeheuer zu stellen, haben sie [die Pädagogen, D.B.] es mit der Kultur. Und hier noch einmal zu furchtsam, wenden sie sich an die Kinder [...]« (Bernfeld 1925a, S. 124).

Bernfeld schließt hier kritisch an Erfahrungen von Baumgarten an. Auf der Folie des Zitats kann bspw. seine Strategie der »Schaffung kultureller Tatsachen« (2. Kapitel) als Ausweichmanöver auf einen politischen Nebenschauplatz interpretiert werden, das aus Abwehr eigener Ängste und Verletzlichkeit erfolgt.

1.4 Die Rezeptionswelle der 90er Jahre

Was verloren geht in dieser letzten Rezeptionsphase, ist der Zusammenhang zwischen Psychoanalyse, Soziologie und kritischer Erziehungswissenschaft in Bernfelds Werk. Die zwei Arbeiten (Wolfrum 1983 und Würzer Schoch 1995), welche vom Anspruch her den Zusammenhang dieser drei Argumentationsstränge auch im Baumgarten-Bericht hätten entdecken können, sind aus wissenschaftlicher Sicht leider unzulänglich. In der »hochproblematischen« (Weiss 2003, S. 109) Dissertation von Verena Wolfrum mit dem Titel »Anspruch und Wirklichkeit im Werk von Siegfried Bernfeld anhand von ausgewählten Schriften aus den Jahren 1912–1933« (1983) beansprucht die Rezeption des Baumgarten-Berichts immerhin 28 Seiten. Dort, wo Wolfrum den eher referierenden Stil verlässt und reflexiv auf Bernfelds Text Bezug nimmt, kommen Gegenübertragungen ins Spiel, die zu Recht als Voreingenommenheiten bezeichnet worden sind (Adam 1992, S. 95). So übersieht die Autorin beispielweise Bernfelds Ringen um eine Analyse seines Scheiterns ebenso wie die Konsequenzen auf theoretischer Ebene, die er aus diesem Scheitern zieht (vgl. weiter oben):

1.4 Die Rezeptionswelle der 90er Jahre

»Hierbei wird deutlich, daß Bernfeld sehr schnell bereit ist, anderen Unzulänglichkeiten und Mängel anzulasten, während er an keiner Stelle seine eigenen Handlungen oder Theorien in Frage stellt. Er ist zwar bereit, seine Gedanken, Ideen und Ansätze zu revidieren, zu erweitern und zu verbessern; dies geschieht aber grundsätzlich nur aufgrund der Einsicht in die Fehler von anderen, niemals aber aufgrund eigener Entwicklung oder Reifung« (Wolfrum 1983, S. 107f.).

Wolfrum hat sich selbst ein eigentliches Erkenntnisverbot auferlegt, wenn sie schreibt:

»Eine objektive Darstellung der Geschehnisse wie auch der Ursachen für die Ablehnung des großen Projektes [gemeint ist das Projekt ›Freie jüdische Schulsiedlung‹, D.B.] und des Scheiterns des Heimes ist aus diesem Grunde nicht möglich« (ebd., S. 106).

Ich werde in der vorliegenden Arbeit den politischen und kulturellen Kontext von Baumgarten so rekonstruieren, dass die Spannungen zwischen den verschiedenen Interessengruppen sichtbar und die Redimensionierung von Bernfelds pädagogischen Plänen verstehbar werden.

Enttäuschend ist auch die Züricher Dissertation von Elsbeth Würzer Schoch (1983) mit dem Titel »Otto Rühle und Siegfried Bernfeld. Eine vergleichende Darstellung zweier Pädagogen, ihrer unterschiedlichen psychologischen und soziologischen Grundlegung und ihrer pädagogischen Relevanz«. Obwohl hier im Titel der oben erwähnte Zusammenhang zwischen Soziologie, Psychoanalyse und kritischer Pädagogik noch enthalten ist, resultiert aus dem Kapitel, das den Baumgarten-Versuch zum Thema hat (ebd., S. 178–197), kein Erkenntnisgewinn.

Weiter wurden im Umfeld von Bernfelds 100. Geburtstag zahlreiche Aufsätze geschrieben, welche die Bildungsprozesse im Rahmen des Baumgarten-Kinderkollektivs (Konrad 1995, S. 190f.) sowie den »offenen Anfang« (Hörster 1992) dieser Bildungsprozesse zum Thema haben. Unter dem »offenen Anfang« versteht Hörster zunächst den Umstand, dass Bernfeld und sein Erzieherteam »nicht mit ›Ordnung‹ anfingen« (Bernfeld 1921a, S. 44). »Die Normkonstitution des Kinderheims Baumgarten [...] wurde von Siegfried Bernfeld 1921 als probierte Erziehung mit geöffnetem

Anfang beschrieben« (Hörster/Müller 1996, S. 629). Hörsters These geht dahin, dass Bernfelds Bericht über die Konstitution einer Schulgemeinde ein »Schema« (Hörster 1992, S. 157) enthalte, einen »flexiblen und revisionsfähigen normativen Plan« (ebd., S. 153), der es erlaube, seine Erfahrungen in Baumgarten auch für Ordnungsprobleme in aktuellen sozialpädagogischen Kontexten fruchtbar zu machen. Der Weg vom »Chaos« über die »autoritative« und die »technische« zur »moralischen Ordnung« bilde eine Art »Landkarte« bzw. »eine algebraische Formel« (ebd., S. 154), die heutigen SozialpädagogInnen als systematisierte Vorannahmen dienen können, um die Beobachtungen aus ihren Kinder- und Jugendgruppen zu ordnen und zu verstehen.

> »Ich denke, dem ›sichern Faden‹ der Schulgemeinde, ihrer Normalität, vermag eine ›variable Kreativität‹ (Deleuze) zu folgen, die in der technischen immer auch ihre experimentelle Seite und in dem experimentellen immer auch ihren technischen Aspekt haben kann. Denn dieses Diagramm zieht […] keine rigide Bahn, die die Produktion von etwas Neuem unmöglich machte. Jenes Neue ist vielmehr – spielerisch – für die Schulgemeinde konstitutiv. Die Frage stellt sich indessen, ob wir diesen Faden auch heute noch sicher zur Hand haben« (ebd., S. 160).

Diese Frage ist nicht rhetorischer Art sondern ganz zentral, denn am reflektierten Gebrauch des Schulgemeinde-Dispositivs entscheidet sich nach Hörster die Rationalität des sozialpädagogischen Handelns (ebd., S. 159). Anders gesagt: Wie angemessen ErzieherInnen Probleme der sozialen Ordnung in ihrem jeweiligen Arbeitsfeld mittels der von Bernfeld beschriebenen Entwicklungslogik bearbeiten können, entscheidet über die Vernunft ihrer sozialpädagogischen Handlungen.

Dies ist eine starke These, die Hörster trotz weiterer Arbeiten zum gleichen Thema (Hörster 1995; Hörster und Müller 1996) argumentativ nicht hinreichend stützen kann. Aus dem Studium sozialpädagogischer Praxisberichte – als Beispiel nennt er u.a. auch Baumgarten und Lind bei Villach (Hörster 1995, S. 7) – schließt er auf die »Regelhaftigkeit einer darstellenden und dargestellten Mimesis«, von der er annimmt, »sie strukturiere Anfangssituationen des

1.4 Die Rezeptionswelle der 90er Jahre

Erziehungsprozesses« (ebd., S. 10). Das tönt etwas esoterisch und vermag als Begründung eines Referenzpunktes, an dem sich sozialpädagogische Rationalität messen lässt, nicht zu überzeugen. Notwendig wäre hierzu eine Rekonstruktion des theoretischen und normativen Gehalts von Bernfelds »Skript« (ebd., S. 9) zur Konstitution sozialer Ordnung im Rahmen des Baumgarten-Kinderkollektivs.

Burkhard Müller, der sich vor allem durch Arbeiten zum Konzept des »sozialen Orts«[14] (Bernfeld 1929g) verdient gemacht hat (Müller 1992a, 1995b), sieht die zu leistende Aufgabe klar:

> »Bernfelds Schilderung [gemeint ist 1921a, D.B.], wie aus diesen Anfängen auf durchaus holperige und keinesfalls immer rationale Weise allmählich eine von den Kindern selbst angeeignete ›Schulgemeinde‹ entsteht, ist spannend und sehr aufschlußreich. Die *theoretische Rekonstruktion* [...] ist hier nicht zu leisten« (Müller 1995b, S. 83; Hervorhebung D.B.).

Das ist enttäuschend und wird auch vom Herausgeber der Gesamtausgabe von Bernfelds Schriften, Ulrich Herrmann (1996a, S. 349), bedauert: »In den beiden einzigen größeren Sekundärtexten zu ›Baumgarten‹ [gemeint sind Koch 1974 und Wolfrum 1983, D.B.] wird leider auf eine ausführliche Rekonstruktion des erziehungs*theoretischen* Ertrags der dortigen Erfahrungen verzichtet« (Hervorhebung i.O.). Herrmann kannte offenbar den gelungenen Versuch von Franz-Michael Konrad (1995) nicht, Bernfelds Schulgemeinde auf der Folie von Kohlbergs Theorie der Entwicklung des moralischen Urteils zu rekonstruieren. Diese dient Konrad als heuristisches Mittel, die originäre Leistung Bernfelds sichtbar zu machen:

---

14 Die bis heute präziseste Rekonstruktion von Bernfelds Konzept des »sozialen Orts« findet sich in der Dissertation von Nowicki (1979). Mit dem sozialen Ort sei zunächst derjenige Bereich präzisiert, den Freud undifferenziert »Realität« nannte (ebd., S. 238). Die im Zentrum der psychoanalytischen Theorie stehenden psychischen Konflikte erhielten somit explizit eine gesellschaftliche Basis. Bernfeld »untersucht eher die Lebensweise und ihre Auswirkungen an einem sozialen Ort, als dessen konkrete Bestimmung« (ebd. S. 243). Mit »Bestimmung« meint Nowicki die Position des sozialen Orts innerhalb der Sozialstruktur, die bei Bernfeld zwar immer thematisiert sei, allerdings recht undifferenziert im Rahmen eines Klassenkonzepts, das »spätestens seit den 20er Jahren überholt« gewesen sei (Wolff 1992a, S. 220).

1 Einleitung

»Wenn wir recht sehen, dann hat Bernfeld damit vor Piaget und lange vor Kohlberg einen Dreischritt in der Entwicklung des moralischen Urteils in und durch die ›Schulgemeinde‹ beschrieben, der sich in verallgemeinerter Form als Entwicklung von einer absoluten Autoritätsorientierung (präkonventionell nach Kohlberg) über eine Konventionsorientierung (konventionell) hin zu einer Prinzipienorientierung (postkonventionell) bzw. dem Übergang von einer heteronomen zu einer autonomen Moral (nach Piaget) beschreiben läßt. Die Arbeit Piagets, auf die Kohlberg neben anderem sich wesentlich stützte, hat Bernfeld selbstverständlich noch nicht gekannt, denn diese ist erst mehr als zehn Jahre nach dem Baumgarten-Bericht erschienen« (Konrad 1995, S. 190).

Die Intuition Hörsters erhält in Konrads Aufsatz eine theoretische Begründung. Die vorliegende Dissertation schließt hier an und differenziert die hier geleistete Rekonstruktion, indem sie zum einen Brüche und Stagnationen im moralischen Lernprozess des Kinderkollektivs (Kap. 4.1 und 4.2), zum anderen die theoretischen Referenzen, auf die sich Bernfeld bezogen hat, herausarbeitet (Kap. 3.2 und 3.3). Hierzu gehört insbesondere Bernfelds sozialpsychologische (psychoanalytische) und soziologische Begründung der Schulgemeinde. Konrad übersieht die theoretischen Anstrengungen Bernfelds, seine praktischen Erfahrungen zu systematisieren, wenn er schreibt: »Piaget lieferte also […] die bis dahin fehlende entwicklungspsychologische Begründung des in der Praxis längst erprobten Schulgemeindegedankens« (ebd., S. 191). Dass Bernfeld zur Begründung des anfänglichen Chaos in der Schulgemeinde entwicklungspsychologische Konzepte verwendet, zeige ich in Kapitel 3.2 auf.

Gleichzeitig mit Konrads wichtiger Arbeit erscheint die Monografie von Johannes-Martin Kamp mit dem Titel *Kinderrepubliken. Geschichte, Praxis und Theorie radikaler Selbstregierung in Kinder- und Jugendheimen* (1995). Kapitel 19 (ebd., S. 451–466) steht ganz im Zeichen von Bernfelds Baumgarten-Bericht, ohne dass ersichtlich würde, welches Erkenntnisinteresse Kamps referierende Darstellung anleitet. Wenig mehr Erkenntnisgewinn bringt eine neuere Arbeit von Burkhard Müller (2002). Müller sieht zwar die zentrale Bedeutung von »Zwischenschritten und Vermittlungsformen« (ebd., S. 163) bei der sozialpädagogisch inszenierten Konstitution der Baumgarten-

Schulgemeinde. Deren Darstellung erfolgt dann allerdings unchronologisch und fragmentarisch, sodass der sozialpsychologische Vergemeinschaftungsmechanismus dem nichtinformierten Leser nicht einsichtig werden kann. Wie Müller versteht auch Treptow (2002, S. 169) die Schulgemeinde als »sozialen Ort« der »Vergemeinschaftung«. Wenn er den sozialpädagogischen Prozess an diesem Ort aber mit dem Bernfeld'schen Begriff »Instituetik« (1925a, S. 27, 128) bezeichnet, ist die Verwirrung[15] komplett: »Es ist dieser gesamte, wenn man so will, demokratieprovozierende Prozess, der mit Instituetik gemeint ist« (Treptow 2002, S. 176).[16] Hier fällt die Rezeptionsphase der 90er Jahre hinter die Standards der vorhergehenden zurück. Dass Bernfelds Begriff »Instituetik«[17] das meint, was man heute gemeinhin als »Theorie der Schule« versteht, also ein Ansatz zur Aufdeckung der institutionellen Bedingungen und Wirkungen der Schule, die in der geisteswissenschaftlichen Pädagogik nicht oder unangemessen beachtet wurden, war damals allgemein klar (vgl. z. B. Blankertz 1982, S. 301ff.; Fatke 1986, S. 11f.). Die Verkürzung des Begriffs »Instituetik« um seine soziologische Bedeutung ist bei Treptow nicht zufällig. Die soziologische Reflexion von Erziehung, deren Bedeutung Bernfeld in Baumgarten erst richtig ins Bewusstsein dringt, wird auch an anderen Stellen des Aufsatzes wenn nicht ins Gegenteil verkehrt, so doch merkwürdig verwässert. Wenn Treptow z. B. schreibt, dass der von Bernfeld im »Sisyphos« geforderte »Tatsachenbezug« von der Pädagogik verfehlt werde, »weil die sozialen Bedingungen der Erziehung von strukturellen Gestaltungsmöglichkeiten abhängen, die immer auch auf das Konzept päd-

---

15 Über weitere Abwege in der gegenwärtigen Bernfeld-Rezeption berichtet Weiss (2003, S. 117f.).
16 Wenig erhellend sind auch Honigs weiterführende Erläuterungen: »Treptows Lesart der Bernfeldschen Instituetik ist kultur-, nicht handlungstheoretisch konzipiert« (2002, S. 189).
17 Ich vermute, dass Bernfeld den Begriff »Instituetik« in Anlehnung an die Systematik von Mager entwickelt. Mager unterscheidet zwischen Pädagogik, Didaktik und Scholastik, der »Lehre von den Einrichtungen« (Kronen 1981, S. 10). Für diese These, der ich im Rahmen dieser Arbeit nicht weiter nachgehen kann, spricht, dass Bernfeld im Sisyphos auch Magers Begriff »Pädagoger« übernimmt. Bei Mager ist mit »Pädagoger« der »erziehungswissenschaftliche Gelehrte« (ebd., S. 114f.) bezeichnet; Bernfeld verwendet »Pädagoger« pejorativ zur Kennzeichnung von Erziehungstheoretikern, denen die wissenschaftliche Gesinnung abgeht (Bernfeld 1925a, S. 37).

agogischen Handelns abgestimmt werden müssen« (Treptow 2002, S. 179). Hier reproduziert sich ein zentraler Irrtum Bernfelds in Baumgarten: Die strukturellen Voraussetzungen von Erziehung lassen sich nie und nimmer auf pädagogische Handlungskonzepte abstimmen – da hilft auch Treptows normative Forderung nicht weiter –, es verhält sich vielmehr umgekehrt: Was an pädagogischer Handlung realisiert werden kann, ist determiniert durch die strukturellen Möglichkeiten der Institution und der Gesellschaft (und dann – in zweiter Linie – auch noch durch die Handlungskompetenz der/des SozialpädagogIn, die Voraussetzung ist, um den strukturell gegebenen Handlungsspielraum zu nutzen).[18]

In dieser letzten Rezeptionsphase, so lässt sich zusammenfassend feststellen, kommt ein spezifisch sozialpädagogisches Interesse zum Ausdruck. Zum einen sieht man in Bernfelds Baumgarten-Experiment eine exemplarische Studie zur *sozialpädagogischen Konstitution sozialer Ordnung*. Damit verbunden ist die Hoffnung, aus Bernfelds Erfahrungen eine *methodische Anleitung* gewinnen zu können, wie man als SozialpädagogIn mit dissozialen Kindern und Jugendlichen Schritt für Schritt eine demokratische Ordnung etabliert. Zum andern lässt sich nach der Jahrtausendwende ein Interesse an Bernfelds »Instituetik« feststellen, einem Konzept, das Bernfeld im »Sisyphos« einführt und das nun in einen Zusammenhang mit dem erwähnten Vergemeinschaftungsprozess in Baumgarten gebracht wird.

Vergleicht man diese Rezeptionsschwerpunkte mit denjenigen der Rezeptionsphase nach 1968, so könnten die Unterschiede nicht größer sein. Sowohl die *politische Dimension* von Baumgarten als auch die *soziologische Wende*, die der »Versuch mit neuer Erziehung« in Bernfelds Denken einleitet, sind nicht mehr Thema. Damit wird der Kern von Bernfelds praktischen Erfahrungen als Erzieher verfehlt. Wenn man sich vergegenwärtigt, dass Bernfeld den Begriff »Pädagogik« durch »Pädopolitik« ersetzen wollte, die primär darauf abzielen sollte, »dem Kinde seine eigene Lebenslage zum

---

18 Verdienstvoll in Treptows Aufsatz ist die Skizze eines Lageplans von Baumgarten (2002, S. 173), wobei unerwähnt bleibt, auf welcher Basis die Rekonstruktion erfolgt. Bernfelds Bericht selbst enthält nämlich zu wenig Informationen, um die Anordnung der einzelnen Gebäude und Plätze auf dem Baumgartengelände nachvollziehen zu können.

Bewußtsein zu bringen« (Frei 1928), so negieren die aktuellen Rezensionen diesen kritischen Stachel. Niemeyer konstatiert richtig, dass sich »solche ›harmlosen‹ Lesarten in der Bernfeldrezeption [der 90er Jahre, D.B.] in verbreiteter Form« (1998, S. 177) finden. Weiss geht einen Schritt weiter und vermutet hinter der letzten Rezeptionswelle einen »Versuch einer Art geisteswissenschaftlich-pädagogischer Bernfeld-Vereinnahmung und [...] eine tendenzielle ›Verdrängung‹ des Repräsentanten einer kritischen Gesellschaftstheorie und einer kritischen Theorie des Subjekts« (2003, S. 114). Aufgrund der hier rekonstruierten Rezeptionsgeschichte des Baumgarten-Textes kann diese These bestätigt werden, zumal auch die psychoanalytische Begründung und die damit verbundenen emanzipatorischen Ansprüche im Rahmen der gegenwärtigen Rezeptionswelle nicht mehr Thema sind.

> »Bernfeld scheint [...] nach seiner vormals weithin konstatierten Verdrängung inzwischen in der Mainstream-Pädagogik ›angekommen‹ zu sein; Ignoranz, Ausgrenzung und Marginalisierung sind in auffälligem Maße der Erinnerung gewichen. Der Preis dafür aber – insofern erweist sich die neuere Hinwendung zu Bernfeld schwerlich als ungebrochener Fortschritt – ist offenbar die Fokussierung eines reduzierten Bernfeld, der im Wesentlichen nurmehr als Jugendbewegter und Jugendforscher sowie hinsichtlich der Diskussionen um sein sozialpädagogisches Anregungspotential in den Blick gerät« (ebd., S. 117).

1.5 Erkenntnisinteresse

Das »sozialpädagogische Anregungspotenzial« des Baumgarten-Textes, welches insbesondere von Hörster und Müller aufgenommen wurde, bildete auch den Ausgangspunkt zu dieser Arbeit.[19] Im Laufe des Forschungsprozesses zeigte sich aber, dass die Rekonstruktion des Baumgarten-Berichts sehr viel mehr soziologische und psychoanalytische Kenntnisse erforderte als sozialpädagogische. Meine Situation glich vielleicht ein bisschen derjenigen des

---

19 Die Bedeutung Bernfelds als »Jugendbewegter und Jugendforscher« ist im Zusammenhang mit dem Baumgarten-Experiment nicht von unmittelbarer Bedeutung.

1 Einleitung

Herausgebers von Bernfelds »Sämtlichen Werken«, Ulrich Herrmann, für den »der geniale Bernfeld eine neue Welt darstellt« (Weiss 2003, S. 355).[20] Weil ich die vorliegende Arbeit aber nicht aufs Abstellgleis schieben wollte, wie es bei der Gesamtausgabe seit Längerem der Fall zu sein scheint, erarbeitete ich mir die notwendigen theoretischen Kenntnisse für die Rekonstruktionsarbeit.

Erstens machte ich eine Ausbildung in operativen Gruppen (www.agog.ch), einem Konzept der analytischen Sozialpsychologie (Bauleo 1988; Wendt 1990). Diese Ausbildung erlaubte es mir, die sozialpsychologischen Konzepte in Bernfelds Text herauszuarbeiten und deren Originalität im Verhältnis zu dem heutigen Wissensstand zu erkennen. Zudem erarbeitete ich mir durch langjährige Selbsterfahrung in operativen Gruppen und im klinischen Setting der Psychoanalyse ein Bewusstsein der Bedeutung dieser Konzepte in Bezug auf Vergesellschaftungs- und Individuationsprozesse. Zweitens erklärte mir der Lacan-Übersetzer Gerhard Schmitz (Frankfurt a. M.) die psychoanalytischen Konzepte, welche die Argumentation im Baumgarten-Text teils implizit, teils explizit strukturieren. Gerhard Schmitz war es auch, der mir die Bedeutung dieser Konzepte im Rahmen der psychoanalytischen Theorieentwicklung verständlich machte. Drittens diskutierte ich all die Jahre mit einer Gruppe von Soziologen, was nicht nur meine Lektüre anleitete, sondern auch mein Denken zunehmend strukturierte.

Die vier Kapitelüberschriften »Politik«, »Neue Erziehung«, »Sozialpädagogik« und »Soziologie« sind auch in programmatischer Absicht gesetzt: Mit der vorliegenden Arbeit möchte ich an die Rezensionsphase nach 1968 anschließen und die damals herausgearbeiteten Grundlinien Bernfeld'schen Denkens aufnehmen. Das Kapitel »Neue Erziehung« könnte auch mit »Psychoanalyse« überschrieben werden, weil die Begründung von Bernfelds Version »neuer Erziehung« hauptsächlich psychoanalytisch ist. Der Titel des zweitletzten Kapitels ist »Soziologie«, weil Bernfelds gesellschaftstheoretischer »Grundpfeiler« (1925a, S. 66) im Baumgarten-Text mit Konzepten der bürgerlichen Soziologie gebaut ist

---

20 Der Erziehungswissenschaftler Herrmann ist »bisher mit zahlreichen Arbeiten in der Tradition geisteswissenschaftlicher Pädagogik, kaum jedoch als profunder Kenner der Psychoanalyse und marxistischer Theoriebildung in Erscheinung getreten« (Weiss 2003, S. 112).

(Kap. 3.3).[21] Der Marxismus hingegen begründet in Baumgarten die revolutionäre Perspektive, an der sich Bernfeld und sein ErzieherInnenteam orientieren und die – nicht zufällig – im Schlusssatz des Berichts nochmals anklingt:

> »Und wir – wir wissen, daß unsere Aufgabe und unser Los ist, immer wieder unversehens vom Objektiven ergriffen zu werden, das jede Rücksicht auf unseres Ichs Wünsche und Leiden auslöscht« (1921a, S. 154).

Nach Marx sind mit der Entfaltung der Produktivkräfte politische Gruppen genötigt, das vernünftige Potenzial der bürgerlichen Gesellschaft zu entbinden und damit historisch zu verwirklichen. Von diesem Prozess, der bei Marx notwendigerweise auf eine Revolution des Proletariats hinausläuft, sieht Bernfeld seine Handlungen und Ideen bestimmt. Daran lässt der Schlusssatz der Baumgarten-Schrift keinen Zweifel: Bernfeld und sein ErzieherInnenteam wähnen sich im historischen Moment, wo objektiv die Bedingungen erfüllt sind, um die kapitalistische Produktionsweise zu überwinden: »Wir, die wir hoffen, an der Schwelle der sozialistischen Gesellschaft zu stehen« (Geiringer 1920, S. 47). In diesem historischen Moment verbietet sich konsequenterweise jede Rücksichtnahme auf individuelle Bedürfnisse und Motivationen, mögen diese pädagogisch noch so begründet erscheinen. Daraus zu schließen, der Marxist Bernfeld habe über den Pädagogen Bernfeld gesiegt, wäre jedoch nur die halbe Wahrheit, was mit der Zwitternatur von Bernfelds Bericht zusammenhängt.

Zwitter in dem Sinne, dass er zweierlei leisten soll: einen mehr oder weniger präzisen, fakten- und erfahrungsgesättigten Bericht über den Verlauf des konkreten Projekts und eine theoretische Reflexion als Begründung dieses Projekts in Form allgemeiner pädagogischer und ideologischer Reflexionen.[22]

---

21 Ich sichere mich hier gegen Weiss' berechtigte Kritik der aktuellen Bernfeld-Rezeption ab: »Und der Marxismus […] scheint derzeit so wenig salonfähig zu sein, dass die nicht zu leugnende Tatsache des Bernfeldschen Marxismus im Rahmen der kathederpädagogischen Einvernehmungsbemühungen der Versicherung bedarf, auf dem ›linken Auge‹ sei der Mann mehr oder minder ›blind‹ gewesen« (Weiss 2003, S. 117). Die Kritik richtet sich hier im Besonderen gegen Herrmann (1992, S. 16).

22 Fatkes Vermutung, dass es sich beim Baumgarten-Bericht um einen Versuch der nachträglichen Theoretisierung eines ad hoc aufgelegten Notprogramms handelt (1993, S. 81), ist in Bezug auf die zweite Funktion des Textes zutreffend.

Man hat oft das Gefühl, hier seien zwei Autoren am Werk, die zuweilen nichts von dem wissen, was der jeweils andere schreibt. So auch im zitierten Schlusssatz: Wenn Bernfeld politisch kämpft, kennt er keine Pädagogik mehr, sondern nur noch sein linkszionistisches »Tatprogramm« (1921a, S. 15). Umgekehrt ist die ideologische Überfrachtung nicht mehr sichtbar, wo er Pädagoge ist: Dann interessieren ihn nur noch die Kinder und »die von den Kindern geschaffenen Tatsachen«, durch die er und sein ErzieherInnenteam sich »belehren ließen« (ebd., S. 80).

1.6 Methode

Das methodische Problem, welches sich aus dieser Zwitternatur des Textes ergibt, besteht darin, das pädagogische Grunddenken Bernfelds aus der ideologischen ›Verpackung‹ (Linkszionismus) herauszuschälen. Um den »erziehungstheoretischen Ertrag« (Herrmann 1996a, S. 349) zu ernten, muss man zuweilen den praktischen Erzieher Bernfeld vor dem ideologischen Bernfeld retten. Darin besteht die forschungsmethodische Herausforderung, denn die marxistischen, psychoanalytischen und soziologischen Konzepte, welche implizit aber doch erkennbar zur Theoretisierung gemachter Beobachtungen angewendet werden, haben im Baumgarten-Text stellenweise (aber keineswegs durchgehend) auch die Funktion, Prozesse und Tatsachen, die von Bernfeld als unerwartet und unwillkommen wahrgenommen werden, zu verarbeiten. Bernfelds wissenschaftliche Argumentation steht im Baumgarten-Text punktuell auch im Dienste einer ideologischen Abdichtung verborgener (weil als unliebsam wahrgenommener) Beobachtungen.

Bernfelds Bericht – und darin besteht m. E. seine hohe Qualität als Dokumentation einer sozialpädagogischen Praxis – lässt nun diese Schicht verborgener (weil verbotener) Ereignisse immer wieder durchscheinen. Fast scheint es, als hätte Bernfeld mit Absicht Bruchstellen im manifesten Textsinn hinterlassen. So zum Beispiel in folgendem Zitat, wo sich Bernfeld in zwei aufeinanderfolgenden Sätzen selbst widerspricht. »Und so ging es uns mit jeder Maßnahme, von der wir uns einen Sympathieerfolg versprochen hatten. Zum Glück taten wir nichts, um uns damit Sympathien zu erwerben, sondern weil wir es für richtig hielten« (1921a, S. 51). Diese Bruchstellen im manifesten Textsinn sind vielleicht auch einfach Resultat von Bernfelds Arbeitsweise. Er hat wohl den ganzen Bericht in einem Zug niedergeschrieben. Wahrscheinlich blieb auch wenig Zeit für die Überarbeitung (das Vorwort ist datiert auf den 20. Juli 1920). Der geringe Grad an Textorganisation stützt diese Vermutung.

Für eine Hermeneutik, die sich auf die manifeste Ebene des Textsinns beschränkt, wären solche Widersprüche bedeutungslos. Allenfalls würde man versuchen, sie mittels geltender Normen und anerkannten Deutungswissens aufzuheben. Ein Interpretationsverfahren, das an diesen Bruchstellen des manifesten Textsinns ansetzt, ist von Alfred Lorenzer entwickelt worden und soll im Folgenden erläutert werden.

1.6.1 Die tiefenhermeneutische Literaturinterpretation

Tiefenhermeneutik unterscheidet sich von der Hermeneutik darin, dass der Kontext, der für eine Interpretation hinzugezogen wird, sich nicht auf die symbolische Ebene beschränkt. Stattdessen werden im hermeneutischen Prozess systematisch lebenspraktische (Vor-)Annahmen eingesetzt. Das erkenntnistheoretische Modell dafür stammt aus der Psychoanalyse:

»Im psychoanalytischen Verfahren kann der Kontext nicht nur ein bloßes Gedankenexperiment sein. Das Ganze, auf das hin die in ihrer Bedeutung zu vermittelnden Einzelphänomene zu beziehen sind, ist nicht in den staubfreien Höhen der geistigen Figuren zu suchen, sondern muß lebenspraktisch unmittelbar sein, muß sich auf die Lebenspraxis *dieses* Patienten einlassen. Die Hermeneutik, dieses feine Fräulein aus alter Familie, wird in der Psychoanalyse zu einem sinnlich-unmittelbaren Verhältnis verführt. Denn der Zusammenhang, um den es hier geht, das Erlebnis, beansprucht nichts weniger als die sinnliche Unmittelbarkeit der in der Lebensgeschichte und Lebensraum entfalteten Lebensweise eines Menschen« (Lorenzer 1977, S. 115; Hervorhebung i. O.).

Dieses Element des Sich-Einlassens des Forschers ist darin begründet, dass die Struktur des Gegenstandes, den Lorenzer als Interaktionsform bezeichnet hat, auf der Seite des Interpreten eine Analogie fordert. Die Analyse setzt bei Lorenzer an der »szenischen Erfahrung« an, dem Gesamt der oben erwähnten lebenspraktischen (Vor-)Annahmen. Im folgenden Zitat bezeichnet Lorenzer diese Annahmen, wie man sich im Leben verhält, auch als »eigene Lebenserfahrungen« und »eigene Lebensentwürfe«.

> »Gleichgültig, ob es um das Verstehen von kollektiv-verbindlichen Lebensentwürfen (in literarischen Texten) oder um individuelle Lebensprobleme (im therapeutischen Gespräch) geht, beide Male müssen Leser/Interpret oder Therapeut der fremden ›Lebensunmittelbarkeit‹ mit der eigenen begegnen. Sie müssen ihre eigenen Lebenserfahrungen einsetzen, um die Spuren fremder Lebensentwürfe dechiffrieren zu können; sie müssen an die gelesenen oder gehörten Szenen ihre szenischen Erwartungen herantragen gemäß der Formel
> szenische Erfahrung ↔ Textszene.
> Nur durch das Vermittlungsglied solcher lebenspraktischen Erfahrungsmodelle läßt sich die Distanz zwischen fremdem Erleben und eigenem Lebensverständnis überbrücken. Der Leser/Interpret darf dem Text so wenig distanziert gegenüberstehen wie der therapierende Analytiker seinem Patienten. Beide müssen sich in ein Verhältnis zu dem, was sie verstehen wollen, einlassen, indem sie in das angebotene Drama ›einsteigen‹. Das Verstehen gründet in der szenischen Anteilnahme. Oder anders formuliert: Aus der szenischen Anteilnahme erwächst das szenische Verstehen. Beides gelingt nur dann, wenn der Leser/Interpret seine eigenen Lebensentwürfe als ›Vorannahmen über das Erlebnis des anderen Menschen‹ einsetzt – um die Differenz im Spiel mit den Situationsbildern abzubauen, und zwar so lange abzubauen, bis sich die Struktur der dargestellten Szenen von der eigenen Lebenserfahrungen her buchstabieren und zusammenfügen läßt zu einer ›szenischen Aussage‹« (Lorenzer 1986, S. 62).

Die hier vorgeschlagene Herangehensweise über lebenspraktische (Vor-) Annahmen bildete den zentralen Schlüssel bei meiner Interpretation des Baumgarten-Texts. Trotz der Ausführlichkeit bestehen im Bericht Bernfelds große Lücken bei Dingen, die Bernfeld selber nicht bewusst wurden, weil sie ihm nicht problematisch erschienen. So musste ich zunächst viel im Geiste ergänzen, d.h. mir die Beschreibungen Bernfelds vor dem Hintergrund meiner langjährigen Erfahrungen als Sozialpädagoge in einem Jugendheim vor Augen führen. Lorenzer spricht von einer »szenischen Einstellung« des Lesers, der »von Bildern gefesselt« wird, d.h. von den im

Baumgarten-Bericht vorgeführten »Lebensentwürfen« (Lorenzer 1990, S. 266).

Wissenschaftliche Hermeneutik und alltagspraktisches Verstehen unterscheiden sich bezüglich dieses Ausgangspunkts bei der naturwüchsigen Lebenserfahrung nicht: In beiden Fällen versteht man den Sinn einer beobachtbaren Handlung, indem man ein passendes Muster an das anlegt, was man verstehen möchte. Wissenschaftliche Hermeneutik unterscheidet sich von nichtwissenschaftlicher aber dadurch, dass sie die lebenspraktischen (Vor-)Annahmen in eine Theorieperspektive stellt, in der sie das zu Verstehende begreifen möchte. Im Falle des Baumgarten-Textes waren dies Soziologie, Sozialpsycholgie, psychoanalytische Persönlichkeitstheorie und Geschichte der Sozialpädagogik.

Interpretiert man einen literarischen Text in einer theoretischen Perspektive, besteht die Gefahr eines bloßen Katalogisierens anhand von Theoriebrocken, »denn der Text kann sich gegen den Zugriff eines abstrakten Theoretisierens nicht wehren« (Lorenzer 1986, S. 63). Bestenfalls gewinnt man dann Illustrationen für Theorien. Vor einer umstandslosen Subsumtion von Bernfelds Erfahrungsmaterial unter Theoreme verschiedenster Art bewahren einzig die Widerstände im Text. Auf die Bedeutung dieser so leicht übergehbaren Widerstände für das Verfahren der tiefenhermeneutischen Textinterpretation werde ich weiter unten noch eingehen.

Umgekehrt birgt der Verzicht einer theoretischen Perspektive die Gefahr eines Abgleitens in bloße Deskription, wie sie etwa bei der Baumgarten-Interpretation von Würzer Schoch (1995) sichtbar wird. Während hier die Erkenntnis erlischt, hört im Fall, wo das Interpretandum unter das Joch der Theoreme gebeugt wird, das Verstehen auf. Um beiden Gefahren zu entgehen, sei es entscheidend, die »Zweigliedrigkeit des hermeneutischen Erkennens« zu beachten: Das empathische Sich-Einlassen auf den Text einerseits und die Ausrichtung der Annahmen auf systematische Theorie andererseits (Lorenzer 1986, S. 63). Der tiefenhermeneutische Erkenntnisprozess verläuft nach Lorenzer in diesen zwei scharf voneinander zu unterscheidenden Operationen: An die Stelle der einfachen Beziehung von Beobachtungsdatum und Hypothese tritt eine zweigliedrige Beziehung: Das Interpretandum ruft in der Konfrontation mit dem Interpreten eine Interpretationsfigur hervor, die dann ihrerseits mittels theoretischer Konzepte gedeutet wird. Diese allgemeine Formel hat Lorenzer als »*Kulturanalyse*« methodisch ausgearbeitet (Lorenzer 1986, 1990). Die Gegenstände sind literarische Texte oder Kulturgegenstände.

In der Literaturanalyse entspricht der Interpretationsfigur das »Text-Leser-Verhältnis«. Nicht der Text ist also eigentlicher Gegenstand der Deutung, sondern dessen Wirkung auf den Leser. »Was macht der Text offenkundigerweise *und* verschwiegenermaßen mit dem Leser?« ist die Frage (Lorenzer 1990, S. 262). Im Gegensatz zum therapeutischen Verfahren, das durch das Zusammenspiel zwischen einem Klienten, der seinen Gedanken in freier Assoziation nachhängt, und einem Analytiker, der sie in gleichschwebender Aufmerksamkeit aufnimmt, in Gang gehalten wird, sind bei der Literaturinterpretation beide Rollen »in einem Kopfe vereint: dem Leser« (ebd., S. 265). Die Tiefenhermeneutik des therapeutischen Verfahrens kann deshalb nicht selbstverständlich auf die Literaturinterpretation übertragen werden. Der zu analysierende Text hat nicht die Souplesse, die aufschlussreiche, aufschließende Verwandlungsfähigkeit der freien Assoziation. »Der Text ist inaktiv und fixiert« (ebd., S. 266).

Diese Tatsache führt dazu, dass in der Literaturinterpretation zwei Aufgaben auf die Festigkeit des Textes übergehen, welche im therapeutischen Verfahren von der Freiheit der Assoziation wahrgenommen werden. *Erstens* übernimmt die Festigkeit des Textes gegen die Willkür des Interpreten jene Absicherung, die durch den aktiven Widerpart der Analysanden in der therapeutischen Dyade gewährleistet wird. Die

> »Fruchtbarkeit der Interpretation bei der Literaturanalyse [wird] gesichert durch das Gegenspiel zwischen dem spürbaren Widerstand des Textes und der gleichschwebenden Aufmerksamkeit des Interpreten. Den Punkt, an dem sich beide treffen, will ich ›Irritation‹ nennen. In der ›Irritation durch den Text‹ macht sich ebenso die Eigenart des Textes bemerkbar wie die Offenheit, das heißt Sensibilität des [Interpreten]« (ebd., S. 267).

Eine nicht tiefenhermeneutische Literaturinterpretation würde diese Irritationen nun mittels einer strengeren Logik reparativ abdichten, um so die

Widersprüche im Verhältnis zwischen Text und Leser/Interpret aufzuheben. Für die tiefenhermeneutische Textinterpretation hingegen sind diese Ungereimtheiten zwischen der im Text vertretenen Position und der an den Text herangetragenen instruktiv. Sie betrachtet die »Irritationen« als Bruchstellen im manifesten Textsinn, die einen Zugang zur latenten Bedeutungsebene öffnen. An diesen Bruchstellen erschließt sich

> »der Zugang zur *zweiten* Leistung, die bei der psychoanalytisch-tiefenhermeneutischen Analyse auf die ›Festigkeit des Textes‹ übergeht. Im Text eröffnet sich eine ›Vertikale‹, die ausdrücklich aus der Sinnebene, in der der Text üblicherweise gelesen wird, herausführt und die eine neue, im Text wirksam angelegte aber verborgene Bedeutungsstruktur öffnet. Nennt man den verständigen Sinn des Textes [...] in Analogie zur Situation beim Traum die manifeste Bedeutungsebene, so geht es bei jener in der Tiefe liegenden – wiederum analog zur Traumsituation – um den latenten, den verborgen-unbewussten Sinn des Textes« (ebd.; Hervorhebung D.B.).

In der vorliegenden Arbeit bezeichne ich die »Irritationen« als »Emergenten«, dem äquivalenten Begriff aus der operativen Gruppentheorie. Ein Emergent (émerger = aufscheinen) ist in dieser Terminologie ein Zeichen, das »den Sinn einer bestimmten Gruppensituation erhellen kann« (Bauleo 1988, S. 29). Zu einem solchen Zeichen kann eine besonders gefühlsbeladene Äußerung, ein Versprecher, ein (fast schon) theatralischer Moment o.ä. werden. Darin verschränkt sich die individuelle Situation einer Teilnehmerin mit dem latenten Gruppengeschehen. Der Emergent ist als Schnittpunkt zwischen lebensgeschichtlicher Vertikalität einer Teilnehmerin und Horizontalität der aktuellen Gruppensituation konzeptualisiert. Analog zu Lorenzers »Irritation« verweist der Emergent als Ungereimtheit im manifesten Gruppengeschehen auf die Problematik, mit der sich die Gruppe latent beschäftigt. In der Bearbeitung solcher Emergenten soll es möglich werden, das manifest Diskutierte mit dem gefühlsmäßigen Erleben der Einzelnen und mit den latenten Fantasien der Gruppe zu verbinden.

Abschließend lassen sich aus Lorenzers Methode tiefenhermeneutischer Literaturinterpretation folgende Verfahrensschritte ableiten:
1. Wie in jeder literarischen Interpretation gilt es zunächst, dem zu folgen, was uns als der manifeste Sinn des Textes erscheint. Im manifesten Sinn

kommen die vom Autor intendierten, und das heißt sozial anerkannten Verhaltensmuster zum Vorschein. »Der manifeste Sinn ist die sozial zugelassene Bedeutung des Textes, wobei der Konsens sich aufs herrschende Normensystem einer ganzen Gesellschaft oder aber nur auf das einer kleinen Gruppe beziehen kann« (Lorenzer 1990, S. 271). Im Falle des Baumgarten-Berichts gilt sehr oft diese letztgenannte Option.

2. Der Text muss sehr oft gelesen werden (Lorenzer 1986, S. 84). Analog zur gleichschwebenden Aufmerksamkeit des Analytikers sollte Irritabilität für Brüche im manifesten Sinn und Sensibilität für den verborgenen Sinnzusammenhang die Grundhaltung des Lesers bzw. der Interpretin sein.

3. Der entscheidende Schritt in der Entdeckung einer verborgenen Sinnstruktur liegt im Aufweis mehrfacher Übereinstimmungen, die sich am Text bewähren müssen. Anders gesagt: Die latente Bedeutungsebene muss an mehreren »Irritationen« bzw. »Emergenten« nachgewiesen werden. »Dem Angerührt-Werden durch eine (oder mehrere) Irritation(en) muß das Auffinden von ›latenten‹, auf einer Sinnebene organisierbaren Bedeutungen entsprechen« (Lorenzer 1990, S. 269). Über die Lektüre der Emergenten bzw. der »Irritationen« erschließt sich der latente Textsinn.

Der latente Textsinn ist ein nicht anerkannter, nicht konsens- und deshalb auch nicht bewusstseinsfähiger. Auch da gilt der Zusatz: Der Ausschluss kann sich auf den allgemeinen Konsens in der Öffentlichkeit oder auf den einer umschriebenen Gruppe beziehen. Zweitgenanntes ist im Falle von Bernfelds Bericht recht häufig. Linkszionistische, marxistische, reformpädagogische und psychoanalytische Argumente haben an gewissen Stellen die Funktion, schwierige und unliebsame Erfahrungen zu entwerten, um sie nicht weiter diskutieren zu müssen. Solche »exkommunizierte« Erfahrungen »können sowohl noch-nicht-zugelassene lebenspraktische Entwürfe sein, die sich noch auf dem Stand vorsprachlich praktischer Dringlichkeit befinden, als auch obsolete Verhaltensformen, Relikte versteinerter Lebensentwürfe, die sich nur kaschiert, versteckt unter einer gleichsam harmlosen manifesten Sinnfassade, darbieten lassen, aber ›reaktionär‹ ihre Geltung behaupten« (ebd., S. 271).

2 Politik: Die Schaffung kultureller Tatsachen als Strategie im Kampf um gesellschaftliche Veränderung

Die im Bericht über das Kinderheim Baumgarten beschriebenen pädagogischen und sozialen Prozesse können nur im Kontext ihrer soziopolitischen Voraussetzungen angemessen verstanden werden. Bernfeld selbst gibt dem Leser seines Berichts Interpretationshilfen, indem er im ersten Kapitel die »Vorgeschichte« (1921a, S. 11–27) seines Projekts aufrollt. Durch Rekonstruktion dieser »Vorgeschichte« werden zum einen die politischen und kulturellen Kräfteverhältnisse innerhalb der amerikanischen Trägerschaft und im weiteren Umfeld sichtbar, zum anderen zeigt sich der politische Gehalt von Bernfelds Projekt. Die zentrale These dabei ist, dass Baumgarten in der Kontinuität von Jugendkulturbewegung und Jerubbaal steht und für Bernfeld ein weiteres Mittel im Kampf um gesellschaftliche Veränderung darstellt (vgl. dazu Kap. 2.1.1). Damit sollen Bernfelds pädagogische Ambitionen im Zusammenhang mit dem Kinderheim nicht geleugnet werden. Diese müssen aber immer im Verhältnis mit der politischen Dimension des Unternehmens gesehen werden, um die Instrumentalisierung der Pädagogik, d.h. die strategisch motivierte polemische und ideologische Zuspitzung der Argumentation rückgängig zu machen. Erst dann kann es gelingen, den »erziehungswissenschaftlichen Ertrag« (Herrmann 1996a, S. 349) im politischen Projekt zu erkennen.

2.1 Die Vorgeschichte des Kinderheims Baumgarten

Bernfelds »Versuch mit neuer Erziehung« fällt in eine Zeit politischen Umbruchs. Die zunehmende Revolutionsbereitschaft[23] während des Ersten Weltkriegs (Abendroth 1965, S. 87) ließ das halbfeudale Regierungssystem in Österreich endgültig obsolet werden. Der Zusammenbruch der K. u. k.-Monarchie weckte die Hoffnung auf baldige Verwirklichung einer gerechteren Gesellschaftsordnung. Zudem stellte sich bei der Gründung der Nachfolgestaaten die Frage nationaler Minderheitenrechte, was auch bei der jüdischen Bevölkerung in Österreich Hoffnungen auf Teilautonomie bzw. einen staatsrechtlich verankerten Minderheitsstatus weckte. Diese Fragen trugen dazu bei, dass der Kampf um die Zukunft der jüdischen Minderheit Ende 1918 voll entflammte.

Bernfeld, durch seine Führungsfunktion im »Kampf um die höhere Schule« (Herrmann 1985) bereits vor dem Krieg politisiert, mischt bei dieser Auseinandersetzung an vorderster Front mit. Als Sekretär des im Oktober 1918 einberufenen »jüdischen Nationalrats« entwickelt er zahlreiche Initiativen im Bildungs- und Wohlfahrtsbereich, hat mit seinen innovativen Ideen aber im rechts-zionistisch dominierten Gremium einen schweren Stand. Das Kinderheim Baumgarten ist das redimensionierte Produkt einer solchen Initiative, das Bernfeld aus einer machtdefizitären Position heraus zu realisieren versucht. Dies erfordert ein strategisches Vorgehen, das im zweiten Teil dieses Kapitels rekonstruiert werden soll. Dabei soll aufgezeigt werden, dass es um weit mehr als um ein pädagogisches Experiment ging. Auf dem Spiel stand der Einfluss Bernfelds im normativen Feld des Wiener Judentums. Dieser Einfluss sollte durch ein erfolgreiches Projekt im kulturellen Bereich prestigemäßig legitimiert und vergrößert werden.

Zunächst soll nun aber das normative Feld ausgemessen werden, in dem Bernfelds Strategie gesellschaftlichen Wandels zur Anwendung kam. Als normatives Feld verstehe ich den interaktionellen Zusammenhang von Akteuren nach den Ordnungsprinzipien der differenziellen Verteilung von Macht und Prestige. In den Worten Bernfelds: »Man muß aufhören, das Judentum als eine einheitliche Partei im nicht-jüdischen Staat zu betrachten; es kann daher

---

23 Es waren die Arbeiter der Daimlerwerke in Wien Neustadt, die den Auftakt zu jenem großen Streik gaben, der mit dazu beitrug, dass der Erste Weltkrieg rasch beendet wurde. Am 14. Januar 1918 zogen Arbeiter der großen Fabriken der Stadt zum Rathaus. An die 10.000 Menschen demonstrierten für bessere Lebensmittelversorgung und baldigen Friedensschluss.

auch nicht genügen, dieser Partei beizutreten, sondern alles kommt darauf an, wo man innerhalb ihrer steht« (1921a, S. 24). Die Analyse hat demnach zuerst die unterschiedlichen Positionen – verstanden als kombinierte Ladung von Macht und Prestige – innerhalb des Wiener Judentums zu lokalisieren. Ich werde daher entlang von Emergenten der strukturellen Spannungen, welche im Bericht selbst aufscheinen, die innerhalb des Wiener Judentums wirksamen Kräfte und Tendenzen herausarbeiten und beschreiben. Hierbei sind einige historische Exkurse notwendig, um die Bedeutung von Anspielungen im Text zu verstehen und die polemischen Bemerkungen Bernfelds zu relativieren.

2.1.1 Bernfelds Politisierung im Vorfeld von Baumgarten: Wiener Jugendkulturbewegung und Jerubbaal

Bernfeld beendet 1914 sein aktives Engagement in der Wiener Jugendkulturbewegung. Den Abschluss seiner jugendbewegten Phase[24] bildet die polizeilich verfügte Auflösung des »Sprechsaals Wiener Mittelschüler« vom 21. März 1914, nachdem vier Tage zuvor bereits eine vom »Akademischen Comité für Schulreform« (A.C.S.) organisierte Veranstaltung mit Gustav Wyneken behördlich verboten worden war.

Dieses Einschreiten ist ein Indiz für den politischen Gehalt der Wiener Jugendkulturbewegung. Der Kampf in Schule und Elternhaus, um den es primär ging, hatte eine gesellschaftspolitische Dimension: Die Wiener Jugendkulturbewegung »stand stark im Gegensatz zu dem altösterreichischen Konservativismus wie zum kapital- und fortschrittsgläubigen Liberalismus der bürgerlichen Väter« (Leichter 1973, S. 336). Der repressive Staatsapparat, seine personellen und seine ideologischen Repräsentanten wurden noch zu Lebzeiten für tot bzw. todeswürdig erklärt (vgl. dazu Aspetsberger 1995,

---

24 1924 kommt es anlässlich von Protestaktionen der Wiener Mittelschüler zu einer kurzen Rückkehr Bernfelds in die Jugendbewegung. In einem Brief vom 6. Oktober 1924 an Elisabeth Neumann schreibt Bernfeld: »Indessen bin ich auf die wunderlichste Weise in die Politik geraten. Die Mittelschüler (sozialistische) machen große Aktionen und ich bin plötzlich ihr Chef geworden, das nimmt mir noch den Rest der Zeit« (zit. n. Reichmayr 1992, S. 118).

S. 138). *Der Anfang* als Titel der von Bernfeld und Barbizon herausgegebenen Zeitschrift (erschienen von 1913 bis 1914) drückt dieses Bewusstsein eines sich abzeichnenden Umbruchs sehr präzise aus. Käthe Leichter, die ihre Lebenserinnerungen in Gestapo-Haft aufzeichnete, macht aus dem *Anfang* zwar kurzerhand den *Aufbruch* (Leichter 1973, S. 332), doch gibt diese Fehlleistung die »revolutionäre Ausstrahlung« (Leichter 1973, S. 336) der Wiener Jugendkulturbewegung nur noch eindrücklicher wieder.

Bernfelds erklärte Absicht nach 1914, sein Denken und Handeln in den Dienst des jüdischen Volkes zu stellen (vgl. Bernfeld 1921a, S. 11), setzt seiner revolutionären Ungeduld kein Ende, sondern verlagert sie auf ein anderes Gebiet.[25] Utley macht hierfür den transitorischen Charakter verantwortlich, der letztendlich jeder Jugendbewegung anhafte:

> »Und natürlich war die A.C.S.-Bewegung selbst vorübergehend: Denn für Bernfeld und viele andere Mitglieder war sie ein Sprungbrett in die Politik. Im Verlauf der Bemühungen um eine Massenbasis [...] wandten sich er und die anderen hauptsächlich alternativen Bewegungen zu« (1975, S. 346; Übersetzung M.R.).

Auch Käthe Leichter, Mitglied des Wiener Sprechsaals und spätere Soziologin, betont die Bedeutung der Jugendkulturbewegung als Sozialisationsinstanz:

> »Sie hat die besten ihrer Mitarbeiter an andere große Bewegungen abgegeben und damit bewiesen, daß sie gleichzeitig Anziehungspunkt und Schulung für junge Menschen war, die zur Anregung einer Bewegung berufen waren. Von der Jugendbewegung weg ging Siegfried Bernfeld in die zionistische Bewegung, in der er bald einen solchen Namen hatte wie in der Psychoanalyse« (1973, S. 339).

Zudem habe vor allem der Krieg der Wiener Jugendkulturbewegung ein Ende gesetzt:

---

25 Utley spricht von einem Abtauchen in den Untergrund und begreift die zionistische Phase in Bernfelds Leben als »period of underground« (Utley 1975, Kap. VIII–X). Auch Laermann betont, dass sich die Tragweite des Skandals um den *Anfang* erst vor dem Hintergrund der rechtlichen Restriktionen ermessen lässt (Laermann 1985, S. 376).

2.1 Die Vorgeschichte des Kinderheims Baumgarten

»Die Jugendbewegung hat aber den Krieg nicht überlebt. Die besten Jungen wurden vom Krieg verschlungen. Was zurückblieb, weiterhin wanderte und diskutierte, war ein Torso, bald von ernsthafteren und größeren Problemen erfüllt als von denen der Jugendkultur« (Leichter 1973, S. 340).

Als ein solches »ernsthafteres« Problem sah Bernfeld die seit Kriegsbeginn aus den nordöstlichen Provinzen der Donaumonarchie nach Wien evakuierten Kriegswaisen. Bernfeld publizierte in der ersten Nummer von Martin Bubers[26] Zeitschrift *Der Jude* einen Aufsatz zu diesem Thema. In »Die Kriegswaisen« (Bernfeld 1916d)

»diskutierte [Bernfeld, D.B.] mit nahzu *prophetischem Weitblick* aber nicht ohne Realitätssinn die Notwenigkeit, die Zukunft von Kindern und Jugendlichen zu überdenken und zu planen, die physisch oder psychologisch verwaist waren, als Folge der Flucht von vielen österreichischen Juden aus den östlichen Provinzen der Habsburger Monarchie in den Westen angesichts der einfallenden königlichen Russischen Armee in den Jahren 1914 und 1915. [...] Konstruktiv über deren Zukunft nachzudenken war weder eine philantrophische Frage noch bloss ein Problem der sozialen Fürsorge, sondern ein nationales mit einigem Gewicht, sagt Bernfeld« (Hoffer 1965, S. 154; Hervorhebung D.B.; Übersetzung M.R.).

Bereits im Sommer 1914 setzte ein Flüchtlingsstrom ein, als die russische Armee binnen weniger Wochen Ostgalizien und die Bukowina erobert hatte. 1916 dann hatten die Mittelmächte fast das ganze zuvor verlorene Terrain zurückerobert. Anzunehmen ist, dass das, was Bernfeld beim Schreiben des Artikels über die »Kriegswaisen« (1916d) vor Augen hatte, die chaotischen, ja anarchischen Zustände dort waren, vor allem also Tausende jüdischer Kinder, die ihre Eltern verloren hatten – entweder durch direkte Kriegseinwirkung oder durch Pogrome, die, sozusagen im Schutz der russischen Besatzung, vor allem von der polnischen Bevölkerung verübt worden waren.

Bernfelds »zionistische Entscheidung« (Koch 1974, S. 32–59) dürfte primär mit diesen nach Wien strömenden Flüchtlingsmassen in Zusammenhang

---

26 Bernfeld weilt nach dem Ende des Baumgarten-Versuchs ab Sommer 1920 für eineinhalb Jahre in Heppenheim, wo er mit Martin Buber zusammenarbeitet (Fallend 1992b, S. 68).

stehen.[27] Bernfeld »konvertierte zum Zionismus, als der Zustrom jüdischer Flüchtlinge aus dem Osten des Kaiserreichs (Galizien und Bukowina) nach Wien ihm [...] die Komplexität der ›Jüdischen Frage‹ offenbarte« (Hoffer 1965, S. 150; Übersetzung M.R.). Der Aufsatz »Die Kriegswaisen« (Bernfeld 1916d) enthält ein »Tatprogramm« (Bernfeld 1921a, S. 15), das weit über die Bewältigung des Flüchtlingsproblems hinauszielt. Die »vieltausendköpfige Waisengemeinschaft« (ebd., S. 14) bedeutete für Bernfeld nicht primär eine sozialpädagogische Herausforderung, sondern die Möglichkeit, Einfluss zu nehmen auf die Zukunft des jüdischen Volkes in Palästina. Bernfeld

»setzte sich mit jungen Anführern und Intellektuellen unter diesen Flüchtlingen in Verbindung, die ihn sehr beeindruckt hatten. *Er begriff das Potenzial dieser Massen von Jugendlichen*, die aus ganz anderen Verhältnissen kamen als jenen im Westen, die er gekannt hatte. Diese jungen Erwachsenen waren gut organisiert in ihrem Ursprungsland, aber waren dazumals bereits *in Parteien und Fraktionen unterteilt*, oftmals in Übereinstimmung mit den zionistischen Zugehörigkeiten der Erwachsenen« (Hoffer 1965, S. 150; Hervorhebung D.B.; Übersetzung M.R.).

Die wichtigste und mächtigste Gruppierung innerhalb der jugendlichen Ostflüchtlinge war der linkszionistische »Haschomer Hazair« (hebr. »der junge Wächter«), der von galizischen Jugendlichen nach Wien gebracht wurde und bald zur größten Jugendgruppe avancierte. Die Verelendung und der Verlust des traditionellen Umfelds führten bei den Jugendlichen häufig zu einer Entfremdung von der Familie, welche die zum Teil schon in der Heimat begonnene Rebellion gegen das gesetzestreue Judentum verstärkte. Der Antisemitismus in der Schule und auf der Straße machte die Jugendbewegung zum einzigen Ort der Geborgenheit. Die Mitglieder der »Haschomer Hazair«, die »Schomrim«, waren intellektuell orientiert, weshalb der von Buber beeinflusste Zionismus Bernfelds bei ihnen zunächst großen Anklang fand (Jensen 1995, S. 73). Die im Zitat erwähnten Möglichkeiten, die Bernfeld in diesen

---

27 Koch, die in ihrer Dissertation Bernfelds Aufsätze zum Problem jüdischer Identität und Assimilation aufarbeitet, findet nirgendwo einen expliziten Hinweis darauf, »welche Ereignisse es waren, die ihn bewogen, sich dem Zionismus zuzuwenden« (1974, S. 33).

Massen sah, dürften vor allem mit dieser ideellen Affinität zusammenhängen. Bernfeld übernimmt in Baumgarten nicht nur die Organisationsstrukturen der »Haschomer Hazair«, die sogenannten »kvuzot«[28], sondern im »Bereich des Heimes bildete sich [auch] eine ›Bruderorganisation‹ der ›Schomrim‹, die, von einem ›Schomer‹ aus Galizien angeregt, eine Art Wächterorganisation darstellte, die es sich zum Ziel setzte, die Ordnung im Heim aufrechtzuerhalten, und sich selbst strenge Gesetze gab« (Jensen 1995, S. 74). Gemeint ist hier die »Histadruth Haschotrim«, der Wächterbund um die beiden Erzieher Wilhelm Hoffer und Gerhard Fuchs (Hoffer 1922).

Mit der Balfour-Deklaration (1917) und dem absehbaren Kriegsende setzte jedoch gerade unter den jugendlichen Kriegsflüchtlingen ein Umdenken ein. Die Rückkehr nach Palästina und damit die Befreiung aus dem Wiener Elend waren in greifbare Nähe gerückt. Ihr Interesse an jüdischer Kulturarbeit nahm dramatisch ab, an ihre Stelle trat die Hebraisierung und die berufliche Umschichtung, also die praktische Vorbereitung auf ein Pionierleben in Palästina (Lappin 2005). Bernfeld warnt in einer »nicht gehaltenen Rede an die Chaluzim« (Jerubbaal 1918/19, S. 307–311) eindrücklich vor der »Verherrlichung bloßer Kraft, bloßer körperlicher Arbeit, [vor dem] Abscheu vor Geist, Verstand« (ebd., S. 311), kommt aber nicht umhin, diese Umorientierung in der pädagogischen Konzeption von Baumgarten zu berücksichtigen. »Bernfeld musste im Gegensatz [zu Wyneken, D.B] ein viel weiteres Spektrum von jugendlichen Ideologien und Ansprüchen berücksichtigen, insbesondere die von Paole Zion and Hashomer Hatzair« (Hoffer 1965, S. 157; Übersetzung M.R.). Für das geistige Abrücken der ostjüdischen Schomrim-Jugend von ihren Mentoren Bernfeld und Buber gab es bereits beim »Österreichisch-jüdischen Jugendtag« vom 18. bis 20. Mai 1918 erste Anzeichen (vgl. dazu Kap. 4.1).

Trotz der Kontroversen zwischen ost- und westjüdischen Gruppierungen, welche beim »Österreichisch-jüdischen Jugendtag« sehr heftig aufflammten (vgl. hierzu Dudek 2002, S. 190f.), kommt es zur Gründung der Dachor-

---

28 Bzgl. der Organisationsstrukturen der »Haschomer Hazair« schreibt Jensen: »Die Organisierung der Jugendlichen erfolgte in ›kvuzot‹ und ›plugot‹ […]. Die ›kvuzot‹ bestanden aus acht bis zehn Mitgliedern, die ›plugot‹ aus drei ›kvuzot‹« (1995, S. 61).

ganisation »Verband der Jüdischen Jugend Österreichs«. Bernfeld wurde als Präsident gewählt. Im März 1918, d.h. bereits zwei Monate vor dem Jugendtag, publiziert Bernfeld die erste Nummer der Zeitschrift *Jerubbaal*, die als »Sprachrohr der rebellischen jugendlichen Avantgarde einer jüdischnationalen Massenbewegung in Österreich« (Bunzl 1992, S. 80) dienen sollte. Weiter gestärkt wurde die jüdische Jugendbewegung mittels der Organisation von Gruppen und Zirkeln, die Bernfelds Programm für eine jüdische Jugendbewegung diskutieren und in die Tat umsetzen:

> »Jerubbaal war ein Kriegsruf, und Bernfeld wollte ihn als Namen für eine Gruppe von Leuten benutzen, die sich mit Gideons mutigen Anhängern identifizieren. Mit diesem Hintergedanken organisierte Bernfeld seine engsten Freunde als eine Art klösterlichen Geheimorden und nannte diese Gruppe ›Orden Jerubbaal‹. Diejenigen, die dem Orden zugetan waren aber nicht die strengen Verpflichtungen auf sich nahmen, nannte man ›Kreis Jerubbaal‹. Ein regelmäßiges Rundschreiben vermittelte allen Interessierten Informationen über relevante Anlässe, persönliche Angelegenheiten, Erziehungsprobleme und zionistische Arbeit, hauptsächlich im Widerspruch zur offiziellen Zionistischen Partei« (Hoffer 1965, S. 159; Übersetzung M.R.).

Um die Zeitschrift *Jerubbaal* baut Bernfeld eine Organisation auf, die mit derjenigen um den *Anfang* vergleichbar ist. Analog zum A.C.S., das die »organisatorische Führung der Jugendkulturbewegung in Händen« hatte (Bernfeld 1928a, S. 466), gründet Bernfeld mit seinen engsten jüdischen Freunden einen »Orden«; in Anlehnung an die »Sprechsäle« organisiert er »Zirkel«, in denen mittels regelmäßigen Mailings eine Diskussion angeregt wird. Die Struktur der »Jugendkulturorganisationen ACS., Sprechsäle, Anfang« (Bernfeld 1928a, S. 397) bestimmt so den Aufbau der jüdischen Jugendbewegung in Österreich. Beide Unternehmen sind als »tight-knit fighting community« (verschworene Kampfgemeinschaft, Utley 1975, S. 357; Übersetzung M.R.) konzipiert. Aufgrund der erfahrenen Repression strukturiert Bernfeld die Nachfolgeorganisation jedoch straffer (Utley 1975, S. 357f.). In derselben Weise instrumentalisiert Bernfeld dann auch das Kinderheim Baumgarten. »Die politische Sturktur des Heims, die sich ab Mitte Oktober 1919 bis zum 17. April 1920 entwickelte, war im Kern eine Abänderung des

Jugendorden-Konzepts« (Utley 1979, S. 362; Übersetzung M.R.). Damit lässt sich eine Reihe erkennen: Die Jugendkulturorganisationen, die jüdische Jugendbewegung und Baumgarten dienen in Bernfelds »system of educational and social change« (Utley S. 1975, S. 347f.) als ideologische und institutionelle Kampfmittel. Dass es zwischen der Jugendkulturbewegung und dem Kinderheim Baumgarten Parallelen gibt, erwägt auch Käthe Leichter: »Die vorwiegend pädagogisch Interessierten [der Wiener Jugendkulturbewegung, D.B.] versuchten wohl nach dem Krieg, den alten Gedanken einer sich selbst verwaltenden Kindergemeinschaft zu verwirklichen« (1973, S. 340).

Sowohl die Publikation *Jerubbaal* als auch Bernfelds Organisation eines jüdischen Jugendordens werden durch die politischen Ereignisse überholt. Das Kriegsende im Oktober 1918 stellt die jüdische Gemeinschaft in Wien vor neue Herausforderungen:

> »Die politischen Ereignisse begannen Bernfelds Vorbereitungs- und Erziehungsarbeit zu überstürzen. Es war Zeit – zumindest dachte man das – zu handeln, auch was die Umsetzung des jüdisch nationalen Gedankenguts [Zionismus, D.B.] betraf, und man hatte wenig Verständnis für solche, von denen man dachte, dass sie davon abweichende Ideale pflegten« (Hoffer 1965, S. 157; Übersetzung M.R.).

Die Abdankung des Kaisers und das Ende der verhassten Habsburger-Dynastie setzt nicht nur in Jugendkreisen Energien frei, die nach Realisierung all der Ideen drängen, die von der repressiven Staatsmacht unterdrückt worden waren. Gleichzeitig homogenisiert der »Einheit stiftende Enthusiasmus« (Bunzl 1992, S. 78) die verschiedenen Interessen innerhalb der jüdischen Kreise Wiens. Diese Kreise – immerhin 10,8% Prozent der Stadt[29] – kann man grob in drei Gruppierungen unterteilen, die im Folgenden kurz beschrieben werden sollen. Assimilierte, jüdisch-nationale und zionistische Juden haben in Bezug auf ihre Zukunft ganz unterschiedliche Vorstellungen. Diese verschie-

---

29 Wien hatte innerhalb der Republik Österreich bzgl. des jüdischen Bevölkerungsanteils eine »anormale Stellung« inne: Von den 250.000 Juden des neu gegründeten Staates lebten 1923 201.513 in Wien, was 10,8% der Gesamtbevölkerung der Stadt ausmachte (Jüdisches Lexikon 1930, S. 634; Koch 1974, S. 131).

denen Interessen sind auch in der Trägerschaft des Kinderheims Baumgarten vertreten und prägen die Auseinandersetzung im Vorfeld des Projekts ganz wesentlich.[30]

2.1.2 Politische Tendenzen und Gruppierungen innerhalb des Wiener Judentums

Zu der Zeit, als Herzls *Der Judenstaat* erschien, unterschied man noch nicht zwischen den Begriffen »Zionismus« und »jüdisch-national«. Erst später meinte man mit »Zionismus« die Errichtung eines jüdischen Staates in Palästina und mit »jüdisch-national« die Autonomie in der Diaspora (Bunzl 1987, S. 44). Ein Verein zur Führung nationaljüdischer Innenpolitik, der »Jüdische Volksverein«, hatte in Wien zwar schon zur Zeit Herzls bestanden, allerdings in Opposition zu diesem, da Herzl eine jüdische Beteiligung an innenpolitischen Fragen abgelehnt hatte. 1906 stellte sich den österreichischen Zionisten mit Einführung des allgemeinen Wahlrechts für das Parlament die Frage des Eingreifens in die Landespolitik. Am österreichischen Zionistentag in Krakau (Juli 1906) beschloss man grundsätzlich diese Beteiligung, formell sollte sie aber nicht von der Zionistischen Organisation angeführt werden. Deshalb wurde der »Jüdische Nationalverein für Österreich« gegründet, der faktisch aber nur in Westösterreich aktiv wurde. »In Galizien fand eine organisatorische Trennung zwischen zionistischer und nationaljüdischer Politik niemals statt« (Jüdisches Lexikon 1930, S. 427).

Im Oktober 1918, am Ende des Weltkrieges, entstand in Wien der »Jüdische Nationalrat« (Hoffer 1965, S. 158). Am 16. Oktober 1918 erließ Kaiser Karl I. das Völkermanifest. Dieses Manifest sollte den Anstoß dazu geben, die österreichische Reichshälfte der Doppelmonarchie unter seiner Schirmherrschaft in eine Konföderation freier Völker umzuwandeln. Die Nationalitäten Österreichs wurden dazu aufgerufen, eigene Nationalräte (Volksvertretungen)

---

30 Die Dissertation von Annette Koch (1974), die explizit die Voraussetzungen von Baumgarten im Auge hat, vernachlässigt den Unterschied zwischen zionistischen und jüdisch-nationalen Juden.

2.1 Die Vorgeschichte des Kinderheims Baumgarten

zu bilden. Im Anschluss an diesen Versuch, die Neuordnung der K. u. k.-Monarchie unter wenigstens nomineller Führung durch das Haus Habsburg zu ermöglichen, entstanden in Russland, der Ukraine, Polen, Posen und der Tschechoslowakei »Jüdische Nationalräte«. Sie waren die Organisationen, die die Forderungen nach den nationalen Minderheitsrechten der Juden vertraten. Dies war notwendig, weil die völkerrechtlichen Verträge, mit denen die Siegermächte das Nationalitätenproblem der Donaumonarchie lösen wollten, den Minderheiten selbst unmittelbar noch keine Rechte gaben, sondern lediglich die Nachfolgestaaten dazu verpflichteten. Die »jüdischen Nationalräte« versuchten darauf einzuwirken, dass diese innerstaatlichen Regelungen für die jüdische Minderheit möglichst vorteilhaft ausfielen. »Es ist in der Natur der jüdischen Nationalräte als politischer Körperschaften, die auf die öffentlichen Angelegenheiten eines Staates einzuwirken berufen sind, begründet, dass sie sich hauptsächlich auf die Landespolitik in ihrem Staate beschränken« (Jüdisches Lexikon 1930, S. 199).

Bernfeld wird einer der Sekretäre des »Jüdischen Nationalrats« (Hoffer 1965, S. 158) und entwickelt im »Erziehungsamt« (Bernfeld 1921a, S. 18) zahlreiche Initiativen, welche die Autonomie und den rechtlich gesicherten Minderheitsstatus der österreichischen Juden rechtfertigen sollten.

> »Es war die Zeit, als in Wien der Verband für jüdische Jugendfürsorge in Deutschösterreich und das Paedagogium, die Ausbildungsstätte für jüdische Lehrer, Form annahmen; vieles davon wurde vom Büro in der Oberen Donaustraße in der Leopoldstadt aus organisiert« (Hoffer 1965, S. 158; Übersetzung M.R.).

An dieser Adresse waren die Räumlichkeiten des »Jüdischen Nationalrats«, der sich in den revolutionären Oktobertagen am Kriegsende konstituierte.

> »Schon in den Tagen des Umsturzes (1918) wurde in Wien ein ›Jüdischer Nationalrat‹ gebildet, der sich auf politischem und kulturellem Gebiete Verdienste erwarb – es sei z.B. an das seither bestehende ›Hebräische Pädagogium‹ und das jüdische Realgymnasium erinnert. 1919 wurde vom Wiener Wahlkreis ›Nordost‹ der Jüdischnationale Ing. Robert Stricker in die österreichische [konstituierende, D.B.] Nationalversammlung entsendet, auch in den Gemeinderat wurden drei Jüdischnationale gewählt« (Jüdisches Lexikon 1930, S. 632f.).

Die vom »Erziehungsamt« und dessen Sekretär Bernfeld verantworteten Institutionsgründungen werden auch im Baumgarten-Bericht erwähnt: das »Pädagogium« (ebd., S. 31) und der »im Februar 1919 [...] neugegründete Verband für jüdische Jugendfürsorge in Deutschösterreich« (ebd., S. 16).[31]

Bernfeld engagiert sich zunächst also im Rahmen jüdisch-nationaler Politik, die *nicht* auf eine Staatsgründung in Palästina hinzielt, sondern auf innerstaatliche Autonomie samt einschlägigen Rechten als Teilbevölkerung der neu entstandenen Nachfolgestaaten der K. u. k.-Monarchie hinarbeiten. Die Zeit der Vorbereitung von Baumgarten fällt mit der Zeit zusammen, als die K. u. k.-Nachfolgestaaten am Verhandlungstisch in den Vororten von Paris konstruiert wurden. Die Jüdisch-Nationalen konnten deshalb noch von Autonomie innerhalb der Nationalstaaten mit nichtjüdischen Staatsvölkern träumen. Dass die Chancen hierfür schlecht standen, weil die Juden über keine geschlossenen Siedlungsgebiete verfügten, sondern versprengt unter allen anderen Ethnien lebten, dürfte Bernfeld schon früh klar gewesen sein. Endgültig zerstört wird die Hoffnung auf Teilautonomie mit dem Staatsvertrag von St. Germain am 10. September 1919, also fast zeitgleich mit der Eröffnung von Baumgarten.

Dass man im Rahmen der neu gegründeten Republik Österreich weder Autonomie noch Minderheitenstatus und entsprechende rechtliche Garantien erhalten hatte, war nicht ohne Auswirkungen auf die Politik der jüdisch-nationalen Kreise geblieben. In den folgenden Wahlen gingen alle Legislativmandate verloren, und der rechts vom zionistischen Mainstream politisierende Robert Stricker verlor in Wien an dominierendem Einfluss (Jüdisches Lexikon 1930, S. 633). Die Zionisten hingegen, welche dezidiert für die Errichtung eines jüdischen Staates in Palästina arbeiteten, erhielten nach 1919 erheblichen Aufwind, obschon ihre Perspektive nationalstaatlicher

---

31 Die von Herrmann in der Gesamtausgabe vorgenommene Korrektur der Jahreszahl (Bernfeld 1921a, S. 16; Fußnote 6) muss rückgängig gemacht werden. Weder die Gründung des Verbandes noch das Pädagogium können »im Februar 1918« (ebd.) stattgefunden haben, weil sich der »Jüdische Nationalrat« erst zum Kriegsende konstituiert, also im Oktober 1918. Auch das vom Jüdischen Nationalrat in Wien mit der Unterstützung des Wiener Oberrabbiners Dr. Zwi Perez Chajes – er hatte auch die pädagogische Oberaufsicht über Baumgarten inne (ebd., S. 140) – gegründete jüdische Realgymnasium wurde erst 1919 eröffnet.

Autonomie lediglich auf lauen Zusagen vor allem der Engländer basierte (Balfour-Deklaration von 1917), die zusammen mit den Franzosen die dem Osmanischen Reich weggenommenen Gebiete im Vorderen Orient unter sich aufgeteilt hatten.

Wenn Bernfeld vom »Zionismus der jüdischen Nationalpartei« (1921a, S. 21) spricht, so kommt darin möglicherweise diese ›zionistische Wende‹ im politischen Bewusstsein der Jüdisch-Nationalen zum Ausdruck. Bernfeld verwischt auch an anderen Stellen die Differenz zwischen »Zionisten« und »Jüdisch-Nationalen«, was ich als Ausdruck des Spagats interpretiere, den er als Funktionär *beider* politischer Gruppierungen zu machen hat. Bernfeld ist zum einen Sekretär des »Erziehungsamtes« im »Jüdischen Nationalrat« (Hoffer 1965, S. 158; Bernfeld 1921a, S. 18), zum andern ist er »Erziehungsreferent« der »zionistischen Parteileitung« (1921a, S. 84). Auch hier stellt sich die Frage, ob aus dem »Jüdischen Nationalrat«, bedingt durch die historische Entwicklung, in Bernfelds Bericht nicht plötzlich die »zionistische Parteileitung« wird.

2.1.3 Entstehungsgeschichte des Kinderheims

Der »ernsthafte Versuch mit neuer Erziehung«, so der Untertitel von Bernfelds Bericht, dauerte vom 15. Oktober 1919 (Hoffer 1965, S. 162) bis zum 15. April 1920, als Bernfelds Team Baumgarten verließ (ebd., S. 165).

Die pädagogische Konzeption von Baumgarten geht zurück auf Bernfelds Aufsatz »Die Kriegswaisen« (Bernfeld 1916d), der im ersten Kapitel des Berichts – »Vorgeschichte: Die Schulsiedlung« – in vollem Umfang wiedergegeben wird (Bernfeld 1921a, S. 11–15). Bernfeld plädiert hier für die Schaffung eines von Grund auf neuen jüdischen Erziehungssystems, dessen zentrale Organisationsform nicht die Schule und nicht das Heim ist, sondern »Kinderdörfer und Jugendgemeinden« in Palästina (ebd., S. 14). Detailliert entwirft Bernfeld dieses Erziehungssystem im Aufsatz »Das jüdische Volk und seine Jugend« (Bernfeld 1919a). Am Anfang von Baumgarten steht somit eine *idealistische Utopie*, die Bernfeld aber im Schlusssatz seiner kleinen

2 Politik: Die Schaffung kultureller Tatsachen als Strategie ...

Schrift mit der Realität des jüdischen Volkes zusammenführt: Utopien seien für Juden nicht nur möglich, sondern gleichsam ein Erfordernis, hört man Bernfeld sagen, »denn wir haben keine Gegenwart; wir Volk der Zukunft« (ebd., S. 133).

Gemessen an diesem groß angelegten Entwurf stellt die Konzentration auf *Kriegswaisenerziehung* (vgl. Bernfeld 1916d) bereits eine erste Redimensionierung dar. Sie erfolgt aus pragmatischen Gründen: Angesichts der Flüchtlingsströme wird die »Kriegswaisenerziehung [...] nächstliegende Forderung des Augenblicks« (Bernfeld 1921a, S. 16).

Eine weitere Reduktion erfährt das Unternehmen sodann im »*Plan ›Freie jüdische Schulsiedlung‹*« (ebd., S. 20), den Bernfeld für den »Verband für jüdische Jugendfürsorge in Deutschösterreich« (ebd., S. 16) entwickelt. Das Projekt »Freie Schulsiedlung« (ebd., S. 28) ist die »erste und wichtigste Aufgabe« des im Februar 1919 gegründeten Dachverbandes. Im Rahmen der »Kommission Schulsiedlung« (ebd., S. 20) dieses Verbandes geht Bernfeld gemeinsam mit Freunden (ebd., S. 19) an die Realisierung des Projekts und kann zunächst sogar eine gewisse, wenn auch laue Bereitschaft mobilisieren. Wahrscheinlich kommt es noch im Februar 1919 zu »ersten Verhandlungen mit einer Gutsverwaltung« (ebd., S. 24). Diese Aktivität wird jedoch von höherer Seite im Verband aus gebremst. Explizit beschreibt Bernfeld die Verschleppungs- und Verzögerungstaktik beim dritten Versuch, Ende Juli 1919, ein Objekt für die Schulsiedlung zu kaufen (ebd., S. 28). Im Laufe dieser sechs Monate wird für ihn immer deutlicher, dass der institutionelle Widerstand gegen das Projekt wächst: »Die maßgebenden zionistischen Personen« seien »untätig ohne Zustimmung« (ebd., S. 21), zeigten »instinktive und dumpfe Ablehnung« (ebd., S. 20), »lähmende Skepsis und Saumseligkeit« (ebd., S. 20), oder seien gar »sehr eifrig gegentätig« (ebd., S. 21). Ähnlich verhält es sich bei den assimilierten Juden Wiens, die gegenüber dem Projekt Schulsiedlung »zustimmend, wenn auch wenig tätig« (ebd., S. 21) seien und »immer sichtbarere Abstinenz« (ebd., S. 18) zeigen würden.

Die folgende Darstellung zeigt auf, welche Differenzen im Umfeld des »Verbands für jüdische Jugendfürsorge« bezüglich Aufgabe und Wesen einer Institution zur Bearbeitung des Kriegswaisenproblems bestehen. Sichtbar

2.1 Die Vorgeschichte des Kinderheims Baumgarten

wird auch, dass das Kinderheim Baumgarten einen fragilen Kompromiss zwischen diesen unterschiedlichen Projekten darstellt. Mit der Gründung des Heims sind diese Unterschiede denn auch keineswegs beseitigt. Vielmehr werden sie erst richtig sichtbar, wenn es um die konkrete Organisation des sozialpädagogischen Raums geht.

	Zionisten und/oder Angehörige der jüdischen Nationalpartei	Linkszionisten (Bernfeld)
Institutioneller Auftrag (Ziele)	• das bisher Übliche mit nationaler Farbe (S. 21) • keine Erziehungsexperimente (S. 21) • keine sozialistische Erziehung (S. 21) • keine bolschewistische Erziehung (S. 19) • keine produktivierende Erziehung (S. 18) • keine assimilatorische Erziehung (S. 19)	• produktivierende Erziehung (S. 19)
Institution (Mittel)	• Einzelfallhilfe (S. 11) • Waisenhäuser (S. 12f., 20) • bestehendes Erziehungssystem an größere Quantitäten adaptieren (S. 14) • Pflegekinderwesen (S. 12)	• Schulsiedlung für einige tausend Kinder, Jugendliche und Erwachsene (S. 19) • Schulgemeinde (S. 19f.) • pädagogische, organisatorische und finanzielle Autonomie (S. 19)

Abb. 1: Spannungen auf der Ebene des institutionellen Auftrags und der institutionellen Mittel im Zusammenhang mit dem Projekt »Freie jüdische Schulsiedlung«

Zunächst blockieren diese Interessenkonflikte und ideologischen Gegensätze die Realisierung des Projekts. Hierzu gehört auch, dass Bernfeld das für den Erwerb eines Landguts notwendige Geld nicht zusammenbringt. Er spricht von »einigen tausend Dollar« (ebd., S. 25), die ihm noch fehlen, doch die Verbandskasse ist leer, die finanzielle Situation prekär, und Aussicht auf Erholung besteht aufgrund des versiegenden Spendenflusses nicht (ebd., S. 16f.). Diese Entwicklung ist spätestens seit der Auflösung des K.u.k.-Regimes im Oktober 1918 und mit der einsetzenden Inflation absehbar. Wahrscheinlich ist, dass sich Bernfeld schon vor den ersten Verhandlungen mit einer Gutsverwaltung nach alternativen Geldquellen umgesehen hat. Er scheint als Fondsmanager sehr erfolgreich gewesen zu sein, behauptet er doch, für die Schulsiedlung »1,5 Millionen Kronen« selbst aufgebracht zu haben (ebd., S. 25).

2 Politik: Die Schaffung kultureller Tatsachen als Strategie ...

In diesem Moment wird Bernfeld auf die amerikanisch-jüdische Hilfsorganisation »American Joint Distribution Committee for Jewish Worshipers«[32] (ebd., S. 9) aufmerksam. Das J.D.C. war die wichtigste Kriegsopfer-Hilfsorganisation der amerikanischen Judenheit und betrieb in Europa verschiedene Zweigstellen. Die Wiener Zweigstelle des J.D.C. – die »Vienna Branch« (ebd.) – bestand aus »etwa 100« Mitgliedern (ebd., S. 25). Als arbeitsteilige Funktionen erwähnt Bernfeld einen »Direktor« (ebd.), einen »amerikanische[n] Delegierte[n]« (ebd., S. 24) und »jüdische Beamte« (ebd., S. 26). Deren Aufgabe bestand darin, Spendengelder an die von den Kriegsereignissen betroffenen Juden in Europa und im Orient zu verteilen.

Während der Hungerperiode der Kriegs- und ersten Nachkriegszeit erstreckte sich die Tätigkeit des J.D.C. vor allem auf Osteuropa, wo die Gelder zur Bekämpfung der unmittelbaren Not von Vertriebenen und Flüchtlingen eingesetzt wurden. Die Zahl der jüdischen Kriegswaisen in Osteuropa (ohne Russland) wurde auf 60.000 geschätzt (Encyclopaedia Judaica 1928, S. 593f.). Nach dieser ersten Phase palliativer Hilfe wurden die Spenden ab Winter 1918/19 vermehrt in aufbauende Arbeit investiert (Jüdisches Lexikon 1929, S. 304; Encyclopaedia Judaica 1928, S. 590). »Einen größeren Umfang nahmen 1919 und 1920 die Ausgaben für das Kinderhilfswerk an« (Encyclopaedia Judaica 1928, S. 591).[33] An die Stelle der bisherigen »Notstandsaktionen« sollten »planmäßige Aktionen zur wirtschaftlichen Regenerierung des osteuropäischen Judentums« treten (Encyclopaedia Judaica 1928, S. 591).

---

32 Im Original von 1921 und in der Ausgabe von 1969 steht anstelle von »Worshipers« (dt. Gottesdienstbesucher) »Warshipers«. Als Vokabel ist »warshiper(s)« jedoch unübersetzbar; die Nachbarschaft zu »warship(s)« – dt. Kriegsschiff(e) – ergibt keinen Sinn. Das J.D.C. war am 27. November 1914 als »Joint Distribution Committee for American Funds for the Relief of Jewish War Sufferers« gegründet worden (Encyclopaedia Judaica 1971, S. 827). Dass Bernfeld bei der Wiedergabe des vollen Namens des Hilfswerks ein Orthografiefehler (»Comittee« statt »Committee«), eine Verkürzung (»Funds for the relief of« fehlt) und eine Verwechslung (»Warshipers« anstelle von »War Sufferers«) unterlaufen ist, mutet recht fantastisch an, selbst wenn man seine Widerstände gegen die durch diese Organisation vertretenen Interessen und Ideologien berücksichtigt.

33 Insgesamt soll das J.D.C. zur Bewältigung des Flüchtlingsproblems im osteuropäischen Raum 22,7 Mio. Dollar eingesetzt haben (Encyclopaedia Judaica 1971, S. 828); von 1921 bis 1923 allein 3,3 Mio. Dollar für die Kinderfürsorge (Encyclopaedia Judaica 1928, S. 594).

2.1 Die Vorgeschichte des Kinderheims Baumgarten

Der Wechsel von punktuellen Short-term- zu strukturellen Long-term-Hilfsprojekten[34] erscheint in Bernfelds Bericht als »Reorganisationsversuch« (ebd., S. 25), der ihm das Joint interessanter machte, als es bis dahin offenbar gewesen war. Nicht zu vernachlässigen ist auch der finanzielle Aspekt: Die Mittel, die das Joint zu verteilen in der Lage war, waren – im Vergleich zum »Verband« – »mehr als beträchtlich« (ebd., S. 25). Daneben machte Bernfeld sich wohl auch gewisse Hoffnungen, das Joint sei, weil amerikanisch dominiert, in seiner Arbeitsweise effektiver als einheimische Institutionen. Als Zeitpunkt der Reorganisation des Joint ist das erste Halbjahr 1919 anzunehmen. In Relation dazu wäre dann die Bemerkung zu verstehen, dass selbst Präsidialmitglieder »nach einem Jahr Tätigkeit des reorganisierten Joint« eingestehen mussten, keine Projekte zu haben bzw. »nur weiterzuwursteln« (ebd., S. 26). Bernfeld schreibt dort »heute« (Datierung des Vorworts: Juli 1920), was darauf hinweisen würde, dass die Reorganisation im Juli 1919 offiziell abgeschlossen war.

Die amerikanische Finanzierung entsprach auch Bernfelds erklärter Absicht, »das Jugendfürsorgewerk der passiven Resistenz und Sabotage des jüdischen Bürgertums zu entreißen« (1921a, S. 19) – so seine Interpretation der oben beschriebenen Widerstände gegen die Schulsiedlung. Bernfeld scheint zunächst an der Mithilfe des Joint nur in finanzieller Hinsicht interessiert gewesen zu sein: Ihm fehlten, wie erwähnt, noch »einige tausend Dollar«. Das Joint erscheint hier als potenzieller Sponsor, den es zu überzeugen gilt, Gelder in ein Projekt zu investieren, ohne dass daraus eine Abhängigkeit für Bernfeld entsteht. Bernfeld operiert ab diesem Zeitpunkt offenbar zweigleisig: Das Projekt will er mit dem Verband verwirklichen, das fehlende Geld will er vom Joint akquirieren. Der entscheidende Impuls, diese Politik aufzugeben, kommt dann Ende Juli 1919 vom Joint, und zwar in Gestalt von Erna Patak.

Deren Verhältnis zum Joint ist zunächst nicht klar; ebenso bleibt im Dunkeln, ob sie die Baracken im Baumgartner Kriegsspital mit eigenen oder mit Mitteln des Joint erworben hatte. Im letzten Kapitel seines Berichts bezeichnet Bernfeld sie als »Exponentin des Joint« (ebd., S. 136) bzw. als

---

34 Ähnliche Neuorientierungen von Hilfsprogrammen nach Ende der Kampfhandlungen lassen sich auch bei aktuellen Konflikten (z. B. in Bosnien) beobachten.

dessen »Referentin« (ebd., S. 137). Ob Patak selbst eines der 100 Committee-Mitglieder war (vgl. ebd., S. 25), bleibt offen. Möglicherweise formalisiert Bernfeld die Beziehungen zwischen Joint und Patak, obschon sie vielleicht viel informeller waren. Dies ist umso wahrscheinlicher, als Informalität die im K. u. k.-Österreich vorherrschende politische Organisationsstruktur gewesen war. Im Memorandum der Lehrerschaft steht, dass »mit der ehrenamtlichen Leitung des gesamten Kinderheims Frau Erna Patak vom Präsidium des Joint betraut« worden sei (ebd., S. 140). Die Kombination von betrauender (jedoch nicht verfügender) Trägerschaft und ehrenamtlicher Leitung könnte darauf hinweisen, dass Erna Patak als unabhängige Privatperson die Infrastruktur des Heims gekauft hatte. Weil für deren Betrieb aber amerikanische Gelder verwendet werden, muss die Heimleitung durch die Trägerschaft legitimiert sein. Durch die Ehrenamtlichkeit bleibt die Anbindung an das Joint jedoch lose. Dies gilt auch in umgekehrter Richtung: Die Trägerschaft sei »von der Unfähigkeit der Leiterin überzeugt« gewesen, habe aber keine Neigung gezeigt, etwas gegen sie zu unternehmen, schreibt Bernfeld (ebd., S. 138). Die Informalität von Pataks Autorisierung wird durch die Tatsache abgerundet, dass der Direktor des Joint der »Freund der Leiterin« (ebd., S. 137) ist.

Doch zurück zur Situation Bernfelds. Ende Juli 1919, so berichtet er, ist bereits der dritte Versuch des Verbands gescheitert, ein für die Schulsiedlung geeignetes Objekt zu erwerben – offenbar war es durchaus gefunden worden und der Anbieter wohl auch verkaufswillig. Woran der Kauf scheiterte, müssen wir uns kaum mühsam vorstellen: »Zaghaftigkeit« (ebd., S. 28) nennt es Bernfeld (wahrscheinlich sprang der Verkäufer ab, weil ihm das Verfahren zu lange dauerte, er selbst aber dringend Geld brauchte). In ebendieser neuerlichen Enttäuschungssituation, aus der Bernfeld gewiss den Schluss gezogen hatte, dass es mit dem »Verband« wohl niemals zu einer Realisierung seines Projekts kommen würde, tritt nun Erna Patak an ihn heran und bietet ihm die Leitung des von ihr intendierten Fürsorgeprojekts an.

Interessant ist, dass Bernfeld an der entscheidenden Stelle seiner Darstellung umstandslos von »Schulsiedlung« spricht: »Ende Juli 1919 [...] teilte mir nun jene Leiterin mit, sie habe fünf Baracken im Baumgartner Kriegsspital erworben und bäte mich, die Leitung der Schulsiedlung zu übernehmen«

(ebd., S. 28). Hier liegt der Verdacht nahe, dass Bernfeld ein signifikanter Verschreiber unterläuft, denn dass Erna Patak explizit von »Schulsiedlung« gesprochen haben soll, wie es Bernfelds Wortwahl nahelegt, ist kaum wahrscheinlich. Erstens gehörte Erna Patak explizit zu »denen, die sich ohne tieferes Verständnis für das Projekt ›Freie Schulsiedlung‹ interessierten« (ebd., S. 28). Zweitens würde es eklatant der wenig schmeichelhaften Charakterisierung widersprechen, die Bernfeld von Erna Patak gibt, bevor er sie – und das ist darstellungspolitisch recht geschickt – als Initiatorin von Baumgarten vorstellt. Eine so offensive Anfrage würde auch im Gegensatz zu Geiringers Aussage stehen, dass man Bernfeld »mit einiger Angst […] die Leitung des Baumgarten-Heims übergab« (Geiringer 1920, S. 115).

Ich interpretiere diesen Verschreiber, der noch im selben Abschnitt korrigiert wird, als Hinweis darauf, dass das Projekt einer Schulsiedlung »für einige tausend Kinder, Jugendliche und Erwachsene« (Bernfeld 1921a, S. 19) nicht vom Tisch ist. »Nach längeren Verhandlungen […] wurde festgestellt: In Baumgarten wird keine Schulsiedlung, sondern ein eigenartiger Typus Kinderheim geschaffen, der bewußt als Kader für eine künftige größere, vollkommenere und organischere Unternehmung eingerichtet wird« (ebd., S. 29). Diese doppelte Zielsetzung suggeriert, dass Bernfeld sein Projekt einer Schulsiedlung letztendlich doch werde realisieren können, d.h., dass die oben aufgeführten Widerstände zumindest teilweise überwunden werden konnten. Mit anderen Worten, Bernfeld präsentiert sich hier als Teilsieger, der Erna Patak diesen Kompromiss abringen konnte.

Dem ist aber nur scheinbar so. Die Widerstände in der Trägerschaft regen sich bereits im Vorfeld der Vorbereitungen, d.h. vor Eintreffen der ersten Kinder, und stutzen den »organisatorischen Grundriß« so zurück, dass »für die Vorbereitung der Schulsiedlung direkt in Baumgarten nichts geschehen konnte« (ebd., S. 31f.). Da sind Abstriche herauszuhören, aber das Projekt »Schulsiedlung« bleibt bis zum Ende von Baumgarten in den Köpfen von Bernfeld und seinen Weggefährten präsent. So berichtet Bernfeld, dass sie sich

»bis in die jüngste Zeit (März 1920) [bemühten], dem amerikanischen Comittee klar zu machen, daß eine produktivere und ökonomischere Verwendung für die ohnehin den Kindern und Lehrlingen bestimmten Summen nicht möglich sei als die Erwerbung und Adaptierung einer genügend großen Landwirtschaft, auf der die betreffenden Fürsorgeinstitutionen konzentriert würden« (ebd., S. 25).

Und selbst nachdem Baumgarten verlassen worden war, organisiert Bernfeld im Rahmen des »Jüdischen Instituts für Jugendforschung und Erziehung« im Dezember 1920 eine Tagung in Salzburg mit dem Titel »Aufbau einer Schule für Tausend« (Bernfeld 1920c, S. 415). Tatsächlich stattgefunden hat diese Tagung dann während der ersten Januarwoche 1921 in Wien. Geplant ist auch eine »Referatensammlung«, deren Redaktion Gerhard Fuchs, Erzieher in Baumgarten, übernimmt (Bernfeld 1921, S. 436).

Der Plan der Schulsiedlung hat also über Baumgarten hinaus Bestand. Wenn ich an dieser Stelle die Kontinuität dieses Ziels betone, möchte ich aufzeigen, dass Bernfeld sich nicht auf das nächste Ziel, »in Baumgarten ein gutes jüdisches Kinderheim entstehen« zu lassen (Bernfeld 1921a, S. 30), beschränkt. Auf der einen Seite bemüht er sich zwar, dieses mit Erna Patak ausgehandelte Ziel zu erreichen, andererseits aber ist Baumgarten für ihn ein Vehikel zur Erreichung des übergeordneten Ziels »Schulsiedlung«.

2.2 Die Rekonstruktion von Bernfelds Strategie

Die Tatsache, dass Bernfeld sein linkszionistisches Projekt im Rahmen einer jüdisch-national bzw. assimilatorisch dominierten Trägerschaft realisiert, zwingt ihn zu einem strategischen Vorgehen. Dabei geht es Bernfeld nicht bloß um die Durchsetzung seiner Innovation, der »neuen Erziehung«, sondern immer auch um die Entlegitimierung der bestehenden Erziehungs- und Sozialhilfepraxis und – damit verbunden – um die Schwächung der herrschenden Machtgruppen innerhalb des normativen Felds des Wiener Judentums. Bernfelds Strategie kann als subversiv bezeichnet werden, weil sie auf den Wandel der bestehenden Ordnung hinarbeitet. Diese These soll nun durch Rekonstruktion von Bernfelds Argumentation anhand eines Modells von Hoffmann-Nowotny begründet werden.

2.2.1 Das Referenzschema der Rekonstruktion: Ein Modell gesellschaftlichen und familialen Wandels

Das von Hoffmann-Nowotny entwickelte Modell hat den Anspruch, »familialen Wandel vor dem Hintergrund gesellschaftlichen Wandels konzeptionell zu fassen und theoretisch zu deuten« (1980, S. 483). Es erhellt also Zusammenhänge zwischen dem Mikrosystem Familie und dem Makrosystem Gesellschaft. Hoffmann-Nowotnys Modell versteht sich zum einen als makrosoziologischer Ansatz, der für die Analyse von gesellschaftlichem Wandel fruchtbar gemacht werden kann (Hoffmann-Nowotny 1980, S. 484). Zum anderen kann es auf gesellschaftliche »Teilbereiche« wie z. B. die Familie oder eine sozialpädagogische Einrichtung angewendet werden, um deren institutionellen Wandel soziologisch zu erklären. Weil die Gründung des Kinderheims Baumgarten explizit auf gesellschaftlichen Wandel durch institutionelle Entwicklung angelegt ist – »Institutionen, die uns aus dem heutigen Zustand herausheben würden« (Bernfeld 1921a, S. 27) –, eignet sich das Modell besonders gut, die Zusammenhänge zwischen gesellschaftlicher und institutioneller Dynamik zu verstehen.

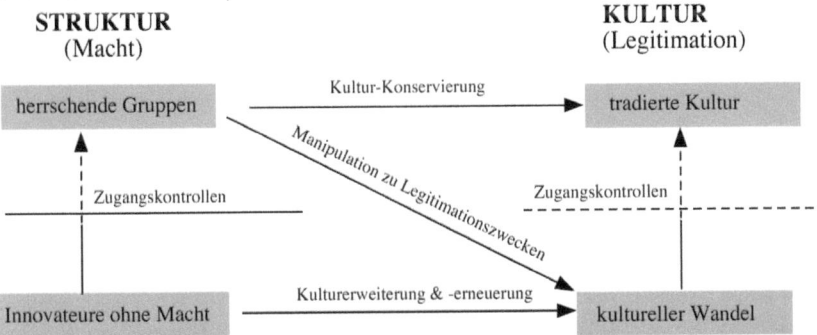

Abb. 2: Ein Modell gesellschaftlichen und familialen Wandels (Hoffmann-Nowotny 1980, S. 498)

Hoffmann-Nowotny geht davon aus, dass es soziologisch sinnvoll ist, die soziale Realität in zwei Dimensionen, *Struktur* auf der einen und *Kultur* auf der anderen Seite, zu gliedern. Struktur definiert er als die Art und Weise, wie eine Menge von sozialen Positionen (oder Einheiten) interreliert ist, während er Kultur als eine Menge von interrelierten Symbolen (z. B. Werte und Normen) versteht. Als »Basishypothese« (1980, S. 486) postuliert er folgendes Verhältnis zwischen den beiden Dimensionen bzw. zwischen strukturellem und kulturellem Wandel:

> »Die beiden Dimensionen werden als zueinander in einem interdependenten Verhältnis stehend betrachtet. [...] ›Gesellschaftlicher Wandel‹ ist demnach als struktureller und/oder kultureller Wandel aufzufassen« (ebd., S. 484f.).

Im Sinne einer inhaltlichen Ausfüllung dieses formalen Zusammenhangs nimmt Hoffmann-Nowotny weiter an, dass soziale Systeme zu einer Kongruenz ihrer Struktur- und Kulturdimension tendieren,

> »was mit anderen Worten heißt, daß sie [= die sozialen Systeme, D. B.] eine möglichst weitgehende Legitimierung der Struktur anstreben. Konsequenterweise bezieht sich die Kongruenzhypothese auch auf das Verhältnis von strukturellem und kulturellem Wandel. Damit ist allerdings keineswegs postuliert (und das unterscheidet unsere Auffassung von Gleichgewichtstheoretikern), ein Gleichgewicht oder eine Synchronie seien die Regel. Es wird im Gegenteil von der Existenz von mehr oder weniger permanenten Ungleichgewichten und Asynchronien ausgegangen, die über die eben genannte Tendenz als eigentliche Motoren des Wandels bezeichnet werden können« (ebd., S. 486).

Die »Tendenz«, dass der kulturelle Bereich eines sozialen Systems gegenüber dessen Struktur eine legitimierende Funktion erfüllt (Kongruenzthese), wird überlagert durch »Ungleichgewichte« zwischen Struktur und Kultur. Erklärt wird das asynchrone Voranschreiten strukturellen und kulturellen Wandels durch die Differenz zwischen dem Organisationsgrad im strukturellen Bereich und dem Institutionalisierungsgrad im kulturellen Bereich.[35] Hoffmann-Nowotny vermutet, »daß struktureller bzw. kultureller Wandel um so eher möglich ist, je geringer der Organisations- bzw. Institutionalisierungsgrad eines Systems ist« (ebd., S. 486).

Dieses strukturfunktionalistische Modell, das ursprünglich von Peter

---

35 »Verläßt man die Abstraktionsebene der Dimensionen ›Struktur‹ und ›Kultur‹, so können auf einer niedrigeren Stufe die Begriffe ›Organisation‹ und ›Institution‹ eingeführt werden. [...] ›Organisation‹ bezieht sich dann auf den Strukturaspekt, ›Institution‹ auf den Kulturaspekt eines beliebigen sozialen oder sozietalen Systems« (Hoffmann-Nowotny 1980, S. 485).

Heintz entworfen worden war (ebd., S. 484), wird durch die Einführung von Akteuren erweitert, die Hoffmann-Nowotny

> »einmal als ›herrschende Gruppen‹, zum anderen als ›Innovateure ohne Macht‹ bezeichnet. Mit dem Konzept der ›Macht‹ beziehen wir uns auf die Kontrollkapazität einer Systemeinheit, d. h. auf ihre Möglichkeiten, ihre eigene Position in der Struktur eines Systems zu erhalten oder zu verbessern und/oder den Zugang zu Systempositionen zu kontrollieren. Dazu wird postuliert, daß die Kontrollkapazität im Bereich der Struktur stärker eingesetzt wird als im Bereich der Kultur. Mit Legitimation meinen wir das Potential der Kultur, Macht zu rechtfertigen« (ebd., S. 497f.).

»Herrschende Gruppen« können aufgrund ihrer Machtpositionen Zugangskontrollen errichten, die eine Umschichtung der Sozialstruktur verhindern oder zumindest verlangsamen. Stagnierender sozialer Wandel wiederum ist Voraussetzung zur organisatorischen Festigung der Machtpositionen. Weniger »eingesetzt« werden Zugangskontrollen im Bereich der Kultur, wo um die legitimierenden Normen und die symbolische Macht gekämpft wird. In diesem Sachverhalt ist einer der Mechanismen zu sehen, die jene Tendenz zum Ungleichgewicht zwischen Macht und Legitimation bewirken. Aufgrund minderer Zugangskontrollen ist der kulturelle Bereich offener für »Innovateure ohne Macht«, die mittels Kulturerweiterung und -erneuerung den Wandel in dieser Dimension anstreben. Der strukturell – über verschärfte Zugangskontrollen und erhöhten Organisationsgrad – bedingte Kulturwandel wird so zum eigentlichen »Motor« gesellschaftlichen Wandels. Den kulturellen Wandel auf strukturelle Ursachen zurückzuführen, darum geht es in Hoffmann-Nowotnys Modell (ebd., S. 497).

2.2.2 Bernfelds Strategie auf der Folie von Hoffmann-Nowotnys Modell

Vor dem Hintergrund dieses theoretischen Modells kann nun die subversive Strategie Bernfelds nachgezeichnet werden. Als subversiv bezeichne ich die

2 Politik: Die Schaffung kultureller Tatsachen als Strategie ...

Strategie, weil Bernfeld als »Innovateur ohne Macht« keine Position besetzt, die eine Durchsetzung seiner pädagogischen Projekte (Verband für jüdische Jugendfürsorge in Deutschösterreich, Hebräisches Pädagogium und Jüdische Schulsiedlung) erzwingen kann. Einerseits wird dieses strukturelle Machtdefizit durch die erhöhte politische Sprengkraft wettgemacht, die Bernfeld seinen pädagogischen Konzeptionen zuschreibt.

> »Bernfelds Überzeugungen während des Krieges hatten auch etwas Unrealistisches, weil sie aus hoffnungsvollen Gesprächen unter machtlosen, oftmals emigrierten Jugendlichen und Intellektuellen hervorgingen, die sich während Kriegen zusammentun und organisieren, und in ihrer Isoliertheit den eigenen Gedanken unheimliche Macht andichten« (Utley 1979, S. 360; Übersetzung M.R.).

Andererseits ist Bernfeld auf Unterstützung durch die »herrschenden Gruppen« und deren Geldmittel angewiesen. Diese Kollaboration ist jedoch von Anfang an unterminiert. Bernfeld kritisiert die Ideologie der Machtträger und setzt ihren Traditionen seine »neue Erziehung« entgegen. In Baumgarten spielt er ein doppeltes Spiel: Mit der »Schaffung kultureller Tatsachen« (Bernfeld 1921a, S. 22) beabsichtigt er nicht nur Erneuerung und Erweiterung, sondern vor allem die Entlegitimierung der tradierten Kultur. Die Subversion besteht darin, mit »neuer Erziehung« und »modernen Institutionen« (ebd., S. 51) die Ideologie der Geldgeber zu entlegitimieren, gleichzeitig aber deren Unterstützung in Anspruch zu nehmen. Dass diese am Schluss ausbleibt, wird angesichts dieses doppelten Spiels verständlich, und zwar umso mehr, als es Bernfeld ums Ganze geht, d.h. um die politische Macht, die auch die entsprechenden Positionen in der Struktur des Wiener Judentums besetzt. Die kulturelle Revolution ist lediglich der Umweg, der aufgrund der oben erwähnten Zugangskontrollen gewählt wird.[36] Natürlich liegen auch Bernfelds fachspezifische Kenntnisse in diesem Bereich (vgl. dazu ebd., S. 57), was ihm die entsprechenden theoretischen Argumentationsmuster und Handlungsmo-

---

36 Dieses Ausweichen auf das Gebiet der Kultur wird von Bernfeld später als Verhalten kritisiert, welches bei ErzieherInnen mit einer narzisstischen Persönlichkeitsstruktur in Zusammenhang stehe. Der Preis hierfür sei Realitätsverlust und Wirkungslosigkeit (1925a, S. 124f.).

delle an die Hand gibt, um im Kulturkampf zu obsiegen. Sowohl Bernfelds Strategie als auch die Reaktion der Baumgarten-Trägerschaft können mit Hoffmann-Nowotnys Modell gut erklärt werden:

> »Im Modell wird davon ausgegangen, daß Personen und Gruppen, die man als Innovateure im kulturellen Bereich ansehen kann, eher strukturell marginal sind; in der Sprache der Theorie formuliert: als machtdefizitär zu bezeichnen sind. Machtdefizite sind häufig eine Folge davon, daß – wie erwähnt – der Zugang zum Bereich der Kultur weniger stark kontrolliert ist als der Zugang zum Bereich der Struktur. [...] Gelingt es machtdefizitären Akteuren nicht, ihre Positionen auf machthaltigen Statuslinien in Richtung eines Gleichgewichts zu verändern, so ist davon auszugehen, daß sie sich auf jenen Linien weiterbewegen, die weniger gesperrt sind und damit das Ungleichgewicht noch vergrößern. Können machtdefizitäre Akteure jedoch die von ihnen kreierten neuen Werte in sozial relevanten oder genügend großen Gruppen verbreiten, so kann dies zu einer Legitimationskrise für die herrschenden Akteure führen; sie geraten in ein Legitimationsdefizit. Um dieses Defizit auszugleichen, stehen ihnen verschiedene Strategien zur Verfügung. Sie können (1) die neuen Werte für sich reklamieren; sie können (2) die neuen Werte und die Akteure, die sie vertreten, zu unterdrücken und auch kulturell in die Marginalität zu drängen versuchen und sie können (3) die aus der Organisationssoziologie bekannte Kooptation von machtdefizitären Gruppen anstreben, deren Machtdefizit – sofern die Strategie erfolgreich ist – abgebaut wird, womit auch der Legitimationsdruck entsprechend abnimmt« (1980, S. 498f.).

Der Träger des Kinderheims Baumgarten, auf den im nächsten Kapitel näher eingegangen wird, wendet zunächst die erste Strategie an. Angesichts des massenhaften jüdischen Flüchtlingselends dürfte der Legitimationsdruck so groß gewesen sein, dass die Wiener Zionisten die Lösungsvorschläge von Bernfeld und seinen Freunden (1916d, 1919a) nicht länger ignorieren konnten. Hinzu kommt, dass Bernfeld aktiv für die Realisation seiner Ideen lobbyierte. Dr. Hilda Geiringer, eine Erzieherin des Kinderheims Baumgarten, schreibt, dass Bernfelds Entwurf eines jüdischen Erziehungswesens in zionistischen Kreisen wohlwollend zur Kenntnis genommen wurde: Die

> »bedeutende einheitliche Konzeption des Erziehungsgedankens für ein ganzes Volk, die Bernfeld in seinem Buch ›Das jüdische Volk und seine Jugend‹ [...]

gestaltet hatte, imponierte und schmeichelte auch denen, die das Revolutionäre dieser Konzeption nicht fühlen, und so übergab man ihm – wenn auch mit einiger Angst – die Leitung des Baumgarten-Heims« (1920, S. 114f.).

Dass Bernfeld anfänglich diese Machtposition zugesichert wird, kann vor dem Hintergrund des Zitats oben als »Kooptation von machtdefizitären Gruppen« (dritte Strategie) gelesen werden. Die erste Strategie – die zionistischen Kreise reklamieren Bernfelds Ideen für sich – ließ sich offenbar nicht ohne Zugeständnisse auf der strukturellen Ebene (dritte Strategie) realisieren. Weil die Legitimität ihrer Machtposition von den sozialpolitischen und sozialpädagogischen Lösungen für das Flüchtlingsproblem abhängig war, bedurfte man der Kompetenzen von Bernfeld. Dieses Legitimationsdefizit des jüdischen Etablissements versucht Bernfeld für einen Machtzuwachs seiner Position zu nutzen.

Hauptsächlich aber bedient sich der Träger des Kinderheims Baumgarten der zweiten Strategie, der Marginalisierung der kulturellen Innovateure und ihrer Konzepte.[37] Die Rücknahme der Bernfeld mündlich zugesagten Funktion als Gesamtleiter (Bernfeld 1921a, S. 136ff.) bildet den Anfang dieses Verdrängungsprozesses, das Fallenlassen der gesamten Erzieherschaft den Abschluss (ebd., S. 145). Bernfelds Kampf gegen die Vorstellungen des »Joint Distribution Committee« von Erziehung, Jugendfürsorge und jüdischer Regenerierung geht damit verloren. Die Entlegitimierung der tradierten Kultur in den erwähnten Bereichen ist im März 1920 nicht so weit fortgeschritten, dass der Träger die Protektion seiner Vertreterin in der Heimleitung zugunsten des kulturellen Innovateurs aufgibt.

Um dieses Scheitern soziologisch zu erklären, werde ich Bernfelds Strategie des Kulturkampfs in der nachfolgenden Darstellung auf die Folie von

---

37 Aus der Perspektive seiner wohl weitgehend ehrenamtlichen Tätigkeit als »Erziehungsreferent« des »Jüdischen Nationalrats« kritisiert Bernfeld die Marginalisierung der kulturellen Innovateure innerhalb der zionistischen Partei: »Die Unschöpferischen erhalten bestimmendes Gewicht; die Redner, Agitatoren, Disziplinierten erhalten hauptberufliche Stellen und Ämter, während Fachleute auf allen Kulturgebieten sich anderen Parteien oder Völkern verkaufen müssen, wollen sie leben und Stunden im Monat ihrer eigenen, der jüdischen Arbeit widmen« (1921a, S. 22).

Hoffmann-Nowotnys Modell projizieren. Der Aufbau der beiden anschließenden Kapitel (2.2.3 und 2.2.4) folgt der grafischen Erklärung und führt in den einzelnen Unterkapiteln die Zusammenhänge und Stichworte in der Abbildung aus. Sowohl die pädagogische Leistung Bernfelds, die in den Kapiteln 3 und 4 rekonstruiert wird, als auch das Zurücklassen der Baumgarten-Kinder ist nur im Rückbezug auf dieses politisch motivierte Ringen verständlich, in dem Bernfeld für die Realisierung seiner pädagogischen Konzeptionen und Pläne kämpft.

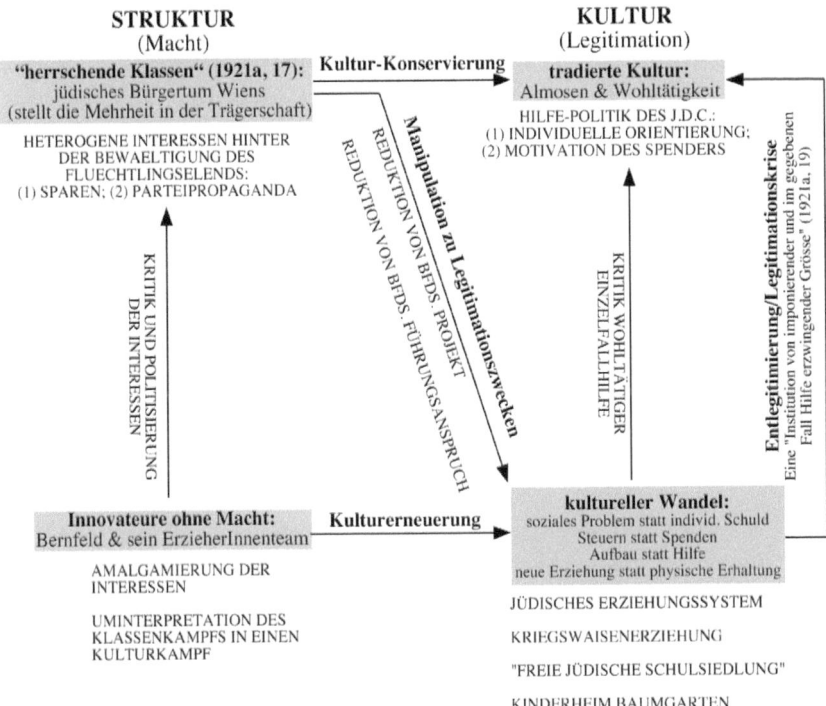

Abb. 3: Bernfelds politische Strategie kultureller Innovation

2.2.3 Die kulturelle Ebene

Die kulturelle Ebene (rechte Seite in Abb. 3) wird der strukturellen (linke Seite in Abb. 3) vorangestellt, weil Bernfeld als Pädagoge hier primär die

Auseinandersetzung mit den hegemonialen Gruppen im Wiener Judentum und deren Vorstellungen von Fürsorgepolitik und -erziehung ausficht. Gegen »Schnorrergeld und Nothilfe für einen kurzen Augenblick« (Bernfeld 1921a, S. 25) setzt Bernfeld den Aufbau einer Institution, die umfassend auf das soziale Problem der Kriegswaisen reagiert. Der »Plan ›Freie jüdische Schulsiedlung‹« (Bernfeld 1921a, S. 20) und die Utopie eines jüdischen Erziehungswesens (Bernfeld 1919a) enthalten die grundlegenden pädagogischen Konzeptionen, die den Gegenpol zur Ideologie der wohltätigen Einzelfallhilfe darstellen. Bernfeld ist sich bewusst, dass hinter diesen Auseinandersetzungen um sozialpolitische Massnahmen und sozialpädagogische Interventionsformen strukturelle Ursachen stehen. Politische Interessengegensätze würden sich »in pädagogisch-ideologischem Gewande in den Reformkämpfen« auf der Ebene der Kultur spiegeln, schreibt er später (Bernfeld 1928a, S. 419).

Das Sozialhilfe-Verständnis des jüdischen Bürgertums und dessen Kritik durch Bernfeld

Bernfeld beschreibt das Sozialhilfeverständnis der Trägerschaft am Beispiel der Leiterin des Kinderheims, Erna Patak:

> »Sie hatte seit Jahren sich immer wieder einmal mit jüdischen Kindern beschäftigt und einiges vom Standpunkt der üblichen Jugendfürsorge Anerkennenswerte geleistet und durchgeführt. Ihre eigentliche Tätigkeit war und ist aber die persönliche Wohltätigkeit, die sieht, was sie tut, die ihren Schützling beschenkt, für ihn selbst wenigstens als Geschenk bemerkbar, und die mindestens im unbewußten Hintergrund als Effekt des Tuns Dankbarkeit erwartet; wäre es auch in der sublimen Form, daß man die deutliche Beglücktheit sehen möchte. Eine Beglücktheit, die letztlich die Wohltäterin nur dann befriedigt, wenn sie von ihrer Gabe oder Tat ausgeht, aber immer einen Rest von Mißstimmung erzeugt, wenn sie von ihr unabhängig auf dem Kindergesicht aufleuchtet. Eine Verhaltungsweise, die – kultiviert in einer früheren, eben erst vergehenden Periode der jüdischen Gesellschaftsentwicklung – sehr schätzenswert gewesen sein mag und in Zukunft vielleicht auch wieder ihre Stelle haben wird – in unserer heutigen klassenmäßigen Elendslage aber zur grotesken, peinlich berührenden Tantenhaftigkeit mit all ihrer Unmotiviertheit, Unruhe und Unfruchtbarkeit

sich verzerrt. Und je ideenloser und unsachlicher die Gutmütigkeit solcher Menschen, um so verzerrter ihre Wirksamkeit; um so unbegreiflicher ihnen selbst ihre Lage, um so geringer ihre subjektive Schuld, aber um so mehr sind sie schädlich – objektiv schuldig – wenn sie die enge, allzu enge Grenze ihrer Möglichkeiten überschreiten wollen« (Bernfeld 1921a, S. 28).

Bernfeld geht es nicht um die einzelne Person.[38] Die Leiterin des Kinderheims steht für das System der »üblichen Jugendfürsorge«, das Hilfe lediglich als »persönliche Wohltätigkeit«, d. h. als Almosen kennt. Entsprechend wichtig ist die Hilfespenderin selbst. Dem Adressaten wird nur beschränkt Subjektivität zugestanden. Im Gegenteil: Beginnt sich eine solche in Ansätzen zu zeigen, erzeugt dies in der Spenderin »einen Rest von Mißstimmung«. Nicht die Frage, wie angesichts der »klassenmäßigen Elendslage« das soziale Problem der ostjüdischen Waisenkinder gelöst werden kann, ist entscheidend, sondern die eigene »Lage«. Bernfeld meint hier wahrscheinlich die Schuldgefühle, welche die Motivation von wohltätigen Menschen oftmals bestimmen. Je »unbegreiflicher« diese Schuldökonomie den Spendern selbst bleibt, desto mehr »verzerrt« sich ihre Hilfeleistung »zur grotesken, peinlich berührenden Tantenhaftigkeit«. Dieser Habitus der »tantenhaften Wohltätigkeit« (Geiringer 1920, S. 49) generiert eine Verhaltensweise, die »in einer früheren, eben erst vergehenden Periode der jüdischen Gesellschaftsentwicklung sehr schätzenswert gewesen sein mag und in Zukunft vielleicht auch wieder ihre Stelle haben wird« (ebd.). Bernfeld entwickelt eine historische Betrachtungsweise jüdischer Armenpflege als weiteres Argument dafür, dass Hilfesysteme, die auf Wohltätigkeit und Almosen aufbauen, angesichts der Realität obsolet sind und in ihrer individualistischen Orientierung rückständig gegenüber Sicherungssystemen, die Armut, Not und Verwahrlosung als soziale Probleme begreifen und entsprechende sozialpolitische und sozialpädagogische Interventionen vorsehen.[39]

---

38 Im Bericht von Wilhelm Hoffer erscheint Erna Patak als höchst integre Persönlichkeit, welche später im Konzentrationslager Theresienstadt »useful welfare work« geleistet habe (1965, S. 163).

39 Nach Utley sind in Baumgarten Ansätze einer wohlfahrtsstaatlich orientierten Absicherung realisiert worden: »Baumgarten war ein Wohlfahrtsstaat en miniature, in dem persönliches Unglück und Kriminalität nicht nur durch Befriedigung der Grundbedürfnisse bekämpft

Obschon im Joint die redliche Absicht bestanden habe, »mit dem amerikanischen Geld möglichst Großes und Fruchtbares zu tun« und zudem »ein recht beträchtliches Gefühl von der Minderwertigkeit dessen, was geschieht« (Bernfeld 1921a, S. 25) empfunden werde, habe auch nach den Reorganisationsversuchen der Vienna Branch kein Systemwechsel stattgefunden. Weiterhin werde »die amerikanische Hilfe als Almosen verteilt« (ebd.), und selbst dort, wo ganze Gruppen unterstützt und »in großzügiger Weise Hilfsinstitutionen geschaffen werden«, geschehe dies »als Hilfe und nicht als Aufbau« (ebd.).

Aus organisationssoziologischer Sicht wird erklärbar, warum die Struktur des J.D.C. grundsätzlich im Widerspruch zu einer sozialpädagogischen Bewältigung von sozialen Problemen steht. Die Tatsache, dass das Hilfswerk durch Spenden und nicht etwa durch einen staatlichen Fonds alimentiert wird, bedingt strukturell die Art, wie die Hilfeleistung gegeben wird. Der jüdische Spender in Amerika wird sich zu weiterer Unterstützung nur dann motiviert fühlen, wenn er die »deutliche Beglücktheit« eines beschenkten Individuums zurückgemeldet bekommt.[40] Deshalb sind die verschiedenen jüdischen Feste in Baumgarten so wichtig, zu denen Exponenten der Geld gebenden Organisation eingeladen werden. Während die Verwaltung solche Feste zu Legitimationszwecken nutzt, möchte Bernfeld mit ihnen pädagogische Ziele erreichen. Der Konflikt zwischen Lehrerschaft und Verwaltung, wie er anlässlich dieser Feste auftritt und eskaliert (Bernfeld 1921a, S. 100f., 139), ist bedingt durch eine Strukturkollision.

> »Channukah und Pessach wurden offiziell, und zwar von der Verwaltung, gefeiert; auch unter unserer Mitwirkung, weil wir uns dem nicht entziehen konnten, aber im Geschmack der Verwaltung und mit den Kindern als Objekten, als Akteuren und als Zuschauern, freilich als Zuschauern zweiten Ranges, denn

---

wurde, sondern auch durch Gewährleistung von Mitgefühl, freien Selbstausdruck und sogar durch Ansätze eines Rechts auf Arbeit« (Utley 1979, S. 367; Übersetzung D.B.).

40 Erziehungseinrichtungen und Erziehungssysteme können nicht lächeln. Freude an ihnen ist dem Sachverständigen vorbehalten, der ihre Leistungsfähigkeit erkennen kann. Bis heute erfreuen sich sogenannte »Patenschaften«, wo ein einzelner Spender beispielsweise den Aufwand für die Bildung eines bestimmten Kindes in der Dritten Welt übernimmt, besonderer Beliebtheit bei den Hilfswerken, während freie Spenden, deren genaue Bestimmung zum Zeitpunkt der Einzahlung noch nicht feststeht, eher spärlich fließen.

eigentlich war das Ganze für die P.T. [J.D.C.-Mitglieder mit akademischem Titel, D.B.] honorabilen Gäste gemacht« (Bernfeld 1921a, S. 100).

Die Strukturungleichheit besteht konkret darin, dass eine Hilfsorganisation, die auf der Grundlage von Spenden funktioniert, das »Kind als Objekt« braucht und seinen Eigensinn tendenziell für die Interessen der Spender instrumentalisiert. Solche Entmündigung steht grundsätzlich im Gegensatz zu einer Pädagogik ›vom Kinde aus‹, für die »Selbstverwaltung« (ebd., S. 80) und »Selbstwirtschaft« (ebd., S. 83) der Kinder zentrale Begriffe sind. Zu den »widerstrebenden Mächten«, die seinen sozialpädagogischen Ideen entgegenarbeiten, zählt Bernfeld denn auch zu Recht die »jüdische Wohltäterei« (ebd., S. 15). Dass diese Form von Hilfeleistung nicht vereinbar ist mit erzieherischen Maßnahmen, die sich an der *Emanzipation* ihrer Adressaten orientieren, bleibt von Bernfeld nicht unbemerkt: »Muß sie [die jüdische Wohltätigkeitsbewegung, D.B.] nicht an einer inneren Unklarheit, an einem inneren Widerspruch gelitten haben, wenn sie nun, wo sie sich bewähren sollte, in steriler Unzulänglichkeit versandet?« (ebd., S. 27).

In diesem »inneren Widerspruch«, den ich oben als Strukturkollision interpretiert habe, erkennt Bernfeld den Kern seines Scheiterns. Die Unmöglichkeit, »neue Erziehung« unter dieser Trägerschaft zu realisieren, wird hier thematisch. Bernfelds Kritik jüdischer Wohltätigkeit[41] steht allerdings nicht primär im Dienste einer Ausmessung realistischer Optionen für seine Erziehungskonzeption. Zwar veranlasst die zutreffende Einschätzung der soziokulturellen Tendenzen, wie sie in der Hilfepolitik des Joint zum Ausdruck kommen, Bernfeld zu pragmatischen Anpassungen. Sein eigentlicher Beweggrund aber bleibt der idealistische Entwurf eines jüdischen Erziehungssystems:

> »So sehr es aber tatsächlich um diese durch Not und Rettung gleich gefährdeten Kinder ging, handelte es sich doch zugleich um mehr noch: um das jüdische Erziehungswesen überhaupt. Dieses *vor Assimilation an alles Überlebte* in

---

41 In Wien gab es 1905 637 private Wohltätigkeitsvereine, darunter »41 ausgesprochen israelitische und nur 38 katholische« (Frei 1920, S. 35).

Europa zu bewahren, ist die *absolute* Aufgabe für uns sozialistische Erzieher. Die Kriegswaisenerziehung als nächstliegende Forderung des Augenblicks hätte, an einer Stelle schöpferisch gestaltet, [...] als Vorbild und Antrieb der neuen Erziehungsbewegung eintreten können« (ebd., S. 15f.; Hervorhebungen D. B.).

Bernfeld geht es nicht allein um das physische und psychische Überleben der ihm anvertrauten Kinder, sondern um *mehr*, nämlich um den Aufbau eines genuin jüdischen Erziehungswesens, dessen Entwurf in *Das jüdische Volk und seine Jugend* (1919a) bereits bestand. Vier Jahre später kritisiert Bernfeld dieses Mehr, das durch Erziehung erreicht werden soll, als Charakteristikum »*idealistischer Pädagogik*«. »Was geht den Erzieher die Kultur und die Menschheit an? [...] Wozu dies Plus? Und die Desillusionierung, wenn dies Idealplus gestrichen wird?« (1925a, S. 133f.).

Diese Mischung aus pragmatischer Problemorientierung und idealistischer Zukunftsvision strukturiert Bernfelds Handlungen in Baumgarten. So schreibt er im Zitat weiter oben, dass er und sein ErzieherInnenteam an den Festen mitgewirkt hätten, obschon diese »im Geschmack der Verwaltung« (ebd., S. 100) begangen worden seien. Damit hat Bernfeld auch die Schaffung von Gelegenheiten unterstützt, wo sich die Trägerschaft an ihren Gaben und Taten erfreuen konnte. Vielleicht wurden Fotos nach Amerika geschickt, Kinderzeichnungen usw. An einer bestimmten Stelle des Prozesses, den ich in Kapitel 5 näher bestimmen werde, kippt dieses *konforme* Verhalten in *Rebellion* (Merton 1968), das sich gegen die Geld gebende Organisation wendet. Deren traditionelle ›Wohltätigkeitskultur‹ soll ausgehebelt werden, indem sie erstens kritisiert und zweitens durch Innovation revolutioniert wird. »Muß nicht irgendwie dieser unheimliche Bann [gemeint ist die ›Unzulänglichkeit‹ der jüdischen Wohltätigkeitsbewegung, die Bernfeld durch den ›inneren Widerspruch‹ zwischen wohltätiger Einzelfallhilfe und sozialpädagogischen Massnahmen erklärt, D. B.] gebrochen werden? Und wie anders als durch eine Revolte der Jugend und ihrer Erzieher, eine Kette von Revolten, die schließlich zur Revolution der Erziehung führt?« (Bernfeld 1921a, S. 27). Das Heim wird gleichsam als Kampffront aufgebaut, die auf verschiedenen Feldern gegen die vormoderne und weitgehend religiös[42] begründete Praxis jüdischer Armenpflege und Armenpolitik antritt, einerseits durch *Kritik*, andererseits durch konkrete *Erneuerung*.

Die Entlegitimierung tradierter Sozialhilfe durch sozialpolitische und sozialpädagogische Innovation

Bernfelds Mittel im Kampf um kulturelle Hegemonie sind seine pädagogischen Konzeptionen: Kriegswaisenerziehung, jüdisches Erziehungssystem, Freie jüdische Schulsiedlung und Kinderheim Baumgarten. Auf die historischen und inhaltlichen Zusammenhänge zwischen diesen Entwürfen bin ich bereits an anderer Stelle eingegangen (vgl. Kap. 2.1.3). Ideell lässt sich Bernfelds sozialpolitische und sozialpädagogische Innovation folgendermaßen zusammenfassen: soziales Problem statt individuellen Verschuldens, Steuern statt Spenden (Bernfeld 1921a, S. 15), Aufbau statt Hilfe (ebd., S. 25) und neue Erziehung statt physischer Erhaltung sowie Deckung der primitivsten Notdurft (ebd., S. 11).

Doch Bernfeld ist sich bewusst, dass diese ideellen Kampfmittel schwache Trümpfe sind, solange sie nicht als »kulturelle Tatsachen« materialisiert werden. Deshalb drängt er auf Verwirklichung seiner Pläne und zwar nicht im kleinen Stil, um damit allenfalls den Nachweis der Realisierbarkeit seiner pädagogischen Ideen zu erbringen. Bernfeld will sich nicht damit begnügen, »winzige Teile der verelendeten Kindermasse« zu erziehen. Seine Lösung zielt auf eine umfassende Neuorientierung im Umgang mit den Kriegswaisen, was

---

42 »Als eine religiöse Pflicht des Reichtums galt und gilt noch heute das Wohltun [›Z'doke‹, D. B.]. Mit Recht wird es zur höchsten Ehre des Judentums gerechnet, welche Bedeutung im jüdischen Schrifttum die Verpflichtung, den Armen zu helfen, inne hat, dessen Vorhandensein allerdings als ein notwendiges, ja sogar begrüßenswertes Übel (wie könnten sonst die Reichen dem Gebot, Z'doke zu üben, nachkommen!) betrachtet wird. [...] Im jüdischen Gedankenkreise, soweit er sich im Rahmen der überlieferten Lehre hält, erfüllt der Arme sowohl, als auch der Reiche seine ihm von Gott zugedachte Rolle. Ein jeder steht sozusagen auf seinem Posten. Dieser, der gottgebotenen Pflicht zu geben nachkommend, jener dem anderen durch sein Annehmen die Gelegenheit zu einem guten Werke bietend« (Frei 1920, S. 34).

konkret durch die Schaffung einer »Freien jüdischen Schulsiedlung« erreicht werden soll. Geplant wird

> »ein organisches, mit eigener Gesetzlichkeit und zum Hauptteil mit eigenen Mitteln sich entwickelndes Schulganzes; eine Institution von *imponierender und im gegebenen Fall Hilfe erzwingender Größe*; schließlich eine still und unsichtbar im Schatten beliebter und *unwiderleglicher* Schlagworte produktivierende Erziehung. Konkret: ein großes Landgut, das[,] einmal in Wirtschaft, die Wohn- und Verpflegungsgrundlage *für einige tausend Kinder, Jugendliche und Erwachsene* bieten könnte; fern genug vom Wiener Judentum, nah genug den Bildungs- und Erziehungsmöglichkeiten der Großstadt; Landwirtschaft, Werkstätten und Schulen zu einem organischen Bildungsganzen vereint, durch Schulgemeinde, befreite Jugend und gewählte Lehrer zu Autonomie entschlossen und reif« (ebd., S. 19f.; Hervorhebungen D.B.).

Unverkennbar enthält dieser Entwurf Elemente von Pestalozzis »Neuenhof«. Bernfeld strebt eine weitgehende Autarkie der Erziehungseinrichtung an, die sich »zum Hauptteil mit eigenen Mitteln« finanziert. Materielle Grundlage ist ein »Landgut«, auf dem im Rahmen »produktivierender Erziehung« die Versorgung sichergestellt wird, ähnlich wie dies auch Pestalozzi in Neuenhof versucht hatte. Bildeten bei diesem physiokratisches Gedankengut und pietistische Bewegung den ideologischen Hintergrund, ist Bernfelds Projekt durch linkszionistische Ideen geprägt.

Die Entlegitimierung der bestehenden Fürsorgeeinrichtungen soll nach Bernfeld durch »unwiderlegliche Schlagworte«, v. a. aber durch die Größe der geplanten Institution erreicht werden. Indem sie Ausbildung und Alltagsleben für »einige tausend Kinder, Jugendliche und Erwachsene« sichert, wird die »Freie Jüdische Schulsiedlung« zu einer Integrationsinstanz, auf die die Gesellschaft nicht mehr verzichten kann. So wie gewisse ›Global Players‹[43] aufgrund ihrer ökonomischen Bedeutung für weite Teile der Bevölkerung

---

43 Ein zeitgenössisches Beispiel für das Prinzip ›to big to fail‹ ist die ehemalige ›Swissair‹, deren Zahlungs- und Bewegungsunfähigkeit (›grounding‹) zu einer noch nie dagewesenen staatlichen Intervention geführt hat. Weniger spektakulär übernahm im August 2002 die staatliche Kantonalbank des Kantons Zürich die zentralen Anlagefonds der BZ-Bank (Martin Ebner), die über Jahre hinweg das Aktiensparen auch für Kleinverdiener propagiert hatte.

politische Konsequenzen erwirken können, soll die »Freie jüdische Schulsiedlung« allein aufgrund ihrer Größe für die Gesellschaft unentbehrlich werden. Weil sie gleichsam als Monopolistin in Sachen »Kriegswaisenerziehung« auftritt, kann es sich die Gesellschaft nicht erlauben, ihr Funktionieren zu gefährden. Die Unterstützung erfolgt deshalb nicht aus Mitleid, sondern aus gesellschaftlicher Notwendigkeit. »Bernfeld wollte [...] ihre Finanzierung auf dem Umweg über die schiere Größe der Einrichtung durch Besteuerung erzwingen« (Kamp 1995, S. 455). Die Idee einer »Institution von imponierender und im gegebenen Fall Hilfe erzwingender Größe« kann als Hinweis auf die *Leitfunktion* interpretiert werden, die Bernfeld der Pädagogik beimisst. Die »Freie jüdische Schulsiedlung« ist nicht *Funktion der Gesellschaft* und als Teilsystem von ihr abhängig, vielmehr verhält es sich umgekehrt. In dieser Verkehrung der ›Denkrichtung‹ besteht der *idealistische Kern* von Bernfelds Konzeption.[44]

Das schlussendlich verwirklichte Kinderheim Baumgarten stellt eine erhebliche Reduktion des Plans für eine »Freie jüdische Schulsiedlung« dar.[45] Bernfeld startet seinen »Versuch mit neuer Erziehung« unter folgenden Rahmenbedingungen:

---

[44] Gegenüber idealistischen Erziehungsmodellen erscheint die gesellschaftliche Wirklichkeit immer defizitär und enttäuschend. Diese Entwertung geht einher mit einem Realitätsverlust und einer Verkennung der existierenden Machtverhältnisse. In dieselbe Richtung weist die Kritik Max Adlers (Adler 1926, Kap. V/VI) an Wyneken: »Und darum müssen wir diese Loslösung des Wynekenschen pädagogischen Idealismus von aller soziologischen Bestimmtheit als eine die Revolutionierung der Erziehung mehr verwirrende als fördernde Denkrichtung bekämpfen« (ebd., S. 183).

Dass auch Bernfelds »Versuch mit neuer Erziehung« einem »pädagogischen Idealismus« treu bleibt, der weitgehend von »aller soziologischen Bestimmtheit« losgelöst ist, entgeht Adler: »Erst während der Korrektur ist mir das Büchlein von Dr. Siegfried Bernfeld ›Kinderheim Baumgarten‹ in die Hand gekommen. Möchte doch ein jeder, den nicht schon der alte Owen überzeugt hat, welche Wunder eine zielbewußte revolutionäre Erziehung hervorbringen kann, diese eindrucksvolle Schrift lesen, wobei zu bedenken ist, daß die dort geschilderte Erziehung wegen der denkbar ungünstigsten Umstände innerer Art gar nicht dazu gekommen ist, ihre sozialistische Orientierung zur vollen Auswirkung zu bringen« (ebd., S. 82f.).

[45] »Verwirklicht wurde etwas viel Bescheideneres«, schreibt Hilda Geiringer (1920, S. 49), eine Mitarbeiterin Bernfelds in Baumgarten.

1. *Größe*: Aufgenommen wurden nicht »einige tausend Kinder, Jugendliche und Erwachsene« sondern 250 Kinder[46] beiderlei Geschlechts, wovon sich ca. 100 Kinder jeweils alternierend im Ausland aufhielten (ebd., S. 38).
2. *Geografische Lage*: Das Kinderheim Baumgarten liegt »an der Peripherie des Wienerwaldes« (ebd., S. 36) und besteht aus fünf Doppelbaracken eines ehemaligen Lazaretts. Umliegend befinden sich ein großer Spielplatz, zwei Wiesen und ein Stück Obstgarten (ebd., S. 35f.). Diese Lage – »innerhalb Wiens ohne Landwirtschaft« (ebd., S. 29) – steht im krassen Gegensatz zur angestrebten Autarkie. Um »die Möglichkeit einer weitgehenden Selbstversorgung sicherzustellen«, sollte die »Freie jüdische Schulsiedlung« gemäß Plan auf »einem breiten System landwirtschaftlicher, gewerblicher und industrieller Lehrwerkstätten« basieren (ebd., S. 20). Abgesehen von der geografischen Lage Baumgartens, die keine Landwirtschaft erlaubt, erlässt der Träger ein Verbot, Jugendliche über 14 Jahre aufzunehmen[47] (ebd., S. 32), wodurch sich auch die Schaffung von produktiven Lehrbetrieben erübrigt.

Ob Bernfeld sich bewusst war, inwieweit diese veränderten Rahmenbedingungen seine Strategie kultureller Innovation beeinflussen, ist schwierig zu beurteilen. Sowohl die Reduktion der Heimgröße als auch der Wegfall von produktiven (Lehr-)Betrieben gefährden Bernfelds Vorstellung einer autonomen Institution, welche für die jüdische Gemeinschaft eine zentrale Integrations- und Sozialisationsfunktion erfüllt. Die Idee einer »Institution von imponierender und im gegebenen Fall Hilfe erzwingender Größe« kommt in Konflikt mit den realen Gegebenheiten. Auch wenn Baumgarten im Vergleich zu heutigen Kinderheimen eine sehr große Einrichtung ist, wird Bernfeld

---

46 An anderer Stelle spricht Bernfeld von fast 300 Kindern (Bernfeld 1921a, S. 10).
47 Ein zionistischer Präsident der Trägerschaft verbietet die Aufnahme von Jugendlichen über 14 Jahren, weil er befürchtet, dass Bernfeld sie nicht im Sinne des »Zionismus der jüdischen Nationalpartei« (Bernfeld 1921a, S. 21) erziehen werde. Bernfeld bedauert sehr, dass Baumgarten auf ein Schulheim reduziert wird, hat sein Verständnis von Erziehung als Reproduktion und Erneuerung der Kultur doch v. a. die »über die Schulpflicht hinausgewachsenen – also eigentlich erst für alles Geistige erziehungsfähige gewordenen Kinder« zum Objekt (ebd., S. 20).

nicht zum ›Global Player‹, der dem Wiener Judentum die Bedingungen seiner sozialpädagogischen Arbeit diktieren kann, sondern er muss den Nachweis gesellschaftlicher Notwendigkeit allein über den pädagogischen Umgang mit kriegstraumatisierten und verwahrlosten Kindern erbringen. Auch heute resultiert die Legitimation von sozialpädagogischen Institutionen wesentlich aus der Absorption von gesellschaftlichen Spannungen.

Die Frage nach der Größe einer Institution unterzieht Bernfeld sieben Jahre später einer expliziten Reflexion. Im Aufsatz »Die Schulgemeinde und ihre Funktion im Klassenkampf« (Bernfeld 1928a) ist die Größe der Schulgemeinde das Kriterium, das zwischen bürgerlicher und sozialistischer Pädagogik unterscheidet.

> »In diesem Fall [wenn im Schulgemeindeleben Massen eine Rolle spielen, D.B.] erscheint zum erstenmal in dieser langen Untersuchung ein Faktor, der nicht die bürgerlichen Erziehungsziele der höheren Schule immer besser garantiert, sondern verspricht, sie zu gefährden! Hier erscheint die Stelle, an der jene Kräfte wirksam sind, die diesen unheimlichen Apparat [die Schulgemeinde, D.B.] in seiner prompten Wirkung stören können« (ebd., S. 431).

Angesichts der Tatsache, dass viele sozialpädagogisch orientierte Schriften Bernfelds nach 1921 mehr oder weniger explizit an seine Baumgarten-Erfahrungen anschließen und diese systematisieren (Müller 1994, S. 23), kann diese Textstelle so interpretiert werden, dass die Reduktion des ursprünglichen Plans – 250 statt »einige tausend« Kinder – für Bernfeld entscheidend war in Bezug auf den kritischen Stachel, der sich gegen Ende des Versuchs abzeichnete. »Wie mannigfaltige Anzeichen lehrten, wäre über kurz oder lang Baumgarten zu einer gewissen pädagogischen Beachtung, Bedeutung gekommen« (Bernfeld 1921a, S. 154).[48]

Die zentrale Bedeutung der Institutionsgröße wird zusätzlich durch eine Aussage Edith Kramers unterstrichen, die sich mit Bernfeld persönlich über Baumgarten unterhalten hat:

---

48 Diese prognostische Aussage hat sich in Bezug auf die Kibbuzerziehung durchaus bewahrheitet (vgl. Melzer/Yitzehaki 1992, S. 121; Fölling-Albers/Fölling 2000, S. 164).

»Aber er hat sich in manchem geirrt. In Bezug auf Baumgarten hat er sich zum Beispiel vorgestellt, man könnte und sollte ungeheuer große Heime schaff[t]en, für tausende Kinder; keine zwerghaft kleinen Heime. Er hat nicht vorausgesehen, daß das nicht geht. Daß, sowie eine Sache zu groß wird, sie der Bürokratie verfällt und nicht mehr das Individuelle bewahren kann. Daß es Dimensionen gibt, über die man nicht hinaus kann. Das hat er nicht vorausgesehen. – Man kann hundert Kinder sich noch merken, aber tausend nicht« (Heller 1993, S. 96f.).

Die Kritik Kramers kann als Hinweis darauf interpretiert werden, dass Bernfeld zu Lebzeiten seine oben zitierte Auffassung nicht überarbeitet hat, seinen »Irrtum« nicht selber aufklären konnte.[49] Obschon Bernfeld als Sohn aus bürgerlichem Hause Massen gegenüber Vorbehalte hatte[50], konnte er sich die Ablösung einer bürgerlichen Ordnung wohl nur durch die Organisation der Arbeiterinteressen in einer Massenpartei vorstellen. Entsprechend ist das »Vorbild der Massenpädagogik (der sozialistischen) […] die Partei und Bewegung und die Massenerscheinungen in der modernen Gesellschaft. Die Methoden der Modesuggestion, der Traditionsstiftung, der Propaganda, der Massenfeste, Massenaktionen sind es, die in ihr […] eine bedeutsame Stellung erhalten« (Bernfeld 1927h, S. 926; vgl. dazu auch Füchtner 1979, S. 90ff.; Dudek 1992b, S. 41).

2.2.4 Die strukturelle Ebene

Bezüglich der politischen Interessen, welche im J.D.C. vertreten sind, gibt Bernfeld lediglich einen Hinweis: Zu einem Teil seien die Beamten Anhänger der jüdisch-nationalen Partei gewesen, zum anderen Anhänger der sozialistisch-zionistischen Partei »Poale Zion« (Bernfeld 1921a, S. 26).

---

49 Die bahnbrechende institutionskritische Analyse von Goffman (1973) erschien erst acht Jahre nach Bernfelds Tod.
50 Die Situation Bernfelds ist vergleichbar mit derjenigen von Bob Dylan, der sich als Bürgerlicher inmitten der massenhaften Bürgerrechtsbewegung um Luther King ziemlich verloren vorkommt und trotz Sympathien immer auf Distanz bleibt.

Die Kräfte sind allerdings weit komplexer.[51] Differenziert dargestellt werden sie an der turbulenten Geschichte des Projekts »Freie jüdische Schulsiedlung« (ebd., Kap. I). Die »sozialen Tendenzen«, die im Kampf um dieses Projekt innerhalb des »Verbandes für jüdische Jugendfürsorge in Deutschösterreich« manifest werden, begreift Bernfeld verallgemeinernd als »atmosphärische Lage [...] des kulturellen und politischen Raumes [...], in dem sich die Entwicklung der pädagogischen Bewegung im Diaspora-Judentum abspielt« (ebd., S. 21). Im Folgenden soll dieser »*kulturelle und politische Raum*« in seiner ganzen Vielfalt dargestellt werden, weil ich davon ausgehe – ein expliziter Hinweis Bernfelds fehlt allerdings –, dass die Kräfteverhältnisse in diesem sozialen Raum auch auf die Trägerschaft des Kinderheims Baumgarten einwirkten. Für den Betrieb ihrer europäischen Zweigstellen versuchte das J.D.C., ortsansässige Kräfte zu gewinnen.[52] Historisch überliefert ist, dass die amerikanische Hilfsorganisation in Österreich-Ungarn »durch Vermittlung der Israelitischen Allianz in Wien« arbeitete (Encyclopaedia Judaica 1928, S. 589). Bernfeld schreibt denn auch, dass sich die ca. 100 »Comittee-Mitglieder« (Bernfeld 1921a, S. 25) aus ehemaligen »Juristen, Sekretäre[n] allerhand jüdischer Vereine, Redner[n] [und] Journalisten« zusammensetzte (ebd., S. 26). Als solche sind sie denselben »sozialen Tendenzen« ausgesetzt wie die Funktionäre des »Verbandes für jüdische Jugendfürsorge in Deutschösterreich«.

---

51 Unberücksichtigt bleibt im Folgenden, dass das J.D.C. in drei Körperschaften aufgeteilt ist, welche die drei wichtigsten Gruppen der amerikanischen Judenheit vertreten. Diese drei Körperschaften sind, insbesondere was Fragen des Erziehungswesens anbelangt, so zerstritten, dass jede ihre kulturellen Aktionen selbstständig durchführt. An den Schwerpunkten ihrer Programme wird auch die politische Orientierung dieser unterschiedlichen Organisationseinheiten ersichtlich. »Das ›Central Relief Committee‹ unterstützte Religionsschulen, Talmud Toras, Jeschibot und sonstige orthodoxe Anstalten. Das ›People's Relief Committee‹ unterstützte Arbeiterschulen, Arbeiterbibliotheken und verwandte Institutionen. Das ›American Jewish Relief Committee‹ nahm sich der Lehrerseminare, höherer jüdischer Unterrichtsanstalten, Bibliotheken und solcher Schulen an, die von den anderen zwei Organisationen nicht unterstützt wurden« (Encyclopaedia Judaica 1928, S. 594).

52 Nur ausnahmsweise operierten amerikanische Sozialarbeiter direkt vor Ort. »Von 1919–1920 schickte das JDC eine Gruppe Sozialarbeiter [...], um den Juden bei der Flucht vor polnischen und ukrainischen Pogromen zu helfen« (Encyclopaedia Judaica 1971, S. 828; Übersetzung M.R.).

Die politischen Interessenkonflikte und kulturellen Gegensätze, welche innerhalb dieses Trägers virulent sind und letzlich zum Scheitern des »Plans ›Freie jüdische Schulsiedlung‹« (ebd., S. 20) führen, beschreibt Bernfeld sehr differenziert (ebd., S. 20–24). Einerseits geht es ihm darum, den *Spannungstransfer vom umfassenden System in seine Institution* zu reflektieren, andererseits ist die *Heterogenität der Umwelt die Kehrseite interner Homogenität*, die in Bezug auf die Klientel erreicht worden ist und in Bezug auf die Verwaltung eingefordert wird. Diese Homogenität ist Voraussetzung für Bernfelds subversive Strategie. Bedingung dafür, dass herrschende Gruppierungen durch kulturelle Innovation entlegitimiert werden können, ist die soziale Geschlossenheit der Erneuerungsbewegung. Homogenität ist nur in dieser machtmäßig unterlegenen Position sinnvoll. So wie Kommandant und einfacher Guerillero gemeinsam im Hinterhalt liegen[53], so homogenisiert Bernfeld seine pädagogische Kampffront.

Ich werde zunächst darstellen, welche Interessengegensätze sich im Vorfeld des Projekts »Freie jüdische Schulsiedlung« auftun und wie sie von Bernfeld kritisiert werden. Aus dieser Kritik resultiert dann gleichsam als quer zu den traditionellen Interessenkonflikten verlaufende Kampffront der »Klassenkampf« zwischen »jüdischer Proletariermasse« (ebd., S. 17) und jüdischem Bürgertum (Kap. 2.2.4). Durch die Politisierung der bestehenden Gegensätze in den jüdischen Kreisen Wiens will Bernfeld den kulturellen bzw. »pädagogischen Kampf« (1928a, S. 452) aus seiner Subsidiarität befreien und die zentralen Auseinandersetzungen auf diese Ebenen verschieben, wo er als Kulturerneuerer ohne Macht mehr Trümpfe in der Hand hat als auf der strukturellen Ebene der Politik (Kap. 2.2.5).[54]

---

[53] In einer starken Armee hingegen werden General und Soldat kaum gemeinsam an vorderster Front kämpfen. Mächtige Organisationen haben vertikale Strukturen und kultivieren Heterogenität.

[54] Zu einer differenzierteren Reflexion des Verhältnisses zwischen »pädagogischem Kampf« und politischem kommt Bernfeld in seiner Schrift »Die Schulgemeinde und ihre Funktion im Klassenkampf« (Bernfeld 1928a). Bernfeld war sich seiner Kampfmittel auch als Wissenschaftler bewusst: »Was Streik und Aufruhr für den ökonomischen Kampf der unterdrückten Klasse, ist die wissenschaftliche Analyse der gegnerischen Vorspielungen […] für den kulturellen Kampf der unterdrückten Idee« (Bernfeld 1923b, S. 87).

*Kritik der politischen Interessen und transformatorische Interpretation
von Parteiprogramm und Parteiideologie*

Zum Lager der *assimilatorischen Kreise* zählt Bernfeld insbesondere »deutschbürgerliche österreichische Staatsangehörige jüdischer Konfession« (Bernfeld 1921a, S. 18). Diese bürgerliche Schicht steht dem Projekt »Freie jüdische Schulsiedlung« »zustimmend, wenn auch wenig tätig« (ebd., S. 21) gegenüber. Durch »alle Begeisterung hindurch« habe sich eine »mehr instinktive und dumpfe als überlegte Ablehnung« des Projekts bemerkbar gemacht. Bernfeld kritisiert diese ambivalente Haltung als »bürgerliche Einstellung« der assimilatorischen Kreise. Die »passive Resistenz der Geldgeber« (ebd., S. 20) manifestiert sich konkret »durch immer sichtbarere Abstinenz« (ebd., S. 18) bezüglich materieller Unterstützung. Hauptursache für »das fast völlige Versiegen aller bisherigen Spendenquellen« (ebd., S. 17) ist die nach dem Ersten Weltkrieg einsetzende Inflation. Bernfeld ironisiert die Sorge der assimilatorischen Kreise um ihr eigenes materielles Wohl:

> »Es liegt uns fern, den wohlhabenden Juden darüber Vorwürfe zu machen, daß sie [die assimilatorischen Kreise, D.B.] […] nicht die adäquate Steigerung ihres wohltätigen Spendenanteils vorgenommen haben, sondern sogar […] auch das bisher beigetragene Scherflein verweigern oder verringern, als stünden ihre Angelegenheiten so schlecht, daß sie sich durch eine Abgabe von dem ›für die Armen‹ bestimmten Teil ihres Vermögens einen arbeitslosen Lebensrentenabend sichern müßten« (ebd.).

Die Spendenpraxis ist aber nur Ansatzpunkt einer Kritik, die, viel grundsätzlicher, auf einen ›assimilatorischen Habitus‹ abzielt, dessen Reproduktion durch entsprechende Erziehungsmaßnahmen vermieden werden soll. Letzeres aber können, so Bernfeld, die traditionellen jüdischen Hilfesysteme nicht leisten: »Noch zwei, drei Jahre jüdische Flüchtlingsfürsorge, und sie [die Baumgarten-Kinder, D.B.] wären ›Assimilanten‹ geworden« (ebd., S. 125). Deshalb sei die Schaffung eines neuen jüdischen Erziehungssystems notwendig.[55]

---

55 Im Aufsatz »Die Assimilation um der Menschheit willen« (Bernfeld 1917g) befasst sich

Die *Zionisten* und die Mitglieder der *»jüdischen Nationalpartei«* (ebd., S. 21) stellen die zweite politische Gruppierung dar, die im Kampf um die »Freie Jüdische Schulsiedlung« eine wichtige Rolle spielt. Bernfeld unterscheidet nur sporadisch zwischen diesen beiden Gruppierungen, obschon deren politische Interessen erheblich divergieren. So spricht er zum Beispiel vom »Zionismus der jüdischen Nationalpartei« (ebd.), was einem schwarzen Schimmel gleichkommt, weil die Jüdische Nationalpartei eben gerade nicht auf eine Staatsgründung in Palästina hinarbeitet wie die Herzl-Anhänger (vgl. Kap. 2.1.2). Dass Bernfeld hier Differenzen einebnet, kann als Indiz dafür gelesen werden, dass innerhalb des »Verbands für jüdische Jugendfürsorge« erhebliche Interessengegensätze existieren, zwischen denen Bernfeld zu vermitteln versucht, um für sein Projekt »Freie jüdische Schulsiedlung« eine möglichst breite Legitimationsbasis zu erreichen.

Bernfeld selbst ist institutionell in die jüdische Nationalpartei eingebunden (vgl. Kap. 2.1.2), sein Mitstreiter Willi Hoffer verstand sich als Zionist.[56] Es überrascht deshalb nicht, dass Bernfeld von dieser Seite am meisten Unterstützung für sein Projekt erwartet:

> »Und wir dachten darum, die tragende Unterstützung von den Zionisten und Jüdisch-Nationalen erwarten zu dürfen, um so mehr, als wir uns zutiefst als solche empfinden und uns bewußt waren, unsere Ideen und Vorschläge einzig aus dieser Zugehörigkeit in der entscheidenden Form und Farbe gefaßt zu haben. Aber es ereignete sich, was uns damals recht bitter erstaunte und was ich heute völlig verstehe: Während assimilatorische Kreise zustimmend, wenn auch wenig tätig waren, zeigte sich die überwiegende Zahl der maßgebenden zionistischen Personen untätig ohne Zustimmung oder sehr eifrig gegentätig. Man geizte mit Argumenten. Was aber zur Not formuliert werden konnte, war etwa: man sei gegen Zeit und Arbeitskraft raubende Phantasmen; man sei gegen alle Erziehungsexperimente; man habe das bisher Übliche mit nationaler Farbe zu unternehmen; man brauche die Assimilanten nicht; man könne das alles allein machen; man werde es auch machen, aber unter der Parteikontrolle; die

---

Bernfeld eingehend mit der Reaktion der Juden auf ihre spezifische Situation als Minderheit. Zur Rezeption dieser Auseinandersetzung vgl. Koch (1974, S. 41–50).

56 Diese Zugehörigkeit wurde in Hoffers assimilierter Familie kritisiert und verspottet (Hoffer 1965, S. 162).

Jugend müsse zum Zionismus der jüdischen Nationalpartei erzogen werden; erst müsse man politisch die Autonomie erhalten; man dürfe die Jugend durch eine sozialistische Erziehung nicht entwurzeln usw. In solchen Reden und in Aufschiebungen von nötigen Beschlüssen erschöpfte sich die Tätigkeit der offiziellen zionistischen Kreise« (ebd., S. 21).

Den Widerstand, der dem Projekt aus jüdisch-nationalen Kreisen erwächst, denunziert Bernfeld als Parteiinteresse, »aus Menschenpotentialen Wähler der jüdisch-nationalen Partei« zu machen und die »verelendete Kindermasse zum Dasein des Händlers und Kleinbürgers« zu erziehen (ebd., S. 19). Bernfelds Kritik zielt zum einen auf die politische Instrumentalisierung von Fürsorgeeinrichtungen, zum andern auf die traditionellen Werte und Berufsfelder von Juden in der Diaspora, an denen sich die pädagogischen Maßnahmen orientieren sollen. Diese Ausrichtung bedeute für die aus ärmlichen Verhältnissen stammenden Kriegswaisen eine Entfremdung, d.h. eine systematische Enteignung von lebensgeschichtlichen Erfahrungen. Den Widerspruch, der im Rahmen einer jüdisch-nationalen Erziehung für proletarische Kinder erwächst, beschreibt Bernfeld als »pädagogisch-kulturelle Paradoxie«. Was konkret damit gemeint ist, illustriert er anhand eines sinngemäßen Zitats aus den Verhandlungen des »Jüdischen Nationalrats in Österreich«.[57]

> »›Wir Juden, und wir Nationaljuden insbesondere‹ – so ungefähr hieß es – ›sind zum größten Teil Kaufleute; darum dürfen wir uns nicht selbst ins Gesicht spucken durch das ständige Reden von der nötigen Produktivierung des jüdischen Volkes und seiner Jugend.‹ Man höre gut hin, und man wird verstehen, es ist keine beiläufige Redeblüte eines vermittelnden Politikers, sondern tiefster Ausdruck unserer wirtschaftlichen, politischen und vor allem pädagogisch-kulturellen Paradoxie: Was einzige Rettung für den proletarischen Teil des jüdischen Volkes, also für das Volk wäre, was demnach notwendigerweise Inhalt und Ziel des gesamten Erziehungs- und Fürsorgewesens wäre, davon soll nicht zu viel geredet werden; denn es schädigt die Interessen der vorgeblichen Repräsentanz des ganzen Volkes« (ebd., S. 18).

---

57 Als Sekretär ist Bernfeld der Wortlaut der Diskussionen bekannt, die im »Jüdischen Nationalrat« geführt werden.

Wenn der ›jüdische Kaufmann‹ die bloß »*vorgebliche* Repräsentanz des ganzen [jüdischen] Volkes ist«, lässt sich eine Erziehung, die ausschließlich auf das Erlernen von nichtproduktiven Berufstätigkeiten ausgerichtet ist, nicht mehr legitimieren. Bernfeld löst die »pädagogisch-kulturelle Paradoxie« mittels einer Umdefinition dessen auf, was unter jüdischer Wirtschaftstätigkeit zu verstehen sei. Weil traditionelle jüdische Handelstätigkeit »für den proletarischen Teil des jüdischen Volkes« und »also für das Volk« nicht Erwerbsgrundlage sein könne, schaffe allein die »Produktivierung des jüdischen Volkes und seiner Jugend« sowie eine sich daran orientierende Erziehung die lebensnotwendigen Voraussetzungen. Was diesen Punkt anbelangt, dürften die Zionisten mit Bernfeld übereinstimmen, denn schon Herzl war klar, dass eine jüdische Gesellschaft in Pälästina, die dort nichts anderes täte als Handel zu treiben, nicht überlebensfähig sein würde. Die zitierte Kritik an »produktivierender Erziehung« kann deshalb nur von nationaljüdischen Kreisen geäußert worden sein, was Bernfeld eingangs des Zitats auch deklariert. Diese Fraktion muss innerhalb des »Verbands für jüdische Jugendfürsorge« sehr stark gewesen sein, sodass ihre Opposition nicht übergangen werden konnte. Vielleicht aber enthielt das pädagogische Programm »produktivierende Erziehung«, so wie es vom »Erziehungsreferenten« Bernfeld vertreten wurde, schlicht zu viel sozialistische Ideologie, wodurch es den Zionisten trotz grundsätzlichem Einverständnis verdächtig wurde.

Die dritte politische Gruppierung, welche ihren Einfluss im Vorfeld des Projekts »Freie jüdische Schulsiedlung« geltend machte, waren die *Linkszionisten*, d. h. die Angehörigen der sozialistisch-zionistischen Partei »Poale Zion« (ebd., S. 26). Mit Geiringer (1920, S. 47) rechne ich Bernfeld dieser Fraktion zu, werde diese Kategorisierung aber noch differenzieren. Hoffer schreibt: Bernfeld »muss sich zu der Zeit [gemeint ist die Phase des aufkommenden Nationalismus ab 1914, D. B.] bereits des Antagonismus zwischen den hebräisch-zionistischen und yiddisch-sozialistischen Fraktionen im modernen jüdischen Nationalismus bewusst gewesen sein, aber selbst unfähig, sich zwischen den beiden zu entscheiden« (1965, S. 155; Übersetzung M. R.). Ich vermute, dass Bernfeld sich fragte, wie jüdisch ein sozialistisches Pälästina überhaupt sein konnte. Denn der Sozialismus ist ein Internationalismus, der

2.2 Die Rekonstruktion von Bernfelds Strategie

nationalstaatliches Denken ja gerade überwinden will. Bernfeld als kritischer Beobachter der Entwicklungen in der Sowjetunion (Bernfeld 1921a, S. 56f., 1925a, S. 153) dürfte nicht entgangen sein, dass die Kommunisten den Antisemitismus des Zarenreichs bruchlos weiterbetrieben. In der von Hoffer erwähnten Unentschiedenheit politischer Zugehörigkeit spiegelt sich eine seltsame Mischung, eine Art Quadratur des Kreises, aus *jüdischer Identität* via Traditionspflege (säkularisierte religiöse Feste mit ethnisch-kulturell integrativer Funktion) und *sozialistischer Identität* in der Art des »neuen Menschen« (Adler 1926) via einsozialisierendem Gesellschaftsmodell (Schulgemeinde). Bernfeld ahnte wohl selbst, dass dies ein Kalb mit zwei Köpfen war. Durch den relativ unvermittelten Abbruch seines zionistischen Engagements nach 1921 und der anschließenden politischen Radikalisierung bis 1933 setzte Bernfeld diesem Antagonismus ein Ende.

Die bisher dargestellten Interessengegensätze manifestieren sich allesamt im Vorfeld des Projekts »Freie jüdische Schulsiedlung«, dessen Trägerschaft der »Verband für jüdische Jugendfürsorge in Deutschösterreich« (Bernfeld 1921a, S. 16) ist. Baumgarten hat jedoch einen anderen Träger an der Hand, dessen amerikanische Schirmherrschaft bei Bernfeld anfangs große Hoffnungen weckt, sein Projekt »der passiven Resistenz und Sabotage des jüdischen Bürgertums entreißen« zu können (ebd., S. 19). Mithilfe des Joint, so glaubt Bernfeld, wäre der oben dargestellte Widerstand assimilatorischer und jüdisch-nationaler Kreise zu umgehen. Doch statt amerikanischer Pragmatik herrschen im Joint die alten Interessengegensätze, welche sich unverändert in die neue Trägerschaft hineinverlängern.

> »Das ›joint‹, der Geldgeber, war äußerst uneinheitlich zusammengesetzt. Da waren einige wenige, die Bernfelds Ideen gegenüber ein passives Wohlwollen zeigten, eine große Reihe Gleichgültiger und endlich nicht wenige, die aus den verschiedensten sachlichen (= pädagogischen), persönlichen, politischen (= zionistischen) Gründen der ganzen Idee Baumgartens feindlich gegenüber standen« (Geiringer 1920, S. 115).

Hoffers Frage: »Könnten jüdischer Philantropismus, Humanismus und Nationalismus nicht in Linie gebracht werden und sich zusammen bemühen, wo die Tragödie [gemeint sind die Kriegswaisen, D. B.] doch so aktuell war und regelrecht nach Hilfe schrie?« (1965, S. 155; Übersetzung M. R.) muss auch in Bezug auf auf das Wiener Joint Committee negativ beantwortet werden. Hinzu kommt, dass Bernfeld in der Trägerschaft des Kinderheims keinen Einsitz hat und deshalb nicht wie im »Verband für jüdische Jugendfürsorge« direkt zwischen den partikularen Interessen vermitteln kann. Diese bleiben in der Realität des Heimalltags – vermittelt durch Erna Patak und den Verwalter Artur Riem – in ihrer spannungsvollen Widersprüchlichkeit wirksam und bestimmen das Ausmaß des strukturellen Misserfolgs von Baumgarten (vgl. dazu Kap. 5).[58]

Die Politisierung des Kampfs um die Bewältigung des Flüchtlingsproblems: Der Klassenkampf zwischen bürgerlichen und proletarischen Juden

Bernfeld erkannte das massenhafte Flüchtlingselend als *soziales Problem*, welches eine sozialpolitische und sozialpädagogische Lösung erforderte. Bei aller berechtigten Kritik am Zweckoptimismus Bernfelds muss man ihm diesbezüglich ein feines Gespür für die kommenden Umwälzungen attestieren. Wenn er vom »Elend der jüdischen Masse« (Bernfeld 1921a, S. 18) spricht, das durch den Krieg plötzlich in den Gesichtskreis der städtischen wohlhabenden jüdischen Ober- und Mittelschicht getreten war und allein durch seine Massenhaftigkeit das tradierte Wohltätigkeitssystem obsolet machte, dann merkt man deutlich, dass auch Bernfeld selbst die Existenz dieser fremden Welt da erst mit aller Wucht bewusst wurde. Dabei ist ihm zuzugestehen: Er hat sich nicht auf die alten ›Verteidigungslinien‹ zurückgezogen, er war kein ›Weiterwurstler‹ (ebd., S. 26), sondern er wollte offensiv und verändernd einwirken.

Bernfeld sieht Anzeichen dafür, dass sich die gesellschaftliche Wahrnehmung des Flüchtlingsproblems in jüngster Vergangenheit verändert hat. Je größer das »Elend der jüdischen Masse« werde, »um so klarer wird links und

---

58 »Das Ausmaß des strukturellen Mißerfolgs einer erzieherischen Organisation ist abhängig von den von außen in das System hinein induzierten Spannungen« (Graf 1993b, S. 158).

rechts, daß nur dessen völlige Aufhebung das mindeste helfen kann« (ebd., S. 18). Das Versiegen des einheimischen Spendenflusses sieht er als Indiz dafür, dass man resigniert habe im Bewusstsein, dass nur sozialpolitische und sozialpädagogische Maßnahmen – in Bernfelds Worten »ernsthafte und radikale Fürsorgeinstitution[en]« (ebd., S. 18f.) – eine dem sozialen Problem angemessene Reaktion darstellen.

Trotz dieser stillen Einsicht scheue das jüdische Bürgertum hierfür die Kosten[59], was bei den assimilatorischen Kreisen an einer »immer sichtbareren Abstinenz« (ebd., S. 18) feststellbar sei, während die Zionisten die dringend notwendigen sozialpädagogischen Einrichtungen aus ideologischen Gründen ablehnen.

> »Sie [die Jüdisch-Nationalen, D.B.] werden mit Notwendigkeit jede ernsthafte und radikale Fürsorgeinstitution bekämpfen – sie beginnen bereits damit –, und ihre Argumente werden sein: ›assimilatorisch‹ und ›bolschewistisch‹ (Bernfeld 1921a, S. 18f.).

Im Grunde genommen seien aber auch diese parteipolitischen Auseinandersetzungen entlang den traditionellen Konfliktlinien zwischen assimilatorischen, jüdisch-nationalen und linkszionistischen Kreisen Spiegelfechterei, welche

> »die wahren Gründe dieses Verhaltens [gemeint ist die bürgerliche Spendenabstinenz und der Widerstand gegenüber sozialpädagogischen und sozialpolitischen Maßnahmen zur Bearbeitung des Flüchtlingselends, D.B.], daß nämlich der Klassenkampf in die jüdische Gasse, in die jüdische Gemeinde eingezogen ist [, verschleiere]« (ebd., S. 17).

Bernfeld liest die stetige Zunahme des Elends einerseits und das Versiegen der Spenden andererseits als Ausdruck eines historischen Prozesses, den er mit dem marxistischen Begriff »Klassenkampf« bezeichnet. Es sei ein Klassenkampf von oben, d.h. »von der ›herrschenden Klasse‹ ausgehend« (ebd.),

---

59 Anzunehmen ist, dass mehr noch die gesellschaftlichen und politischen Konsequenzen gescheut wurden, die ein offensiver Umgang mit dem Flüchtlingsproblem mit sich gebracht hätte.

der vom Bürgertum als Reaktion auf das Flüchtlingsproblem geführt werde.[60] Obwohl man realisiere, dass dieses nur durch sozialpolitische Maßnahmen gelöst werden könne, was einer Umverteilung von oben nach unten gleichkommt, wolle man gerade dies tunlichst vermeiden:

> »Seit die Wohltätigkeitsanstalten bedrängt werden von ostjüdischen Flüchtlingen, leibhaftiger Proletariermasse, verweigert das Bürgertum allen Ernstes jede ernsthafte Abgabe, von dem richtigen Gefühl geleitet, diesen Massen gegenüber nütze kein Spenden mehr [...]. Diese Massen wollen mehr, maßlos anmaßend mehr; sie wollen das ganze Vermögen, die ganzen Vermögensmöglichkeiten – sonst ist ihnen nicht geholfen. Und zur Säkularisierung ihrer Mittel sind sie keineswegs – und von ihrem Standpunkt aus vielleicht mit Recht – bereit« (ebd., S. 17).

Die von Marx beschriebene Entwicklungsdynamik des Klassenkampfs, welche auf eine Revolutionierung der gesellschaftlichen Besitzverhältnisse hinausläuft, bildet den theoretischen Hintergrund, vor dem Bernfeld die Auseinandersetzungen innerhalb der jüdischen Gemeinde um die Frage der Kriegswaisenfürsorge interpretiert. Damit politisiert Bernfeld das Flüchtlingsproblem in höchstem Maße. Sichtbar wird dies im Zitat oben, wo Bernfeld von »ostjüdischen Flüchtlingen, leibhaftiger jüdischer Proletariermasse« spricht. Jüdisches Proletariat – klassisch Industrieproletariat, aber auch Agrarproletariat – gab es nicht. Die Masse der Ostjuden waren Kleingewerbetreibende oder Handwerker. Zwecks Politisierung des Konflikts erfolgt hier eine Begriffsklitterung. Bernfeld bedient sich bei diesem Marx'schen Begriff, um die bürgerlichen Kreise wohlhabender Juden in Angst zu versetzen.

Während im Aufsatz »Die Kriegswaisen« (1916d) noch die Entfrem-

---

60 Es sollte nicht unterschlagen werden, dass der Ausdruck »herrschende Klasse« von Bernfeld in einfache Anführungszeichen gesetzt wird, also nicht allzu wörtlich genommen werden soll. Denn in der Tat stellte das wohlhabende, assimilierte jüdische Bürgertum innerhalb der K.u.k.-Gesellschaft keineswegs eine »herrschende Klasse« dar – höchstens im wirtschaftlichen Sinne, was sich damit erklärt, dass für den Adel eine wirtschaftliche Betätigung aus Standesethos nicht in Frage kam. Die politisch herrschende Klasse stellte noch immer allein der Adel. Bürgerliche Spitzenpolitiker (Minister) bildeten die Ausnahme, waren aber durch ihre bloße Existenz bereits deutliche Auflösungsanzeichen der feudalen Gesellschaftsordnung.

2.2 Die Rekonstruktion von Bernfelds Strategie

dungsproblematik im Zentrum stand – es ging Bernfeld vor allem darum, die erwarteten Kriegswaisen vor Assimilation zu schützen –, geht es nun gleichsam ums Ganze: Was mit der Bewältigung des Flüchtlingsproblems auf dem Spiel steht, ist die gesellschaftliche Ordnung, welche angesichts der durch das Flüchtlingselend abrupt zugenommenen strukturellen Spannung (soziale Ungleichheit) in Revolution umzukippen droht. Bernfeld sieht Anzeichen dafür, dass der Anteil konformen Verhaltens sinkt und bereits vorhandenes Ressentiment in Rebellion übergeht.[61]

> »Alle Dankbarkeit des Beschenkten hat aufgehört. Die Armen nehmen schon, als gebührte es ihnen, nicht als wäre es objektiv grundlose, mitleidvolle Güte des Gebers. Bis zu einem gewissen Grad fühlte sich der jüdische Schnorrer schon immer so: ›Werd' ich dem Rothschild die Krone schenken? Wer schenkt mir was?‹ Aber jetzt ist es wahrhaftig zu viel geworden« (Bernfeld 1921a, S. 17).

Welche Funktion hat die Politisierung des sozialen Problems in Bernfelds Strategie gesellschaftlicher Veränderung? Die Revolutionsgefahr, welche Bernfeld durch seine historisch-materialistische Interpretation begründet, soll dem jüdischen Bürgertum vor Augen führen, wie viel auf dem Spiel steht, wenn das soziale Problem des Flüchtlingselends nicht in nützlicher Frist bearbeitet wird. Die Eskalationslogik, die Bernfelds marxistischer Situationsanalyse innewohnt, soll dem jüdischen Bürgertum zeigen, dass die Lage zwar ernst ist, dass das Schlimmste aber noch abgewendet werden kann, wenn angemessene Maßnahmen eingeleitet werden. Bernfeld geht es darum, das jüdische Bürgertum unter Handlungsdruck zu setzen, es gleichsam in eine »sozialpädagogische Verlegenheit« (Mennicke 1926, S. 329) zu bringen, um

---

61 »Konformität« und »Rebellion« sind nach Merton (1968, S. 292ff.) gleichwertige Typen individueller Anpassung, deren statistisches Auftreten im Zusammenhang mit der Größe anomischer Ziel-Mittel-Konflikte steht. Unter »Ressentiment« versteht Merton Gefühle wie Hass, Neid und Feindseligkeit. »Aber obwohl die beiden Begriffe [Rebellion und Ressentiment, D.B.] unterschiedlich sind, kann organisierte Rebellion aus einem riesigen Reservoir von Unzufriedenen schöpfen, wenn institutionelle Desintegration zunimmt« (ebd., S. 311). Bernfeld scheint ein intuitives Verständnis für diese von Merton theoretisch begründeten Zusammenhänge zu haben. Am deutlichsten wird dies in seinem Aufsatz »Die Tantalus-Situation. Bemerkungen zum ›kriminellen Über-Ich‹« (1931d).

dann die Katze aus dem Sack zu lassen, die da heißt: Kriegswaisenerziehung, »Freie jüdische Schulsiedlung« und Baumgarten. Die herrschenden Gruppen sind bei neu auftauchenden sozialen Problemen bis heute auf die Lösungen kultureller Innovateure angewiesen. Die Umstellung der institutionalisierten Mittel zu deren Bearbeitung folgt meist erst später.

2.2.5 Politischer Kampf vs. Kulturkampf: »Revolutionierte Erziehung« und die Schaffung »sozialistischer Tatsachen« als indirekte Strategie zum Umsturz bürgerlicher Hegemonie

Die Einsicht des herrschenden jüdischen Bürgertums in die Notwendigkeit, zu handeln, ist der Punkt, an dem Bernfeld die Strukturdimension des politischen Kampfs verlässt und auf kulturelles Gebiet überwechselt, um dort die »Revolution der Erziehung« (Bernfeld 1921a, S. 27) durch »Schaffung von kulturellen Tatsachen« einzuleiten. Bernfeld geht es immer um gesellschaftlichen Wandel; dennoch weiß er, wo die praktischen und theoretischen Kampfmittel des Erziehers die größten Wirkungen erzielen: Im Bereich der Analyse individueller Widerstände gegen neue Lebensformen, Denkstile und Motivationen:

> »Der Sozialismus hätte bereits gesiegt, spätestens 1918, wenn er die beherrschte Klasse in ihrem ganzen Umfang erfaßte. Es ist Sache der Ökonomen, die Widerstände, die seiner Ausbreitung im legitimen Gebiet entgegenstehen, auf ihre wirtschaftlichen Ursachen zu prüfen. Wir [Pädagogen, D.B.] haben es mit ihren psychischen Parallelen zu tun« (Bernfeld 1925a, S. 108).

Und im Bereich der Sozialisation subjektiver Struktur:

> »›Mit Diktatur des Proletariats oder ohne sie‹; […]; ›Streik oder Pioniertum; ›England oder Sowjetrussland‹ – das sind nicht die Fragen des Erziehers, das entscheidet für ihn das übrige arbeitende Volk Palästinas. Aber: ›Unter allen Fahnen wahrhaft sozialistische Menschen im Lande‹, das ist sein Ruf« (Bernfeld 1921a, S. 57).

2.2 Die Rekonstruktion von Bernfelds Strategie

Welches ist nun Bernfelds Waffe im Kulturkampf? Der kulturrevolutionäre Beitrag Bernfelds zur Wiedergeburt des jüdischen Volkes ist die »neue Erziehung«, welche zur oben zitierten Heranbildung »wahrhaft sozialistischer Menschen« führt. Die Sozialisation subjektiver Struktur ist nach Bernfeld allerdings kaum Resultat direkter und bewusster Beeinflussung. Diese Form von Erziehung führt er durch Überzeichnung der Gärtner-Metapher ad absurdum (ebd., S. 42 f.). Der »neue Erzieher« gleiche vielmehr dem Gärtner, der versuche, seinen »Pfleglingen [...] die Bedingungen ihrer Bedürfnisbefriedigung zu schaffen« (ebd., S. 42). »Neue Erziehung« erfolgt nach Bernfeld primär indirekt über die Herstellung von Bedingungen des Aufwachsens, unter deren Einfluss sich dann die gesellschaftlich gewünschte Struktur im Subjekt ausbildet.

Nun sind die Determinanten des Aufwachsens allerdings nur in bedingtem Maße pädagogischer Einflussnahme zugänglich. Vielmehr ist es die soziale Ordnung, welche »Raum und Luft«[62] von Erziehungsprozessen und die Variationsbreite gesellschaftlich geforderter Motivationen bestimmt. »Neue Erziehung« ist erst unter bestimmten gesellschaftlichen Voraussetzungen möglich.

> »[Z]weifellos wird erst in der Ordnung, die die soziale Revolution bereiten wird, Raum und Luft für jene Erziehung sein, die die neue Ordnung erschaffen, entwickeln, erhalten wird. Wer aber aus dieser Überzeugung heraus zu den pädagogischen Schriften und Berichten, Kongressdebatten und Jugendbewegungsforderungen Sowjetrusslands greift, wird trotz dieser oder jener bestechenden Tatsache, Formulierung oder Wertung, der tiefen Enttäuschung und Besorgnis nicht anders wehren können als durch die Erkenntnis: alles fehlt noch zum Mindesten. Die bürgerliche Ideologie, die kapitalistische Psychologie, an allen übrigen Orten gebrochen, vernichtet, beiseite geschafft, zeugt neue Hydrahäupter im Erziehungswesen und droht Herrschertum, Machtgier, Ichbesessenheit, den ganzen wilden und blutigen Imperialismus der Seele im neuen Wirtschafts-, Staats- und Proletkultgewand endgültig zu verewigen« (ebd., S. 56 f.).

---

62 »Luft« (Bernfeld 1921a, S. 56, 57, 58, 113), »Seelenluft« (Bernfeld 1921a, S. 57) und »Atemluft« (1925a, S. 152) sind beliebte Metaphern, die Bernfeld zur Bezeichnung eines »sozialen Klimas« (Lewin 1939, S. 113) verwendet, unter dessen Einfluss Subjekte die vorherrschende Ideologie, Lebensart und Affektstruktur annehmen oder ablehnen.

Am Beispiel der Russischen Revolution zeigt Bernfeld, dass der Umsturz politischer Machtverhältnisse allein nicht ausreicht, »neuer Erziehung« »Raum und Luft« zu verschaffen. Die Revolutionierung der sozialen Ordnung allein garantiere nicht, die Kontinuität bürgerlicher Ideologie, autoritativer Disziplin und egoistischer Motivation zu brechen. Neue Machtverhältnisse bedeuten so nicht gleichzeitig den Wandel von Denkstilen und Affektstrukturen. Vielmehr würden diese »im neuen Wirtschafts-, Staats- und Proletkultgewand«, d. h. ideologisch verhüllt, die alte Ordnung reproduzieren.

Die kritische Reflexion sowjetrussischer Verhältnisse[63] führt Bernfeld zu dem Schluss, dass eine Revolution die Gesellschaft nur dann verändert, wenn der politisch-gesellschaftliche Umsturz von kultureller Erneuerung und individuellen Veränderungsprozessen begleitet wird. Bernfeld unterscheidet die drei Bereiche Gesellschaft, Kultur und Person sehr trennscharf – nicht aus analytischem Scharfsinn, sondern weil seine Strategie des kulturellen Innovators auf ebendieser Differenz beruht. Bernfeld misstraut dem Konzept des politischen Prozesses als hinreichenden Motor gesellschaftlichen Wandels. Was diese Bewertung betrifft, kommt hier wohl seine Enttäuschung über die gescheiterte Revolution von 1918 zum Ausdruck, als die Arbeiterschaft z. T. gegen ihre eigenen Interessen gehandelt hatte. Ebenso könnten ihre gewählten Vertreter im Parlament nur das tun, »was in der Richtung jenes falschen Wollens, jenes unklaren, undurchdachten und verschleiernden Interesses liegt« (ebd., S. 23). Auf kulturellem Gebiet brauche es diese Rücksicht auf die Wählerstimmen nicht, »denn es kommt in kulturellen Dingen gar nicht darauf an, deren allgemeine Anerkennung [...] zu verteidigen« (ebd.). Die Unabhängigkeit der Kultur gegenüber politischen Interessen sei Voraussetzung dafür, dass man in »kulturellen Dingen [...] entgegen der Richtung des bewußten Wollens und vermeintlichen Interesses der Wähler« handeln könne. Mit anderen Worten: Kultur mache die Aufklärung von ideologischen Täuschungen ebenso möglich wie die Antizipation von noch unbewussten Wünschen, Bedürfnissen und Interessen. Kultur hat in Bernfelds Verständnis die Funktion einer Reflexion und Kritik der politischen Urteilskraft.

---

63 Weniger kritisch äußert sich Bernfeld im »Sisyphos« (1925a, S. 153).

Ins Zentrum *seiner Strategie kultureller Erneuerung* stellt Bernfeld das Argument, dass »kulturelle Tatsachen« direkter am Puls der Zeit sind und aufgrund dieser Qualität die Ebene gesellschaftspolitischer Prozesse zu unterlaufen vermögen. Wenn es durch Schaffung »sozialer und kultureller Dinge« (ebd.) gelingt, auf latente Bedürfnislagen und Fragen gleichsam gegen den Strich manifester Wählerinteressen Antworten zu finden,[64] dann kommt diesen eine »revolutionierende geistige Kraft« (ebd.) zu, welche den politischen Parteien abhanden gekommen ist. Für den Pädagogen Bernfeld bedeutet die »Schaffung kultureller Tatsachen« konkret die Schaffung von »Institutionen, die uns aus dem heutigen Zustand herausheben würden« (ebd., S. 27).

Bernfeld ist sich der politischen Sprengkraft seiner Strategie kultureller Innovation bewusst. Nicht an prominenter Stelle, aber doch wiederholt, sagt er: »Denn wir sind gefährlich« (ebd., S. 150; siehe auch S. 18).

2.3 Zusammenfassung

Im Unterschied zu Treptow (2000, S. 68f.; 2002, S. 170ff.), der Bernfelds Diktum der »Schaffung kultureller Tatsachen« als sozialpädagogischen Prozess versteht, wird in diesem einleitenden Kapitel eine politische Interpretation begründet. Die »Schaffung kultureller Tatsachen« ist Kern von Bernfelds Strategie des »praktischen Zionismus'« (Koch 1974, S. 142). Im Sinne einer »Vorverwirklichung«, wie Gustav Landauer (1911) es nannte, will Bernfeld durch sein Konzept »Neuer Erziehung« eine »sozialistische Tatsache« (Bernfeld 1921a, S. 58) schaffen, aus der Tausende von Kindern hervorgehen, die

---

64 Tatsächlich muss Bernfeld eine große Sensibilität für das gesellschaftlich Unbewusste attestiert werden. Mit seiner Utopie eines umfassenden Lebenswelt- und Sozialisationsarrangements – in seiner Schrift *Das jüdische Volk und seine Jugend* (Bernfeld 1919a) explizit als »Traum« formuliert – verband Bernfeld »die Hoffnung, dass sie der jüdischen Pionierjugend, die von Europa aufbrach zur Alija nach Eretz Israel, ein Leitbild geben möge« (Melzer/Yitzehaki 1992, S. 127). Dass Bernfelds Entwurf die Hoffnungen und Lebensentwürfe der auswandernden Juden sehr genau traf, beweist dessen »erstaunliche Ähnlichkeiten mit der späteren Kibbutzerziehung« (Fölling-Albers/Fölling 2000, S. 62).

Palästina als »wahrhaft sozialistische Menschen« (ebd., S. 57) besiedeln. Die »jüdische Erziehung [müsse] sozialistisch sein, ehe Palästina es wahrhaft werden kann« (ebd., S. 56).

Bernfelds Projekt ist eine Art ›Fünfte Kolonne‹: Die jungen Menschen, die er zu Tausenden im sozialistischen Geist erziehen und schulen will, sollen nach Palästina auswandern. Dort, in Palästina, wo die Frage des politökonomischen Regimes noch völlig offen ist bzw. sich gerade erst stellt, will er politisch-soziale Fakten schaffen durch massenhafte Ansiedlung von jungen Menschen mit sozialistischem Bewusstsein. Von Revolution, Umsturz oder Umbruch (vgl. ebd., S. 27) kann dabei nicht die Rede sein, weil Bernfeld in Palästina gar nichts ›brechen‹ muss. Vielmehr verhält sich die Sache wie in einem modernen Computerspiel, bei dem man ein Land samt Bevölkerung, politischem und ökonomischem System erfinden kann. Ernst Bloch schreibt über diese spezifische Form von Sozialutopie, welche seines Erachtens nicht nur den Zionismus sondern auch die Jugend- und Frauenbewegung prägte:

> »Es ist nicht Revolution, sondern Sezession im Programm dieser Gruppen. Auszug aus mannigfachem Ghetto. Erstrebt und erträumt wird zwar ein Einfluß auf die Gesellschaft, gewissermaßen eine aus Jugend, Weiblichkeit, nationalem Judentum sich ergießende neue Tugend. […] Doch fehlt der Wille zum Umbau der gesamten Gesellschaft, wie dies in den großen Sozialutopien üblich war« (1977, S. 681).

Andererseits attestiert er den drei »bürgerlichen Gruppenutopien«, dass sie

> »wirklich ans Licht [wollten]. Nochmals ging hier ein Traum vom besseren Leben an, wenn auch mit untauglichen Mitteln, auf ganz untauglich gewordenem Boden. Immerhin bestand Anlaß zu dem Traum und ein Freiheits-Ziel; auch ist oder war wirkliche Bewegung da und dahinter, die allen bürgerlichen Gesamtutopien nach Marx fehlt« (1977, S. 682).

Dieser utopische Schwung prägt die jugendbewegten und zionistisch motivierten Schriften Bernfelds durch und durch. Dass der Zionismus von einer gesamtgesellschaftlichen Perspektive absah, manifestiert sich heute am Dauerkonflikt zwischen Israel und den Palästinensern. Dieser ist auch in Bernfelds Utopie angelegt, weil die ortsansässige Bevölkerung überhaupt nicht vorkommt. Sie wird mit keinem Wort erwähnt, so als wäre Palästina menschenleer und ein unbesiedeltes Land (vgl. hierzu auch Koch 1974, S. 30).

Baumgarten war nicht nur ein politisch-kulturelles Projekt, welches auf Macht- und Prestigegewinn angelegt war, vergleichbar etwa mit dem erfolgreichen Wiener Fußballclub »Hakoah«[65] (Bernfeld 1921a, S. 62; vgl. auch Kap. 4.1.3), der sich eine »professionelle Fußballabteilung geleistet [hatte], um in der Wiener Gesellschaft auf die eigenständige jüdische Nationalkultur aufmerksam zu machen« (Claussen 2006, S. 33) und der »mit seinem politisch-kulturellen Konzept einen besonderen Reizpunkt für die anderen Vereine und Anhänger [bildete]« (ebd., S. 35). Bernfeld geht es nicht um Provokation und Veränderung bestehender Machtverhältnisse in Schule und Familie wie zu seiner Zeit als Herausgeber der Zeitschrift *Der Anfang*. Bernfelds Baumgarten-Programm ist in gewisser Weise durchaus aggressiver: Bernfeld will im optimalen Falle eine ganze nachwachsende Generation den tradierten Lebens- und Gesellschaftsformen des europäischen Judentums – sowohl des west- als auch des osteuropäischen – ganz gezielt und bewusst entfremden, sodass diese Generation für jede andere als eine jüdisch-nationale und sozialistische Gesellschaftsform nicht mehr rekrutierbar ist. Ich glaube, genau das haben Bernfelds Gegner sehr genau verstanden.

Voraussetzung für dieses Entfremdungsprogramm ist zum einen, dass ein jüdisch-sozialistischer Staat in Europa für Bernfeld kein Thema ist. Ein solcher kann nur außerhalb Europas verwirklicht werden, weshalb er von vornherein nur Palästina im Auge hat. Zum anderen ist nur ein bestimmtes »Menschenmaterial« – man verzeihe mir diese Wortwahl, aber sie wird von Bernfeld

---

65 Der Fußballclub Hakoah wurde 1924/25 Champion der Wiener Profiliga und rekrutierte »ihre Anhänger aus den jüdischen Flüchtlingen, die nach dem Krieg zu Tausenden nach Wien gekommen waren, aber mehr noch als andere Vereine verfolgte die Hakoah ein Programm gesellschaftlicher Reputation. [...] Hakoah präsentierte eine selbstbewusste jüdische Lebensweise, die sich vielen Anfeindungen ausgesetzt sah« (Claussen 2006, S. 32f.; vgl. auch Betz et al. 2009).

selbst impliziert und von Hedwig Schaxel[66] (1925) explizit verwendet – für dieses Entfremdungsprogramm geeignet. Bernfeld sagt fast unverblümt zwischen den Zeilen: ›Das Material, das ich für die Realisierung meiner Utopie brauche, kann weder aus dem assimilierten Judentum kommen noch aus einem großstädtisch geprägten Milieu (die Mädchen vom Esteplatz; vgl. dazu Kap. 4.1.1). Mein optimales Ausgangsmaterial kommt aus dem Osten, weil dieses aufgrund von migrationsbedingten Entwurzelungsprozessen (Jensen 1995, S. 73) am formbarsten ist.‹ Wie der Priester mit dem Teufel um eine Seele, so kämpft Bernfeld mit dem assimilierten jüdischen Bürgertum darum, dass die für ihn brauchbaren Kindermassen nicht unter den Einfluss der assimilatorischen Wohlfahrt geraten. Gegenüber der »Sprechsaal«-Periode sieht man hier, so denke ich, eine erhebliche Radikalisierung.

Bernfelds Kampf wurde in diesem Kapitel anhand eines Modells gesellschaftlichen Wandels (Hoffmann-Nowotny 1980) rekonstruiert. Die Stärke dieses Modells besteht darin, dass es die Trennung von struktureller und kultureller Dimension durchhält und die entlegitimierende Kraft kultureller Innovation in Bezug auf die Macht hegemonialer Gruppen theoretisch fasst. Die oben eingeführte Differenzierung jedoch, dass Bernfelds Sozialutopie die Form gesellschaftlicher Sezession und sozialisatorischer Entfremdung aufweist, kann das Modell nicht ausreichend berücksichtigen. Es ist ausschließlich auf sozialen Wandel kraft kultureller Innovation angelegt. Dadurch erhält die Rekonstruktion eine gewisse Schieflage und Bernfelds Strategie erscheint möglicherweise innovativer, als sie sein wollte.

Bernfelds Strategie umfasst folgende Schritte: Zunächst kritisiert er das Sozialhilfeverständnis der herrschenden Gruppen. Das jüdische Bürgertum versuchte durch Almosen und Einzelfallhilfe den manifesten Verwahrlo-

---

[66] Hedwig Schaxel arbeitete als Erzieherin im Kinderheim Baumgarten, wo sie ihren zweiten Mann, Wilhelm Hoffer, kennenlernte (Jacobs/Gifford/Goldman 2005, S. 190). Für die Zeitschrift *Sozialistische Kultur* schrieb sie 1925 einen Erfahrungsbericht, der sich eng an Bernfelds Text anlehnt. Folgende Formulierung jedoch radikalisiert Bernfelds Begrifflichkeit: »Mit diesem *Menschenmaterial* und unter diesen äußeren Umständen versuchte eine kleine Gruppe von Erziehern eine Schulgemeinde ohne diktierte Gesetze von innen heraus zu entwickeln. Und um dies gleich vorweg zu nehmen, der Versuch ist glänzend gelungen« (Schaxel 1925; Hervorhebung D. B.).

sungserscheinungen, welche sich durch den ab 1914 einsetzenden Flüchtlingsstrom aus den östlichen Provinzen der Donaumonarchie in den Straßen und Auffanginstitutionen Wiens zeigten, entgegenzuwirken. In einem zweiten Schritt zeigt Bernfeld auf, dass diese wohltätige Einzelfallhilfe keine oder nur ungenügende Wirkung zeigt, weil sie dem Problem, das er als soziales mit politischem ›Zeitzünder‹ definiert, nicht angemessen ist. Dem sozialen Problem der elternlosen Flüchtlingskinder adäquat sind seines Erachtens einzig sozialpädagogische Maßnahmen. Durch seine Projekte der Kriegswaisenerziehung (Bernfeld 1916d) und der »Freien jüdischen Schulsiedlung« (Bernfeld 1921a, S. 20) empfiehlt er sich dem jüdischen Bürgertum als innovativer Sozialpädagoge, der Lösungen für das drängende soziale Problem bereithat.

Um die »passive Resistenz und Sabotage des jüdischen Bürgertums« (ebd., S. 19) gegen seine Projekte zu durchbrechen, kritisiert Bernfeld deren politische Interessen. Nach Kriegsende verweigerten die bürgerlichen Kreise zunehmend ihre Hilfe oder instrumentalisierten sie für Propagandazwecke der jüdisch-nationalen Partei. Bernfeld kritisiert den Rückzug aus der sozialpolitischen Verantwortung und verweist eindringlich auf mögliche Folgen solchen Nichthandelns. Das konforme Verhalten der »ostjüdischen Flüchtlinge, leibhaftiger jüdischer Proletariermasse« (ebd.), könne angesichts der immer offener zutage tretenden sozialen Ungleichheit jederzeit in Rebellion umkippen, wenn nicht sofort etwas getan werde, um die anomischen Zustände zu entschärfen. Mit dieser Politisierung des sozialen Problems erhöht er den Druck auf das jüdische Bürgertum, das Problem der Flüchtlingskinder zu bearbeiten und den Widerstand gegen seine sozialpädagogischen Lösungen aufzugeben.

Vor dem Hintergrund von Hoffmann-Nowotnys Modell rekonstruierte ich die »Schaffung kultureller Tatsachen« als Strategie des machtdefizitären Innovators, durch massenhafte Sozialisation eines Menschentypus, der zwingend eine sozialistisch-zionistische Staatsgründung verlangen würde, die Zukunft Palästinas maßgebend zu bestimmen. Wenn Bernfeld von einer »Revolte der Jugend und ihrer Erzieher, einer Kette von Revolten, die schließlich zur Revolution der Erziehung führt« (ebd., S. 27), spricht, hat er Tausende von sozialistisch (um)erzogenen Kindern, Jugendlichen und Erziehern vor Augen, die eine entsprechende politische Ordnung des jüdischen Staates einfordern. Baumgarten ist die erste Konkretisierung dieser pädagogisch-politischen Strategie, die in Bernfelds Bewertung viel direkter zum Ziel führt als der parteipolitische Kampf mittels Organisation von Mehrheiten bei Wählern und gewählten Repräsentanten.

> »Während aber die Schaffung kultureller Tatsachen, z. B. einer Schulsiedlung, notwendigerweise zum Kampf um die Anerkennung mit gewichtigen Waffen führt, da es in diesem Fall um den Bestand geht, so ist die Organisierung tausender von Wählern um eine Parole ein gar paradoxer und problematischer Umweg zur Gründung einer Winkelbibliothek, eines Realgymnasiums […] und einer Schlosserwerkstätte. Ein Umweg, von dem heute schon sonnenklar ist, daß er überhaupt niemals zum Ziel führt« (ebd., S. 22).

Warum Bernfeld seine Strategie als »Schaffung kultureller Tatsachen« verstand und nicht etwa – was das realisierte Programm präziser bezeichnen würde – als »Vergesellschaftung sozialistischer Subjektstrukturen«, kann hier zum Schluss nur vermutet werden. Einmal abgesehen davon, dass Bernfelds Projekt unter solchem Titel wohl nie eine Realisierungschance bekommen hätte, gibt es Hinweise darauf, dass die Rede von der »Schaffung kultureller Tatsachen« in Auseinandersetzung mit Durkheims methodologischem Standpunkt »considérer les faits sociaux comme des choses« entstanden ist.[67] Bernfeld kennt Durkheims »Regeln der soziologischen Methode« (1895b) in der Übersetzung seines Universitätslehrers Wilhelm Jerusalem, die 1908 im Klinkhardt-Verlag in Leipzig erschienen war. Eine prominente Bedeutung erlangen die »faits sociaux« (soziale Tatsachen) dann im »Sisyphos«, wo Bernfeld in Anlehnung an Durkheims methodologischen Standpunkt für die zu entwickelnde Erziehungswissenschaft eine »Tatbestands-Gesinnung« (1925a, S. 13) verlangt, die das affektive und normative Verhältnis zum Erkenntnisgegenstand, welches in der Pädagogik üblich sei, überwindet. Warum Bernfeld die »Freie jüdische Schulsiedlung« und das Kinderheim

---

[67] Durkheim schreibt: »Die Erscheinungen wie Dinge zu behandeln, bedeutet […], sie in ihrer Eigenschaft als data zu behandeln, die den Ausgangspunkt der Wissenschaft darstellen. Die sozialen Phänomene zeigen unstritig diesen Charakter« (1895b, S. 125).

2.3 Zusammenfassung

Baumgarten als »kulturelle Tatsachen« (Bernfeld 1921a, S. 22) und nicht – wie wir heute aus soziologischer Perspektive ganz selbstverständlich sagen würden – als »faits sociaux« verstanden hat, sehe ich im Zusammenhang mit dem Doppelcharakter von pädagogischen Institutionen, wie ihn Bernfeld im »Sisyphos« (1925a) so unübertrefflich herausarbeitet.

Bernfeld versteht dort die Schule als eine Art »ideologischen Staatsapparat« (Althusser 1977, S. 128f.), wo *kulturelles* Wissen und *kulturelle* Praktiken reproduziert werden (Bernfeld 1925a, S. 85: Aneignung des »*Kultur*plus«), allerdings in Formen, welche die Submission unter die hegemoniale Ideologie sichern. Zum einen wird dieser Effekt über die *soziale* Organisationsform schulischer Erziehung erzielt, zum anderen kommen in der Schule auch subtilere Mittel der Dressur zum Einsatz. Bernfeld betont im »Sisyphos« die Bedeutung der *materiellen* Grundlagen einer Schule (gesetzlich verankerte Organisationsstruktur), gegenüber denen die *ideellen Sinn*konstruktionen (Didaktik, Methodik, Curriculum, Lernziele) vernachlässigbar seien. Das Verständnis des Kinderheims Baumgarten als »kulturelle Tatsache« setzt vier Jahre vor Erscheinen des »Sisyphos« die Prioritäten noch anders.

3 »Neue Erziehung«: Rekonstruktion des »idealen Konzepts« bzw. der »expliziten Theorie« in Baumgarten

Bernfelds Entwurf einer »sozial orientierten Pädagogik« (1921a, S. 58) ist weit systematischer, als bisher angenommen. Im einleitenden Teil dieses Kapitels werden die drei Argumentationslinien skizziert, wie ich sie im Rahmen von Vorarbeiten zu meiner Dissertation aus den pädagogischen Hauptschriften Bernfelds (1919a, 1920a, 1921a, 1925a, 1928a, 1929g) herausgearbeitet habe. Diese drei Argumentationsstränge bilden gleichsam das Gerüst seiner Gesamtkonzeption von Erziehung. Bis 1933 arbeitet Bernfeld kontinuierlich an der Konzeption einzelner Bestandteile, ohne damit fertig zu werden. Die weißen Felder in der nachfolgenden Tabelle geben Aufschluss über die Lücken in seinem Gesamtentwurf. Die kursorische Übersicht erlaubt, die Strukturierung dieses Kapitels nachzuvollziehen und die Bedeutung der nachfolgend herausgearbeiteten Modelle und Konzepte im Zusammenhang mit dem Gesamtentwurf zu bestimmen.

Auch wenn Bernfeld selbst nicht von Sozialpädagogik spricht, folgt seine Konzeption einer »sozial orientierten Pädagogik«, der Struktur sozialpädagogischen Denkens, ruht also nicht allein auf einer *psychologischen* Begründung, sondern ist gleichzeitig *interaktionistisch* und *gesellschaftstheoretisch* abgestützt. So begreift Bernfeld zum einen Erziehung als »Bildung der Affekte und Triebe« (1921a, S. 91), zum andern Pädagogik als »Antinomie zwischen dem berechtigten Willen des Kindes und dem berechtigten Willen des Lehrers« (ebd., S. 63), und im »Sisyphos« schließlich als »Summe der Reaktionen einer Gesellschaft auf die Erziehungstatsache« (1925a, S. 51), wobei Bernfeld als materialistischer Theoretiker unter diesen »Reaktionen«

vor allem die Arbeit versteht, die von einer Gesellschaft im Zusammenhang mit dem Aufwachsen von Kindern und Jugendlichen geleistet wird. Anhand dieser drei Definitionen lassen sich im gesamten Begründungszusammenhang drei Linien unterscheiden, die in der Darstellung unten mit »*Interaktion*«, »*Affekte*« und »*Arbeit*« überschrieben sind. Die verschiedenen Grundelemente von Bernfelds Entwurf – Organisation (Formen), Einrichtungen (Mittel) und das zugrunde liegende Handlungsmodell – werden auf diesen Linien je unterschiedlich begründet.[68]

So ist die Schulgemeinde aus *interaktionistischer* Sicht »die Organisation [der] pädagogischen Kompromissgesinnung« (Bernfeld 1921a, S. 64), d. h., sie erscheint in dieser Definition als institutionelle Einbindung einer kommunikativen Alltagspraxis, die sich durch gegenseitige Perspektivenübernahme und Verständigungsorientierung auszeichnet. Bernfeld selbst spricht von »einem neuartigen Verkehr der Erwachsenen (Lehrer) mit den Kindern« (ebd., S. 50) und bezeichnet diesen als »Kameradschaftlichkeit« (ebd.).

Dieses pädagogische Handlungsmodell ist nun gleichsam das interaktionistische Fundament, auf dem nicht nur die Schulgemeinde sondern auch alle anderen pädagogischen Einrichtungen aufruhen müssen, denn: »Fehlt diese Kameradschaft, so bleiben Schulgemeinde und alle übrigen Einrichtungen elende Stümperei« (ebd., S. 51). In Kapitel 3.1 werde ich diese interaktionistische Begründung aus Bernfelds Baumgarten-Text herausarbeiten und die Schulgemeinde mit Habermas als »moralisch-praktischen Diskurs« (1981a, S. 44ff.) rekonstruieren. Ebenso zwanglos lässt sich »Kameradschaftlichkeit« als »kommunikatives Handeln« verstehen und Bernfelds »demokratische Disziplin« (1926p, S. 166) als »Diskursethik« (Habermas 1991).

Auf der *psychoanalytischen* Argumentationslinie wird die Schulgemeinde als »Methode« verstanden, »die Liebe und Verständnis vervielfacht wirksam werden läßt« (Bernfeld 1928a, S. 455). Die Schulgemeinde konstituiert sich

---

68 Dahmers (1989, S. 28) Vorschlag, den Bernfeld'schen Gesamtentwurf als »›bilinguale‹ Konzeption« zu begreifen, welche die »soziologische Erforschung objektiver gesellschaftlicher Entwicklungstendenzen [mit] der psychoanalytischen Erforschung individueller Lebensgeschichten« vermittelt, kann damit um eine Theoriesprache ergänzt werden.

3 »Neue Erziehung«: Rekonstruktion des »idealen Konzepts« ...

		Interaktion	Affekte	Arbeit
theoretischer Hintergrund		**Interaktionismus** (Buber?)	**Psychoanalyse** (Narzissmustheorie)	**Soziologie** (Marx und Durkheim)
Erziehung ...		... als »Antinomie zwischen dem berechtigten Willen des Kindes und dem berechtigten Willen des Lehrers« (1921a, 63)	... als »Bildung der Affekte und Triebe« (1921a, 91)	... als »Summe der Reaktionen einer Gesellschaft auf die Entwicklungstatsache« (1925a, 51) • es muss von der Gesellschaft eine gewisse Menge Arbeit für Heranwachsende geleistet werden
Organisation		»Die Schulgemeinde ist die Organisation dieser pädagogischen ›Kompromißgesinnung‹« (1921a, 64) • moralisch-praktischer Diskurs: Schulgemeinde als Diskussionsforum für Gerechtigkeitsfragen zur Etablierung einer »demokratischen Disziplin« (vgl. dazu Bernfeld 1926p, 166)	Die Schulgemeinde als »Methode [...], die Liebe und Verständnis vervielfacht wirksam werden läßt« (1928a, 455) • libidinöse Konstitution der Schulgemeinde nach Freuds Modell in »Massenpsychologie und Ich-Analyse« (1921)	Die Schulgemeinde als »volle Selbstverwaltung [und] Selbstwirtschaft der Kinder« (1921a, 83), als »Arbeitsraum und Arbeitsding« (1921a, 121) • »werktätige Gemeinschaft« (1921a, 121) i.S. einer arbeitsteilig integrierten »Korporation« (Durkheim 1893, 284)
Einrichtungen	Gericht	Steigerung expressiver Wahrhaftigkeit im Rahmen »dramaturgischen Handelns« (Habermas 1981a, 137) vor Gericht • Resymbolisierung von de-symbolisierten Erfahrungen (Lorenzer 1972, 131f.)	Gericht als »Tragödie im griechischen Sinne«. Die Kinder verlassen das Gericht »gereinigt und geläutert« (1921a, 89) • abreagieren und Katharsis	
Einrichtungen	Feste		Feste als »narzißtische Gesamtheits-Akte [...], [die] dem verhältnismäßig affektarmen Gesamt-Ich der Schule neue starke Quantitäten und Besetzungen zuführen« (1921a, 101) • »Lust der Kinder zu agieren, in eine große, frohe, sich zeigende und schauende Gemeinschaft zu verschmelzen« (1921a, 101)	

3 »Neue Erziehung«: Rekonstruktion des »idealen Konzepts« ...

Arbeitsleben			»Plan [...], die Arbeit mehr ins Zentrum des Heims zu stellen, sie aus dem Unterricht zu befreien und sie mitten ins Leben zu stellen« (1921a, 121) • »keine Arbeitsschule, sondern Arbeitsleben« (1921a, 121)
Handlungsmodell	Der »neuartige Verkehr der Erwachsenen [Lehrer] mit den Kindern« (1921a, 50) i.S. »kommunikativen Handelns« (Habermas 1981a, 1981b) • »Kameradschaftlichkeit« (1921a, 50) • erste Lehranalysen Freuds (Bernfeld 1952, 442f.)	»Umweg der erweiterten Selbstliebe« (1921a, 93) i.S. einer Umlenkung narzisstischer Libido auf ein Ichideal • Gemeinschaftserziehung, von Bfd. in Baumgarten als »Programm ›Schulgemeinden, Kwuzoth‹« (1921a, 58) bezeichnet	»sorgfältig durchgearbeitet[e] [...] arbeitsteilige Organisation« (1929d, 245) • »Führergruppenpädagogik« i.S. der Koordination einer »solidarischen Gruppe, die ein gemeinsames, erreichbares, konkretes Ziel (Aufgabe) hat, durch einen »technischen Führer« (1929d, 246), der »keinerlei Exekutivfunktion ausübt« (1926p, 165)
Kriterium für päd. Erfolg	Zurechnungsfähigkeit (Interaktionskompetenz, Ich-Stärke)	Solidarität	Sinn (Entfaltung der Produktivkräfte)

Abb. 4: Das theoretische Gerüst von Bernfelds Gesamtentwurf von Erziehung

libidinös durch Identifikation mit einem (Erzieher-)Kameraden, einer Gruppe (»Kwuzah«) und der ganzen (Schulgemeinde-)Gemeinschaft, die vom Kind an die Stelle seines Ichideals gesetzt wird. Die sozialpädagogische Pointe der Anwendung von Freuds Vergemeinschaftungsmodell (Freud 1921) besteht darin, dass durch eine spezifische Organisation der Erziehung – Bernfeld spricht in diesem Zusammenhang vom »Programm ›Schulgemeinden, Kwuzoth‹« (Bernfeld 1921a, S. 58) – das Objekt der Identifikation sozial erweitert wird. Indem Kinder »mit Erwachsenen zusammen leben, die soziale Menschen sind« (ebd., S. 58), sich in Peergroups zusammentun und als Kinderkollektiv organisieren, werden Objekte narzisstisch besetzt, die analog zum »Ichideal« der eigenen Person ähnlich sind oder in denen sie als Teil enthalten ist, die im Unterschied zum »Ichideal« aber außerhalb des eigenen Ichs liegen. In dieser Weise führt der »Umweg der erweiterten Selbstliebe« (ebd., S. 93) über eine Reihe von Identifikationsobjekten, die man mit Elias als »soziale Figurationen« (1970) bezeichnen kann. Parallel zur fortschreitenden Integration des Kinderkollektivs werden auf der Ebene der Affekte ursprünglich egoistische Antriebe sozialisiert. Psychoanalytisch ausgedrückt, erfährt die narzisstische Libido (»Ich-Libido«, »Selbstliebe«) Befriedigung in der Freundschaft zu einzelnen (Erzieher-)Kameraden, in der Bearbeitung und Lösung von spezifischen Gruppenaufgaben (z. B. Erledigen von Hilfsarbeiten und Übernahme von gewissen Schutzfunktionen) und im gemeinsamen Vorbereiten und Durchführen von Schulgemeindeanlässen (Versammlungen und Feste), wodurch »in Anlehnung« (Freud 1905, S. 89) prosoziale Sexualtriebe unabhängig werden. Die Vergesellschaftung der subjektiven Affektstruktur verläuft komplementär zur Komplexitätssteigerung in der sozialen Umwelt, d. h., die Freisetzung von Objektlibido nimmt parallel zur Zahl der möglichen Beziehungen zwischen den Elementen einer »sozialen Figuration« zu.[69]

Die *soziologische* Argumentationslinie ist bei Bernfeld bis in einen Aufsatz zurückzuverfolgen, den er kurz vor Abschluss seines Pädagogikstudiums in Wien (1911–1915) fertigstellt (vgl. Dudek 1990, S. 348). In »Ein Institut für Psychologie und Soziologie der Jugend« (1920a) bestimmt Bernfeld die »Stellung der Jugend« aus dem gesellschaftlichen Reproduktionsprozess heraus, den er als »wirtschaftliche Tätigkeit« bezeichnet. Die Lage der Jugend sei aufs Äußerste davon bestimmt,

> »ob sie früh oder spät, in vollem Umfang oder in Ausnahmen wirtschaftlich produktiv ist, d. h. ob sie in irgendeiner Weise wirtschaftlich tätig sein muß, um den nötigen Lebensunterhalt zu bekommen. Es ist zu bestimmen notwendig, ob der Lebensunterhalt der Jugend von einer Gruppe innerhalb der Gesellschaft aufgebracht wird, der Familie etwa oder vom Staat, wem also eigentlich der Mehrbetrag von Arbeit, der von der Gesellschaft zur Erhaltung ihrer Jugend geleistet werden muß, zur Last fällt, wieweit die Jugend selbst diesen Mehr-

---

[69] Bernfelds Einschätzung der Schulgemeinde als »verhältnismäßig affektarmes Gesamt-Ich« (1921a, S. 101) kann mit Elias so erklärt werden, dass es schlicht unmöglich ist, alle potenziell möglichen Beziehungen innerhalb der Schulgemeinde – bei 150 SchulgemeindebürgerInnen wären dies immerhin $2^{150}-151$, d. h. 22349 unterschiedliche Beziehungskonstellationen (Elias 1970, S. 107) – in konkreter Interaktion zu realisieren.

betrag auf sich nimmt. Die Fragen müssen vergleichend beantwortet werden, welcher Art die Arbeitsteilung der Jugend ist, wie sie verteilt ist auf Alter und Klassen, welches ihre Beziehung zur Arbeit der Erwachsenen ist« (Bernfeld 1920a, S. 228).

Die materialistische Begründung des soziologischen Jugendbegriffs besteht darin, dass wirtschaftliche Tätigkeit ungeachtet des Lebensalters die unabdingbare Grundlage für die Reproduktion menschlicher Existenz darstellt. Auch im Bereich der Sozialisation erfordere die Erzielung eines Mehrwerts – von Bernfeld später als »Kulturplus« (1925a, S. 85) bezeichnet – einen »Mehrbetrag von Arbeit«, der von irgendjemandem geleistet werden müsse. In der Tradition marxistischer Gesellschaftsanalyse steht auch Bernfelds Forderung, die Beträge an Mehrarbeit, die von der Jugend selbst auf sich genommen werden, nach »Klassen« zu differenzieren.[70]

Die vorwiegend proletarische Herkunft der Baumgarten-Kinder (1921a, S. 17) und die damit theoretisch zu erwartende Verteilung der Mehrwertproduktion, welche für die Sozialisation heranwachsender Menschen Vor-

---

70 Bernfeld lässt hier keinen Zweifel daran, dass Jugend in einer Klassengesellschaft immer als Teil einer der gesellschaftlichen Klassen existiert. Im selben Text erscheint Jugend aber auch als universeller Begriff, dessen Realität allein durch die Annahme einer psychologischen und physiologischen »Eigenart« (Bernfeld 1920a, S. 230) begründet ist. Auf diese Widersprüchlichkeit in Bernfelds Jugendbegriff haben erstmals Liebel (1974, S. 7) und Koch (1974, S. 90) aufmerksam gemacht, am deutlichsten aber Nowicki (1979, S. 233ff.). Nowicki arbeitet zunächst die Widersprüchlichkeit von Bernfelds Jugendbegriff (Bernfeld 1915a) heraus. Bernfeld geht von einer Art »jugendlichen Eigenart« aus, die ahistorisch ihre eigenen Entstehungsbedingungen verdecke. Erst im Anschluss an diese außergesellschaftliche, naturhafte Bestimmung von Jugend werde für Bernfeld »die soziologische Analyse relevant, die die Durchsetzungsmöglichkeiten unter den jeweiligen gesellschaftlichen Gegebenheiten zu überprüfen hat« (Nowicki 1979, S. 234). Dass Bernfeld diese soziologische Analyse trotz Ankündigung (Bernfeld 1915a, S. 137) nicht im Detail ausführt, interpretiert Nowicki als Lernprozess: Es »scheint jedoch, als habe er [Bernfeld, D.B.] […] die erkenntnistheoretische Problematik seines Programms, aus der Trennung der Bereiche Individuum und Gesellschaft einen einheitlichen ›allgemeinen Begriff der Jugend‹ zu gewinnen, erkannt, da er von nun an sein Vorhaben nicht weiter verfolgt, sondern bemüht ist, in eine um den Begriff des ›sozialen Orts‹ erweiterte psychoanalytische Theorie gesellschaftliche Verhältnisse als Klassenverhältnisse miteinzubeziehen« (1979, S. 236f.), welche Dauer, Inhalt und Ausprägung der Pubertät beeinflussen.

aussetzung ist, findet Berücksichtigung in einer differenziellen Konzeption der Schulgemeinde:

> »Wenn wir [in der Jugendbewegung, D.B.] an Schulgemeinde dachten, so meinten wir Selbstbestimmung der Jugend, und es brauchte eine ganze Weile, bis wir uns durch die von den Kindern [in Baumgarten] geschaffenen Tatsachen davon belehren ließen, daß es in unserem Fall auf die Selbstverwaltung der Kinder ankam; und bis wir sahen, daß die Kinderschulgemeinde etwas anderes sei als die Gemeindeversammlungen in der Jugendbewegung« (ebd., S. 80).[71]

Bezüglich der Organisation und der institutionellen Formen dieser »Selbstverwaltung und [...] Selbstwirtschaft der Kinder« (ebd., S. 83) enthält Bernfelds Bericht nur wenige Hinweise. Der Plan, »das ganze Heim als Arbeitsraum und Arbeitsding [zu] erklären« und »aus Baumgarten eine werktätige Gemeinschaft zu machen« (ebd., S. 121), soll arbeitsteilig realisiert werden, »nicht ohne Erwachsene, sondern im Gegenteil mit ihnen« (ebd., S. 83). Methodische Konzepte zur Ausgestaltung einer arbeitsteilig organisierten »Selbstwirtschaft« in sozialpädagogischen Einrichtungen publiziert Bernfeld erst einige Jahre nach Baumgarten, so z. B. die »Gruppenführerpädagogik« (Bernfeld 1929d, S. 246).

Im Anschluss an diese einleitenden Bemerkungen kann das Thema dieses Kapitels eingegrenzt werden. In einem *ersten Unterkapitel* wird Bernfelds Konzeption der Pädagogik als »Antinomie zwischen dem berechtigten Willen des Kindes und dem berechtigten Willen des Lehrers« (Bernfeld 1921a, S. 63) rekonstruiert. Obwohl anzunehmen ist, dass Bernfeld dieses interaktionistische Verständnis in Auseinandersetzung mit Buber, als dessen Sekretär er unmittelbar nach Baumgarten gearbeitet hatte (Fallend 1992, S. 68), entwickelt, nehme ich Habermas' »Theorie des kommunikativen Handelns« (1981a, 1981b) als Referenztheorie zu Hilfe. Der Gewinn an analytischer Schärfe bei der Rekonstruktion überwiegt m. E. den Verlust an historischer Genauigkeit. Es mag überraschen, wenn Bern-

---

71 Diese Differenzierung wird im Text »Die Schulgemeinde und ihre Funktion im Klassenkampf« (1928a) weiter ausgearbeitet und in drei Unterkapiteln vertieft: »Schulheim und Schulgemeinde in der Jugendbewegung« (ebd., S. 390–398), »Die Schulgemeinde in der höheren Schule« (ebd., S. 418–453) und »Die Schulgemeinde in der Jugendfürsorge« (ebd., S. 454–465).

feld als früher Vertreter des symbolischen Interaktionismus präsentiert wird. In der Tat ließ sich im Rahmen dieser Untersuchung historisch keine Verbindung zu Mead nachweisen. Dass Bernfeld in seinen wissenschaftstheoretischen Arbeiten (z. B. in Bernfeld 1932b, S. 270 und S. 276) implizit auf den interaktionistischen bzw. den sozialpsychologischen Kern der Psychoanalyse[72] hinweist, wie ihn bereits Freud erkannt hatte (Freud 1920, S. 115), ist erstmals Alfred Lorenzer aufgefallen: »Jene von Bernfeld vage angedeutete Erweiterung der psychoanalytischen Theorie über die gewohnten Grenzpfähle einer Psychologie hinaus ist realisiert, sofern man nur psychoanalytische Theorie aus der Verteidigung auf Psychologie herauslöst und als System von Interaktionsfiguren anerkennt« (Lorenzer 1971, S. 37). Selbst wenn die entsprechende Terminologie Bernfeld nicht zur Verfügung steht, ist das interaktionistische Element in seiner Argumentation doch unübersehbar (vgl. dazu auch Grubrich-Simitis 1988, S. 20; Müller 1992a, S. 65; Dudek 1996, S. 83).[73]

Das *zweite Unterkapitel* befasst sich mit der zweiten Schiene von Bernfelds Erziehungskonzeption, welche die Psychoanalyse für eine »Bildung der Affekte und Triebe« (Bernfeld 1921a, S. 91) fruchtbar macht. Ausgeführt werden zunächst die von Bernfeld explizit oder implizit verwendeten psychoanalytischen Konzepte (Kap. 3.2.2), welche im Baumgarten-Text erstmals

---

72 Diese Intuition, der Lorenzer mit seiner sozialwissenschaftlichen Rekonstruktion der Psychoanalyse nachgegangen ist, verfolgt Bernfeld im Exil weiter. Im Aufsatz »Psychoanalyse als Gespräch« (Bernfeld 1941a) schlägt er vor, »Formen […] des alltäglichen Umgangs mit Menschen und ihren Angelegenheiten, die in der Psychoanalyse als Forschungsverfahren genutzt werden, […] aus dem psychoanalytischen Rahmen heraus[zu]nehmen, um ihre Struktur und Funktion angemessen – vor allem experimentalpsychologisch – zu untersuchen« (ebd., S. 373). Die dahinterstehende Absicht, die Psychologie und Logik des Gesprächs »systematisch« (ebd., S. 272) zu untersuchen, zielt in eine ähnliche Richtung wie die sprachtheoretischen Arbeiten von Habermas und Lorenzer.

73 Im Aufsatz zum »sozialen Ort« bspw. kommt der Interaktion zwischen Jugendlichen und gesellschaftlichen Kontrollinstanzen eine zentrale Bedeutung zu. Die in Abhängigkeit zum »sozialen Ort« unterschiedlich »schwer vermeidlichen Realkonflikte mit der Polizei, dem Jugendamt und dem übrigen Staatsapparat« (1929g, S. 270) machen latente Struktureigenschaften der Persönlichkeit, wie sie über den Ödipuskonflikt an einem bestimmten »sozialen Ort« ausgeprägt worden sind, erst als sozial abweichende manifest. Subjektive Struktur (Affekte, Verhalten), gesellschaftlicher Kontext (»sozialer Ort«) und Interaktion (Ödipuskonflikt, Konflikte mit den Instanzen sozialer Kontrolle) bilden auch hier die Grundlinien der Argumentation, die Bernfeld in komplexer Weise aufeinander bezieht.

eine sozialpsychologische Erweiterung erfahren, um sie für die Erklärung der Konstitution von Gemeinschaftsformen und -leben zu verwenden (Kap. 3.2.3). Durch den kreativen Umgang mit klinisch gewonnenen Erkenntnissen macht Bernfeld die Psychoanalyse als erster für die Sozialwissenschaft anschlussfähig. Im gleichen Kapitel werden auch die sozialpädagogischen Einrichtungen dargestellt, die zwischen biografisch Sozialem und Gemeinschaftsleben vermitteln. Es sind dies die psychoanalytisch begründeten Methoden der Gemeinschaftserziehung.

Im *dritten Unterkapitel* geht es dann um den soziologischen Argumentationsstrang in Bernfelds Gesamtentwurf, den ich in Tabelle 4 marxistisch rekonstruiert habe. Diese Ausrichtung ist in Baumgarten vor allem auf der praktisch-politischen Ebene vorhanden (vgl. hierzu Kap. 3.3), auf der theoretischen weit weniger – hier steht Bernfeld noch am Anfang einer über die 20er-Jahre hinweg zunehmenden Radikalisierung (Dudek 1992b, S. 40) und hat kurz nach dem Abschluss seines Studiums wohl noch mehr Jerusalem, Durkheim und Simmel gelesen als Marx. Entsprechend ist der Aufbau der Schulgemeinde nicht historisch-materialistisch begründet, sondern anhand der »soziologischen Ethik« von Wilhelm Jerusalem (1899/1919, S. 317–355), in die viele Erkenntnisse Durkheims eingeflossen sind. Die soziologische Leistung Bernfelds im Baumgarten-Text besteht darin, den komplementären Aufbau von subjektiver und sozialer Welt theoretisch zu fassen, d.h. Triebwandel und Entwicklung normativer Ordnungen aufeinander zu beziehen. Dieser »Parallelismus [von] individuellem und sozialem Leben« (Herrmann 1996b, S. 233) ist über vier Stufen aufgebaut, die jeweils in einem Unterkapitel rekonstruiert werden. Bernfeld ist auch in anderen Texten um diesen soziologischen Begründungszusammenhang bemüht, der Sozialisation im Rahmen soziokultureller Evolution und ökonomischer Zyklen reflektiert, so z. B. im »Sisyphos« (Sünker 2005, S. 187f.).

> »Kein Wirtschaftszug, der nicht mit – und wäre es unkennbar fein sublimierter – Sexualität gefärbt wäre, keine Regung der Biopsyche, die nicht eingeengt wäre in die konkreten Bedingungen einer Wirtschaft. Hier ist die Stelle, wo ich gern einige Autoren zitieren würde, um nicht selbst die Verantwortung für Anschauungen tragen zu müssen, die mancher Leser mit mir nicht teilt, wenn

ich nur solche Autoren kennte. Aber leider, keiner, von denen ich etwas las, ist von genügender Deutlichkeit und Ausführlichkeit, beherrscht die beiden Tatsachengebiete, wenn es sich darum handelt, die Wechselwirkungen zwischen Wirtschaftsprozessen und den biopsychischen Reaktionen und Abläufen darzustellen« (Bernfeld 1925a, S. 90).

Ich werde in Kapitel 3.3 zeigen, dass die Darstellung dieser Zusammenhänge im Baumgarten-Text ansatzweise und mehr implizit als explizit gelungen ist.

3.1 Pädagogik als »Antinomie zwischen dem berechtigten Willen des Kindes und dem berechtigten Willen des Lehrers«

Auf der Ebene konkreter Handlungen definiert Bernfeld Pädagogik als »Antinomie zwischen dem berechtigten Willen des Kindes und dem berechtigten Willen des Lehrers« (Bernfeld 1921a, S. 63). Die Innovation auf dieser Ebene besteht im »neuartigen Verkehr der Erwachsenen (Lehrer) mit den Kindern«, der mit »Kameradschaftlichkeit« (ebd., S. 50) umschrieben wird. Bezeichnet ist damit eine bestimmte »Charakterologie« des Erziehers, d.h. eine bestimmte »Einstellung« und eine damit zusammenhängende »Handlungsweise« (ebd., S. 58). Ich beginne mit Bernfelds Beschreibung praktischer Handlungen, um im nächsten Kapitel auf die damit verbundene affektive Einstellung des »neuen Erziehers« zu sprechen zu kommen, die Bernfeld psychoanalytisch zu klären versucht.

Die Phänomenologie konkreter Handlungspraxis von »neuer Erziehung« lässt sich folgendermaßen zusammenfassen: Haupthindernis dafür, einen »kameradschaftlichen« Umgang zu realisieren, ist das Machtgefälle zwischen Erzieher und Kind. Während »alte Erziehung« ignoriert, dass sie es mit Subjekten zu tun hat, und den Erzieher als »Stellvertreter der rächenden Gottheit« (ebd., S. 113) einsetzt, ist Bernfeld und seinem Team »von Anfang an klar, daß die Kinder nicht die willenlosen Objekte unserer Macht, nicht die rechtlosen Opfer unserer Erziehungskünste sein dürften« (ebd., S. 59).

3.1 Pädagogik als »Antinomie zwischen dem berechtigten Willen des Kindes ...

Damit an die Stelle eines Herr-Knecht-Verhältnisses ein kameradschaftlich-egalitärer Umgang treten kann, leistet Bernfeld sowohl auf der Organisationsebene – hier wird die Macht der Erzieher auf die Schulgemeinde verteilt – als auch auf der Interaktionsebene einen Verzicht: Er straft nicht (ebd., S. 60) und verzichtet auf die autoritative Durchsetzung von Geltungsansprüchen (ebd., S. 64). Zwar soll der Erzieher »mit seinen Meinungen, Neigungen, Abneigungen, mit seinen Forderungen nicht zurückhalten« (ebd., S. 50), doch sind diese Geltungsansprüche »als zwar abweichende, aber den Kindern gleichberechtigte« (ebd., S. 47) vorzubringen. Was von den Kindern an Geltungsansprüchen akzeptiert wird, erfolgt »in einer sehr eigenartigen und allein von ihnen bestimmten Auswahl« (ebd., S. 64). Umgekehrt ist derjenige Erzieher ein »Stümper, der [...] meint, wahllos die Äußerungen [von Kindern, D. B.] verwerfen zu können« (ebd., S. 65). Der Kompromiss zwischen »dem berechtigten Willen des Kindes und dem berechtigten Willen des Lehrers« müsse vielmehr dergestalt sein, dass beide »Gegensätzlichkeiten eine innige und vom Kinde zuletzt *freiwillig bejahte* Durchdringung eingehen« (ebd., S. 63; Hervorhebung D. B.).

Wenn ein Gesprächsteilnehmer frei und selbstbestimmt zu einer Äußerung eines anderen ja oder nein sagen kann und damit deren impliziten Anspruch auf Gültigkeit einlöst oder verwirft, sind die Voraussetzungen *»kommunikativen Handelns«* erfüllt. Habermas geht davon aus, dass durch den Austausch von Argumenten im auf Verständigung ausgerichteten Diskurs eine zwanglose Übereinkunft der Individuen erreicht werden kann. »Kommunikatives Handeln« als argumentativ gesteuerte Konsensfindung impliziert, dass wir uns wechselseitig als Personen anerkennen, die zur freien und gleichen Stellungnahme mit Ja oder Nein fähig und berechtigt sind. Ob der Geltungsanspruch einer Äußerung gültig ist, richtet sich danach, ob seine Begründung jeden einzelnen Gesprächsteilnehmer unter der Voraussetzung freier und gleicher Teilnahme an einer Argumentation überzeugen kann (vgl. dazu Habermas 1981a und 1981b).

Was Bernfeld als *»Kameradschaftlichkeit«* bezeichnet, kann mit Habermas als *»Verständigungsorientierung«* (Habermas 1981a, S. 148ff.) kommunikativen Handelns verstanden werden, die Erzieher und Kind als freie und gleiche

Interaktionspartner voraussetzt. Weil Freiheit und Gleichheit als Bedingungen verständigungsorientierter Argumentationspraxis »im Sinne einer schwachen transzendentalen Nötigung als unvermeidlich oder alternativlos nachgewiesen werden könnten« (Habermas 1987, S. 13), impliziert kommunikatives Handeln kontrafaktisch Mündigkeit und gegenseitige Anerkennung der Gesprächsteilnehmer. Mit anderen Worten: Die Freisetzung kommunikativen Handelns produziert ein erhöhtes Maß an Freiheit und Gleichheit. Bernfeld macht sich dieses ›erzieherische Potenzial‹ kommunikativen Handelns zunutze. In Baumgarten entwickelt er systematisch Diskursforen, die zum einen im Dienste einer Erweiterung des individuellen Ichs zu einem »Gesamt-Ich ›Schulgemeinde‹« (Bernfeld 1921a, S. 93ff.) stehen, zum anderen die gegenseitige Anerkennung fördern und sozial ausweiten.

3.1.1 Der Geltungsanspruch auf Verständlichkeit: Durch »Mitlärmen« und »Mitspielen« zur intersubjektiv geteilten Lebenswelt

Am Anfang der Entwicklung zu einem das gesamte Heim umfassenden Wir-Gefühl und Zusammenhalt steht der »Schülerausschuss«. Er

> »beruhigte die Kinder über unsere Absichten, erleichterte uns und ihnen, Vertrauen zu gewinnen. […] Seine eigentliche Funktion war, daß seine Mitglieder sich entwickelten, daß wir uns gegenseitig kennenlernten, und daß durch ihn aus den nicht oder wenig psychisch geschädigten – wenn ich so sagen darf – sich ein kleiner, loser Kreis bildete, der in unmittelbaren Kontakt mit uns kam« (ebd., S. 66f.).

Doch auch in Bezug auf diese ›Urzelle‹ der späteren »Schulgemeinde« setzt Bernfeld gewisse Bedingungen voraus. Die im Zitat erwähnte psychische Gesundheit ließe sich kommunikationstheoretisch als Kompetenz begreifen, sich »verständlich« auszudrücken. Der Anspruch, der im Hinblick auf *Intersubjektivität* geltend gemacht wird, heißt bei Habermas *»Verständlichkeit«*. »Verständlich« ist kommunikatives Handeln, wenn sich zwischen den Interaktionspartnern eine intersubjektiv hergestellte Gemeinsamkeit des Bedeuteten

3.1 Pädagogik als »Antinomie zwischen dem berechtigten Willen des Kindes ...

etablieren kann (Habermas 1976, S. 439). Habermas spricht in diesem Fall von einer »hinreichenden Überlappung der Lebenswelt« im Sinne eines intersubjektiv geteilten Hintergrundkonsenses als Voraussetzung für Kommunikation (Graf 1996, S. 186). Die »Lebenswelt« ist in der Regel implizit, d. h. unausgesprochen, wirkt aber strukturierend für die interpersonalen Beziehungen (Habermas 1993, S. 146). Die Theorie der Operativen Gruppe bezeichnet die Habermas'sche »Lebenswelt« als Referenzschema, welches die Gesamtheit der Erfahrungen, Kenntnisse und Gefühle konzeptualisiert, mit denen eine Gruppe oder (Sprach-) Gemeinschaft denkt und handelt, in Bezug auf sich selbst und auf die soziale und dingliche Welt (Graf und Sidler 1997, S. 52–59).[74]

Eine hinreichende Überlappung der unterschiedlichen »Lebenswelten« als Voraussetzung dafür, dass man sich gegenseitig versteht, ist in Baumgarten zu Beginn nicht gegeben. Eine Lehrerin der dritten Volksschulklasse schreibt: Die Kinder im Heim »hatten kein Verhältnis zu nichts und zu niemandem; es gab keine Freundschaft untereinander, keinen Anschluß an Erwachsene« (Geiringer 1920, S. 51). Das Problem stark divergierender Erfahrungs- und Erlebnishintergründe problematisiert Bernfeld am Beispiel des gemeinsamen Essens.

>»Die Kinder machten vom ersten Tag an beträchtlichen Lärm im Speissaal; sie schrieen, rückten mit den Tischen, klapperten mit Tellern und Löffeln, rauften sich, riefen stürmisch nach ihrem Essen, störten die austeilenden Pflegerinnen,

---

[74] Nach Habermas ist die Lebenswelt das, »was die Kommunikationsteilnehmer jeweils im Rücken haben, aus der sie ihre Verständigungsprobleme betreiben. *Angehörige sozialer Kollektive teilen normalerweise eine Lebenswelt.* Diese ist in der Kommunikation, aber auch in Erkenntnisprozessen, immer nur in einer eigentümlich präreflexiven Form von Hintergrundannahmen (auf Tatsachen bezogen), von Hintergrundfertigkeiten (auf Expressionen bezogen) oder Hintergrundbeziehungen (auf Sozietät bezogen) gegeben. Die Lebenswelt ist das merkwürdige Ding, das vor unseren Augen zerfällt und verschwindet, sobald wir sie stückweise vor uns bringen wollen. Die Lebenswelt funktioniert im Hinblick auf Kommunikationsprozesse als Ressource für das, was in explizite Äußerungen eingeht; aber in dem Augenblick, wo dieses Hintergrundwissen in kommunikative Äußerungen eingeht, wo es zu einem expliziten Wissen und damit kritisierbar wird, verliert es gerade den Gewißheitscharakter, den Hintergrundcharakter und den Nichthintergehbarkeitscharakter, den die Lebensweltstrukturen für ihre Angehörigen jeweils haben« (Habermas 1981c, S. 138f.; Hervorhebung D.B.).

> und was dergleichen mehr ist. [...] Die Lehrer, unter den Kindern verstreut sitzend, ›lärmten‹ mit, d. h. sie plauderten mit den Nachbarn und lernten so die Kinder kennen« (Bernfeld 1921a, S. 43f.).

Es kann davon ausgegangen werden, dass die mehrheitlich aus bürgerlichen Elternhäusern stammenden und gebildeten ErzieherInnen andere Vorstellungen von einem gemeinsamen Mahl hatten. Ungeachtet dessen lassen sie sich auf die Essensgewohnheiten der Kinder ein, wie sie sich – wohl aufgrund von Erfahrungen, welche in anderen Institutionen gemacht worden sind – im aktuellen Moment reproduzieren. Aus kommunikationstheoretischer Sicht könnte man diese Reaktion als bewusstes Einebnen der Unterschiede zwischen den unterschiedlichen Erfahrungshintergründen interpretieren, um so die Voraussetzungen gegenseitigen Verstehens zu schaffen. Wäre von den ErzieherInnen ein ›bürgerliches‹ Essverhalten durchgesetzt worden, hätte man bei den Kindern allenfalls gewisse Anpassungsleistungen gestärkt, das abweichende Essverhalten der verwahrlosten Kinder wäre damit aber nicht verständlich, sondern nur in die Latenz verdrängt worden.

In derselben Funktion steht das Mittun an einer von den Erziehern als maßlos und übertrieben leidenschaftlich empfundenen Art des Fussballspielens.

> »Wir haben nicht gestraft, nicht geschimpft, nicht gepredigt, sondern eifrig mitgespielt; wir haben uns mit den Knaben gefreut, wenn die Mannschaft des benachbarten Knabenhortes geschlagen war; mit ihnen uns vorgenommen, besser und schöner spielen zu lernen, wenn wir geschlagen wurden« (ebd., S. 46).

Auch hier lässt sich die Erzieherschaft auf die Fußballkultur der Kinder ein, obwohl ihr leichtathletische Aktivitäten lieber gewesen wären. Dies wird auch den Kindern gegenüber thematisiert:

> »Im Gruppen- und Einzelgespräch haben wir unsere Meinung natürlich offen gesagt; wir heuchelten keine Begeisterung, wo wir angewidert waren; aber wir sprachen nie in jenem falschen, liebenswürdigen, ermahnenden und scheinbar frei überzeugen wollenden Ton, den fixe Pädagogen gern anschlagen, wenn sie wissen, geht es nicht so, so werde ich eben zwingen« (ebd., S. 46f.).

3.1 Pädagogik als »Antinomie zwischen dem berechtigten Willen des Kindes ...

Das Mittun beim Fußballspielen ist also keine Anbiederung; die ErzieherInnen bleiben in Bezug auf ihre sportlichen Präferenzen wahrhaftig. Dass sie sich dennoch auf die von den Kindern etablierte Art des Fußballspielens einlassen, kann kommunikationstheoretisch als performativ eingelöste Akzeptanz des lebensweltlichen Hintergrunds interpretiert werden, auch wenn dieser in Bezug auf den eigenen erheblich differiert. Erst dieses Eintauchen in die Fußballwelt der Baumgarten-Kinder schafft die Möglichkeit, dass ihre spezifische Art, Fußball zu spielen, verständlich wird. Deren Beschreibung als »maßlos, exzessiv und übertrieben leidenschaftlich« kann dann als Entwertung reflektiert werden, welche sich durch die Brille der bürgerlichen Perspektive notwendigerweise dann ergibt, wenn nicht ausreichend vom eigenen lebensweltlichen Hintergrund abstrahiert werden kann.

Bemerkenswert scheint mir hier, dass sich die »Lebenswelten« nicht im sprachlichen Bereich zu überlappen beginnen, bspw. als gemeinsame Diskussionsrunden oder Schulstunden, sondern auf der Ebene konkreter Handlungen. Ausgehend von Bernfelds Erfahrungen könnte man sagen, dass man durch Zusammen-etwas-Tun zu einer gemeinsam geteilten »Lebenswelt« kommt. Weil wir bei Habermas nichts über die pädagogisch relevanten Sozialisationsprozesse erfahren, welche die Referenzschemata von Kindern und ihren Bezugspersonen synchronisieren, orientieren wir uns im Folgenden an den Untersuchungen von Jerome Bruner (2002), um die Beobachtungen Bernfelds sprachtheoretisch zu verstehen.

Bruner betont die zentrale Bedeutung von sogenannten »Formaten« für das Lernen von Sprache. Unter einem »Format« versteht Bruner »eine routinemäßig wiederholte Interaktion, in welcher ein Erwachsener und ein Kind miteinander gewisse Dinge *tun*« (ebd., S. 114; Hervorhebung i. O.), wie z. B. beim Versteckspiel, beim Auf-den-Knien-Reiten oder beim Bücherlesen. Bruners These geht dahin, dass es bei diesen »Formaten« primär um das Einüben pragmatischer Aspekte des Sprachgebrauchs geht, d. h. um die kommunikative Absicht der Sprache, darum, wie man durch Sprache etwas erreicht, und erst sekundär um syntaktische oder semantische Aspekte, d. h. um Fragen der Wohlgeformtheit und der Bedeutung von Sprache. Bruner beobachtete, dass die Anteile gesprochener Sprache im Laufe der Einübung von »Formaten« ständig abnehmen, sobald zwischen den Spielpartnern sichergestellt ist, dass die Handlungskoordination gelingt. Die Pragmatik, verstanden als Regelsystem, das die Koordination der eigenen Handlungen in Bezug auf die Handlungen anderer ermöglicht, scheint der Grammatik, verstanden als Regelsystem, das den verständlichen Ausdruck in wohlgeformten Sätzen ermöglicht, vorauszugehen. »Da solche Formate vor der lexikogrammatischen Sprache auftauchen, stellen sie entscheidende ›Vehikel‹ für den Übergang von bloßer Kommunikation zur Sprache dar« (ebd.). Anders gesagt: Intersubjektivität wird zuerst im gemeinsamen (im Sinne von koordiniertem) Tun hergestellt, erst dann über Sprache.

Die »Theorie kommunikativen Handelns« kann mit Bruner nun so ergänzt werden, dass eine gemeinsam geteilte Lebenswelt als Voraussetzung intersubjektiver Handlungskoordination und sprachlicher Verständigung zuerst in »Formaten« sozialisiert werden muss. »Hinreichend überlappend« wäre die Lebenswelt dann, wenn die in »Formaten« eingeübte Handlungskoordination zunehmend auch in Situationen gelingt, welche die ursprünglichen Sprachspiele transzendieren.

> »Formate sind […] modular in dem Sinne, als sie in große und sich über längere Zeitabstände erstreckende Abläufe eingebaut werden können. Ein Gruß-Format [vgl. hierzu das Beispiel von Bernfeld im folgenden Absatz, D.B.] z.B. kann in ein größeres Format integriert werden, das weitere gemeinsame Handlungen umfasst« (ebd., S. 115).

Interessanterweise synchronisiert Bernfeld die unterschiedlichen Referenzschemata der Baumgarten-Kinder und der jugendkulturell geprägten ErzieherInnen ebenfalls in Formaten. In Baumgarten bestehen diese Formate in sich wiederholenden Situationen des Heimalltags, denen die Kinder große Bedeutung zuschreiben. Gemeinsam ist den Formaten in Baumgarten auch, dass sie auf eine fast ritualisierte Art und Weise durchgespielt werden, die dem Geschmack der Kinder entspricht und ihre Partizipation erfordert. Die verbindende Gemeinsamkeit entsteht in Baumgarten beim Essen, beim Fußballspielen und einfach dadurch, dass man Kinder mit einem »natürlichen ›guten Tag‹« begrüßt, statt ihnen mit »wertloser und unnützer Fragerei«

3.1 Pädagogik als »Antinomie zwischen dem berechtigten Willen des Kindes ...

(Bernfeld 1921a, S. 49) zu begegnen, was eine verfrühte Komplexitätssteigerung und einen verfrühten Wechsel auf eine semantische Ebene bedeuten würde, wo Inhalte und Informationen eine Rolle spielen. Auf der Folie von Bruners Theorie sind das gemeinsame Fußballspiel und das gemeinsame Essen in Baumgarten Formate, die sehr vorsichtig und schrittweise »konventionalisiert und kanonisiert werden, [was den] anderen Mitgliedern [der] Symbol-Gemeinschaft erlaubt, mitzumachen und ihre speziellen Regeln zu erlernen« (Bruner 2002, S. 115). Bernfeld scheint die sozialisatorische Funktion des gemeinsamen Fußballspiels und des gemeinsamen Essens intuitiv zu erfassen. Die ›Regression‹ auf diese nichtsprachlichen Übungsfelder der Handlungskoordination legt gleichsam die Schienen, auf denen sprachlich symbolisierte Geltungsansprüche gegenseitig erst anerkannt werden können.[75]

Bernfeld versucht auch auf einer ausschließlich sprachlichen Ebene, einen intersubjektiv ausreichend geteilten Kontext für die Interpretation dessen herzustellen, was im Hier und Jetzt des Kinderheims gesagt und getan wird. Ab dem zweiten Tag versammelt Bernfeld 50 der älteren Baumgarten-Kinder um sich, um ihnen die Regeln des gegenseitigen Umgangs im Heim zu erläutern. Eingeführt werden zunächst einmal die Voraussetzungen des »neuartigen Verkehrs der Erwachsenen mit den Kindern«. Bernfeld sagt den Kindern, dass es in Baumgarten keine Strafen gebe und dass niemand das Recht habe, sie zu schlagen. Zuwiderhandlungen gegen dieses Verbot solle man ihm sofort melden. Alldderdings drohe Kindern, die »unverbesserlich« bleiben, der Ausschluss aus dem Heim (Bernfeld 1921a, S. 60).

Bernfeld regelt den pädagogischen Umgang in Baumgarten von Beginn an auf dem Niveau postkonventioneller Moral. Auf dieser Stufe treten nach Habermas (1984, S. 220) Einsichtsappelle an die Stelle von Sanktionen. Einzig diejenigen Kinder, welchen die Orientierung des Verhaltens auch im Anschluss an die diskursive Erörterung ihrer Normverletzungen nicht ge-

---

75 Dieser kleine Exkurs zur Bedeutung von »Formaten« für die Ausbildung und Förderung von Interaktionskompetenz in sozialpädagogischen Kontexten könnte zu einer sprachtheoretischen Begründung von Erlebnispädagogik ausgebaut werden. Bernfeld wäre so betrachtet tatsächlich ein »Wegbereiter der modernen Erlebnispädagogik« (Adam 1993). Adams Argumentation berücksichtigt den hier entwickelten Gesichtspunkt allerdings nicht.

lingt, werden bestraft, Dies entspricht zwar dem konventionellen Niveau der Moralentwicklung, von dem sich Bernfeld aber abgrenzt, indem die einzige Sanktion der Heimverweis ist. Bernfeld reproduziert hier das »strukturelle Paradox des Strafens«, welches nach Eder ein moralisches ist: »Nämlich eine moralische Ordnung, der alle als Individuen angehören sollen, dadurch herzustellen, daß ein Teil der Individuen aus dieser moralischen Ordnung ausgegrenzt wird« (Eder 1986, S. 233).

Indem Bernfeld die soziale Kontrolle abweichenden Verhaltens ins einzelne Kind hineinverlagert, überfordert er freilich die Interaktionskompetenz der Kinder. Darüber, dass in Baumgarten eine soziale Ordnung gleichsam kontrafaktisch antizipiert ist, ist sich Bernfeld durchaus bewusst (Bernfeld 1921a, S. 59f.). So dürfte ihm kaum entgangen sein, dass sich der Großteil der Baumgarten-Kinder auf dem konventionellen Niveau der Moralentwicklung befindet, wo die innere Handlungskoordination durch Orientierung an gruppenspezifischen Werten und Normen gesichert ist, deren Verletzung sanktioniert wird. Hierfür spricht Bernfelds Bemerkung, dass »alle hauptsächlich wissen [wollten], […] ob man ›gleich hinausgeworfen werden würde‹, wenn doch die einzige Strafe der Ausschluß aus dem Heim sei« (ebd., S. 60). Während die Normbefolgung auf der konventionellen Stufe der Moralentwicklung nötigenfalls mit empirischen Mitteln (Sanktionen) erwirkt werden kann, gibt es auf der postkonventionellen Stufe lediglich gute Gründe (Einsichtsappelle), welche die faktische Befolgung gültiger Normen jedoch nicht garantieren können.

Bernfeld hofft, dass sich aus den Zusammenkünften der 50 älteren Kinder die Schulgemeinde entwickelt. »Dies ließ sich alles so gut und einfach an, daß ich meinte, es würde sich die Schulgemeinde von selbst aus diesen Zusammenkünften ergeben« (ebd., S. 61). Bernfeld macht Zeitmangel als Grund geltend, die 50er-Zusammenkünfte zugunsten eines »Vertretersystems« fallen zu lassen. In der Tat dürften Diskussionen in einer 50-köpfigen Gruppe, deren Interaktionskompetenz wenig ausgebildet ist, »zeitraubend« gewesen sein. Bernfeld berichtet davon, dass die Kinder während der Zusammenkünfte nicht aufeinander gehört und sich gegenseitig die Freiheit aberkannt hätten, Fragen zu stellen.

3.1 Pädagogik als »Antinomie zwischen dem berechtigten Willen des Kindes …

Auch wenn Bernfeld diese Treffen tendenziell als Fehlstart bezeichnet, kommt ihnen aus kommunikationstheoretischer Sicht eine wichtige Bedeutung zu. Wie weiter oben ausgeführt, dürften Aussagen und Verhalten in diesen initialen Zusammenkünften wohl nur teilweise allgemein verständlich gewesen sein. Zu unterschiedlich noch sind die Annahmen über die sozialen Beziehungen in Baumgarten, welche von den verschiedenen Interaktionspartnern gemacht werden. Die Gesamtheit dieser Annahmen wird von Habermas als »Lebenswelt« begriffen. Die »Form der Argumentation, in der die Verständlichkeit […] von symbolischen Ausdrücken nicht mehr naiv unterstellt oder abgestritten, sondern als kontroverser Anspruch zum Thema gemacht wird«, bezeichnet Habermas als »explikativen Diskurs« (Habermas 1981a, S. 44). Mit ihm beginnt Bernfeld im Rahmen der Zusammenkünfte der 50 älteren Kinder. Eingeladen waren dazu alle, »die etwas zu fragen [hatten] oder die sich sonst dafür interessierten« (Bernfeld 1921a, S. 60); der Inhalt dieser Gespräche wird aus Sicht der Kinder als »Schule erklären« verstanden (ebd., S. 61). Die Absicht hinter diesen Zusammenkünften ist, »ein Organisches und Verständliches« zu versuchen (ebd., S. 60). Zusammenfassend lässt sich sagen, dass Bernfeld den »explikativen Diskurs« zur Klärung des Geltungsanspruchs auf Verständlichkeit, welcher aus kommunikationstheoretischer Perspektive Voraussetzung für die Problematisierung der Geltungsansprüche auf Wahrhaftigkeit, Richtigkeit und Wahrheit einer Sprechhandlung ist, richtigerweise vor der Konstituierung von »Schülerausschuss« und »Schulgemeinde« organisiert. Allein seine leicht entwertende Beurteilung dieser Zusammenkünfte der 50 älteren Kinder kann mit Habermas kritisiert werden.

Gemeinsam geteilte Erfahrungen als Grundlage für die Verständigung zwischen Bernfeld und drei Kinder-VertreterInnen

Das erwähnte »Vertretersystem« besteht aus 3 Jugendlichen und Bernfeld und heißt »*Schülerausschuss*«. Die Idee zu diesem Gremium entsteht beim Gespräch mit älteren Knaben, in deren Mitte Bernfeld seinen Platz am Speisetisch hat. »Einige kannten aus eigenem Erlebnis die Prinzipien der Organisation, sie waren Mitglieder des Wiener jüdischen Fußballclubs ›Hakoah‹. Diese schlugen [...] vor, man sollte einen ›Ausschuß‹ wählen« (Bernfeld 1921a, S. 62). Der Vorschlag für ein »Vertretersystem« kommt also nicht von Bernfeld. Die soziale Desorganisation – Bernfeld spricht von Chaos[76] – wird so lange ausgehalten, bis Erfahrungen aus der Vergangenheit aktualisiert werden können, die in Bezug auf die Herstellung sozialer Ordnung einen Lösungsansatz beinhalten. Wesentlich ist hierbei die Verankerung des Vorschlags im Erleben der Kinder, und dass er teilweise – Bernfeld streitet mit den Knaben zunächst um die Anzahl der »Ausschuss«-Mitglieder – mit den Vorstellungen von Bernfeld übereinstimmt. Diese Übereinstimmung wurde weiter oben aus kommunikationstheoretischer Perspektive als »hinreichende Überlappung« unterschiedlicher Lebenswelten begriffen (Graf 1996, S. 186).

Nicht nur bei der Genese des »Schülerausschusses« spielt das partiell geteilte Verständnis – in diesem Fall von sozialen Normen und Institutionen – eine Rolle. Anzunehmen ist, dass im Rahmen dieser Schülervertretung von Anfang an gegenseitiges Verstehen möglich ist, weil mit K. und Ka. zwei Geschwister gewählt worden sind (Bernfeld 1921a, S. 63). Ihre gemeinsame, durch die Familie geprägte Lebenswelt überlappt sich mit derjenigen der Baumgarten-ErzieherInnen, weil Ka. »Schomereth«[77] gewesen ist und als solche mit den Ideen der Jugendbewegung vertraut. Dieser gemeinsame Erfahrungshintergrund ermöglicht es Bernfeld, »mit wenigen Worten und an wenigen Fällen in ihnen [den Mitgliedern des Schülerausschusses, D. B.] zu wecken und zum Ausdruck zu bringen, was in ihnen schlummerte« (ebd., S. 66).

Das gegenseitige Verständnis im Schülerausschuss ist aber nicht allein Ergebnis überlappender Lebenswelten, sondern auch Produkt intensiver Diskurspraxis. Was in diesem sozialen Kontext expressiv ausgedrückt werden kann, entwickelt sich kontinuierlich. »Anfangs mußte ich sprechen, sie wa-

---

76 Wie gut das Chaos ausgehalten werden kann, scheidet nach Bernfeld den guten vom schlechten Erzieher: »[E]s ist gewiß eine Begabungsprobe für den organisierenden Pädagogen, ob er Mut zum Chaos hat oder nicht« (Bernfeld 1921a, S. 61).

77 Die jüdischen Pfadfinderorganisationen, die seit 1911 in verschiedenen Städten Galiziens entstanden waren, gaben sich im Jahr 1913 den Namen »Haszomer« (hebr. »Haschomer«, Pl.: »Haschomrim« oder, unbestimmt, nur »Schomrim« (Jensen 1995, S. 43). In Bernfelds Bericht werden mit »Schomer« (m.) bzw. »Schomereth« (w.) Angehörige dieser Pfadfinderorganisationen bezeichnet.

ren sehr einsilbig, aber bald wurde ihr Interesse größer, ihre Anschauungen bestimmter, ihre Argumente reicher« (ebd., S. 66). Die Institutionalisierung und Förderung von Interaktionszusammenhängen, in deren Rahmen kommunikative Rationalität als gegenseitiges Verständnis, Solidarität, Anerkennung sowie Mitteilbarkeit inneren Erlebens freigesetzt wird, zieht sich als roter Faden durch den ganzen Baumgarten-Text.

Die Entwicklung vom Monolog zum Diskurs zeigt sich als Muster auch in der »*Schulgemeinde*«, die Ende Oktober 1919 vom Schülerausschuss einberufen wird (ebd., S. 67). »Es sprach fast niemand außer mir, so sehr ich mich bemühte, den Kindern die Zunge zu lösen. Ihre Meinung äußerten sie durch Zwischenrufe, Lärm, Klatschen, Geschrei« (ebd., S. 68). Ebenso fällt es anfänglich auch in der »Schulgemeinde« schwer, sich gegenseitig zu verstehen, nicht nur aufgrund expressiver Defizite der Kinder, sondern auch mangels Verständlichkeit dessen, was ausgedrückt werden kann. »Diskussion war natürlich keine, nur die eine oder andere Bemerkung wurde schüchtern und uns allen gleich *unverständlich* vorgebracht« (ebd., S. 67f.; Hervorhebung D.B.). Die Einwände der SchülerInnen verklingen unverstanden, weil zu Beginn des Versuchs kein ausreichend geteilter Erfahrungshintergund bzw. keine gemeinsame Sprache vorhanden ist. »Verständlichkeit« ist derjenige Geltungsanspruch, welcher sich auf die Sprache selbst bezieht. Sind entweder Wohlgeformtheit oder, wie im Beispiel oben, die Bedeutung einer sprachlichen Äußerung nicht gegeben, so stellt sich den Beteiligten entweder eine linguistische oder – auf unser Beispiel bezogen – eine hermeneutische Aufgabe (Habermas 1981a, S. 43f.). Anzunehmen ist, dass gerade zu Beginn des »Versuchs mit neuer Erziehung« erhebliche Verständigungsprobleme bestanden haben, welche von den ErzieherInnen Übersetzungsleistungen erforderten, die im Rahmen großer Zusammenkünfte schwieriger zu erbringen waren als innerhalb einer Gruppe wie dem Schülerausschuss.

Neben dem redespezifischen Geltungsanspruch auf Verständlichkeit unterscheidet Habermas drei weitere, die sich (a) auf das Verhältnis des erkennenden Subjekts zu einer *äußeren* Welt von Ereignissen bzw. Tatsachen (Wahrheit), (b) auf das Verhältnis des praktisch, in Interaktionen mit anderen verstrickten und handelnden Subjekts zu einer *Welt der Sozialität* (Richtigkeit bzw. Angemessenheit) und schließlich (c) auf das Verhältnis des Subjekts zur eigenen *inneren Natur*, zu seiner Subjektivität und zur Subjektivität anderer (Wahrhaftigkeit) beziehen. Diese drei Realitätsbezüge begreift Habermas als Dimensionen kommunikativer Rationalität, wobei jede Dimension unabhängige Bedingung der Gesamtrationalität einer Handlung, Entscheidung, Norm usw. ist. Wahrheit, Richtigkeit und Wahrhaftigkeit sind nicht substituierbar: Ein Gewinn in der einen lässt sich nicht gegen den Verlust in der anderen Dimension verrechnen. Und ein Handeln, das in einer der drei Dimensionen unter die Rationalitätsschwelle fällt, ist nicht zu rechtfertigen und damit insgesamt irrational (Habermas 1981a, 1981b).

Auch wenn sich Habermas' »Verständigungsorientierung« kommunikativen Handelns geradezu anbietet, »Kameradschaftlichkeit« als neues Charakteristikum im pädagogischen Umgang zu erklären, ist Bernfelds Konzeption des »neuartigen Verkehrs der Erwachsenen mit den Kindern« nicht mit dem Habermas'schen Begriff des kommunikativen Handelns deckungsgleich. Im Unterschied zu diesem basiert die Rationalität sozialpädagogischer Handlungen nicht auf der gleichwertigen Klärung aller drei Geltungsansprüche. Vielmehr gerät der expressive Anteil der Interaktion zum Kernpunkt der Beurteilung, ob man eine Äußerung als gültig akzeptiert oder als ungültig zurückweist. Graf formuliert diese Spezifität sozialpädagogischer Rationalität folgendermaßen:

> »Wahrhaftigkeit kommt somit vor Wahrheit. An ihr wird entschieden, ob eine Äußerung offen strategisch oder verdeckt strategisch gemeint ist, also auf Selbsttäuschungen beruht, oder ob es sich tatsächlich um ein verständigungsorientiertes Handeln handelt. […] Von der Klärung der von den Teilnehmern eingebrachten Interessenlagen hängt im konkreten Diskurs wesentlich ab, ob es bspw. zur Klärung von Wahrheitsfragen überhaupt kommen kann. Damit wird der Geltungsanspruch nach Wahrhaftigkeit zu einem Kriterium für sozialpädagogisches Handeln« (Graf 1996, S. 189f.).

Dass Sprechhandlungen in Baumgarten primär nach dem Aspekt ihrer Glaubwürdigkeit beurteilt werden und der Klärung von normativen Fragen explizit vorausgeht, lässt sich anhand der folgenden Interaktionsanalysen nachweisen.

3.1.2 Der Geltungsanspruch auf expressive Wahrhaftigkeit: »Wir hielten Wort«

Bernfeld schreibt, dass sich der »neuartige Verkehr der Erwachsenen mit den Kindern« in verschiedenen Etappen entwickelte:

> »Der erste entscheidende Schritt geschah durch etwas, das uns so selbstverständlich war, daß wir nie daran gedacht hätten, es könnte überhaupt anders getan werden. *Wir hielten Wort.* Wenn wir etwas versprochen hatten, wurde es ganz selbstverständlich erfüllt, ohne Anspruch auf Dank. Und konnte es nicht geschehen, so entschuldigten wir uns bei den Kindern. Fast jeder von uns erinnert sich, welch ungeheuern Eindruck dies auf die Kinder machte. Es waren meistens nur Kleinigkeiten, aber ihre Summierung durch mehrere Tage hindurch erzeugte bei den Kindern die erste Stufe von Vertrauen. *Sie glaubten dem, was wir sagten*« (Bernfeld 1921a, S. 52; Hervorhebungen D. B.).

Das pädagogische Verhältnis etabliert sich im Rahmen »neuer Erziehung« zuallererst über die Frage, ob durch konsistentes Verhalten die gemachten Versprechungen eingelöst werden. Folgt man Habermas, klären kommunikativ Handelnde anhand dieser Frage den Geltungsanspruch auf Wahrhaftigkeit. »Daß jemand meint, was er sagt, kann er nur in der Konsequenz seines Tuns, nicht durch die Angabe von Gründen glaubhaft machen« (Habermas 1982, S. 597). Einige Situationen, die im Kapitel III (Bernfeld 1921a, S. 42–55) bezüglich des »neuartigen Verkehr[s] der Erwachsenen mit den Kindern« beschrieben werden, lassen sich als Überprüfung lesen, ob die Aussagen der ErzieherInnen nicht in Widerspruch zu ihren Handlungen stehen bzw. geraten werden. So z. B. bei der Organisation des Ausgangs, wo Bernfeld den Kindern mitteilt, dass die meisten bei der Angabe ihres Ziels gelogen hätten und dass dies nicht nötig sei, weil sie Anrecht auf Ausgang hätten. Zwar habe sich darauf die Zahl der Lügen verringert,

> »aber sie glaubten mir nicht recht, und ein paar Mutige führten mich in Versuchung. Einer sagte, er gehe ins Kino, ein anderer, er wolle ›so ein bißchen in die Stadt‹ gehen. Das maßlose Staunen der anwesenden Kinder, als ich einfach dem einen gute Unterhaltung wünschte, und den anderen auf die Kompliziertheit des Stadtanschlusses der Tramway aufmerksam machte, läßt sich nicht beschreiben.

> Ihre Weltanschauung ging in Brüche, denn sie waren sich sicher gewesen, nun endlich ein Donnerwetter hereinbrechen zu sehen, dessen Fehlen sie seit dem Betreten des Baumgartner Lagers in eine unheimliche, noch nicht dagewesene Situation versetzt hatte; [...]. In erstaunlicher Kürze hat alles Lügen bei der Ausgangserteilung ganz und gar aufgehört« (Bernfeld 1921a, S. 48).

Gegenüber der administrativen Leiterin, Erna Patak, die an dieser Regelung der Ausgangspraxis Anstoß nimmt, rechtfertigt Bernfeld seine Haltung damit, dass auch er ins Kino gehe, dass er »zwar gern einmal mit den Kindern über den Wert dieser Anstalt diskutieren« würde, wozu aber noch Zeit sei; vorläufig sei er froh, dass die Kinder ihn nicht mehr belügen würden (Bernfeld 1921a, S. 49). Bernfeld betont als Erstes die Gemeinsamkeit der Alltagspraxis – die Funktion solcher überlappender Referenzpunkte in Bezug auf kommunikatives Handeln wurde oben ausgeführt – und stellt die Problematisierung des Ausgeh*verhaltens* bewusst zurück. Solange der Geltungsanspruch auf Wahrhaftigkeit zur Disposition steht, scheint es Bernfeld müßig, die normative Frage nach dem »Wert« eines Kinobesuchs zu stellen. Eingelöst wird der Geltungsanspruch auf Wahrhaftigkeit zunächst einseitig. Erst nachdem Bernfeld die Glaubwürdigkeit seiner Ausgangsregelung empirisch bewiesen hat, verschwindet das Lügen der Kinder.

> »Den Kindern aber erklärte ich (wovon die Verwaltung natürlich verständigt wurde), daß gar niemand ihnen irgendeinen Gang verbieten könne, wenn sie im Besitz des ordnungsgemäßen, von der Schulgemeinde ausgefüllten Ausgangsscheins wären: niemand, weder die Leiterin, noch ich, noch sonst wer« (Bernfeld 1921a, S. 49).

Obschon Bernfeld die Schulgemeinde als legitimierende Instanz der Ausgangsordnung darstellt, steht zu diesem Zeitpunkt ausschließlich seine eigene Wahrhaftigkeit in Frage. Denn »der Schülerausschuß und die Gemeinde [die Schulgemeinde, D. B.] hatten keine Autoriät, nur ich; und auch die Ordner und Gesetze wirkten indirekt – durch mich« (Bernfeld 1921a, S. 74).

Dass die Kinder die Gültigkeit von Erzieheransprüchen primär nach dem Kriterium ihrer Wahrhaftigkeit prüfen, zeigt sich auch an den Bemerkungen über die LehrerInnen, die nach dem Weggang von Bernfeld das Kinderheim

3.1 Pädagogik als »Antinomie zwischen dem berechtigten Willen des Kindes ...

Baumgarten übernehmen. Die Kinder vergleichen die beiden Teams und stellen folgenden Unterschied fest: »Ja, das war doch ganz anders. Das haben wir bald gesehen, daß Ihr [Bernfeld, D. B.] lieb mit uns seid. Die Neuen sind ja sehr lieb mit uns, gar nicht streng, aber sie verplaudern sich immer« (Bernfeld 1921a, S. 52). Entscheidend in Bezug auf Glaubwürdigkeit und Vertrauensbildung ist die Konsequenz des Tuns im Verhältnis zu dessen Motivation. Offenbar sinkt hier dieses Verhältnis unter ein bestimmtes Niveau expressiver Rationalität, sodass den Kindern das »Liebsein« der neuen ErzieherInnen als unmotiviert erscheint. Darin liegt die Bedeutung des »Verplauderns«. Würden die ErzieherInnen in Bezug auf ihre Gefühle authentisch handeln, wären sie nicht »lieb«. Erzieherverhalten, das in der expressiven Dimension den Geltungsanspruch auf Wahrhaftigkeit nicht einzulösen vermag, bezeichnet Bernfeld als »heuchlerisch und richtungslos« (ebd., S. 50).

Selbst Geltungsansprüche, die von den ErzieherInnen nicht primär unter dem Aspekt eigener Wahrhaftigkeit erhoben werden, interpretieren die Kinder als Ausdruck von Aufrichtigkeit. Eindrückliches Beispiel für die primordiale Wichtigkeit der expressiven Dimension kommunikativen Handelns ist der Bericht von Gusti Bretter-Mändl über die Verteilung von Rechen- und Lesebüchern. Zu Beginn des Unterrichts sagt sie den Kindern ihrer Klasse, »daß sie jedes ein Buch bekommen werden« (ebd., S. 111f.). Implizit behauptet sie damit, dass es ausreichend Bücher gibt und dass die Bücher gerecht verteilt werden. »Nun stellt sich heraus, daß um zwei Bücher zu wenig sind« (ebd., S. 112). Aufgrund dieser neuen Ausgangslage versucht die Lehrerin, die Klasse davon zu überzeugen, die beiden Schüler,

> »die keines hatten, einstweilen hineinschauen zu lassen. Das war unmöglich, überall wurden sie weggejagt, jeder legte die Hand auf sein Buch, damit man ihm nur ja nicht hineinschaue. Plötzlich erhob einer die Stimme: ›Wir wollen die Lesebücher.‹ Das wurde sofort aufgenommen. An Rechnen war nicht mehr zu denken; wie sehr ich mich bemühte, sie schrien mit unglaublicher Ausdauer nach den Lesebüchern« (ebd.).

Die Lehrerin kann sowohl den Geltungsanspruch auf objektive Wahrheit (es gibt so viele Bücher, wie die Klasse SchülerInnen zählt) als auch denjenigen auf normative Richtigkeit (jeder Schüler bekommt ein Buch) nicht einlösen. Aufgrund der neuen Ausgangslage versucht sie einen Teilungsmodus (normativer Geltungsanspruch) einzuführen, der sich aber nicht realisieren lässt, weil jeder Schüler auf seinem eigenen Buch besteht. Damit nehmen die SchülerInnen zunächst den mit der ursprünglichen Verteilordnung verbundenen normativen Geltungsanspruch ernst und wollen dann verifizieren, ob sich dieser bei den noch auszuteilenden Lesebüchern einlösen lässt. Durch die erste Erfahrung mit den Rechenbüchern ist der Geltungsanspruch ihrer Lehrerin auf Wahrhaftigkeit allerdings bereits so problematisch geworden, dass man gar nicht mehr glauben mag, dass es für jeden Schüler ein Lesebuch gibt. In der Folge bricht ein Verteilungskampf aus, in dem die Lehrperson den Raum nicht mehr als pädagogischen strukturieren kann. Gusti Bretter-Mändl berichtet:

> »In dieser Stunde wurde meine Stimme überschrieen, zwei holten sich selbst die Bücher, gaben sie natürlich nicht mehr her; ich war erledigt. Die Kinder stürzten auf den Stoß, prügelten und rauften sich um jedes Buch, obzwar genug da waren, weinten über jeden Hieb, warfen zerrissene Bücher beleidigt und trotzend fort – die Klasse bot ein erschreckendes Bild, ein Durcheinander von Bänken, Kindern, Raufenden, ein großes Geschrei – ich ging aus der Klasse. Sie rauften eine Zeitlang weiter, dann gingen sie weg. Nach kurzer Zeit kam ich in das Zimmer und fand die Bücher achtlos herumliegen – fast keiner wollte sie behalten« (ebd.).

Diese Episode mit den fehlenden Schulbüchern kontrastiert in interessanter Weise mit den weiter oben zitierten Aussagen »wir hielten Wort« und »sie glaubten dem, was wir sagten« (ebd., S. 52), wo deutlich einiger Stolz mitschwingt. Was dort von Bernfeld als reibungsfrei präsentiert wird, erfährt hier eine doch recht ernüchternde ›Erdung‹. Vielleicht dauerte es in Baumgarten länger, als Bernfeld wahrhaben will, bis ein bestimmtes Niveau an expressiver Rationalität in der Alltagskommunikation gesichert war. Dass diese Vermutung zutreffen könnte, lässt sich mit folgendem Hinweis erhärten: »Sie [die Kinder, D.B.] glaubten dem, was wir sagten. Fast drei Monate lang hat dieses Verhältnis keine wesentlichen Fortschritte gemacht« (ebd.). Hier fragt man sich zunächst, welche »Fortschritte« Bernfeld denn gemeint haben könnte. Wie lässt sich bzgl. der Tatsache, dass man jemandem glaubt, was er sagt, noch eine Steigerung

3.1 Pädagogik als »Antinomie zwischen dem berechtigten Willen des Kindes ...

erzielen? Wahrscheinlich ist doch eher, dass die Kinder während drei Monaten die Erzieherschaft auf die Probe gestellt haben, was dann aber bedeuten würde, dass die Kinder in Tat und Wahrheit erst nach drei Monaten sicher waren, dass die ErzieherInnen wirklich meinten, was sie sagten. Aus kommunikationstheoretischer Perspektive ist diese lange Zeitspanne nachvollziehbar: Der subjektive Gehalt einer Äußerung kann nur durch das Verstreichenlassen von Zeit schlüssig überprüft werden, denn der Sprecher geht im Gegensatz zu seinen theoretischen und praktischen Geltungsansprüchen keine Begründungsverpflichtung, sondern eine Bewährungsverpflichtung ein (Vogel 2006, S. 43).

Auch vonseiten der Erzieher wird in dieser Anfangsphase insbesondere die expressive Dimension von Kinderäußerungen beachtet. Bernfeld illustriert dies an der Ablehnung seines Vorschlags, mehrere Mitglieder für den Schülerausschuss zu wählen anstelle eines einzigen.

> »Man sieht, es waren wichtige Affekte, die hinter der Ablehnung einer Mehrzahl von Vertretern standen und hinter der Wahl des K. Und der Erzieher ist ein Stümper, der nicht versteht, hinter welcher kindlichen Äußerung Affekte stehen, und meint, wahllos die Äußerungen verwerfen zu können, wo es doch darauf ankommt, die Affekte zu entwickeln, d. h. zunächst ihnen Recht zu lassen, damit sie faßbar, entwicklungsfähig werden« (ebd., S. 65).

Bernfeld selbst ist davon überzeugt, dass die Alleinvertretung durch K. das Problem, in Baumgarten eine soziale Ordnung zu schaffen, nicht löst. Obwohl er hierfür Gründe hat und auch über die Macht verfügt, eine Ordnung in seinem Sinne durchzusetzen, unterlässt er beides im Wissen darum, dass hinter dem Votum für eine Alleinvertretung »Affekte stehen« und dass dessen Ablehnung durch den innerweltlichen Selbstbezug der Votanten greifen würde. Bernfeld verwickelt die Kinder weder in einen »praktischen« noch in einen »theoretischen Diskurs«[78], weil die Idee einer kollektiven Vertretung der Schülerschaft im Zusammenhang steht mit »geistigen, sittlichen und sozialen Prinzipien – die

---

78 Lernprozesse, durch die wir theoretische Kenntnisse und moralische Einsichten erwerben, die Selbsttäuschungen und Verständnisschwierigkeiten überwinden, sind auf Argumentation angewiesen. Der »theoretische Diskurs« ist die Form der Argumentation, in der kontroverse Wahrheitsansprüche zum Thema gemacht werden, während im »praktischen Diskurs«

sie gar noch nicht hatten, die sie gar nicht verstanden hätten, wenn wir sie ihnen erklärt, die sie bekämpft hätten, wenn sie sie begriffen hätten« (ebd., S. 59f.).

Dieselbe Zurückhaltung üben Bernfeld und sein Team auch bezüglich der Ordnung im Speisesaal. Es

> »wäre uns ein Leichtes gewesen, auch dies nach unserem Willen und unserem Niveau durchzusetzen; wir taten es aber nicht, weil für uns *Formen* nur dann einen Sinn haben, wenn sie Ausdruck der *Affekte* oder Gesinnung sind, und die fortschreitenden Veränderungen der Tischordnung *Symptome* der fortschreitenden Verfeinerung des sozialen Bewußtseins« (ebd., S. 45; Hervorhebungen D. B.).

Die von Bernfeld vertretene Auffassung, dass soziale Ordnung aus den subjektiven Motivationen gleichsam von selbst hervorgeht[79], muss in letzter Konsequenz autoritativen Zwang durch Erziehung zur Gemeinschaft ersetzen, die sich zudem nicht mit Verhaltensveränderung und Bewusstseinsbildung begnügt, sondern die grundlegenden Motivationen erfasst. Aus kommunikationstheoretischer Sicht lässt sich nun auch verstehen, warum Bernfeld zu diesem Zeitpunkt[80] weder die Auseinandersetzung über wahre Sachverhalte (»theoretischer Diskurs«) noch diejenige über richtiges Verhalten (»praktischer Diskurs«) sucht. Allein eine Argumentation, die die expressive Einstellung der Akteure der Kritik aussetzt, bringt deren grundlegende Affekte ins Spiel. Habermas spricht in diesem Zusammenhang von *»therapeutischer Kritik«*.

---

kontroverse Geltungsansprüche auf normative Richtigkeit argumentativ geklärt werden (Habermas 1981a, S. 39).

79 Von Kracauer wird diese Auffassung als »idealistisch gerichteter Individualismus« kritisiert. Dass in einer Gemeinschaft »sämtliche Glieder sich ohne autoritativen Zwang freiwillig und reibungslos ineinander fügten, wäre möglich nur unter der Voraussetzung einer prästabilierten Harmonie, welche die Leibniz'sche noch übertrumpfte; d.h. es ist in Wahrheit unmöglich und auch durch eine individualistische Erziehung zur Gemeinschaft nicht zu bewirken« (Kracauer 1921, S. 84f.).

80 Die Schulgemeinde, Inbegriff eines »moralischen Diskurses«, etabliert sich »in den letzten Tagen des Oktober« 1919 (Bernfeld 1921a, S. 67) – eröffnet wurde das Kinderheim Baumgarten am 15. Oktober 1919 (Hoffer 1922, S. 162) –, d.h. erst nachdem im Schülerausschuss eine Basis von Intersubjektivität hergestellt worden ist und der Anspruch auf Wahrhaftigkeit in Ansätzen anerkannt wird. Zudem handelt es sich bei der »Schulgemeinde« in einer ersten Phase mehr um einen »explikativen Diskurs« (Habermas 1981a, S. 44) als um einen »praktischen«. Mehr hierzu in Kap. 3.1.1.

Therapeutische Kritik übt bspw. der Psychotherapeut, dessen Argumente darauf abzielen, einen Analysanden in eine reflexive Einstellung zu seinen eigenen expressiven Äußerungen zu bringen. Als rational gilt das Verhalten einer Person, die bereit und in der Lage ist, sich von Illusionen frei zu machen, und zwar von Illusionen, die nicht auf Irrtum (über Tatsachen), sondern auf Selbsttäuschung (über eigene Erlebnisse) beruhen. Habermas unterscheidet therapeutische Kritik und kommunikatives Handeln, weil Psychotherapeut und Analysand nicht unter der Bedingung von Gleichheit interagieren. Erst nachdem die Therapie zum Erfolg geführt hat, können die Voraussetzungen kommunikativen Handelns erfüllt werden (Habermas 1981a, S. 42f.).

Zusammenfassend lässt sich sagen, dass Bernfeld bis Anfang Januar 1920 (Bernfeld 1921a, S. 54) das Verhalten und die sprachlichen Äußerungen der Baumgarten-Kinder fast ausschließlich als »Ausdruck der Affekte« versteht und somit primär in Bezug auf deren impliziten Wahrhaftigkeitsanspruch beurteilt.[81]

Die Resymbolisierung von Erfahrungen latenten Unglücks

Interessant ist, dass die expressive Dimension nicht, wie kommunikationstheoretisch zu erwarten wäre, einer therapeutischen Kritik unterzogen wird. Der Bezug zwischen innerem Erleben und manifesten Selbstrepräsentationen entwickelt sich vielmehr durch ein Verfahren, das Bernfeld als »Abreagieren« beschreibt. Das »Abreagieren« steht bei Freud im Zusammenhang mit der sogenannten »kathartischen Methode« (Laplanche/Pontalis 1972, S. 247ff.), die als psychoanalytisches Verfahren in Kapitel 3.3.1 ausgeführt wird, wenn

---

81 Gleichzeitig attestiert Bernfeld den Kindern, was ihre Klagen über die äußere Realität anbelangt, eine teilweise Objektivität. »Wir haben sehr deutlich gefühlt, daß die Kinder einfach recht hatten. Es gab viel zu wenig zu essen, es war bitter kalt, die primitivsten Anforderungen an Wäsche, Kleidern, Wohnlichkeit, Ausstattung blieben von der Verwaltung lange Zeit völlig unbefriedigt, und als sich eine leise Besserung einstellte, hatten wir sie nicht mehr aus psychologischen Gründen nötig« (Bernfeld 1921a, S. 53). Bernfeld anerkennt hier den Geltungsanspruch auf Wahrheit, verweist gleichzeitig aber auf die »psychologischen Gründe«, die als expressive Geltungsansprüche zuerst auf Einlösung drängen (vgl. hierzu auch Graf 1996, S. 189).

es darum geht, die von Bernfeld beschriebene Wirkung des Schülergerichts psychologisch zu erhellen. An dieser Stelle versuche ich zunächst, das »Abreagieren« kommunikationstheoretisch zu klären.

Ich nehme hierzu ein Modell zu Hilfe, welches Bernfeld zehn Jahre nach Baumgarten in einer kulturpsychologischen Studie zu den Tagebüchern Adoleszenter entwirft und dessen Wurzeln ich im Baumgarten-Text sehe. In »Trieb und Tradition im Jugendalter« (1931a) begreift Bernfeld das Tagebuch als kulturell gegebene »Form«, welche von Individuen genutzt wird, um innerpsychische Konflikte zu bearbeiten oder aktuelle Bedürfnisse zu befriedigen. Das Tagebuch dient in dieser Betrachtungsweise als »Kulturform« (ebd., S. 141), welche unterschiedlichsten seelischen Bedürfnissen entgegenkommt und bei den untersuchten Adoleszenten heterogene Motive zur Übernahme mobilisiert. Die Form »Tagebuch« ist eigentlicher »Affektträger« (ebd., S. 144), welchem eine bestimmte Funktion bei der Bewältigung von Konflikten zukommt. Diese Verbindung zwischen Konflikt und Tagebuch bzw. zwischen Trieb und »Form« konzipiert Bernfeld als »Abreaktion«, wenn es sich um Konflikte handelt, die dem sprachlich geordneten Bewusstsein zugänglich sind, als »Gewohnheit«, wenn die Konflikte unbewusst sind und die damit verbundenen seelischen Ansprüche vergessen oder verdrängt. Entsprechend dieser Differenzierung spricht er im ersten Fall von »Abreaktionstagebuch«, im zweiten von »Gewohnheitstagebuch« (ebd., S. 140).

> »Vielleicht wird man aber dies Programm überhaupt: Formen und Konflikte funktionell miteinander zu verbinden, ablehnen wollen unter Berufung auf eine auffällige Tatsache. Man wird nämlich sagen, neben den Tagebüchern, die uns allein vorzuschweben scheinen, wo ein Jugendlicher unter heftigen Affekten einen bedeutsamen Konflikt seinem Tagebuch anvertraut und sich so ›Abreaktion‹ verschafft, gibt es eine große Reihe von Tagebüchlern, die fast mechanisch allabendlich ihre trockenen Eintragungen vornehmen, von denen nicht anzugeben sei, welche andere Bedeutung sie haben könnten, als Ausführung einer Gewohnheit« (ebd., S. 138).

Das Individuum übernimmt die kulturellen Formen, welche die Gesellschaft ihm zur Befriedigung und Bewältigung seiner Triebregungen anbietet, jedoch nicht unverändert. Vielmehr werden die Formen in einem langen Prozess biografisch früher einsozialisierten Formen der Bedürfnisbefriedigung angeglichen. Bernfeld betont, dass der »Gegensatz zwischen Trieb und Form [...] nichts Ursprüngliches« sei und dass sich »Formen« am Anfang der seelischen Entwicklung unmittelbar aus der Art ergeben, wie Triebregungen des Hungers, des Schlafes, der Körperlust, der Zärtlichkeit, des Kontaktes und des Spiels befriedigt werden (ebd., S. 141). Er spricht in diesem Zusammenhang von »Formschemata im Individuum«, was ziemlich präzise dem Begriff »Interaktionsformen« von Lorenzer (1970) entsprechen dürfte. Jedes dieser »Formschemata im Individuum« hat seine eigene Geschichte, die sich rekonstruieren lässt:

> »So hat jedes Formschema im Individuum seine Geschichte, es lässt sich zurückverfolgen auf seine Anfänge, d.h. entweder auf bestimmte Grundformen, aus denen es unter bestimmten Bedingungen und Motiven entstand, oder auf eine Formübernahme, die in einer bestimmten psychischen Situation unter der Wirkung bestimmter Motive erfolgte. [...] Die Rückverfolgung der Formschemata im Individuum führt [...] auf die Befriedigungsweisen primärer Triebregungen« (Bernfeld 1931a, S. 140f.).

Wenn ich Bernfeld richtig verstehe, bezeichnen diese »Formschemata im Individuum« das biografisch Soziale, aus dessen Geschichte sich der Inhalt begründet, welcher bspw. in die Form des Tagebuchs eingeht. Was ein Jugendlicher im Hier und Jetzt als Tagebucheintrag notiert, hängt also immer vom Wesen des ursprünglichen Konflikts ab sowie von dessen Modifikation durch mehr oder weniger entstellte Befriedigungen der unbewussten oder abgewehrten Triebregungen, welche mit dem Konflikt im Zusammenhang stehen. Die kathartische Wirkung, die Bernfeld im Falle des Tagebuchs als »Absolution« bezeichnet, ist von diesem Inhalt unabhängig und geht ausschließlich von der »Form« aus. »Der Inhalt ist auswechselbar, und dennoch bleibt das Tagebuch und die Absolution. [...] Aber es teilt diese schätzenswerte Fähigkeit mit vielen anderen Formen« (ebd., S. 143) – zu denken wäre bspw. an die Beichte, an ein Gespräch mit einem Jugendarbeiter oder bei psychisch schwer belasteten Jugendlichen an eine therapeutische Institution.

Alle diese gesellschaftlichen Einrichtungen sind für Bernfeld »Formen«. Der Inhalt, welcher in einer solchen Form zum Ausdruck kommt, stellt lediglich ein »Formmoment« (ebd.) dar, dessen Bedeutung über die Rekonstruktion der »Formschemata im Individuum« verstanden werden kann. Trotz dieses psychologischen Formmoments bleibt die gesellschaftliche Funktion der Form als Ganzes unverändert. Die »Pubertätskonflikte [können] die Tagebuchform nicht determinieren, aber sie füllen sie und schaffen, unter anderen, das Motiv der Übernahme« (ebd., S. 138).

Anhand der Folie dieser 1931 publizierten Konzeption einer Verbindung zwischen lebensgeschichtlicher Vertikalität und gesellschaftlich-kultureller Horizontalität kann nun versucht werden, die therapeutische Intervention in Baumgarten kommunikationstheoretisch zu klären. Bernfeld schreibt:

> »Indem die Kinder wochen-, ja monatelang über ihr aktuelles Elend klagten, haben sie ihr *latentes* und durch Jahre aufgespeichertes Unglück ›abreagiert‹, haben sie jene psychischen Wunden gründlich geheilt, die ihnen die Vergangenheit geschlagen hatte und die zur Quelle ihrer Entartung und Verwahrlosung geworden waren. [...] Die Mittel dieses Heilungsvorgangs, seine *manifesten Symptome*, konnten natürlich nur der Sphäre bisherigen *bewußten* Seeleninhaltes entnommen, nur in den *Formen* des bisherigen *Affektausdrucks* sich vollziehen« (Bernfeld 1921a, S. 53f.; Hervorhebungen D.B.).

Interessant ist zunächst, dass die »Mittel des Heilungsvorgangs« die »manifesten Symptome« sind. Der Effekt der kathartischen Methode, welche ich weiter unten aus psychoanalytischer Sicht klären werde, besteht darin, dass »bewusste Seeleninhalte« im Kinderheim zum Ausdruck gebracht werden. Damit kann die Form, welche Baumgarten als sozialpädagogische Einrichtung darstellt, mit dem »Abreaktionstagebuch« verglichen werden, weil in beiden Fällen Konflikte in sprachlich symbolisierter Form zur Darstellung kommen. Allerdings – und dies erfordert bzgl. der Ausgestaltung des therapeutischen Milieus größte Flexibilität – können die Konflikte und die damit verbundenen Triebregungen nur in »Formen des bisherigen Affektausdrucks« symbolisiert werden. In der Terminologie von 1931 wären diese »Formen« die »Formschemata im Individuum«, welche ich in Analogie zu Lorenzers »Interakti-

3.1 Pädagogik als »Antinomie zwischen dem berechtigten Willen des Kindes ...

onsformen« gebracht habe. Diese Formschemata im Individuum, welche auf Erlebnismuster in biografisch zurückliegenden Institutionen (Familie, Schule, Waisenheime) verweisen, werden nun im Hier und Jetzt der aktuellen Situation in Szene gesetzt. Durch diesen Wechsel des normativen Feldes (Institution, sozialer Ort) entsteht das Risiko einer Desymbolisierung von Erfahrung. Weil der Kontext in Baumgarten ein anderer ist als in den Waisenheimen Engerthstraße, Esteplatz und Nikolsburg, können Konflikte, welche dort und damals ihren Ursprung hatten, im Hier und Jetzt nur mehr szenisch dargestellt statt symbolisch repräsentiert werden. Die Desymbolisierung von Erfahrung führt nach Lorenzer zur Bildung von »Klischees« und »Zeichen« (Lorenzer 1970, S. 118ff.). Diese produzieren Auffälligkeiten im Interaktionsverlauf, die sich als ›Spuren‹ von Desymbolisierungen lesen lassen. Dabei handelt es sich um scheinbar bedeutungslose Nebensächlichkeiten. Klischierte Bedeutungsgehalte werden bspw. als Widersprüchlichkeiten, als Irritationen, als ›Unterschwelliges‹, als Störungen, als Abbrüche oder Unterbrüche des Verlaufs in Szene gesetzt. Diese Auffälligkeiten müssen als Darbietungen gelesen werden: Welches Stück wird hier aufgeführt. Die Skripte der Stücke – Lorenzer spricht von »Interaktionsformen« – verweisen auf nicht-aktuelle normative Felder.

Folgendes Beispiel zeigt, wie woanders gemachte Erfahrungen in Baumgarten inszeniert werden. Die Bedeutung des zugrunde liegenden Skripts kann im aktuellen Kontext einer Schulstunde erahnt, aber nicht verstanden werden. Gusti Bretter-Mändl schreibt:

> »Die beiden Benachteiligten schreien und schimpfen: ›Ja, immer nur Ausnahmen, ich weiß schon, Ausnahmen.‹ Dies war eine stereotype Redensart, die sich die Kinder wahrscheinlich mit Recht gebildet hatten und die sie jetzt sinnlos verwendeten, da sie sich nicht auskannten; das war ihnen aber nicht klarzumachen. Heute kann ich konstatieren, daß dieses Wort ›Ausnahme‹ vollständig verschwunden ist« (Bernfeld 1921a, S. 112).

Bernfeld entwickelt ein außerordentliches Gespür für die Spuren dieser desymbolisierten Erfahrungen (Müller 1993, S. 120), die er im Zitat weiter oben als »manifeste Symptome« bezeichnet. Mit Bernfelds Modell aus »Trieb und Tradition im Jugendalter« (1931a) können diese »Symptome« als Emergenzen von einsozialisierten Formschemata im Individuum verstanden werden, die in irgendeiner Art dem Kontext der aktuellen Situation unangemessen sind.

Die Emergenz im Zitat, wo die desymbolisierte Erfahrung szenisch in der Schulstunde ›aufscheint‹ (franz. émerger), ist das Wort »Ausnahme«. Ergänzt man die Szene um das Nichtgesagte, d. h. den Subtext des Interaktionsverlaufs, so dürfte die Benachteiligung in der Vergangenheit der Baumgarten-Kinder System gehabt haben und nicht bloß Ausnahme gewesen sein. Wenn die Kinder den Begriff »Ausnahme« ironisieren, dann tun sie dies vor dem Hintergrund ihrer bisherigen Heimerfahrungen begründeterweise, was von Gusti Bretter-Mändl auch anerkannt wird. In der zitierten Sequenz ist auch die therapeutische Wirkung des »Abreagierens« angesprochen. Die Inszenierungen der desymbolisierten Erfahrungen nehmen kontinuierlich ab, was darin sichtbar wird, dass deren Emergenzen verschwinden. Dieser Effekt wird nicht durch Deutungen erreicht. Dass es in Baumgarten keine systematische Benachteiligung einzelner gibt, »war ihnen aber nicht klarzumachen«, schreibt Gusti Bretter-Mändl im Zitat oben. Vielmehr geht es darum, die agierenden (im Sinne von sich-»abreagierenden«) Kinder auszuhalten und die Skripte ihrer Inszenierungen nicht auf den aktuellen Kontext zu beziehen, was unweigerlich zu falschen Interpretationen und Gegenübertragungen führen würde. Alles Weitere geschieht von selbst und ist eine Frage der Veränderbarkeit der Formschemata im Individuum. Bernfeld geht davon aus, dass diese bei Kindern mehr oder weniger[82] plastisch sind.

> »Die bisherigen Themen traten völlig in den Hintergrund oder verschwanden. Wurde aber je von Klagen gesprochen, dann mit der wesentlich verringerten, ihnen an sich *adäquaten Affektbesetzung*. Die Kinder begannen, ihren Lehrern wesentlichere und feinere Dinge zu sagen, die zum Teil *durch dieses Sagen erst bewußt* wurden, entstanden, sich entfalteten« (Bernfeld 1921a, S. 54; Hervorhebungen D. B.).

---

82 Im Rahmen seines Vortrags am VIII. Internationalen Psychoanalytischen Kongress vom 21. bis 24. April 1924 in Salzburg sagte Bernfeld: »[…] die Psychoanalyse [gibt] uns keinen Anlaß, die Kindheit für eine besonders plastische Periode zu halten. Eher lehrt die Psychoanalyse, daß je jünger der Mensch, um so starrer erb- und triebgebunden, um so weniger beeinflußbar ist er« (Internationale Zeitschrift für Psychoanalyse X[1], 224).

Wenn Bernfeld hier ganz allgemein ein Verschwinden von »bisherigen Themen« konstatiert, so kann man sich dies so konkret wie im vorangegangenen Beispiel vorstellen, wo die stereotyp erscheinende Verwendung des Begriffs »Ausnahme« allmählich aufhört. Interpretiert man dieses Zitat wiederum mit Bernfelds Modell aus »Trieb und Tradition« (1931a), so kann man den Rückgang der Klagen und die »adäquate Affektbesetzung« der Äußerungen als erfolgreiche Angleichung der Formschemata im Individuum an die Form des Kinderheims verstehen. Damit ist das »latente und durch Jahre aufgespeicherte Unglück« (Bernfeld 1921a, S. 53) aber nicht einfach vom Tisch. Doch wird es jetzt nicht mehr szenisch dargeboten wie im Beispiel der Ausnahme, sondern sprachlich symbolisiert. Wenn Bernfeld schreibt, dass die »Kinder begannen, ihren Lehrern wesentlichere und feinere Dinge zu sagen, die zum Teil durch dieses Sagen erst bewußt wurden, entstanden, sich entfalteten«, dann kann dies als wiedergewonnene Fähigkeit zur Symbolisierung zurückliegender Erfahrungen verstanden werden. In Bernfelds Konzept »Neuer Erziehung« hat das »Abreagieren« die Bedeutung einer Strategie zur Resymbolisierung klischierter und zeichenhafter Erfahrungsgehalte.[83]

Das Gericht als Organisationsform für die Steigerung expressiver Wahrhaftigkeit: Die Methodik der »Tragödie im griechischen Sinne«

Das Baumgarten-Experiment ist ein empirisches Indiz, dass in sozialpädagogischen Kontexten der expressive Anteil der Kommunikation zum Kernpunkt

---

[83] In seiner *Einführung in die Psychoanalytische Pädagogik* skizziert Füchtner in Anlehnung an Lorenzer ein Handlungskonzept zur Resymbolisierung exkommunizierter Handlungsentwürfe, welches dem hier rekonstruierten von Bernfeld recht nahe kommt. Seines Erachtens sollte das Interesse der Psychoanalytischen Pädagogik »nicht mehr so sehr der Psychologie der am Erziehungsprozeß Beteiligten gelten, als vielmehr dem ›Spiel‹ [als pädagogische Form der Lorenzer'schen ›Szene‹, D.B.], wie es in den verschiedenen pädagogischen Institutionen inszeniert wird. Die kritische Überprüfung, welche psychischen Folgen das ›Spiel‹ bewirkt, führt dann dazu, daß auftretende Probleme sinnvollerweise zunächst durch Veränderung der Inszenierung beantwortet werden und nicht durch therapeutische Behandlungen der Akteure. Eine Erweiterung dieser Perspektive führt von der Kritik von Beziehungsstrukturen zur Gesellschaftskritik« (1979, S. 125; bzgl. der Anwendung des Lorenzer'schen Konzepts auf die pädagogische Praxis vgl. auch Lorenzer 1979; Füchtner 1982, S. 47ff.).

ihrer Beurteilung gerät (Graf 1996, S. 189). Handeln muss in sozialpädagogischen Arbeitsfeldern deshalb zuerst einmal dem Kriterium der Wahrhaftigkeit genügen. Habermas nennt diesen Handlungstypus »dramaturgisches Handeln«.

> »Im dramaturgischen Handeln muß sich der Aktor, indem er einen Anblick von sich präsentiert, zu seiner eigenen subjektiven Welt verhalten. Diese habe ich als die Gesamtheit der subjektiven Erlebnisse definiert, zu der der Handelnde einen gegenüber anderen privilegierten Zugang hat« (Habermas 1981a, S. 137).

In diesem »privilegierten Zugang« zur »eigenen subjektiven Welt« liegt das sozialpädagogisch-therapeutische Problem, das Bernfeld umtreibt. Nach Habermas bemisst sich die Rationalität von dramaturgischem Handeln an der Wahrhaftigkeit *geäußerter* Erlebnissätze. Wenn diese Erlebnisse nun wie im Beispiel der Baumgarten-Kinder gar nicht sprachlich repräsentiert, sondern nur szenisch dargestellt werden können, dann wird eine Beurteilung nach dem Kriterium der Wahrhaftigkeit problematisch. »Oft fehlen uns die Worte, um zu sagen, was wir fühlen; und das wiederum rückt die Gefühle in ein fragwürdiges Licht« (ebd., S. 139). Der Fall, dass jemand etwas anderes meint, als er sagt, ist in Baumgarten zur »Zeit der Abreaktion« (Bernfeld 1921a, S. 54) – bis Anfang Januar 1920 – sehr häufig. An diesem Kriterium entscheidet sich nach Habermas die expressive Rationalität dramaturgischen Handelns. Fällt die Wahrhaftigkeit unter ein kritisches Niveau, rechnet man einem Akteur – ähnlich wie bei einem schlechten Schauspieler – die geäußerten Erlebnisse nicht zu. Unter dieser Voraussetzung ist zunächst ein therapeutischer Diskurs zu führen, in dessen Rahmen eine Aufklärung der wahrhaftigen Motivationen erfolgen kann.

Das Problem, welches sich Bernfeld aus kommunikationstheoretischer Sicht stellt, besteht folglich darin, die expressive Rationalität des dramaturgischen Handelns zu steigern. Dies findet, wie oben ausgeführt, v. a. durch alltägliches Abreagieren statt. Kathartische Effekte werden aber auch gezielt herbeigeführt und zwar im Rahmen des »Gerichts«. »Nach jeder Gerichtssitzung wurde […] die wirkende Katharsis bei allen […] deutlich empfunden« (ebd., S. 88). Bernfelds Beschreibungen der Gerichtsverhandlungen und deren systematische Abgrenzung gegenüber der Schulgemeinde lassen keinen Zweifel daran,

3.1 Pädagogik als »Antinomie zwischen dem berechtigten Willen des Kindes ...

dass hier primär dramaturgisches Handeln stattfindet. Die nahe liegende Annahme, dass die Gerichtsverhandlungen in Baumgarten die Form eines praktisch-moralischen Diskurses aufweisen, wie dies Habermas für juristische Diskurse nachweist (1981a, S. 62f.), ist folglich falsch.[84] Im Gegensatz zur Schulgemeinde, die als institutionalisierte Argumentationsform in erster Linie Fragen der sozialen Ordnung thematisiert und in diesem Sinne als praktisch-moralischer Diskurs bezeichnet werden kann (vgl. dazu Kap. 3.1.3), zielt das »Gericht« in Baumgarten auf die Veränderung des Verhältnisses zur inneren Natur. »*Das Gericht war für sie das innere Gegenstück zur Schulgemeinde: Ordnung in ihrem Seelenleben, wenn jene Ordnung in ihren äußeren Beziehungen herstellte*« (Bernfeld 1921a, S. 89; Hervorhebung D. B.).

Zur Verhandlung kommen vor allem Vergehen, die im Zusammenhang mit der prekären Versorgungslage von Baumgarten standen. Bernfeld schreibt: »Das Schwindeln empfanden sie [die Kinder, D. B.] als ihr gutes Recht, ja sie waren stolz darauf, wenn es ihnen gelungen war, zwei oder mehr Portionen zu erwischen« (ebd., S. 88). Die anomische Situation produziert Bewältigungsverhalten, welches in der Wahrnehmung der Kinder als normal und gerechtfertigt erscheint. In der Folge werden hauptsächlich »Diebstähle und Schwindeleien beim Essen« angezeigt. Interessant ist nun, dass vor Gericht »fast nie gelogen [wurde], die allermeisten gestanden bereits dem Untersuchungsrichter, oft mehr als er wußte und vermuten konnte« (ebd.; vgl. auch ebd., S. 87). Dieses Verhalten steht ganz im Gegensatz zum Alltag, wo die »Schwindeleien beim Essen« weiter bestehen und erst aufhören, nachdem »es gelungen war, die Verwaltung zu einer gewissen Vermehrung des Essens zu bewegen« (ebd., S. 88), was die anomische Situation entschärft. Das Gericht stellt somit eine Art Gegenwelt zum sozialpädagogischen Alltag dar, ein »Möglichkeitsraum«[85]

---

84 »Denn ›Diskurs‹ kann [...] zweifellos nicht auf den rationalen Diskurs beschränkt bleiben, und seine Entzifferung muß das ›Szenische‹ i. S. Lorenzers einbeziehen, was man gewiß auch als Bernfelds Sichtweise reklamieren kann, auch wenn er über diese Begrifflichkeit natürlich nicht verfügte« (Müller 1992b, S. 391).

85 Der Ausdruck »potential space« stammt ursprünglich von Winnicott und wird von Annette Schulte auf die Schulgemeinde in Baumgarten angewendet: »In Baumgarten erschien der Möglichkeitsraum in politischer Gestalt: als Sphäre demokratischer Diskussion und Entscheidung« (1999, 260).

(Schulte 1999), in dem Erfahrungen erhöhter Zurechnungsfähigkeit und expressiver Wahrhaftigkeit gemacht werden können. Wie lässt sich nun diese Produktion von Wahrhaftigkeit und Zurechnungsfähigkeit im Rahmen des Gerichts kommunikationstheoretisch erklären?

An erster Stelle ist ein fast schon trivialer Zusammenhang zu erwähnen: Immer wenn ein Akteur selbst subjektives Erleben so wahrhaftig darstellt, dass es ihm vonseiten des Publikums zugerechnet wird, bemisst sich der Effekt an einem Zuwachs an Zurechnungsfähigkeit. Diese Wirkungen sind bei jugendlichen StraftäterInnen hinlänglich bekannt und als Stigmatisierung kritisiert worden. Das Gericht arbeitet mit diesem Mittel.

> »Ich sah z. B. den S., einen sehr fleißigen Jungen, welcher sich einen wunderschönen Garten angelegt hatte und noch in drei anderen Gärten mitarbeitete, wie er vier Tage hindurch erst nach allen andern zum Essen ging, weil er sich einen Tee erschwindelt hatte. Wie er sich beschämt an der Wand entlang drückte, als alle zum Essen gingen, und dann geduldig wartete (und er hatte sicher großen Hunger), bis alle fertig waren, und er hineindurfte. Und solche Sachen sah ich häufig« (Bernfeld 1921a, S. 87).

Bernfeld vertraut auf die sozialintegrative Kraft des therapeutischen Milieus, um die Schädigungen der sozialen Identität zu kompensieren, welche durch die öffentliche Bestrafung entstehen. Nur wenn Prestige und Position des Übeltäters grundsätzlich erhalten bleiben (»fleißiger Junge, welcher sich einen wunderschönen Garten angelegt hatte«), können Stigmatisierungseffekte zeitlich und räumlich begrenzt werden.

Mit Habermas' Ausführungen zum dramaturgischen Handeln lässt sich zweitens der kathartische Effekt bei Verurteilungen erklären. Wenn das Gericht die verhandelten Normverstöße verurteilt, geschieht dies unter Berufung auf die von der Schulgemeinde erlassenen Gesetze (ebd., S. 69f., 75ff.). Wenn das Gericht aber über das formal-juristisch begründete Urteil hinaus die Vergehen als abschreckend, entsetzlich oder inakzeptabel charakterisiert, dann ist diese Bewertung allein durch den Appell an einen in Baumgarten realisierten Verhaltenskodex gerechtfertigt, welcher mit den motivationalen Bedürfnissen der Kinder korrespondiert. Wenn ich Habermas richtig verstehe, ist unter dieser

3.1 Pädagogik als »Antinomie zwischen dem berechtigten Willen des Kindes ...

Voraussetzung die intersubjektive Anerkennung von Wertstandards – z. B. die Verurteilung eines Verhaltens als gemeinschaftsschädigend – am größten.

> »Wertstandards haben rechtfertigende Kraft, wenn sie ein Bedürfnis so charakterisieren, daß die Adressaten [das Publikum, D.B.], im Rahmen einer gemeinsamen kulturellen Überlieferung [in Baumgarten die Schulgemeindegesetze, D.B.], unter diesen Interpretationen ihre eigenen Bedürfnisse wiedererkennen können. Das erklärt, warum im dramaturgischen Handeln Stilmerkmale, ästhetischer Ausdruck, überhaupt formale Qualitäten ein so großes Gewicht erhalten« (Habermas 1981a, S. 139).

Werden die Vergehen einzelner Kinder vor Gericht öffentlich verurteilt, dann kann das anwesende Publikum »unter diesen Interpretationen« des Gerichts seine »eigenen Bedürfnisse wiedererkennen«, die von Bernfeld als unbewussten Wunsch nach Selbstbestrafung[86] interpretiert werden. »Dazu kam, daß durch die Öffentlichkeit des Verfahrens vollkommen in allen Zuhörern die Illusion hergestellt war, daß sie selbst den Angeklagten und mit ihm sich selbst bestraften« (Bernfeld 1921, S. 89). Die kathartische Wirkung vor Gericht beruht auf einer Parallelität des Selbstbezugs von Zuschauer und Verurteiltem: Dieser klärt seine eigenen Triebregungen und Bedürfnisse anhand der wahrhaftigen Darstellung vor Gericht auf, während jener durch eine Art affektive Involvierung in die Verhandlung ähnliche Motive bei sich selbst entdeckt. Aufgrund dieser Parallelität erscheint auch das Urteil gerechtfertigt, nicht nur in Bezug auf den Straftäter sondern auch in Bezug auf sich selbst. Verurteilung des Angeklagten und Selbstbestrafung des Publikums ergeben zusammen die kathartische Wirkung der Gerichtsverhandlungen in Baumgarten:

> »Manche Gerichtssitzung erhielt [...] auch für uns Erwachsene etwas wahrhaft Erschütterndes. Nicht allein, daß man [...] leibhaftig in den Kindern das Gute wachsen, Antlitz, Stimme, Gang erfassen sah, die Atmosphäre war nach jeder gelungenen Gerichtsverhandlung wie gereinigt durch ein paar Blitzschläge« (ebd.).

---

86 Selbstbestrafung ist nach Bernfeld (1925a, S. 66) ein Aspekt, welcher die Schaffung öffentlicher Erziehung ursprünglich motiviert hat.

Dieses reichlich martialische Bild – Blitzschläge können bekanntlich tödlich sein – entspricht einer moralisch-didaktischen Deutung des aristotelischen Katharsis-Begriffs[87], wie er vor allem von Lessing entwickelt worden ist. Durch abschreckende Beispiele soll dem Zuschauer gelehrt werden, seine eigenen Affekte zu kontrollieren und vergleichbare Fehler des tragischen Protagonisten im eigenen Leben zu vermeiden.

Drittens können anhand des Habermas-Zitats auch die ästhetisch-formalen Qualitäten der Gerichtsverhandlungen in Baumgarten erklärt werden. Bernfeld schreibt, dass er und sein ErzieherInnenteam lange nicht verstanden hätten,

> »wenn die Stühle in Theaterordnung gebracht wurden, der Gerichtstisch wie eine Bühne hergerichtet wurde, die Kinder während dieser Vorbereitungen vor der Saaltüre warten mußten, endlich von den Ordnern eingelassen wurden, und jedes seinen ihm bestimmten und von ihm eifersüchtig bewachten Platz einnahm, und erst, wenn alles ruhig dasaß, der Gerichtshof erschien, und dann recht *formen*haft die Verhandlung sich abspielte« (ebd., S. 89; Hervorhebung D. B.).

Die hier aufgezählten formal-ästhetischen Elemente sind wichtige Voraussetzungen für die karthartischen Effekte. Formale Rollen, die in der Performanz nur eine bestimmte Variationsbreite zulassen, und Plots, die immer wiederkehrende Abläufe kennen, ermöglichen den von Habermas beschriebenen Wiedererkennungseffekt. Aufgrund eines formalen Abstraktionsgrads von Handlung, Charakteren und Dekor gelingt es dem »Theater der Antike« (ebd.) und der Comedia dell'Arte, dem Publikum gewisse Verhaltensweisen so vor Augen zu führen, dass diese als authentischer Ausdruck einer exemplarischen Erfahrung wahrgenommen werden können. Unter dieser Voraussetzung ist das Publikum bereit, die in der Handlung enthaltenen Werturteile als plausibel

---

87 Nach Aristoteles ist die Tragödie »Nachahmung von Handelnden [...], die Mitleid (éleos) und Furcht (phóbos) hervorruft und hierdurch eine Reinigung (he kátharsis) von derartigen Erregungszuständen bewirkt« (1982, S. 18f.). Im aristotelischen Sinne stellt das Mitleid die angemessene emotionale Reaktion auf das unverdiente Unglück eines anderen, die Furcht eine wesentlich selbstbezogene Emotion aufgrund der Überzeugung dar, dass es einem selbst ähnlich wie dem Protagonisten ergehen könnte. Der konkrete Begriff der Reinigung bleibt bei Aristoteles ungeklärt, wodurch Raum für ein weites Feld von stark unterschiedlichen Interpretationen entstand.

zu akzeptieren, auch in Bezug auf sich selbst. Die Kinder »verließen sie [die Verhandlung, D. B.] gereinigt und geläutert, weil sie ihr eigenes Triebleben im Angeklagten bestraft hatten« (ebd.).

Zusammenfassend lässt sich sagen, dass das »Theater der Antike« die Methode ist, karthartische Effekte systematisch im Rahmen des Gerichts zu produzieren. Karthartische Effekte rationalisieren hier gleich wie beim alltäglichen »Abreagieren« die expressive Wahrhaftigkeit kommunikativen Handelns. Das Gericht bringt unbewusste Motivationen, welche in Zusammenhang mit biografisch zurückliegenden Erfahrungen stehen, im Hier und Jetzt der Verhandlung zum Ausdruck, womit sie beim Missetäter und beim emotional beteiligten Publikum verschwinden.[88]

3.1.3 Der Geltungsanspruch auf normative Richtigkeit: Von der Entwicklung »rechter Kameradschaft und rechten Vertrauens« zur legitimen Heimordnung

Wie bereits erwähnt, ist die Schulgemeinde das institutionelle Gegenstück zum Gericht und zielt wie die Gemeinschaften (Kwuzoth) auf die Regelung der »äußeren Beziehungen« (ebd., S. 89). Normative Ordnungen im gesellschaftlichen Realitätsbereich werden nach Habermas in »praktischen Diskursen« geklärt. Aus kommunikationstheoretischer Sicht kann die Schulgemeinde als ein solcher gelten. In Baumgarten ist sie eine spezifische Institutionalisierung kommunikativer Alltagspraxis. Außerhalb dieser Organisationsform wird soziale Anerkennung im alltäglichen »Verkehr der Erwachsenen mit den Kindern« produziert. Bernfeld charakterisiert die Interaktion zwischen Erwachsenen und Kindern wie folgt: »Was die richtige Kameradschaft von seiten des Lehrers, ist das Vertrauen von seiten der Kinder« (ebd., S. 51). Dieses gegenseitige Anerkennungsverhältnis habe sich »in Etappen« entwickelt.

---

88 Im Baumgarten-Bericht erscheint das Gericht gar wie eine gut geölte Maschine, die nie stottert. Leider fehlt konkretes Fallmaterial, anhand dessen das Funktionieren des Gerichts hätte rekonstruiert werden können. Erst im Anschluss daran wäre eine fundierte Kritik von Bernfelds idealer Konzeption möglich.

3 »Neue Erziehung«: Rekonstruktion des »idealen Konzepts« …

Die erste Etappe umfasst den Zeitraum von der Eröffnung des Heims Mitte Oktober 1919 bis Mitte Januar 1920. Wie oben ausgeführt, sind diese Monate geprägt durch die Klärung des Geltungsanspruchs auf Wahrhaftigkeit. Was die Ebene zwischenmenschlicher Beziehungen anbelangt, profitieren Bernfeld und sein ErzieherInnenteam zwar von ihrem jugendlichen Habitus. Dennoch erfüllt dieser ›Vorschuss-Bonus‹ nicht die Voraussetzungen eines Startkapitals an Vertrauen. Bernfeld beschreibt den Nullpunkt gegenseitiger Anerkennung folgendermaßen: Geprägt durch die Erfahrung, konstant belogen zu werden, rüsteten sich die Kinder, »nicht auch uns auf den Leim zu klettern, die wir ihnen durch Jugend, Ruhe und Freundlichkeit vom ersten Augenblick an sympathisch waren. Sie trauten uns nicht über den Weg« (ebd.). Erst nachdem sich die Kinder in verschiedenen Situationen davon haben überzeugen können, dass die ihnen entgegengebrachte »Kameradschaftlichkeit« keine »neue Schikane« (ebd.) und kein »pädagogischer Trick« (ebd., S. 53) ist, etabliert sich eine »erste Stufe von Vertrauen« (ebd., S. 52). Bernfeld spricht von einem grundsätzlichen Wohlwollen seitens der Kinder und erklärt diese aufkeimende Vertrauensbasis als Ergebnis erzieherischer Konsequenz. »Sie glaubten uns und vor allem der sich indessen entwickelnden Schulgemeinde genug, um im letzten Grunde uns freundlich gegenüberzustehen« (ebd.). Erzieherische Konsequenz bedeutet aus kommunikationstheoretischer Sicht die Einlösung von Geltungsansprüchen auf Wahrhaftigkeit: »[O]b jemand sagt, was er meint, [ist] eindeutig eine Frage der Wahrhaftigkeit« (Habermas 1981a, S. 139). Erst auf dieser Basis kann sich soziale Anerkennung entwickeln.

Auf einer manifesten Ebene ist von grundsätzlichem Goodwill allerdings wenig zu spüren. Hier ist das Verhalten den ErzieherInnen gegenüber »recht kühl, mit einem leisen Rest an Mißtrauen« (Bernfeld 1921a, S. 52). Die Kinder lassen sich nur sehr zögerlich auf Beziehungen ein. Zum einen deshalb, weil »sie sich durchaus bloß transenal in Baumgarten« (ebd.) betrachteten. Die Vorstellung eines Aufenthaltes auf Zeit beinhaltet die Möglichkeit, gegenüber der Baumgarten-Lebensgemeinschaft in eine objektivierende Einstellung zu treten, was kommunikativem Handeln und einer darauf basierenden sozialen Intergration zuwiderläuft. Zum anderen sieht Bernfeld die psychologischen Voraussetzungen

3.1 Pädagogik als »Antinomie zwischen dem berechtigten Willen des Kindes ...

für affektive Bindungen bei den Kindern als nicht gegeben. Stattdessen beobachtet er in dieser ersten Phase das oben beschriebene Abreagieren des aufgestauten Leidens, das die latent vorhandene Freundlichkeit gegenüber den ErzieherInnen übertönt und die »erste Stufe von Vertrauen« (ebd.) in Frage stellt.

»Manchmal mag jeder von uns einer Art von Verzweiflung nahe gewesen sein, wenn alle seine Liebe und Freundlichkeit keinen anderen Widerhall in den meisten Kindern fand als die oft sehr ungerechten und übertriebenen, fast immer gehässigen, fordernden Klagen. Dazu kam, daß sich die Kinder, sowie sie erfahren hatten, daß wir den Ton, der uns gegenüber angeschlagen wurde, niemals bestraften, ja nur selten erwiderten, uns gegenüber ›frech‹ und ›anmaßend‹, wie die alte Pädagogik es nannte, jedenfalls aber unfreundlich und unhöflich benahmen« (ebd., S. 53).

Die ErzieherInnen reagieren in Baumgarten als Behälter für die Aggressionen der Kinder. Im Anschluss an das Kleinianische Konzept der »projektiven Identifizierung« (Krejci 1999, S. 70ff.) geht Winnicott davon aus, dass das Kind Verantwortung und Verständnis für seine Gefühle nur dann entwickeln kann, wenn die Mutter sie nicht nur aushält, sondern deutend zurückspiegelt. Die »hinreichend fürsorgliche Mutter« (Winnicott 1990, S. 15–26) steht bei Winnicott am Anfang des Bewusstseins. Bion, der diese Kleinianische Überlegung in Bezug auf das Geschehen in Gruppen fruchtbar gemacht hat, spricht von »containment«, einem Behälter, den eine Gruppe für die »projektiven Identifizierungen« ihrer Mitglieder darstellt. Bezüglich der auf Leiter und Gruppe projizierten Ängste und Hoffnungen unterscheidet Bion drei gruppale Gefühlslagen – »Kampf/Flucht«, »Paarbildung« und »Abhängigkeit« –, die über längere oder kürzere Zeiträume das dynamische Gruppengeschehen determinieren können und die Gruppe an der Bearbeitung ihrer manifesten Aufgabe hindern (Bion 1971, S. 20–101).

Bernfelds Beschreibung pendelt zwischen dem, was Bion eine »Kampf-Flucht-Gruppe« und dem, was er eine »Paarbildungsgruppe« nennt. Neben der Aggressivität und Feindseligkeit, welche die ErzieherInnen an den Rand der Verzweiflung bringt, kommt es in der ersten Phase gleichzeitig auch zu gewissen Sympathien gegenüber einzelnen ErzieherInnen.

> »Freilich gab es von den ersten Tagen an einzelne Kinder, die zu einem oder dem andern von uns eine tiefere Neigung gefaßt hatten und diese entwickelten und verfeinerten. Die Zahl dieser Fälle wurde langsam immer größer; mit dem entscheidenden ersten Vertrauen schwand auch den meisten Lehrern gegenüber die aprioristische Feindschaft« (Bernfeld 1921a, S. 52).

Auch zwischen Kindern kommt es zu »Paarbildungen« (vgl. auch Hoffer 1922, S. 112–119). Freundschaften misst Bernfeld in Bezug auf die soziale Entwicklung eine elementare Bedeutung zu (Bernfeld 1921a, S. 97ff.). Was die Ausbildung von Vertrauensverhältnissen betrifft, sind »Paarbildungen« zwischen Kindern und ErzieherInnen einerseits und homoerotische Vertrauensverhältnisse unter Gleichaltrigen andererseits die erste Stufe sozialer Anerkennung.

In der zweiten Phase – von Mitte Januar bis Mitte März 1920 – und in der anschließenden dritten Phase bis zum 15. April 1920 weiten sich diese Vertrauensverhältnisse auf die Schulgemeinde, die Gruppen und das ganze Kinderheim aus. Diesen Prozess, den Bernfeld im Kapitel V, »Die Gemeinschaften«, als schrittweise Erweiterung des Ichs erklärt (vgl. dazu Kap. 3.2.3), beschreibt er zunächst auf einer phänomenologischen Ebene. »Ein äußerer, aber sehr deutlicher Gradmesser dieser Entwicklung war ihr Verhalten zu den Auslandsreisen« (ebd., S. 55). Hatten sich die Kinder anfänglich um die Plätze bei diesen Reisen gerissen, so nimmt die Attraktivität der Auslandsaufenthalte kontinuierlich ab. Im Gegenzug ist von einer Zunahme des Gefühls sozialer Zugehörigkeit auszugehen, die den Abschied von Baumgarten immer schwerer fallen lässt. Was sich bei den einzelnen Subjekten als Gefühl sozialer Zugehörigkeit zeigt, ist nach Habermas abhängig vom Grad der sozialen Integration und motivationaler Ausdruck dafür, inwieweit Handlungen über intersubjektiv anerkannte Geltungsansprüche abgestimmt werden (Habermas 1981b, S. 214f.). Bernfelds Beschreibung einer erwachenden Unlust, Baumgarten zu verlassen, kann in diesem Sinne als Indiz dafür gelesen werden, dass die kommunikative Infrastruktur in Baumgarten den Koordinationsbedarf der Institution zunehmend deckt. Die Beziehungen im Heim, deren legitime Ordnung – »richtige Kameradschaft« vonseiten der Lehrer und

»rechtes Vertrauen« der Kinder zu ihnen (Bernfeld 1921a, S. 51) – sich in den oben beschriebenen Etappen entwickelt, sind die normative Resultante kommunikativer Rationalisierung. Allein unter der Voraussetzung, dass der Geltungsanspruch auf normative Richtigkeit im Sinne von legitim geordneten Beziehungen eingelöst wird, können auch die Institutionalisierungen kommunikativer Alltagspraxis in Baumgarten (Schulgemeinde, Kwuzoth) Legitimität beanspruchen. »Fehlt diese Kameradschaft, so bleiben Schulgemeinde und alle übrigen Einrichtungen elende Stümperei« (ebd.).[89]

3.2 Die Ausbildung »antiegoistischer Seelenkräfte« als psychoanalytische Begründung von »Erziehbarkeit«

Die im vorhergehenden Kapitel herausgearbeitete *interaktionistische* Argumentationslinie soll nun ergänzt werden um die *psychoanalytische*. Dabei handelt es sich um eine analytische Differenzierung, die der Baumgarten-Text selbst weder durch Titel noch durch Absätze unterstützt und die auch in meiner Rekonstruktion nicht vollends durchgehalten werden kann. Während die »Antinomie zwischen dem berechtigten Willen des Kindes und dem berechtigten Willen des Lehrers« (Bernfeld 1921a, S. 63) gleichsam den interaktionistischen Kern jeglicher Erziehung bezeichnet, fokussiert die psychoanalytische Begründungslinie die psychischen Voraussetzungen des generationellen Interessenkonflikts. »Erziehbarkeit« (1921a, S. 93), so Bernfelds These, ist ein gesellschaftlich produziertes Niveau menschlicher Entwicklung, das sich durch ein bestimmtes Verhältnis zwischen egoistischen und »antiegoistischen Seelenkräften« (ebd., S. 58) auszeichnet. Erst auf der Grundlage gestärkter prosozialer Antriebe, werde der Interessenkonflikt mit der älteren Generation eingegangen und

---

[89] »Diese konstituierende Anerkennung im pädagogischen Prozess ist es, die Bernfeld im Blick hat, wenn er für eine ›neue Erziehung‹ plädiert« (Dörr 2001, S. 173).

pädagogisch fruchtbar. Die Psychoanalyse dient Bernfeld zur Klärung der triebtheoretischen Voraussetzungen von »Erziehbarkeit«. Gleichzeitig enthält der Baumgarten-Text eine soziologische Konzeption zur Entwicklungsdynamik eines Gemeinwesens, in welchem die Ausbildung von »antiegoistischen Seelenkräften« als sozialpädagogisches Programm erfolgt (Kap. 3.3).

Die Bedeutung der Psychoanalyse im Baumgarten-Text wird sehr kontrovers diskutiert. Bevor ich Bernfelds psychoanalytische Argumentation rekonstruiere (Kap. 3.2.2 und 3.2.3), werde ich zunächst zwei höchst widersprüchliche Interpretationen einander gegenüberstellen.

3.2.1 Die Bedeutung der Psychoanalyse im Baumgarten-Text

Für den Mitherausgeber der Ausgabe von 1969, Reinhart Wolff, bedeutete die Lektüre der Schriften Bernfelds eine Entdeckung. »Was wir lasen, schlug bei uns wie ein Blitz ein: Hier war die unverkürzte Psychoanalyse, eine kritische Theorie der Erziehung […], die Konzeption des ›sozialen Ortes‹, die radikale Kritik der gesellschaftlichen und politischen Verhältnisse« (1992b, S. 374). Wie Wolff schreibt, waren die Schriften Bernfelds der lang gesuchte Beweis dafür, dass die geisteswissenschaftliche Pädagogik, welche die universitäre Pädagogik im Deutschland der Nachkriegszeit samt Ordinarien mit brauner Vergangenheit ungebrochen fortsetzte, schon in den 20er Jahren »mit einer unverkürzten, historisch angelegten und kulturkritischen Psychoanalyse und einer empirischen, am konkreten Material interessierten Erziehungswissenschaft« (ebd., S. 376) kritisiert worden war. Nach Negt (1995, S. 291–295) steht die »politisch gewendete Psychoanalyse« bei der Wiederaufnahme wissenschaftlicher Traditionen nach 1968 an erster Stelle, weil das Wissenschaftsinstrumentarium der »nicht-revidierten Theorie Freuds« zum geschichtlichen Lernen herausforderte. »Mit der Wiederentdeckung Siegfried Bernfelds gelang es uns, eine sozialwissenschaftliche und psychoanalytische Pädagogik, die von den Nazis verfolgt und ins Exil getrieben worden war, uns wieder anzueignen, zu repatriieren« (Wolff 1992b, S. 375). Allein die Tatsache, dass die von Reinhart Wolff und Lutz von Werder besorgte Herausgabe der

3.2 Die Ausbildung »antiegoistischer Seelenkräfte« ...

Bernfeld-Schriften insgesamt fünfmal neu aufgelegt wurde, deutet auf das große Interesse der politisch engagierten Pädagogen von damals hin. Aus der Wiederbelebung unterdrückter Traditionen wollte man Kräfte für die eigenen Vorstellungen eines Neubeginns beziehen (Negt 1995, S. 302).

Die Bernfeld-Lektüre öffnete die Tür zu Welten, die bis 1968 der kollektiven Verdrängung anheimgefallen waren.[90] Eine dieser Welten ist die Psychoanalyse, die Wolff und Negt an erster Stelle nennen. Wenn Wolff von »unverkürzter Psychoanalyse« spricht, dann meint er eine Psychoanalyse, die man ihrer kultur- und gesellschaftskritischen Dimension nicht beraubt und nicht auf das therapeutische Verfahren reduziert hat. Dies aber war in der offiziellen Psychoanalyse genau der Fall, nicht nur in Deutschland, sondern international, und Bernfeld muss in dieser Phase »tradierter Schmalspuranalyse« eine Offenbarung gewesen sein (Dahmer 1989, S. 113). Wolff schreibt:

> »Wir waren [...] an einer Emanzipation bewirkenden, Ich-stärkenden, Verdrängungen aufhebenden Psychoanalyse, deren Gegenstand das Unbewußte in der individuellen Lebensgeschichte wie in Kultur und Gesellschaft ist, interessiert. Das hat uns bei der Lektüre Bernfelds beschäftigt, der uns im übrigen ja neben Wilhelm Reich den Weg zurück zu Sigmund Freund allererst wieder eröffnet hatte« (Wolff 1992b, S. 374).

Der Weg führt also von Bernfeld zu Freud, nicht umgekehrt. Die Ausdehnung des Interesses auf die Freud'sche Lehre ist logisch nur möglich, wenn diese in den Texten von Bernfeld hinreichend prominent vorkommt, und die Rezeption so gelungen ist, dass sie auf die Lektüre des Originals neugierig macht. Dass dies der Fall war, kann im Fall von Reinhart Wolff und Lutz von Werder zweifelsfrei angenommen werden. Der Geist der dreibändigen Ausgabe ist geprägt

---

90 Dass diese kollektive Amnesie auch Orte betraf, die sich gegen das Vergessen spezialisiert haben, wird ersichtlich an folgender Begebenheit, die Wolff bei seiner Herausgebertätigkeit erlebt hat: »Ich erinnere mich noch sehr gut, wie irritiert man damals im Berliner Psychoanalytischen Institut war, als ich als Nicht-Psychoanalytiker(!) auftauchte und in der heruntergekommenen Bibliothek nach Spuren Siegfried Bernfelds suchte. Auch dort, wie überhaupt unter Psychoanalytikern hatte man ihn vergessen oder unter dem Stichwort ›Freudbiograph‹ marginalisiert« (1992a, S. 218f.). 40 Jahre genügten offenbar, um Bernfeld, der am gleichen Institut intensiv gewirkt hatte (Bernfeld 1930g), vergessen zu machen.

von diesem Impetus, der die Herausgeber dazu bewog, die »Psychoanalyse« in den Titel zu setzen und Bernfelds Texte zur Jugendforschung zugunsten von solchen zu psychoanalytischen Themen zu vernachlässigen (Wolff 1992a, S. 219). Wolff beschreibt eindrücklich, wie die Rezeption Bernfelds auf eine »Infektion« hinauslief, und illustriert dies anhand eines psychoanalytischen Konzepts: »›Welchem Kind sieht sich der Erzieher immer wieder gegenüber‹, fragten wir als an Bernfeld geschulte Kinderladeneltern und antworteten im Chor: ›Sich selbst als Kind!‹« (Wolff 1992b, S. 375). Dieses beflügelnde Interesse der Rezeptionsphase nach 1968 hat jedoch nicht dazu geführt, dass man die von Bernfeld verwendeten psychoanalytischen Konzepte und Modelle aus den Texten herausgearbeitet hätte. Viel mehr als an Rekonstruktionsarbeit war man an Lösungen interessiert (Niemeyer 1998, S. 174). Insgesamt blieb die Rezeption »improvisiert und bruchstückhaft« (Füchtner 1979, S. 204), was sich in der zweiten Rezeptionsphase ab Anfang der 90er Jahre bemerkbar macht.

Nehmen wir auch hier die Einschätzung des Herausgebers von Bernfelds »Sämtlichen Werken« – die Ausgabe ist auf 16 Bände angelegt – an erster Stelle. Herrmann sieht den spezifischen Beitrag zur »neuen Erziehung« in Bernfelds »psychoanalytischer Sichtweise auf das Seelenleben und die Entwicklung des Kindes« (1996a, S. 341; vgl. auch 1996b, S. 228). Damit kann Bernfelds eigener Anspruch zunächst als eingelöst betrachtet werden. »Keine ›neue Erziehung‹ ist möglich ohne Aufbau auf den Grundlagen der Freudschen Psychologie. [...] Die Psychoanalyse ist eine Wissenschaft« (Bernfeld 1921a, S. 92). Bernfeld steht mit dieser Meinung im Jahre 1921 noch außerordentlich isoliert da. Bei diesem klaren Bekenntnis zur Psychoanalyse handelt es sich aber nicht um ein bloßes Postulat. *Alles im Baumgarten-Text ist vor einem psychoanalytischen Hintergrund gedacht und geschrieben*, nicht bloß die »Entwicklung des Gemeinschaftslebens« (ebd.), die Bernfeld explizit als Gegenstand psychoanalytischer Reflexion anführt. Wenn Herrmann in Bezug auf Baumgarten von »psychoanalytisch inspirierter Pädagogik« (1996b) spricht, so verkleinert er den Einfluss der Freud'schen Theorie nachgerade unzulässig. Die Tatsache, dass die beiden anderen Berichte über das Baumgarten-Experiment (Hoffer 1922; Geiringer 1920) die gemachten Erfahrungen ähnlich strukturieren, kann als Hinweis darauf interpretiert werden, dass es sich um ein gruppal geteiltes Referenzschema handelte, das Bernfeld nicht erst nachträglich über seine Beobachtungen stülpte, sondern das sich vielmehr während der pädagogischen Arbeit mit den Kindern und wohl in unzähligen Diskussionen des ErzieherInnenteams ausbildete.

Noch geringer als Herrmann schätzt Fatke die Bedeutung der Psychoanalyse im Baumgarten-Text ein:

> »Im Grunde genommen ist Kinderheim Baumgarten eher ein reformpädagogisches Experiment nach dem Muster der Freien Schulgemeinde als ein pädagogisches Experiment auf der Grundlage der Psychoanalyse. Das wird schon rein äußerlich daran deutlich, daß von den rund 110 Seiten Text (in der Ausgabe von L. v. Werder und R. Wolff von 1969) lediglich zwei Seiten psychoanalytischen Reflexionen gewidmet sind. Der gesamte übrige Text vermeidet weitgehend jede psychoanalytische Begrifflichkeit. So spricht Bernfeld auch ausdrücklich von dem ›instinktiven pädagogischen Tun und Nichttun‹ in Baumgarten, das freilich ›mit einiger Empirie in Einklang zu bringen, an ihr zu richten und zu kontrollieren‹ sei (S. 143) – also eher nachgängig. Aus der Zusatzbemerkung, daß ›wir sozialistischen jüdischen Erzieher‹ ›in der Freudschen Psychologie … einen Führer gehabt (haben), der uns wenigstens mit Blitzlichtern streckenweise und auf Minuten die völlige Gedankenfinsternis (erhellte)‹, läßt sich m. E. nicht eindeutig schließen, wie sehr die Freudsche Lehre von den Erziehern bereits gekannt bzw. angeeignet war; zumindest ist mit dieser Bemerkung nur gesagt, daß lediglich sehr sporadisch psychoanalytische Einsichten das erzieherische Handeln geleitet haben« (Fatke 1992, S. 381).

Rein quantitativ trifft das Argument von Fatke durchaus zu, qualitativ aber verfehlt es das Hauptmerkmal des Baumgarten-Textes, die Psychoanalyse. Bernfeld ist sich selbst bewusst, dass sein theoretisches Referenzschema ganz und gar psychoanalytisch ist. Einerseits deklariert er dies offensiv (vgl. Zitat weiter oben), andererseits weiß er um die Schwierigkeiten, dem Leser die psychoanalytischen Modelle verständlich zu machen. Die Beobachtungen aus dem Kinderheim Baumgarten »unter dem Gesichtswinkel der psychoanalytischen Erkenntnisse zu ordnen«, führe »einen schweren Nachteil mit sich«, schreibt er. Die Psychoanalyse könne nämlich »nur dem wirklich verständlich sein, der sie gründlich studiert« habe, und dies sei »bei den wenigsten Lesern zu erwarten«. Gerade bei den Lesern, die diese Voraussetzungen nicht erfüllen, vermutet Bernfeld Widerstände, wenn er die psychoanalytischen Modelle explizit macht (Bernfeld 1921a, S. 92).

Bernfeld macht an dieser Stelle einige darstellungspolitische Überlegungen, welche einen Hinweis darauf geben können, warum Fatke und andere Autoren[91] die Bedeutung der Psychoanalyse als gering einschätzen. Bernfeld entscheidet sich bewusst dafür, den »Denkstil« (Fleck 1935), welcher den Baumgarten-Text strukturiert, implizit zu belassen. Bernfeld operiert mit der Psychoanalyse, ohne über die Psychoanalyse zu sprechen. Nur an einigen Stellen – z.B. an der von Fatke zitierten – durchbricht eine Erklärung oder ein Fachausdruck dieses Prinzip. Das bedeutet aber nicht, dass die psychoanalytischen Modelle und Konzepte jenseits dieser Stellen nicht angewendet werden.

»Ich war Lehrer der Psychoanalyse, lange bevor es Institute gab«, schreibt Bernfeld ein Jahr vor seinem Tod (1952, S. 437). Bernfeld datiert sein erstes Interesse an der Psychoanalyse auf 1910; 1913 tritt er der Wiener Psychoanalytischen Vereinigung bei (ebd., S. 443) und hält Vorträge, welche eine ganze Generation von psychoanalytischen PädagogInnen sozialisiert (Freud 1926/27, S. 4). Edith Kramer, Bernfelds Nichte, sagt über Bernfeld:

> »Ein großartiger Redner, irgendwo ein Schauspieler. Ein faszinierender Vortragender. Er hat damit den größten Erfolg gehabt; und hat wirklich die Psychoanalyse beibringen können; und in dem, was er den Menschen vorgesetzt hat, keineswegs wilde Dinge vorgetragen. Alles war sehr gut gegliedert, gescheit und auch richtig, oder, dem damaligen Wissen entsprechend, eben so nahe der Wahrheit als man zu der Zeit kommen konnte« (Heller 1993, S. 101).

Am Berliner Psychoanalytischen Institut ist Bernfeld dann maßgebend beteiligt am Aufbau eines Curriculums für eine »Hörerschicht [aus] Kindergarten, Volksschule, Fürsorgewesen, Heilpädagogik«, wo die »Drei Abhandlungen zur

---

91 Klaus-Jürgen Tillmann, dessen Sisyphos-Rezeption profunde Bernfeld-Kenntnisse verrät, schreibt, dass hier die »psychoanalytischen Hinweise [...] eher feuilletonistisch anklingen als systematisch ausgeführt werden« (1976, S. 26). William Stern (1871–1938), der die Entwicklung der akademischen Psychologie in den ersten Jahrzehnten des 20. Jahrhunderts entscheidend mitbestimmt hat, gibt Bernfeld auf ein Manuskript folgende Rückmeldung: »Die Art, wie Sie hierbei von der Psychoanalyse Gebrauch machen, ist so zurückhaltend, daß darauf meine frühere Kritik nicht anzuwenden wäre« (Benetka 1992, S. 227).

Sexualtheorie«, die »Einführung des Narzißmus« und »Massenpsychologie und Ich-Analyse« explizit genannte Eckpfeiler darstellen (Bernfeld 1930g, S. 950), also außer »Massenpsychologie und Ich-Analyse« genau diejenigen Schriften Freuds, die bereits im Baumgarten-Text die Referenzpunkte darstellen, wie anschließend zu zeigen sein wird. Auch wenn ihm hier noch einiges durcheinandergeht und anderes halb verdaut oder halb verstanden bleibt, gibt die Rezeption doch Aufschluss darüber, dass Bernfeld bereits 1921 über vertiefte Kenntnisse der Psychoanalyse verfügt, was von Freud bestätigt wird.[92]

Ich werde nun die von Fatke erwähnten zwei Seiten »in ›psychoanalytischer Sprache‹« (Bernfeld 1921a, S. 92) zitieren, um daraus die Konzepte herauszuarbeiten, welche das triebtheoretische Fundament von Bernfelds Gemeinschaftserziehung bilden. In der Art eines Resümees beschreibt Bernfeld die Entwicklung einer »*neuen Affektlage*« (ebd., S. 54)[93], die er als »*Erziehbarkeit*« bezeichnet. Im Normalfall ist »Erziehbarkeit« durchschnittliches Charakteristikum der menschlichen Triebstruktur, wie sie im Zuge der Phylogenese erworben worden ist.[94] Ist diese phylogenetische Errungenschaft aufgrund einer krisenhaft verlaufenen Ontogenese verschüttet oder beschädigt, wird die Entwicklung von Erziehbarkeit zum pädagogischen Problem. Auf der Suche nach dessen Lösung entdeckt Bernfeld bei der Psychoanalyse theoretische und methodische Werkzeuge, deren er sich mit einiger Souveränität bedient. Ihre Adaptierung in der Absicht, Erziehbarkeit als Grundvoraussetzung von Erziehung zu definieren bzw. psychoanalytisch präzisiert: als Fähigkeit, Übertragungsbeziehungen einzugehen, erfolgt dabei durch eine pädagogische Optik hindurch, in der die Freud'schen Konzepte nicht unwesentliche Bedeutungsverschiebungen erfahren. Eine eingehendere

---

92 Freud schickt Bernfeld 1922 einen englischen Professor, der sich während eines Monats in Wien über die Psychoanalyse informieren wollte, mit den Worten: »Sie wissen mehr als er. Zeigen Sie ihm so viel, wie Sie können« (Bernfeld 1952, S. 442).
93 Geiringer schreibt, dass die Kinder »ein Affektleben wiedergewonnen hatten« (Geiringer 1920, S. 113).
94 Explizit zum Ausdruck kommt der vorsichtige Lamarckismus Bernfelds in folgendem Zitat: »[V]ielleicht ist diese Bereitschaft zu Verzicht und Erziehung […] Anzeichen dafür, daß sie Erwerb früherer Menschengenerationen ist, und wir viel moralischer auf die Welt gekommen als wir meinen« (Bernfeld 1925a, S. 156).

Kritik an Bernfelds Psychoanalyse-Rezeption werde ich im Zusammenhang mit einigen der von ihm adaptierten Begriffe ausführen. Zunächst sei hier der vollständige Text des Absatzes wiedergegeben:

> »Wir können nun versuchen zu formulieren, was den Kindern von Anfang an fehlte und was ihnen trotz aller kindlichen Lieblichkeit das Gesicht des Verkrampften, Boshaften, Geschlagenen, Gemeinen gab: Sie waren alle ohne Eltern, im psychologischen Sinn, sie hatten keine oder nur sehr schwache und vorübergehende Fixierung ihrer infantilen Libido an ihre Eltern, die Urbilder aller späteren Liebesobjekte, vorgenommen. Ihre Libido war fast ganz und gar narzißtisch geblieben, die Ichtriebe, den Egoismus dicht umspinnend, ihn zu der ganzen Triebmacht steigernd, die sonst verteilt ist auf Ich und Du. Obgleich sie dem Alter nach längst aus der analen, sado-masochistischen infantilen Periode herausgewachsen waren, waren diese Partialtriebe schlecht oder gar nicht verdrängt und lebten sich ungehemmt oder nur wenig geschwächt in ihrem ganzen Verhalten zur Außenwelt aus. Für geistige Interessen war demnach keine Kraft zur Sublimierung frei. Das Ich war arm an Inhalten, ausgefüllt von primitiven Bedürfnissen. Wenn sonst die Libido weitgehend alle Lebensäußerungen bestimmt vom Ich her gestaltet, war es bei Ihnen umgekehrt; sie liebten sogar in der Form des Hassens, der Überwältigung. Dabei war eine sehr merkwürdige Spaltung eingetreten, dem Erwachsenen und der Welt gegenüber waren sie masochistisch eingestellt, mit übrigens sehr schwachen Objektfixierungen (auf die geringste Veränderung oder Beleidigung antworteten sie mit völliger Abziehung von Libido, mit halluzinatorischer Wunscherfüllung). Den Kindern gegenüber waren sie schrankenlos sadistisch. Kinder solcher Konstitution sind unerziehbar. Die *Erziehbarkeit* reicht gerade so weit, wie die Übertragung reicht, also so weit, wie die Außenwelt, insbesondere der Erzieher, libidinös besetzt wird. Ich habe schon oben erzählt, wie dieser Zustand langsam eintrat, wie die Kinder von ihrer pathologischen Struktur geheilt wurden. Die Schulgemeinde hat dabei eine sehr wichtige Rolle gespielt: Sie erweiterte zunächst das Ich jedes einzelnen zu einer Art Gesamt-Ich, dem nun die narzißtischen Energien zugeführt werden konnten, wobei sich die Verknüpfung von Ich-Trieben und Libido lockern mußte und ein Betrag der letzteren frei wurde für Objektbesetzungen. Es ist bezeichnend: Während es keine individuellen Ehrenbeleidigungsfälle vor Gericht gab, wurde Beleidigung der Schulgemeinde angezeigt und streng bestraft. Das Gericht bot den sado-masochistischen Trieben neue, edlere Objekte und zwang zu Verdrängungen und Sublimierungen; und die leidenschaftliche Art, mit der die Kinder begannen, ›Ordnung‹ zu machen, war die erste sehr gut gelungene, allgemeine Sublimierung dieser Komponente. Aber das Gesamt-Ich

3.2 Die Ausbildung »antiegoistischer Seelenkräfte« ...

›Schulgemeinde‹ war zu groß, zu mannigfaltig, zu heterogen zusammengesetzt, als daß alle seine Teile gleichmäßig hätten besetzt werden können, d. h. daß auf dem *Umweg der erweiterten Selbstliebe* alle Teilglieder der Schulgemeinde, all ihr Besitz mit Fremdliebe hätte erfaßt werden können. Hier setzte nun die Wirksamkeit der Kwuzoth (Kameradschaften) ein« (Bernfeld 1921a, S. 92f.; Hervorhebungen D. B.).

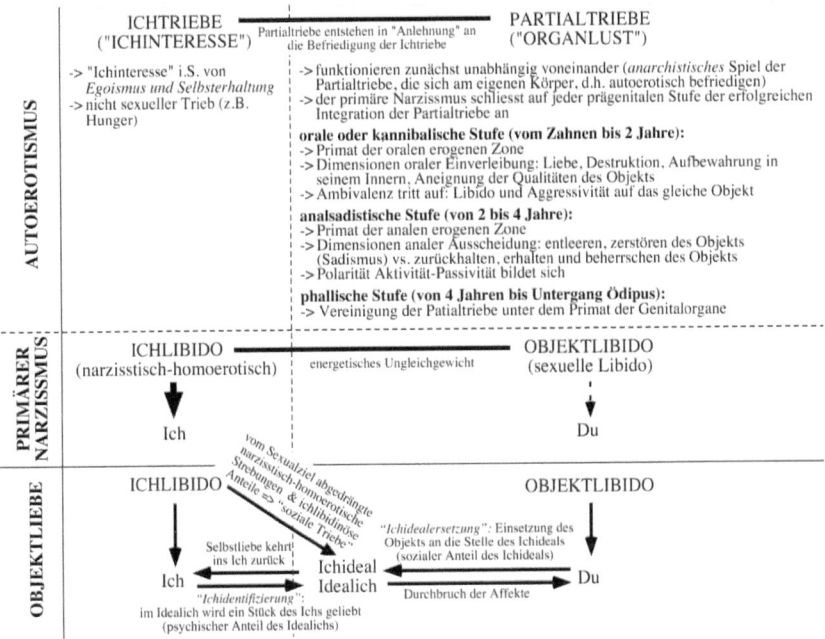

Abb. 5: Freuds Triebkonzeption (zusammengestellt aus Freud 1905 und Freud 1914)

3.2.2 Unerziehbarkeit: Das anarchistische, autoerotische Funktionieren der Partialtriebe in der »sado-masochistischen infantilen Periode«

Bernfeld diagnostiziert bei den Baumgarten-Kindern eine *Fixierung auf der analsadistischen Stufe*, die als zweite der prägenitalen Libidoorganisationsformen zwischen der oralen und der phallischen Phase der Sexualentwicklung liegt.⁹⁵ Die prägenitale Sexualorganisation ist gekennzeichnet durch sogenannte »Partialtriebe«, die sich in der Regel auf jeder Stufe unter dem Primat einer bestimmten erogenen Zone zusammenfassen und einen »Frühzustand der Libido« darstellen (Freud 1914, S. 44). Bleiben »einzelne Anteile [der Partialtriebe] auf den Vorstufen des Endausganges stehen und ergeben so die Fixierungen der Libido, welche als Dispositionen für spätere Durchbrüche verdrängter Strebungen wichtig sind« (Freud 1923, S. 221), so ist mit Symptomen zu rechnen, welche regressiv an eine jeweils spezifische Form autoerotischer Aktivität anschließen. Die von Bernfeld u. a. detailliert beschriebenen Verwahrlosungserscheinungen der Baumgarten-Kinder werden vor diesem Hintergrund lesbar als die bei Freud erwähnten »Durchbrüche« des »schlecht oder gar nicht verdrängt[en]« analen Partialtriebs. Dieser hat sich während der »sado-masochistischen infantilen Periode« an Objekte fixiert, die an die Defäkationsfunktion bzw. an den symbolischen Wert der Faeces gebunden sind. Soweit das erste Merkmal »pathologischer Struktur« als Ursache fehlender Erziehbarkeit.

Der »Sexualtrieb« (Libido) ist nach Freud hoch synthetisiert und kann wieder in einzelne Partialtriebe zerfallen (u. a. den oralen und den analen; vgl. Freud 1923, S. 230). Grundlegend unterscheidet Freud den Sexualtrieb von den »Ichtrieben« (lebenserhaltende Funktionen, Bedürfnisse und Interessen; vgl. Freud 1914, S. 45f.). Klinisch gesehen sind Ichtriebe und sexuelle Partialtriebe zunächst jedoch ungetrennt; letztere differenzieren sich erst »in Anlehnung«⁹⁶ an die Befriedigung der Ichtriebe, so z. B. auf der oralen Stufe, wo

> »die Sexualtätigkeit [...] von der Nahrungsaufnahme noch nicht gesondert [ist]. Das Objekt der einen Tätigkeit ist auch das der anderen, das Sexualziel besteht in der Einverleibung des Objektes, dem Vorbild dessen, was späterhin

---

95 Die Diagnose einer »sadomasochistischen Fixierung« findet sich auch bei Hoffer (1922, S. 138).
96 Die Idee der »Anlehnung« (Freud 1905, S. 89) ist ein Hauptelement von Freuds Konzeption der Sexualität. Alle Arbeiten, in denen Freud den Gegensatz zwischen Sexualtrieben und Ichtrieben entwickelt, enthalten den Begriff »Anlehnung« (vgl. z. B. Freud 1914, S. 54).

als Identifizierung eine so bedeutsame psychische Rolle spielen wird« (Freud 1905, S. 103).

Weil nun die Lust anlässlich des Saugens an der Mutterbrust nicht auf die Befriedigung des Hungers reduzierbar ist, entsteht in »Anlehnung« daran eine Art »Lustprämie« (Freud 1914, S. 46). Diese motiviert das Bestreben nach Wiederholung der sexuellen Befriedigung, welche sich auf diese Weise progressiv von der der Selbsterhaltung dienenden Funktion der Nahrungsaufnahme trennt. Hierher gehört die Beobachtung, dass bei Kleinkindern der Saugreflex bzw. die daran »angelehnte« Sauglust an höchst unterschiedlichen Objekten ansetzen bzw. sich befriedigen kann, ohne dass damit eine Nahrungsaufnahme verbunden ist (Schnuller, Deckenzipfel u. ä.).

Die infantile Sexualäußerung in den genannten Partialtrieben, so Freud weiter, »kennt noch kein Sexualobjekt, ist autoerotisch, und ihr Ziel steht unter der Herrschaft einer erogenen Zone« (Freud 1905, S. 60). Aus der Differenzierung zwischen Sauglust und Aufhebung des Hungers (Bedürfnisbefriedigung im Sinne der Ich[erhaltungs]triebe) allein resultiert nun aber kein integrierter oraler Partialtrieb. Auf jeder Organisationsstufe der Libidoentwicklung treten Partialtriebe zunächst als Gegensatzpaare auf, funktionieren unabhängig voneinander und sind nicht auf ein gemeinsames Objekt gerichtet. Hierzu fehlt nach Freud die Voraussetzung, weil ein Ich im Sinne eines einheitstiftenden Körperbildes auf den drei Organisationsstufen prägenitaler Sexualität noch nicht existiert (Freud 1914, S. 44). Laplanche und Pontalis sprechen deshalb von einem »anarchistischen Stadium, das der Konvergenz der Partialtriebe auf ein gemeinsames Objekt vorausgeht« (Laplanche/Pontalis 1972, S. 81, 374). Diesem Spiel der Partialtriebe, das beim Kind an den parzellären sexuellen Aktivitäten zu beobachten ist, entspricht auf der Ebene subjektiver Struktur eine »polymorph perverse Anlage« (Freud 1905, S. 97).

Was damit konkret gemeint ist, lässt sich anschaulich auf der zweiten prägenitalen Organisationsstufe illustrieren, der in Bernfelds Diagnose als »sado-masochistische infantile Periode« eine besondere Bedeutung zukommt. Nach Freud kommt es auf der analsadistischen Stufe zur Ausbildung des Gegensatzpaars Aktivität – Passivität. Theoretisch steht Aktivität mit Sadismus in Verbindung, Passivität mit Analerotik (ebd., S. 104). Betrachtet man Bernfelds Beschreibung auf dieser psychoanalytischen Folie, so lässt sich das abweichende Verhalten der Baumgarten-Kinder in der ersten Phase des Experiments als Spiel der Partialtriebe rekonstruieren:

> »Von unbeschreiblicher Wehleidigkeit für sich selber, waren sie brutal gegen andere. Ihre spontane Belustigung war: Kartenspiel, Fußballspiel, Zank, Zerstören von Einrichtungsgegenständen, sinnloser Lärm oder stundenlanges, völlig inhaltsloses Hindösen auf der Ofenbank. Für anale Hemmungen hatten sie keinerlei Sinn; Beschmutzen der Aborte, Wege, ja der Betten war ihnen selbstverständlich. Ein großer Teil ihrer affektiven Interessen konzentrierte sich auf die anale Zone, viele hielten sich gern auf den Aborten auf, sie vergnügten sich dortselbst in Paaren oder Gruppen, sprachen gerne davon« (Bernfeld 1921a, S. 40).

Hatte Bernfeld im ersten Zitat von einer »sehr merkwürdigen Spaltung« des analen Partialtriebs gesprochen, so zeigt sich diese hier konkret in der »unbeschreiblichen Wehleidigkeit für sich selber«, d. h. einer masochistischen Haltung gegenüber den Erwachsenen und der Umwelt einerseits, in der Brutalität und dem Sadismus gegenüber Kindern andererseits. Dieselbe Polarität von passiv und aktiv äußert sich auch im »stundenlangen, völlig inhaltslosen Hindösen auf der Ofenbank«, das mit exzessivem »Fußballspiel« (ebd., S. 46), »Lärm« machen (vgl. ebd., S. 43f.) und sinnlosem »Zerstören von Einrichtungsgegenständen« (vgl. auch Hoffer 1922, S. 79f.) abwechselt. Alle diese Aktivitätsformen entsprechen, psychoanalytisch gesehen, anal gefärbten Objektbeziehungen und haben, als Symptome gelesen, Bedeutungen, die an das biphasische Funktionieren des Schließmuskels gebunden sind: Zurückhalten, Verweigern und Beherrschen des Objekts auf der einen Seite (Masochismus), Ausstoßen und Zerstören des Objekts auf der anderen (Sadismus).

Die von Bernfeld konstatierte Spaltung des analen Partialtriebs weist nun darauf hin, dass seine Integration auf den verschiedenen Stufen der prägenitalen Libidoentwicklung noch wenig fortgeschritten ist. Weil der primäre Narzissmus auf jeder dieser Organisationsstufen an die erfolgreiche Integration der Partialtriebe anschließt, kann für die »Baumgarten«-Kinder angenommen werden, dass eine libidinöse Besetzung der eigenen Person und, damit verbunden, das Auftreten eines Ich-Umrisses entweder retardiert oder massiv gestört ist. Die entsprechende Ich-Schwäche wird durch ein Vorherrschen der Ich[erhaltungs]triebe kompensiert. Wie Bernfeld schreibt: »Das Ich war arm an Inhalten, ausgefüllt von primitiven Bedürfnissen« (Bernfeld 1921a, S. 92). Gemeint ist damit in erster Linie der »hemmungslose Egoismus« der Baumgarten-Kinder und ihre Fixiertheit auf die Befriedigung physischer Bedürfnisse (vgl. ebd., S. 40).

Zusammengefasst besteht das zweite Merkmal von Unerziehbarkeit in der *Dominanz der einseitig auf das eigene Überleben orientierten Interessen*, wofür Bernfeld in Anlehnung an Freud (Freud 1914, S. 41, 1916/17, S. 402) eine wenig fortgeschrittene Differenzierung zwischen narzisstischer Libido und prosozialer Objektlibido verantwortlich macht: »Ihre Libido war fast ganz und gar narzißtisch geblieben, die Ichtriebe, den Egoismus dicht umspinnend, ihn zu der ganzen Triebmacht steigernd, die sonst verteilt ist auf Ich und Du« (Bernfeld 1921a, S. 92).

Wie begründet nun Bernfeld die *Therapie von Unerziehbarkeit*? Dass sie mit wenigen Ausnahmen gelungen sei, ist seine Behauptung: »Nach einem halben Jahr war jede Spur von Verwahrlosung von ihnen weggewischt; sie waren zwar nicht gebildet worden, und sie waren noch nicht erzogen, aber sie waren bildungs- und erziehungsfähig und -willig geworden« (ebd., S. 41).

Das erste Merkmal der affektiven Struktur bei Unerziehbaren bedeutet in Bezug auf therapeutische Interventionen, dass mit Äußerungsformen zu rechnen ist, an denen das Spiel des analen Partialtriebs sichtbar wird. Ihn versteht Bernfeld offensichtlich als auslösende Ursache des *sozialen Chaos* in Baumgarten, der »atemberaubenden Unordnung und Verwüstung« im Heim (Geiringer 1920, S. 55).[97] So betrachtet wäre das anarchistische Spiel

---

[97] Weitere Verhaltensweisen im Zusammenhang mit der Persistenz analer Partialtriebe erwähnt Hoffer: »Die Verwahrlosung der Kinder zeigte sich unmittelbar nach ihrem Einzug zum Beispiel dadurch, daß sämtliche Kleider und Schuhe rücksichtslos verunreinigt und zerstört wurden, ein Teil der Einrichtungen des Speisesaals und der Schule nach wenigen Tagen verschwunden oder vernichtet war, daß die Klosette nicht benützt wurden und es einiger Zeit und des vollen Einsatzes von Lehrern und einiger Dreizehn- bis Sechzehnjähriger (meist Mädchen) bedurfte, um das Heim nur einigermaßen sanitär zu sichern« (Hoffer 1922, S. 79f.).

der Partialtriebe auch der Grund dafür, warum Bernfeld und sein Team in Baumgarten »nicht mit ›Ordnung‹ anfingen« (Bernfeld 1921a, S. 44), was uns in Kapitel 3.3.1 beschäftigen wird.

Das zweite Merkmal der affektiven Struktur bei Unerziehbaren begründet für therapeutische Interventionen eine *Akzeptanzverpflichtung gegenüber den egoistischen und primär physischen Interessen,* wie sie im Zusammenhang mit dem Ungleichgewicht zwischen Ichtrieben und Sexualtrieben stehen. In der Tat erscheint das lautstarke Einklagen der Befriedigung unmittelbar lebensnotwendiger Bedürfnisse in Bernfelds Bericht durchgängig als Ausgangspunkt einer hoffnungsvollen[98] Entwicklung, da aus psychoanalytischer Sicht die Ausbildung soziabler Verhaltensweisen allein in »Anlehnung« an die Befriedigung existenzieller Nöte zu erwarten sei:

> »Wir haben sehr deutlich gefühlt, dass die Kinder einfach recht hatten. Es gab viel zu wenig zu essen, es war bitter kalt, die primitivsten Anforderungen an Wäsche, Kleidern, Wohnlichkeit, Ausstattung blieben von der Verwaltung lange Zeit völlig unbefriedigt [...]. *Wir waren in allen diesen Dingen rückhaltlos auf seiten der Kinder.* Gewiß erzählten wir ihnen von den mannigfaltigen Schwierigkeiten, von der Kriegsnot und dem sozialen Elend [...], aber *im wesentlichen anerkannten wir ihr volles Recht auf physisches Glück*« (ebd., S. 53; Hervorhebungen D. B.).

Wie diese Anerkennung in der konkreten pädagogischen Interaktion realisiert wird, lässt sich am folgenden Beispiel ablesen:

> »Eine Gruppe der Knaben spielte in einer maßlosen, exzessiven und übertrieben leidenschaftlichen Art Fußball. Dies war uns aus manchen Gründen wenig recht. [...] Wir hätten natürlich die Benützung des Spielplatzes zeitlich beschränken, wir hätten Überschreitungen bestrafen, wir hätten zu Geländespielen, Dauerlauf und dergleichen zwingen können – und hätten damit jedenfalls eines nicht erzielt: eine *Kultivierung* des Sports und der Körperpflege, eine *Bändigung* des Spieltriebs, eine *Sublimierung* der *Kräfte, die hinter Kampf, Roheit, Wetteifer,*

---

98 Dieselbe akzeptierende Haltung gegenüber dissozialem Verhalten findet sich später bei Winnicott, der die »antisoziale Tendenz« als »ein[en] Hinweis auf Hoffnung« bezeichnet (Winnicott 1988, S. 161).

unbändigem Tollen drängen, und all dies *von innen* heraus. Wir haben nicht gestraft, nicht geschimpft, nicht gepredigt, sondern eifrig mitgespielt« (ebd., S. 46; Hervorhebungen D. B.).

Die akzeptierende Haltung der Erzieher äußert sich hier in deren voraussetzungsloser Teilnahme am Fußballspiel. Dieses wird als Ausdrucksform eines »Triebs nach Bewegung« (Hoffer 1922, S. 129) verstanden, der wie das Bedürfnis nach Nahrung und das Bedürfnis nach Wärme zur Kategorie der lebensnotwendigen Funktionen bzw. der Ichtriebe gehöre. Die »von innen heraus« wirkenden »Kräfte«, die die Knaben zu »Kampf, Roheit, Wetteifer, unbändigem Tollen drängen«, sind Bernfelds Umschreibung für diese Art von Lebensenergie, die im Dienste der Selbsterhaltung steht. Sie bestimmt in der Anfangsphase des Experiments fast ausschließlich die Handlungen der Baumgartner Knaben. »Betätigungen von größerem erzieherischen und sozialen Wert« (Bernfeld 1921a, S. 46) sind auf dieser Motivationsgrundlage nicht zu erwarten. Psychoanalytisch betrachtet, wird erst die verlässlich dauerhafte Befriedigung der existenziellen Bedürfnisse das energetische Ungleichgewicht zwischen Ichtrieben und Sexualtrieben zugunsten der letzteren verschieben. Darin liegt die theoretische Begründung dafür, dass Bernfeld den »hemmungslosen Bewegungs- und Kampfrausch« (ebd.) seiner Fußballspieler akzeptiert, selbst wenn ihm dies aus anderen Gründen »wenig recht« war.

Die voraussetzungslose Anerkennung aller Ichtriebaktivitäten stellt zwar nur den ersten Schritt der pädagogischen Intervention dar (im Zitat sind bereits die weiteren Ziele erwähnt, auf die Bernfeld hinarbeitet: »Kultivierung«, »Bändigung«, »Sublimierung«), gleichwohl ließe sich kritisch anmerken, dass ein Erzieher, der sich in der von Bernfeld berichteten Weise fast uneingeschränkt auf die Seite der Kinder stellt, einen Vertrauensverlust vonseiten seines Arbeitgebers riskiert – mag seine Parteinahme auch noch so wissenschaftlich begründet sein. Solcherart Ausblendung sozialer Realität reflektiert Bernfeld erst mehrere Jahre später als therapeutische Haltung:

»Der psychoanalytische Therapeut ist theoretisch dem ›sozialen Ort‹ gegenüber neutral. [...] Der Pädagoge aber hat es mit der Realitätsfähigkeit des Kindes, und zwar mit einer bestimmten Realitätsfähigkeit, zu tun. Das Kind muß in die kulturellen Werte eingepaßt werden, die seine Eltern fordern, die der ›Staat‹, die ›Gesellschaft‹ für notwendig halten« (Bernfeld 1929g, S. 262f.).

Die hier explizit formulierte Anerkennung des Primats der Gesellschaft vor der Erziehung, anders gesagt: dass Erziehung stets reflektieren muss, dass sie eine Funktion von Gesellschaft ist, findet sich im Baumgarten-Text noch nicht thematisiert.[99] Dort denkt Bernfeld sozialutopisch ungebrochen, dass Gesellschaft eine Funktion von Erziehung ist, dass also über die »Schaffung kultureller Tatsachen« (Bernfeld 1921a, S. 22), über seine »neue Erziehung«, eine veränderte Gesellschaft verwirklichbar sei.

3.2.3 Auf dem »Umweg der erweiterten Selbstliebe« zur »Erziehbarkeit«: Der Weg vom Ich zum Du führt über den Freund, die Gruppe und das Kinderkollektiv

Damit, dass er die Regression der Kinder auf der Stufe des analen Partialtriebs als Ausgangsfaktum seiner pädagogischen Arbeit anerkennt sowie auf ihre primär physisch orientierten Interessen eingeht, sind, wie Bernfeld klar bewusst ist, die Voraussetzungen für Erziehbarkeit noch nicht gegeben: »Die Erziehbarkeit reicht gerade so weit, wie die Übertragung reicht, also so weit, wie die Außenwelt, insbesondere der Erzieher, libidinös besetzt wird« (ebd., S. 93), schreibt er und verweist damit implizit auf die Wirklichkeit in Baumgarten: Dort dominierten »schwache Objektbesetzungen«, die auf die geringste Belastung hin abgezogen und durch autoerotischen Solipsismus ersetzt wurden. Triebtheoretisch übersetzt heißt dies, dass eine stabile

---

99 Auch das erste Kapitel des Baumgarten-Berichts kann nicht als Thematisierung der gesellschaftlichen Funktion gelesen werden. Die sehr detailreich geführte Analyse der verschiedenen Parteiinteressen innerhalb der Trägerschaft erfolgt nicht in der Absicht, den Möglichkeitsraum für eine sozialistische Pädagogik auszumessen, sondern als Begründung, um die Ansprüche als Instrumentalisierungsversuche zurückzuweisen.

Grundlage dafür fehlt, vom Ich unabhängige Objekte in der »Außenwelt« zu konstituieren und dauerhaft libidinös zu besetzen. Da Bernfeld an dieser Stelle recht verkürzt ist und ihm zudem einige terminologische Unklarheiten unterlaufen, soll zunächst kurz erläutert werden, wie Freud den *Weg vom Autoerotismus*, der durch das Fehlen jeglichen Interesses an der Außenwelt gekennzeichnet ist, *zu einer Objektbeziehung* in dieser Außenwelt denkt.

Bevor sich die Ichtriebe hin zu sexualisierten Objektbeziehungen entwickeln, besetzen sie auf einer Zwischenstufe, die Freud als »*primären* Narzißmus« beschreibt, das eigene Ich, von Freud »purifiziertes Lust-Ich« genannt (Freud 1915, S. 98). Dieses Lust-Ich ist zwar im strengen Sinne bereits ein Objekt, jedoch noch kein unabhängiges in der Außenwelt. Auf dieser Entwicklungsstufe werden zwar auch in der Außenwelt bereits Objekte wahrgenommen, jedoch nur insoweit, als sie dem Ich Lust verschaffen können. Erweisen sie sich als Unlust auslösend, werden sie als ichfremd bzw. -feindlich erlebt und aus dem Ich ausgestoßen. Der Mechanismus folgt dem des Fressens (bzw. Defäkierens), das, wie Freud betont, »mit der Aufhebung der Sonderexistenz des Objekts vereinbar ist« (ebd., S. 101). Auf diese Entwicklungsstufe sind die Baumgarten-Kinder offensichtlich fixiert: Ihre Objektbeziehungen gehorchen der Logik der oralen »Einverleibungsliebe«, die sofort in »Ausstoßungshass« umschlägt, sobald das Objekt (das andere Kind, der Erzieher) sich als Unlustquelle erweist. Dasselbe gilt auch für den Umgang mit Gegenständen.

Erziehbarkeit ist erst dann erreicht, wenn zumindest Anteile dieser ersten »kannibalischen« (Freud) Objektlibido auf ein unabhängiges Objekt in der »Außenwelt« umgelenkt werden können, ohne den Einverleibungs-/Ausstoßungsmechanismus auszulösen – damit ist der *sekundäre* Narzissmus beschrieben. Das erste dieser Objekte ist nun ein *Bild*, in dem das Ich streng genommen zunächst objekt- und vorstellungshaft wird bzw. ohne das keine Identifikation im Sinne eines »Selbst« möglich ist. Normalerweise leistet nun gerade das andere, gleichaltrige Kind diesen Dienst als Vor-Bild für die Errichtung eines eigenen Bildes, genannt »Ich«. Wie bereits erwähnt, liegt das Entwicklungsdefizit der Baumgarten-Kinder auf eben dieser Ebene: Sie leiden buchstäblich an einer »Bild«-Störung.

Das Problem, wie unter diesen Ausgangsbedingungen Erziehbarkeit zu erreichen ist, lässt sich nun als zweistufiges beschreiben. Zunächst geht es um die erfolgreiche Integration der Partialtriebe und die daran anschließende Ausbildung eines sekundären Narzissmus. Aus pädagogischer Sicht ist diese Entwicklungsstufe entscheidend, weil damit verbunden ein »Selbstgefühl« als Ausdruck von Ich-Stärke entsteht (Freud 1914, S. 64, 66). Die zweite Stufe von Erziehbarkeit ist erreicht, wenn die narzisstische Besetzung des eigenen Ichs so stabil geworden ist, dass sie zugunsten der narzisstischen Besetzung unabhängiger Objekte zurücktreten kann und zwischen Selbstliebe und Objektliebe ein energetisches Gleichgewicht entsteht. Der Überstieg von der narzisstischen Besetzung des eigenen Ichs als Objekt zur dauerhaften libidinösen Besetzung von Außenobjekten erfolgt nach Freud in Teilschritten, die Bernfeld telquel für seine psychoanalytische Begründung von »Erziehbarkeit« übernimmt:

> »[Das Stadium des Narzissmus] besteht darin, daß das in der Entwicklung begriffene Individuum, welches seine autoerotisch arbeitenden Sexualtriebe zu einer Einheit zusammenfaßt, um ein Liebesobjekt zu gewinnen, zunächst sich selbst, seinen eigenen Körper zum Liebesobjekt nimmt, ehe es von diesem zur Objektwahl einer fremden Person übergeht. […] Der weitere Weg führt zur Wahl eines Objekts mit ähnlichen Genitalien, also über die homosexuelle Objektwahl, zu Heterosexualität« (Freud 1911, S. 184).

Bernfeld ›übersetzt‹ Freuds Konzeption nun wie folgt:

> »Offenbar geht der Weg vom Ich zum Du sehr oft über den Freund, in dem noch ein gut Stück des eigenen Ich geliebt wird; aber im Unterschied zum Narzißmus doch schon an einer Individualität außer dem Ich« (Bernfeld 1921a, S. 97).

Interpretiert man das »Ich« bei Bernfeld als Narzissmus des Kindes, bei dem es »zunächst sich selbst […] zum Liebesobjekt nimmt«, dann lässt sich das »Du« als »Objektwahl einer fremden Person« verstehen, bei der Freud, wie zu lesen, zwei Stufen unterscheidet: Die »homosexuelle Objektwahl« würde Bernfelds »Freund« entsprechen; »Heterosexualität« stünde in Verbindung mit dem bereits erwähnten »Du«. Zusammengefasst wird dieser Entwicklungsprozess bei Bernfeld unter dem Stichwort »*Umweg der erweiterten Selbstliebe*« (ebd., S. 93). Freuds Beobachtung, dass sich narzisstische Libido

3.2 Die Ausbildung »antiegoistischer Seelenkräfte« ...

(»Selbstliebe«) über den »Umweg« eines unabhängigen, aber gleichgeschlechtlichen Objekts zur heterosexuellen Objektliebe entwickelt, interpretiert der Pädagoge Bernfeld als *Grundstruktur eines Vergesellschaftungsmechanismus*. Die Sozialisierung bzw. »Bildung der Affekte und Triebe« (ebd., S. 91) erfolgt über diesen psychoanalytischen Mechanismus.

Das zweite Element, das Bernfeld zur Konzeption seines »Umwegs der erweiterten Selbstliebe« Freuds Narzissmustheorie entlehnt, ist das *»Ichideal«* (Freud 1914, S. 60). Zur Plausibilisierung des bisher Entwickelten ist es unentbehrlich, da sonst sowohl unklar bleibt, wie es zur narzisstische Besetzung des eigenen Ich kommt (und was sie, wie im Fall der »Baumgarten«-Kinder, verhindert) als auch, wie diese Besetzung später zugunsten einer narzisstisch-homosexuellen Besetzung eines gleichgeschlechtlichen Objekts modifiziert werden kann. Zur Erklärung dieser Vorgänge führt Freud im »Narzißmus«-Aufsatz die Begriffe »Ichideal« und »Idealich« ein:

> »Wir können sagen, [der Mensch] habe ein Ideal in sich aufgerichtet, an welchem er sein aktuelles Ich mißt. [...] Die Idealbildung wäre von seiten des Ichs die Bedingung der Verdrängung. Diesem Idealich gilt nun die ganze Selbstliebe, welche in der Kindheit das wirkliche Ich genoß. Der Narzißmus erscheint auf dieses neue ideale Ich verschoben, welches sich wie das infantile im Besitz aller wertvollen Vollkommenheiten befindet« (Freud 1914, S. 60f.).[100]

Freuds Bemerkung, die Idealbildung sei »von seiten des Ichs die Bedingung der Verdrängung«, meint deren Funktion, die narzisstische Besetzung des

---

[100] Das oft beklagte scheinbare Diffundieren dieser beiden Begriffe ineinander – das sich übrigens auch und gerade bei Bernfeld beobachten lässt – ist recht einfach aufzuklären. Mit der Formulierung »Diesem Idealich« schließt der Satz an die Formulierung »aktuelles Ich« vom Schluss des vorangehenden Absatzes an. Das »aktuelle Ich« ist also jetzt ein »ideales Ich« oder kurz »Idealich«. Die davon ganz unabhängige zweite Instanz ist dagegen jenes »Ideal«, das der Mensch »in sich aufgerichtet hat« und an dem er »sein aktuelles Ich mißt.« Eben dieses Ideal, das von nun an als *Form*-Maßstab für die Beurteilung der *Kon-Formität* des »aktuellen« Ichs dient, ist das »Ichideal«, das aus logischen Gründen nicht mit dem »aktuellen Ich« zusammenfallen kann. »Ichideal« und »Idealich« sind topologisch deutlich voneinander geschieden. Das »Ichideal« ist ein Standort, ein »Point de vue«, von dem aus das Subjekt sein Idealich jeweils kritisch-»messend« betrachtet. Aus dieser Unterscheidung ergibt sich auch die Aufteilung der libidinösen Besetzung auf *beide* Instanzen.

eigenen Selbst zugunsten derjenigen von unabhängigen Objekten zurückzusetzen. Den Grund dafür, warum Selbstliebe auf andere Objekte umgelenkt und die für den narzisstischen Zustand charakteristische Selbstgenügsamkeit und Unzugänglichkeit aufgegeben wird, sieht Freud in den kontinuierlich zunehmenden Realitätsanforderungen an ein aufwachsendes Kind, vermittelt über die Kritik signifikanter Bezugspersonen und -gruppen:

> »Die Anregung zur Bildung eines Ichideals [...] war nämlich von dem durch die Stimme vermittelten kritischen Einfluß der Eltern ausgegangen, an welche sich im Laufe der Zeiten die Erzieher, Lehrer und als unübersehbarer, unbestimmbarer Schwarm alle anderen Personen des Milieus angeschlossen hatten. (Die Mitmenschen, die öffentliche Meinung.)« (Freud 1914, S. 62f.)

Entsprechend hat das Ichideal »außer seinem individuellen einen sozialen Anteil, es ist auch das gemeinsame Ideal einer Familie, eines Standes, einer Nation« (Freud 1914, S. 68). War das Kleinkind gleichsam sein eigenes Ideal, kränkt die nun einsetzende Kritik von außen seine Allmachtsgefühle und -fantasien.[101] Der Narzissmus wird unter diesem sozialen Druck aber nicht vollständig aufgegeben, sondern durch die Bildung eines Ichideals wiedergewonnen. Was das Subjekt »als sein Ideal vor sich hin projiziert, ist der Ersatz für den verlorenen Narzißmus seiner Kindheit« (ebd., S. 61). Der Bipol Ichideal/Idealich ist so gleichzeitig mit einer inneren Gefühlswelt und einer äußeren Realität verbunden: Zum einen nähren narzisstisch-homoerotische[102] Energien die Identifizierung des Subjekts mit idealen Vorstellungen, die es selbst von sich hat (Idealich). Zum anderen werden ihm solche Vorstellungen von außen aufgedrängt. Als Ichideal enthalten sie die

---

101 Ein Beispiel hierfür sind die Niederlagen der Baumgarten-Fußballmannschaft. Aus psychoanalytischer Sicht bildet das Scheitern am realen Können des Gegners den Ausgangspunkt zur Bildung bzw. inhaltlichen Bereicherung eines Ichideals. Man fragt sich, warum man verloren hat, und etabliert für die Zukunft gewisse Maßstäbe bzgl. gutem Fußballspiel (vgl. dazu Bernfeld 1921a, S. 46).

102 Auf der Stufe der Objektliebe bilden diese homosexuellen Strebungen dann mit Anteilen der Ichtriebe die sogenannten »sozialen Triebe«, welche »den Beitrag der Erotik zur Freundschaft, Kameradschaft, zum Gemeinsinn und zur allgemeinen Menschenliebe dar(stellen)« (Freud 1911, S. 185). Aufgrund dieses psychoanalytischen Begründungszusammenhangs sind die homosexuellen Komponenten bei der Besetzung des Idealichs für Bernfelds Konzept von Gemeinschaftserziehung von großer Bedeutung.

Anforderungen der äußeren Realität, vermittelt durch Personen und Gruppen, die im Sozialisationsprozess eine signifikante Rolle spielen.

An der Wahl von K. zum männlichen Vertreter für den Baumgartner Schülerausschuss wird deutlich, dass Bernfeld vor allem die auf das Idealich übertragenen Anteile narzisstischer Libido im Auge hat (im unten anschließenden Zitat als »Identifikation« bezeichnet). Die Identifikation mit dem Idealich stellt die erste Form einer libidinösen Objektbeziehung dar, bei der ein Stück Außenwelt formgebend und zugleich integrierend auf das Ich einwirkt, welches sich bis dahin nur über die Lust-/Unlust-Logik definieren ließ.

> »Daß sich [in der Wahl, D. B.] aber tatsächlich eine *psychische Realität* ausdrückte, ist zweifellos, und sie läßt sich bis zu einem gewissen Grad auch verstehen. Auf K. waren sie stolz, er gehörte zu einer wichtigen Mannschaft eines berühmten Erwachsenen-Fußballclubs; sie hatten auch Angst vor ihm, er konnte sie bestrafen und belohnen, denn er hatte die Fähigkeit, Fußball zu spielen und es zu lehren, eine Fähigkeit, die allen imponierte, und die die meisten für sich selbst erwünschten; er wurde von den Knaben in einer primitiven und entstellten Weise [...] geliebt: die *Identifikation* mit ihm, seinen Fähigkeiten, seinem Ansehen usw. war jedem von ihnen ein Stück ihrer Wunschphantasien. Andererseits wäre jeder, besonders von den Älteren, gerne Schülerausschuß geworden [...]. So vollzog sich in ihnen unbewußt, jedenfalls unartikulierbar, etwa der Gedankengang: Es können nur wenige gewählt werden; ich habe wenig Chancen, so gerne ich es auch werden möchte, übrigens möchte ich es auch nicht; wem soll ich es nun gönnen, dem X., Y. oder Z.? Die Wahl ist unvollziehbar schwer; denn immer noch lieber wäre mir, ich bin es, als X., Y. oder Z. Nur K. gegenüber galt ein anderes Gefühl: ihm gönn' ich es, denn er ist ja doch ein Stück von mir, von meinem Phantasien-, Wunsch-, *Ideal-Ich*« (Bernfeld 1921a, S. 64f.; Hervorhebungen D. B.).

Die identifikatorische Annahme des ›Ideal-Ichs Kameradschaftsführer‹, sei dieser nun Erzieher oder Primus inter Pares wie im Falle von K., ist ein erster, wichtiger Schritt auf dem Weg zur Herstellung von Erziehbarkeit. Zu Recht lässt Bernfeld sein fiktives, idealtypisches Baumgarten-Kind sagen, K. sei »ein Stück von mir«. Damit aber ist mehr gesagt als bloß, dass sich die (zumindest die Fußball spielenden männlichen) Baumgarten-Kinder *in* K. selbst liebten. Ergänzend muss es heißen: *Durch* ihn haben sie zum ersten Mal die Möglichkeit, überhaupt jenes »selbst« zu errichten, das sie dann zu lieben, aber auch kritisch zu sehen beginnen. Denn in K. haben sie formaliter jenes »*Ich-Ideal*« verortet, von dem aus sie selbst als Ideal-Ich repräsentiert sind. Zum Ichideal wird K., indem er die Normen guten Fußballspielens repräsentiert und zur Korrektur des je aktuellen Bildes auffordert, das jeder Knabe in »Baumgarten« von sich als Fußballer hat.

Erst wenn dieses bipolare libidinöse Band geknüpft ist, können normative Anforderungen von signifikanten Bezugspersonen und -gruppen und somit alle pädagogischen Interventionen greifen. Wie Bernfeld schreibt: »[W]ir wissen, über jeden Zweifel frei, daß die Liebe die unerläßliche Voraussetzung für jede Annäherung an die Norm ist« (Bernfeld 1925a, S. 131).

Zwar erfüllt K. Bernfelds Ansprüche an die soziale Qualität von Identifikationsobjekten im Sinne eines Ichideals nicht ganz, dennoch aber stiftet er einen ersten positiven Inhalt des Idealichs der Knaben (etwa: ›Ich will so ein guter Fußballer sein wie er‹) und zieht auf diese Weise narzisstische Energien auf sich. Die »libidinöse Identifikation« (ebd., S. 77) mit ihm ist die erste Station auf dem »Umweg der erweiterten Selbstliebe« und der entscheidende Zwischenschritt auf dem »Weg vom Ich zum Du«.

Den von Freud (Freud 1911, S. 184) angedeuteten *Umweg der erweiterten Selbstliebe* ergänzt Bernfeld – so meine These – im Sinne seines Sozialisationskonzeptes nun *um zwei weitere Stufen:* Auf der ersten identifizieren sich die Kinder mit den Angehörigen ihrer eigenen Gruppe (»Kwuzah«), um dann in einem weiteren Schritt »alle Teilglieder der Schulgemeinde, all ihr[en] Besitz« (Bernfeld 1921a, S. 93) narzisstisch zu besetzen. Beide Schlaufen sind analog zur Identifikation mit K. als Ichideal-Angebote konstruiert und können in der Folge libidinös besetzt werden. Allerdings räumt Bernfeld ein, dass die »Schulgemeinde« als Makrostruktur »zu groß, zu mannigfaltig, zu heterogen« war, als dass die identifikatorische Besetzung problemlos hätte gelingen können. Das freilich kann nicht verwundern, verlangt es doch von Kindern eine Abstraktionsleistung, die selbst von Erwachsenen nicht durchgängig erreicht wird. Dass Bernfeld sich dieses Mankos bewusst ist, zeigt sich in den Zwischenstufen der »Kwuzah« und der »Histadruth« (Wächterbund), die er als noch individualisierbare Mesostruktur einschaltet.

Im Zusammenhang mit der »Schulgemeinde« und den »Histadruth« spricht

Bernfeld von »Gesamt-Ich«. Diesen Begriff verwendet auch Freud, allerdings nur ein einziges Mal in seinem Gesamtwerk (Freud 1915, S. 99), wo er in einem ganz anderen Zusammenhang steht. Näher steht Bernfelds »Gesamt-Ich« einem Begriff, den sein Universitätslehrer Wilhelm Jerusalem in einer Publikation verwendet, die wohl aus einer Veranstaltung hervorging, welche Bernfeld im Sommersemester 1915 besucht hatte.[103] Jerusalem spricht dort vom »großen Ich«, vom »Staats-Ich«, in welches das »kleine Sonder-Ich, das sich im Frieden so hoch gebläht [...] und seine Eigenwünsche, seine Privatinteressen für das einzig Wichtige gehalten« habe, nach Ausbruch des Ersten Weltkrieges aufgegangen sei (Jerusalem 1915, S. 8). Abgesehen davon, dass es sich hier um einen platten, überdies nationalistisch gefärbten soziologischen Psychologismus handelt, den Bernfeld im »Sisyphos« explizit kritisieren wird (Bernfeld 1925a, S. 90), lässt sich an seiner Adaptierung des genuin psychoanalytischen Begriffs »Gesamt-Ich« erkennen, dass er ihn begriffsklitternd für eine sozialpsychologische Erweiterung des Ichideals dienstbar machen will, wie sie bei Jerusalem angedeutet ist.

Alle Einrichtungen, die in Analogie zum Ichideal konstruiert sind, sowohl das »Gesamt-Ich ›Histadruth‹« (Bernfeld 1921a, S. 97) als auch das »Gesamt-Ich ›Schulgemeinde‹« (ebd., S. 93), haben dieselbe psychologische Funktion wie Freuds Ichideal, d. h., sie bedingen bzw. begünstigen die *Verdrängung und die Sublimierung egoistischer Ichinteressen und ichlibidinöser Strebungen* (Freud 1914, S. 60, 62). »Als die Schulgemeinde und Kwuzoth die verdrängende Funktion wahrhaft übernommen hatten, mäßigte sich auch der Wunsch nach einer strengen Schule beträchtlich« (Bernfeld 1921a, S. 108). Auf der ersten Stufe der Herstellung von Erziehbarkeit, dem Schritt vom Autoerotismus zum primären Narzissmus, standen die »Gesamt-Ich«-Institutionen noch im Dienste der Verdrängung und Sublimierung von Partialtrieben. Auf der zweiten Stufe, dem Schritt vom primären Narzissmus zur Objektliebe, sind sie nun Objekte, durch die die narzisstische Libido vom ursprünglichen

---

103 Die Veranstaltung trug den Titel »Philosophie des Krieges«. Die andere Vorlesung, die Bernfeld bei Jerusalem besucht, heisst »Mittelschulpädagogik«. Auch zu diesem Thema existiert ein Buch, aus dem Bernfeld ebenfalls Begriffe verwendet, so z. B. »soziale Ethik« (Jerusalem 1912, S. 315; Bernfeld 1921a, S. 100). Ich danke Prof. Dr. Reinhard Fatke, der mir freundlicherweise ein Verzeichnis der von Bernfeld an der Universität Wien besuchten Veranstaltungen überlassen hat.

Ziel, dem eigenen Selbst, abgelenkt wird. Am Beispiel des Wächterbunds beschreibt Bernfeld diesen Zweischritt folgendermaßen:

> »[...] *zunächst* wurde auch sie [die Histadruth, D. B.] zu einem wichtigen Mittel der *Sublimierung von sado-masochistischen Triebanteilen*. Die ursprüngliche ›Blutrünstigkeit‹ der Geländespiele verfeinerte sich nach und nach – nicht bei allen und nicht bei allen gleich schnell und gleich tief – im Streben nach körperlicher Tüchtigkeit, Geistesgegenwart, Geschicklichkeit, Beobachtungsgabe und dergleichen. Der Machtbesitz wurde nach und nach und zwar sehr deutlich zu einer schönen Art Ritterlichkeit. [...] *Noch wichtiger* ist aber die Tatsache, daß sich ein sehr deutliches Gesamt-Ich ›Histadruth‹ bildete, *dem ein großer Betrag narzißtischer Libido zugeführt wurde*« (ebd., S. 96f.; Hervorhebungen D. B.).[104]

3.3 Der komplementäre Aufbau von subjektiver und sozialer Welt: Triebwandel und Entwicklung normativer Ordnungen im Rahmen der Schulgemeinde

Bernfeld schreibt, dass für die »Gestaltung der neuen Affektlage« drei Monate notwendig waren, und bezeichnet diese Periode als »Zeit der Abreaktion«:

> »Während dieser Zeit der Abreaktion begannen ganz leise, unbewußt und unartikuliert, die bisher völlig gehemmten oder falsch (z. B. auf das Essen) fixierten, und in dieser Zeit sich lösenden und freigewordenen Affekte sich neu zu binden, an die Lehrer, an die Freunde, an die Schulgemeinde, die Histadruth, an die Kwuzoth, an das Kinderheim ganz allgemein. *Erst als die Masse der Kinder so weit war* – man kann geradezu ein Datum nennen: die erste Hälfte Jänner 1920 –, entwickelte sich mit größter Schnelligkeit die äußere Sichtbarkeit und die Gestaltung der neuen Affektlage« (Bernfeld 1921a, S. 54; Hervorhebung D. B.).[105]

---

[104] Ein anderes Beispiel dafür, wie Idealbildung die Sublimierung von Partialtrieben begünstigt, gibt Hoffer. Nachdem das Exerzieren mit den beiden erwachsenen Führern der Histadruth »Haschotrim« Vorbildcharakter erlangt hat, wird bei den Wächtern »aus der sadistischen Lust z. B., planlos und streng zu kommandieren, [...] der Wunsch nach dem selbst gut kommandieren können, der Wunsch nach Erfüllung des Ideal-Ich« (Hoffer 1922, S. 140). Anzumerken wäre hier, dass Hoffer offensichtlich Ichideal und Idealich verwechselt.

[105] Die psychoanalytische Bedeutung des »Essens« ist in diesem Zitat die eines Partialobjekts,

3.3 Der komplementäre Aufbau von subjektiver und sozialer Welt ...

Was die Psychoanalyse unter »Abreaktion« versteht, wurde weiter oben erklärt. Am Zitat ist zunächst hervorzuheben, dass die »Gestaltung der neuen Affektlage« mit einer »äußeren Sichtbarkeit« verbunden ist. Manifest wird die veränderte Triebstruktur dann, wenn die »Masse der Kinder« die oben beschriebene Verdrängung und Sublimierung sadomasochistischer Libido bis zu einem bestimmten Grad vollzogen hat.[106] Bernfeld stellt den Triebwandel in einen wechselseitigen Zusammenhang mit der Veränderung »äußerer Ordnung« (ebd., S. 81). Die »Vertiefung der Schulgemeinde selbst und ihrer seelischen, sittlichen Wirkungen, verursacht und verursachend zugleich, [ging] mit der allgemeinen affektiven Entwicklung der Kinder parallel« (ebd., S. 73). Dieser komplementäre Aufbau von subjektiver und objektiver Welt, von Herrmann als »Parallelismus-Konzept« (1996b, S. 233f.) bezeichnet, wird in Abbildung 6 skizziert.

Die Orientierungspunkte für die Unterscheidung gewisser Entwicklungsphasen stammen aus Bernfelds Bericht selbst. Differenziert wird zwischen *vier verschiedenen sozialen Ordnungen*: Der Weg vom »Chaos« über die »autoritative« und die »technische« zur »moralischen Ordnung« bildet gleichsam den roten Faden, entlang dessen Bernfeld die »Entwicklung des Gemeinschaftslebens« in Baumgarten darstellt (ebd., S. 74–82). Zur Begründung der verschiedenen Ordnungstypen und ihrer Abfolge behilft sich Bernfeld mit einer Theorie soziokultureller Evolution, die er wahrscheinlich bei Jerusalem gefunden hat. Wenn auch nur in Andeutungen vorhanden, leistet Bernfeld mit Jerusalems Moralgeschichte ein Stück *gesellschaftstheoretischer* Reflexion, um die institutionelle Entwicklung in Baumgarten zu begründen. Der Aufbau der Schulgemeinde folgt der phylogenetischen Reihe moralischen Bewusstseins und institutionalisierter Rechtsordnungen, wie sie von Jerusalem unter dem Stichwort »soziologische

---

dessen Ursprung sich in der oralen Phase des infantilen Trieblebens finden lässt. Angesichts der prekären Lebensverhältnisse, in denen der »Versuch mit neuer Erziehung« stattfindet – »ganz Wien hungerte in jenem Winter« (Geiringer 1920, S. 50) –, muss diese Erklärung relativiert werden: Eine gewisse Fixierung auf das Essen war wohl während dieser materiellen Notlage schlicht lebensnotwendig.

106 Derselbe systematische Gedankengang findet sich auch bei Hoffer: »Das Wesentliche in der Entwicklung des Vereins ist aber die Tatsache, daß er sich erst dann in irgend eine Richtung veränderte, wenn ein Teil seiner Mitglieder eine bestimmte [psychische, D.B.] Konstitution überwunden hatte und sich gemeinsam in die neue Phase begab« (Hoffer 1922, S. 138f.).

Ethik«[107] (Jerusalem 1899a, S. 317–355) historisch rekonstruiert wird.[108] Die Baumgarten-Kinder durchlaufen so betrachtet die Moralgeschichte der Menschheit im sozialpädagogisch inszenierten Schnellverfahren.

Ich werde in diesem Kapitel die gesellschaftstheoretische Begründung von Bernfelds pädagogischem »Programm ›Schulgemeinden, Kwuzoth‹« (Bernfeld 1921a, S. 58) entlang der Stufen rekonstruieren, welche in Abbildung 6 (Spalte »objektive Welt: Entwicklung der Schulgemeinde«) unterschieden werden. Soziologisch unbegründet bleibt das anfängliche Chaos in »Baumgarten«, welches von Bernfeld mangels Anarchietheorie in Jerusalems Moralgeschichte ausschließlich mit psychoanalytischen Kategorien in Zusammenhang gebracht wird. Neben Jerusalems Moralgeschichte, welche vermutlich die Referenztheorie Bernfelds war, werde ich die soziale Evolution der Schulgemeinde mithilfe von Eders (1977) logischer Periodisierung gesellschaftlicher Organisationsprinzipien rekonstruieren.

Der Aufbau einer gemeinsamen Welt im Rahmen der Schulgemeinde setzt in der Konzeption Bernfelds Lernvorgänge des Menschen im Umgang mit anderen Menschen voraus. Diese bilden gleichsam die akteurzugewandte Seite der Schulgemeindeentwicklung – verstanden als Evolution eines sozietalen Systems – und sind bei Bernfeld psychoanalytisch begründet. Die Koinzidenzen seiner Argumentation mit Meads Konzept der Perspektivenübernahme sind ebenso frappant[109], wie dies Konrad (1995, S. 191) in Bezug auf Kohlbergs Stufen der Moralentwicklung feststellt. Um dies aufzuzeigen, werde ich die akteurzugewandte Seite der Lernvorgänge auf Schulgemeindeebene mit Mead rekonstruieren.

---

107 »Soziologische Ethik« bedeutet bei Jerusalem, die Ethik vom Kopf auf die Füße zu stellen: »Nicht spekulativer Apriorismus, sondern empirischer Evolutionismus mithilfe der soziologischen Methode« (Jerusalem 1899a, S. 317; vgl. auch S. 351). Gemeint ist Durkheims »Methode der Soziologie« (Durkheim 1895), die Jerusalem 1908 ins Deutsche übersetzte, was später dann von René König als unzureichende oder gar falsche Übersetzung qualifiziert wurde (persönliche Mitteilung von Christian Fleck, 14. Mai 2003).
108 Als Soziologe ist Jerusalem v. a. durch Pionierarbeiten im Bereich der Wissenssoziologie hervorgetreten, die bereits 1910 von Durkheim rezipiert wurden (vgl. dazu Jerusalem 1899a, S. 102).
109 Nach Habermas sind Meads Ausführungen zur Entstehung normenregulierten Handelns beim Kind mit der psychoanalytischen Erkenntnis, dass die Autorität verpflichtender Normen auf dem Wege der Verinnerlichung faktisch angedrohter und ausgeübter Sanktionen zustande kommt, weitgehend kompatibel (Habermas 1981b, S. 57, 62).

3.3 Der komplementäre Aufbau von subjektiver und sozialer Welt ...

psychoanalytische Begründung	subjektive Welt: Entwicklung des Schulgemeindebürgers	päd. Einrichtungen, Methoden	objektive Welt: Entwicklung der Schulgemeinde	soziologische Begründung
»polymorph perverse Anlage des Kindes« (Freud 1905, S. 97) anarchistisches Spiel der Partialtriebe	orale Stufe	»Abreagieren« und »Gericht«	Chaos	
	analsadistische Stufe			
	phallische Stufe			
	ERZIEHBARKEIT »Die Erziehbarkeit reicht gerade so weit, […] wie die Außenwelt, insbesondere der Erzieher, libidinös besetzt wird« (S. 93)		SOZIALE ORDNUNG »Wir fingen in ›Baumgarten‹ nicht mit Ordnung an« (S. 44)	»Soziologische Ethik«: Jerusalems Moralgeschichte als Evolutionstheorie des sittlichen Bewusstseins und der rechtlichen Institutionen (1899/1919, S. 317-355)
»Umweg der erweiterten Selbstliebe« (Sublimierung) narzisstischer Libido vom Lust-Ich auf ein Ideal-Ich (a) bzw. auf ein Gesamt-Ich (b) und (c)	(a) Identifikation mit »K.« und einzelnen ErzieherInnen (v.a. Bernfeld)	»soziale Menschen« (S. 58)	»autoritative« Ordnung; Alle Institutionen gelten kraft Bernfelds Autorität	
	(b) Identifikation mit dem Wächterbund bzw. der eigenen Kwuzah	Gruppen (Kwuzoth)	»technische Ordnung«: Was gilt, bestimmt die »soziale Ethik« der Histadruth (S. 100, 60)	
	(c) Identifikation mit der Schulgemeinde	Schulgemeinde und Feste	»moralische Ordnung«: »unbedingte Ethik« der Jugendbewegung (S. 80)	

Abb. 6: Der komplementäre Aufbau des biografisch und gesellschaftlich Sozialen in Baumgarten, nach Bernfeld 1921a.

3.3.1 Chaos: die »Zeit der Abreaktion«

Dass Bernfeld und sein ErzieherInnenteam »nicht mit ›Ordnung‹ anfingen« (Bernfeld 1921a, S. 44), ist durch Bernfelds psychoanalytisch vermittelte Erkenntnis begründet, dass die infantile prägenitale Organisation des Sexualtriebs in einem ersten Stadium, das oben als »Autoerotismus« bezeichnet wurde, durch das anarchistische Funktionieren der Partialtriebe gekennzeichnet ist. Meine These geht dahin, dass Bernfeld die autoerotische Phase infantiler Libidoorganisation als triebtheoretische Entsprechung zum sozialen Ordnungstyp »Chaos« versteht und in letzterem den Ausdruck fehlender Erziehbarkeit sieht. So gelesen kann sich eine *strukturierte* soziale Ordnung nach Bernfeld erst unter der Voraussetzung konstituieren, dass die Kinder fähig sind, Objekte in ihrer Außenwelt libidinös zu besetzen. In der Tat werden dann beim Aufbau der »autoritativen« Ordnung Übertragungsbeziehungen konstitutiv, auf deren Niveau das Zusammenleben allein durch die Verhaltenserwartungen Bernfelds, vermittelt durch die VertreterInnen des Schülerausschusses, geregelt ist (ebd., S. 74). Geltung und Autorität der normativen Anforderungen basieren, wie in Kapitel 3.2.3 skizziert, auf der Identifikation mit K. und Bernfeld, die auf dieser Stufe des moralischen Lernprozesses als Identifikation mit einem Idealich begriffen wird.

Für die These, dass Bernfeld das soziale Chaos im Zusammenhang mit der Regression der Baumgarten-Kinder auf der Stufe prägenitaler Triebentwicklung begreift, spricht auch, dass die »leidenschaftliche Art, mit der die Kinder begannen, ›Ordnung‹ zu machen«, als Sublimierung sadomasochistischer Triebe erklärt wird (ebd., S. 93), die aufgrund von Fixierungen auf dieser Stufe der Libidoentwicklung das manifeste Verhalten der Kinder asynchron zu ihrem realen Alter motivieren. Ein weiteres Indiz für meine These ist Hilda Geiringers Beobachtung, dass besonders die kleinen Kinder für die »atemberaubende Unordnung und Verwüstung« verantwortlich waren (Geiringer 1920, S. 55). Auch Hoffer stellt die allgemeine »Unsauberkeit« der Kinder in einen Zusammenhang mit ihrem psychischen Entwicklungsstand, den er den von »Neugeborenen« nennt (Hoffer 1922, S. 137f.).

Bernfeld bezeichnet den »Mut zum Chaos« (Bernfeld 1921a, S. 61) als

3.3 Der komplementäre Aufbau von subjektiver und sozialer Welt ...

Begabungskriterium für den Pädagogen. Auf Ordnung verzichtet wird aus psychologischen Gründen, um dem anarchistischen Spiel der Partialtriebe Zeit und Raum zu gewähren – in den Worten Bernfelds: »um die Affekte zu entwickeln, d.h. ihnen zunächst Recht zu lassen« (ebd., S. 65). Allein dadurch kann eine Spaltung zwischen Triebebene (bzw. biografisch Asozialem) und sozialer Ordnung (bzw. sozialer Unordnung) verhindert, können Fixierungen auf der affektiven Ebene durch soziales Handeln aufgelöst werden. Ist »die Ruhe des Friedhofs der kindlichen Seele« (ebd., S. 113) einmal gebrochen, wird eine umfassendere sozialtherapeutische Arbeit möglich, auch wenn diese delikater und schwieriger wird.[110]

Bernfeld tut indes mehr, als den Affekten nur »ihr Recht« zu lassen – er gibt ihnen die Möglichkeit, sich, statt wie bisher motorisch-diffus in Destruktion umzusetzen, sprachlich zu artikulieren. Bernfeld stellt den Affekten ›Ausdrucksmöglichkeiten‹ zur Verfügung, und diese Möglichkeiten implizieren dann u.a. auch eine Sublimierung. Damit erhöht er die Symbolisierungsfähigkeit, die, wie man sich leicht vorstellen kann, aufgrund der Biografie der Kinder hoch defizitär sein dürfte. Sein konzeptioneller Hintergrund ist dabei die Technik des »*Abreagierens*«, auf die weiter oben (Kap. 3.1.2, »Die Resymbolisierung von Erfahrungen latenten Unglücks«) aus kommunikationstheoretischer Sicht bereits eingegangen worden ist.

Konkret äußert sich das »Abreagieren« der Baumgarten-Kinder während der ersten drei Monate ihres Aufenthalts darin, dass die

> »breite Sphäre ihres Bewußtseins [...] und damit der Inhalt ihres Verkehrs [i.S. von Interaktion, D.B.] mit uns [den ErzieherInnen, D.B.] Unzufriedenheit, Wehleidigkeit, Klagen [war]. Ihr eigentliches Gesprächsthema war: wir haben Hunger; uns ist kalt; wir sind krank; unsere Schuhe sind zerrissen; wir haben keine Taschentücher, Mäntel, Zahnbürsten, Schuhbürsten [...]. Keineswegs aber

---

110 Ähnliche Überlegungen finden sich in Dokumenten der Kinderladenbewegung, hier wohl eher beeinflusst durch die Psychoanalysekonzeption Marcuses (vgl. z.B. Autorenkollektiv 1970, S. 97f.). Bernfelds akzeptierende Haltung gegenüber Partialtriebhandlungen (z.B. fehlende Reinlichkeit, Verunstaltung und Zerstörung von Mobiliar etc.) ist eine historisch ältere Differenzierung der Auffassung Freuds, dass Erziehung den Autoerotismus des Kindes einzuschränken habe (Freud 1908, S. 19).

wurde all dies von ihnen geäußert, wie man einem Freund geheimes Leid klagt, sondern aggressiv, feindselig« (Bernfeld 1921a, S. 52f.).

Nach Freuds früher Konzeptualisierung (Freud 1895, S. 87ff.) kann das Abreagieren als emotionelle Abfuhr eines energetischen Überschusses verstanden werden. Dabei wird das Subjekt von der »Überwertigkeit« eines Affekts befreit, die an die Erinnerung eines traumatischen Ereignisses geknüpft ist. Der Affekt selber ist nicht ›weg‹, sondern kann fortan mit angemessener Verhältnismäßigkeit gezeigt werden. Abreagieren kann spontan erfolgen oder durch Psychotherapie provoziert werden. Entscheidendes Kriterium dafür, ob die Überwertigkeit eines Affekts verblasst oder nicht, ist die adäquate Reaktion auf das Erlebnis: »Erfolgt diese […] in genügendem Ausmaß, so schwindet dadurch ein großer Teil des Affektes« (ebd., S. 87). Diesen Effekt bezeichnet Freud als »katharische Wirkung«, die in vollem Ausmaß dann eintritt, wenn sich die Energie der seelischen Reaktion auf das Ereignis in einer *Handlung* entladen kann. Neben der *ausagierten* Reaktion (»Tat«) misst Freud auch der *sprachlich symbolisierten* (»Worte«) oder *spontan leibgebundenen* (»Weinen«) einen reinigenden Effekt zu.

Dass Bernfeld sich an dieser frühesten psychotherapeutischen Behandlungstechnik orientiert, obwohl die technische Entwicklung bereits in Freuds »Studien über Hysterie« (Freud 1895) vom Abreagieren bzw. der katharischen Wirkung wegführt zu einer immer größeren Betonung des Durcharbeitens[111] (Laplanche/Pontalis 1972, S. 248f.), muss auffallen, steht es doch in krassem Gegensatz zu Bernfelds Vorwegnahme von Freuds »Massenpsychologie« (vgl. Kap. 3.4) und seiner frühen Rezeption Durkheims (vgl. dazu Barth 2003), in denen sich sein Innovationsdrang ausdrückt bzw. der Anspruch, die pädagogische Praxis auf dem jeweils fortschrittlichsten Stand der zur Verfügung stehenden theoretischen Werkzeuge zu klären. Wenn Bernfeld in Bezug auf die Methodik also gleichsam in die psychoanalytische Mottenkiste greift, so hat dies wahrscheinlich ebenfalls mit seiner deutlich

---

111 Die »katharische Methode« fällt nach Laplanche und Pontalis in die Periode zwischen 1880 und 1895, in der sich die psychoanalytische Heilmethode von den unter Hypnose durchgeführten Behandlungen entfernt und hin zur ausschließlichen Symbolisierung durch Sprache (das »Durcharbeiten«) entwickelt (Laplanche/Pontalis 1972, S. 247ff.).

eklektischen Freud-Rezeption zu tun. Betrachtet man näher, was Freud unter »Abreagieren« versteht, werden verschiedene Unterschiede sichtbar. In den 1880er Jahren gemeinsam mit Breuer entwickelt, bezeichnete diese Technik eine eng umschriebene Weise der Kommunikation zwischen Patient und Arzt, im historisch-konkreten Fall die über Monate wiederholte sprachlich-symbolisierte Revokation der traumatischen Ereignisse im Leben von Bertha Pappenheim, der »Anna O.« aus den »Studien über Hysterie« – m. a. W. einer erwachsenen Frau mit hochkomplexen psychischen Strukturen. In Baumgarten hingegen hat Bernfeld es mit Kindern zu tun, und zwar nicht mit einzelnen, sondern mit einer Großgruppe. Das Setting, in dem in Baumgarten systematisch kathartische Effekte herbeigeführt werden sollen, ist also kein klinisches, sondern ein sozialpädagogisches. Wollte man in diesem Setting einen Entwicklungsverlauf festmachen, so wäre dies der Arbeits- und Lernprozess des Kollektivs. Bernfeld kommt aber zu einer Analyse entlang der Biografie eines durchschnittlichen Baumgarten-Kindes.[112] Eine solche Verallgemeinerung jedoch kann nicht anders als ›vor-analytisch‹ genannt werden, weil sie nicht aus der aktiv-produktiven Rekonstruktion einzelner Lebensgeschichten durch ihre Träger selbst erfolgt.

Das therapeutische Dispositiv, mit dem in Baumgarten kathartische Effekte gleichsam systematisch produziert werden sollen, ist das »Gericht«. Wie bei Moreno erfolgt die Befreiung von inneren Konflikten durch dramatisches Spiel.[113]

---

112 Auch wenn Bernfeld hier die Kinder wörtlich zitiert, reicht das Material bei Weitem nicht aus, um auf die nachfolgenden Verallgemeinerungen zu schließen: »Tief zuunterst, bei den meisten schon recht verblaßt, verschüttet, *unbewußt* geworden, als Bestandteil der verkümmerten, verdrängten Affektsphäre, die mit ›früher‹, ›zu Hause‹, ›als die Eltern noch lebten‹, ›als wir noch in Galizien waren‹ zusammenhing [...]; darüber bei manchen bereits wuchernd, bei vielen sich eben ansetzend, als Bestandteil der *bewußten*, egoistischen gegenwärtigen Affektsphäre [...]: das Assimilatorische« (Bernfeld 1921a, S. 126; Hervorhebungen D. B.).

113 Unübersehbar sind die Ähnlichkeiten zum Psychodrama von Moreno. Moreno zählt sein um dieselbe Zeit in Wien entwickeltes »Stegreiftheater« (Moreno 1924) zu den »›operational‹ methods of therapy« und stellt es in einen Gegensatz zur den analytischen Methoden, wie Freud sie entwickelt hat. Zentrales Unterscheidungskriterium gegenüber Letzterem ist bei Moreno die technische Lizenzierung des Ausagierens von Affekten: »Eines ist klar: Freuds Widerstand gegen das ›Ausagieren‹ blockierte den Fortschritt der Psychotherapie« (Moreno 1953, S. xxvii; Übersetzung M.R.). Bezüglich der Beziehung zwischen Bernfeld und Moreno berichtet Fallend von einem Auftritt »Jakob Levys« am 10. Mai 1914 im A.C.S. (Fallend 1992b, S. 59).

> »Rein äußerlich schon war viel ›Theater‹ bei unserem Gericht […]. Es war für sie wirklich Tragödie im griechischen Sinne; sie verließen sie [die Gerichtsverhandlung, D. B.] gereinigt und geläutert, weil sie ihr eigenes Triebleben im Angeklagten bestraft hatten« (Bernfeld 1921a, S. 89).

Eine Analyse des griechischen Theaters aus der Sicht der analytischen Sozialpsychologie (Litovski de Eiguer/Eiguer 1974, S. 58) kann klären, wie es zu dieser Reinigung und Läuterung beim Publikum kommen soll, die bereits Aristoteles als »Katharsis« bezeichnete. Der Angeklagte hat die Funktion eines Sprachrohrs, durch das die unbewussten Fantasien der Zuschauer manifest werden. Über Identifikation mit diesen verbunden, ist der Angeklagte offen für die Projektionen des Publikums, die er mimisch, sprachlich und durch Rollenhandeln ans Tageslicht bringt. Am dramatischen Spiel des Angeklagten sieht der Zuschauer seine eigenen inneren Konflikte dargestellt. Eine individuelle Inszenierung im Sinne des Breuer-Freud'schen Abreagierens ist nicht notwendig. Es genügt, wenn die einzelnen Zuschauer kollektiv (als Publikum) auf den Angeklagten reagieren, Entsetzen, Scham oder Mitleid empfinden und gefühlsmäßig die Interpretation des »Gerichts« (»Urteile«) teilen. Bernfeld schreibt, dass die Kinder »ihr eigenes Triebleben im Angeklagten bestraft hatten«. Das Gericht stellt damit eine adäquate Antwort auf die »sado-masochistischen Triebe« dar, andere und sich selbst zu strafen, zwingt mit seiner zivilisierten Form der Konfliktaustragung jedoch »zu Verdrängungen und Sublimierungen« der archaischen Befriedigungsformen, denen ein Großteil der Baumgarten-Kinder verhaftet ist (Bernfeld 1921a, S. 93). Die Strafen selbst bezeichnet Bernfeld als »eigentlich sehr wenig schmerzhaft« und »an sich unwirksam« (ebd., S. 88).

3.3.2 Autoritative Ordnung

Mit der Konstituierung des Schülerausschusses verschwindet das Chaos nicht. Bernfeld erklärt die fehlende normative Kraft dieser Institution folgendermaßen: »Man kann nicht sagen, daß der Schülerausschuß zu dieser Zeit irgendein nennenswertes Ansehen unter den Kindern gehabt hätte, schon gar nicht

3.3 Der komplementäre Aufbau von subjektiver und sozialer Welt ...

irgendeine Macht. Es waren daher nur Kleinigkeiten, in denen er tatsächlich etwas ordnen oder bessern konnte« (ebd., S. 66). Das von Bernfeld initiierte Vertretersystem entwickelt sich in den ersten drei Wochen nicht zu einer Art ›sozialen Identifikationsfiguration‹, die von den Kindern als Objekt an die Stelle ihres Ichideals gesetzt worden wäre. Die Gültigkeit von Normen beruht weiterhin ausschließlich auf Bernfelds Autorität: »Ordner und Gesetze wirkten indirekt – durch mich – autoritativ« (ebd., S. 74). Bernfelds *Verhaltenserwartungen* an die Kinder werden nicht von der Sanktionsgewalt seiner Person unabhängig, weil der Schülerausschuss mangels Ansehen und Macht »auf die anderen lediglich in Imponderabilien [wirkte]« (ebd., S. 67). Damit es zur Internalisierung von Sanktionen kommt, müssen diese notfalls durchsetzbar sein. Dies scheint beim Schülerausschuss nicht der Fall zu sein.

Habermas (1981b, S. 53–65) rekonstruiert den Begriff der Handlungsnorm mit Meads Mechanismus der Perspektivenübernahme. Am Ausgangspunkt der Entstehung von Normgeltung stehen bei Mead konditional verknüpfte und komplementär aufeinander bezogene partikularistische »Verhaltenserwartungen«.[114] Verhaltenserwartungen begegnen dem Kind als etwas Externes, hinter dem die Autorität der Bezugsperson steht, wie dies auf der Stufe der »autoritativen Ordnung« in Baumgarten der Fall ist. Mit der Zusicherung, auf Strafen zu verzichten, ist die Verhaltenserwartung verbunden, aus allfälligen Normverstößen zu lernen. Konditional verknüpft ist diese Verhaltenserwartung mit dem Heimausschluss: »Strafen würde es keine geben; wer ohne sie unverbesserlich sei, würde aus dem Heim entlassen werden« (Bernfeld 1921a, S. 60).

Bernfeld macht sich keine Illusionen darüber, dass nach der Einführung erster demokratischer Institutionen deren Autorität noch nicht ausreicht, die Einhaltung gewisser Verhaltenserwartungen zu garantieren. Wenn das Problem, das Institutionen lösen, zur Hauptsache darin besteht, ein gemeinsames Wissen herzustellen, auf das sich die Beteiligten eines Handlungszusammenhangs gleichermaßen beziehen können (Eder 1997, S. 159f.), dann steht der

---

[114] Mead nennt diese Stufe der Entwicklung der Normgeltung »Play« (Habermas 1981b, S. 56–58).

Schülerausschuss ganz am Anfang einer institutionellen Ordnung: »Seine eigentliche Funktion war, [...] daß wir uns kennenlernten, und daß durch ihn [...] sich ein kleiner Kreis bildete, der in unmittelbarem Kontakt mit uns kam« (1921a, S. 67). Der Schülerausschuss ist die organisatorische Form, um zwischen Bernfeld und den Kindern einen Handlungszusammenhang herzustellen, den wir in Kapitel 3.1.1 als »intersubjektiv geteilte Lebenswelt« bezeichnet haben. Vorerst allerdings gerinnen die zunehmend geteilten Ideen über die Welt nicht zu sozialen Regeln. »Eine Institution war er nicht« (ebd., S. 66f.), sagt Bernfeld vom Schülerausschuss und meint damit wohl vor allem, dass ihm kein sozialer Verpflichtungscharakter zukam. Das Fehlen normativ verbindlicher Institutionen während der Zeit »autoritativer« Ordnung kommt auch dadurch zum Ausdruck, dass diese von Bernfeld als »amoralische[r], aber sehr sachliche[r] und richtige[r] Zustand« (ebd., S. 48) bezeichnet wird.

Dies ändert sich erst im zweiten und dritten Monat des Versuchs. »Ausschuß und Ordner gewannen Autorität« (ebd., S. 74).[115] Diese Phase, in der sich die Einrichtungen des Heimkollektivs konsolidieren und an Einfluss gewinnen, bezeichnet Bernfeld als »technische Ordnung« (ebd., S. 81). Die Etablierung dieser zweiten Form sozialer Ordnung steht in unmittelbarem Zusammenhang mit der Gründung eines Knabenbunds, die am 21. November 1919 erfolgt (Hoffer 1922, S. 99).

3.3.3 Technische Ordnung

Mit diesem Knabenbund entsteht eine erste Gruppierung im Kinderheim. Anlass zur Gründung ist die Bildung einer Vorturner-Riege, die sich selbst zunächst »Freies Hilfsbataillon des Kinderheimes Baumgarten«, später

---

[115] »Ordner« sind von der Schulgemeinde gewählte Ordnungsorgane, die für die Wohn- und Lernräume des Heims zuständig sind. Möglich ist, dass Bernfeld die Bezeichnung von seinem Universitätslehrer für Moral- und Sozialpädagogik Foerster übernommen hat. In dessen Buch »Schule und Charakter« (Foerster 1910) wird über mehrere Seiten Karl Prodingers Versuch mit der Schulgemeinde rezipiert, wo es die Funktion des »Ordners«, des »Oberordners« und gar des »Ordnermeisters« gibt (ebd., S. 301).

»Histadruth Haschotrim«, d. h. Vereinigung der Wächter nennt (Hoffer 1922, S. 82). Diese Bezeichnungen sind weniger Ausdruck des gruppalen Selbstverständnisses, als vielmehr Spiegel der *sozialen Funktionen*, die parallel zur Entwicklung des Gesamtheims einem Wandel unterliegen. Als Vorturner-Riege übernimmt die Histadruth die Sozialisation von Turnernachwuchs, als »Hilfsbataillon« beteiligt sie sich an Arbeiten beim Aufbau des Heims, als Wächterbund ist sie »eigentlicher Träger der Heimordnung und des Heimgeistes« (Bernfeld 1921a, S. 96).

Bernfeld gibt zur Begründung der »technischen Ordnung« nur spärliche Hinweise. Er schreibt, dass eine technische Ordnung auch ohne die Beteiligung der betroffenen Subjekte hergestellt werden kann. Die Erfüllung von reziproken Verhaltenserwartungen – »alle wollten endlich Ordnung, und sie waren bereit, sie selbst zu schaffen oder bei ihrer Aufrichtung mitzuhelfen« (ebd., S. 62) – ist folglich nicht von der Zustimmung der Betroffenen abhängig, basiert jedoch auch nicht mehr auf einer normativ ungebundenen Willkür – im Falle Baumgartens der »direktorialen Machtfülle« Bernfelds (ebd., S. 48) –, wie es während der Phase der »autoritativen« Ordnung der Fall war. Im Willen aller Kinder, Ordnung zu schaffen, kommt nicht mehr einfach das Ja einer »völlig passiven Zuhörerschaft« zum Ausdruck, welches während des ersten Monats die übliche Reaktion der Versammlungen der 50 ältesten Kinder auf die »Vorträge« Bernfelds darstellt (ebd., S. 74). Anderseits ist die Absicht, Ordnung zu schaffen, noch nicht von der Art eines ›Ja‹ zu einem kritisierbaren Geltungsanspruch: »Sie sahen sehr wohl ein, *spontan oder von mir geleitet, wie die technische Ordnung bald hergestellt sein würde, auch ohne sie*« (ebd., S. 62; Hervorhebungen D. B.). Habermas bezeichnet Handlungsnormen, die nicht mehr von der Willkür einer einzelnen Person abhängen, aber noch nicht durch Zustimmung aller Gruppenangehörigen legitimiert werden, als *»sozial, nämlich über alle Gruppenangehörigen generalisierte Verhaltensmuster«*[116] (Habermas 1981b, S. 60). Deren Geltung beruht auf der *»imperativischen*

---

116 Analog zur Entwicklung von der »autoritativen« zur »technischen Ordnung« in Baumgarten besetzt das »sozial generalisierte Verhaltensmuster« in Habermas' Rekonstruktion der Handlungsnorm die zweite Stufe. Mead nennt diese Stufe der Entwicklung der Normgeltung »Game« (Habermas 1981b, S. 58–61).

Autorität« einer Gruppe (ebd., S. 63), die für den Fall von Interessenverletzungen Sanktionen androhen und ausüben kann.

Diese Gruppe ist in Baumgarten die »Histadruth«. Die Geltung ihrer gruppenspezifisch verallgemeinerten Imperative[117] setzt der Wächterbund zunächst »im Bewußtsein physischer Kraft (alle starken Knaben waren in ihm vereinigt), teils aus gewissen moralisch-sozialen Vorzügen vor der Mehrheit des Heims« durch (Hoffer 1922, S. 99f.). Die Imperative der Histadruth erlangen für die Kinder Autorität kraft der physischen Überlegenheit einer Sanktionsinstanz. Spontan ergreift der Wächterbund bereits am dritten Tag nach seiner Gründung Maßregeln gegen verschiedene Formen abweichenden Verhaltens (v. a. Diebstahl), zu deren Legitimation »die Einwilligung der Schulgemeinde nachträglich eingeholt« werden musste (ebd., S. 83). Die Histadruth funktioniert als eine Art ›pressure group‹, die kraft ihrer zunächst physischen, später moralisch-sozialen[118] *Sanktionsgewalt* eigene Gruppenstandards implementieren kann. Entsprechend resultiert die Motivation zur Normbefolgung aus der *Angst vor Bestrafung*, sei dies in Form von Gewaltanwendung oder Missachtung. Der Wächterbund »war mit seinem fanatischen Ordnungssinn und seinen Kontrollen, Visitierungen, aber auch mit seinen Forderungen nach Ordnung […] mehr gehaßt, verwünscht als bewundert, geachtet, wie es hinwiederum den Erwartungen der Knaben entsprochen hätte« (ebd., S. 124). Auch nach Mead lernen Heranwachsende die Sollgeltung von Normen, indem sie die Sanktionen, die auf die Verletzungen eines verallgemeinerten Imperativs stehen, antizipieren und damit die dahinterstehende *Macht* der sozialen Gruppe verinnerlichen (vgl. dazu Habermas 1981b, S. 62).

---

117 So zeigten die Wächter bspw., »was Pflichterfüllung ist, und schufen den Begriff der ›Ehre zu arbeiten‹« (1921a, S. 96).

118 Die Histadruth erlangt aufgrund ihrer »objektiv sehr wertvolle[n] Dienste« (Bernfeld 1921a, S. 96), die »oft der Bequemlichkeit wegen erwünscht« waren und »eine Ersparung fremder Arbeitskräfte« bedeutete (Hoffer 1922, S. 124), zunehmend Anerkennung und Respekt innerhalb des Kinderheims. Der komplementäre Vorgang zu diesem Kampf um »Anerkennung, Hochachtung, Wertung durch alle Heimeinwohner« (ebd., S. 132) ist auf der Ebene des Subjekts die Identifikation mit dem »Gesamt-Ich ›Histadruth‹ […], dem ein großer Betrag narzißtischer Libido zugeführt wurde« (Bernfeld 1921a, S. 97).

3.3 Der komplementäre Aufbau von subjektiver und sozialer Welt ...

Nach dem Vorbild der Histadruth »Haschotrim« bilden sich in Baumgarten nach und nach zahlreiche Untergruppen (»Kwuzoth«). Diese erzeugen »eine pädagogische und soziale Schwierigkeit« (Bernfeld 1921a, S. 99). Das *soziale Problem* würden wir heute als »Untergruppenkonflikt« (Schwarz 2001, S. 151–153) bezeichnen. Bernfeld beobachtet, dass sich im Anschluss an die Konstituierung von zahlreichen Kwuzoth »eine Art sozialer Ethik«[119] herausbildet, die mit einem System gruppenspezifischer Rollen und Verhaltensmuster in Zusammenhang steht, also nur beschränkt generalisierbar ist. Die »soziale Ethik« der Kwuzoth steht bei Bernfeld im Gegensatz zur »unbedingten Ethik« der Jugendbewegung (Bernfeld 1921a, S. 80), die sich im wörtlichen Sinne von »un-bedingt« vom Kontext ihres Entstehungszusammenhangs losgelöst hat und eine allgemeine Geltung beansprucht.[120]

> »Es stellt sich nämlich, wenigstens andeutungsweise, ein Zustand her, der ein Analogon in primitiveren Gesellschaftszuständen der Menschheit hat. Die Genossen der Kwuzah stehen füreinander ein, bringen füreinander Opfer, es

---

119 Dieser Begriff stammt vermutlich von Wilhelm Jerusalem, bei dem Bernfeld im Sommersemester 1912 die Vorlesung »Mittelschulpädagogik« belegt (Verzeichnis der von Bernfeld besuchten Veranstaltungen an der Universität Wien, o.J.). Im gleichen Jahr publiziert Jerusalem ein Buch zum Thema der Vorlesung. Dass Jerusalem unter »sozialer Ethik« dasselbe versteht wie Bernfeld, lässt sich an folgendem Textausschnitt aufzeigen: »Plato, der die Lügenhaftigkeit des Homerischen Zeus mit den schärfsten Worten tadelt, gibt ohneweiters zu, dass in seinem Idealstaate offizielle Täuschungen zum Wohle des Ganzen unentbehrlich sind. Dass aber die Lüge immer als ein Opfer empfunden wird, dass auch der von der sozialen Ethik mitunter gebotenen Entstellung der Wahrheit ein moralischer Makel anhaftet, dass wir jede absichtliche Unwahrheit als Herabsetzung unserer Persönlichkeit empfinden, dafür liegt der Grund in […] [der Wertschätzung der Wahrhaftigkeit]« (Jerusalem 1912, S. 314f.; Hervorhebung D.B.). Interessant ist, dass auch Bernfeld die partikularistische Geltung der »sozialen Ethik« am Lügen veranschaulicht. Ebenso lassen sich die von Bernfeld im gleichen Kontext verwendeten Begriffe »Barbaroi« (Bernfeld 1921a, S. 100) und »Chauvinismus« (Bernfeld 1921a, S. 98) auch bei Jerusalem nachweisen (Jerusalem 1899/1923, S. 229, und Jerusalem 1899/1919, S. 344).
120 Die Differenzierung zwischen universalistisch-»unbedingter Ethik« und partikularistisch-»sozialer Ethik« erscheint auch im Zusammenhang mit den Versammlungen der 50 ältesten Kinder noch vor Konstitution der Schulgemeinde: »Dabei ergab sich zuweilen Gelegenheit, auch eine *allgemeine* oder eine *sozial-ethische konkrete* Frage kurz zu erwähnen« (Bernfeld 1921a, S. 60; Hervorhebungen D.B.).

herrscht in ihnen *eine Art sozialer Ethik*; diese gilt aber nicht für die Fremden, sie sind ›Gojim‹ [Nicht-Juden, D.B.], ›*Barbaroi*‹, und stehen außerhalb des Sittengesetzes. Bei uns war dieser Entwicklung durch die alle zusammenfassende Schulgemeinde die Spitze abgebrochen. Sie war aber dennoch deutlich, wenn z.B. die Genossen einer Kwuzah das Schwindeln beim Essen eine Zeitlang für erlaubt erklärten, falls nicht jeder für sich, sondern für die Kwuzah schwindelte; wenn die Schotrim und andere Gruppen immer wieder Räume für sich verlangten, die die anderen nicht betreten dürften, und dergleichen mehr« (ebd., S. 99f.; Hervorhebungen D.B.).

In diesem Zitat tritt die Theorie gesellschaftlicher Evolution am deutlichsten hervor, auf die sich Bernfeld im Baumgarten-Text bezieht. Als Referenzpunkt – so meine These – dienen Bernfeld v. a. die Arbeiten seines Universitätslehrers Wilhelm Jerusalem zur Moralgeschichte der Menschheit. Jerusalem rekonstruiert die Moralgeschichte als soziale Evolutionstheorie, deren Hauptdimension die Entwicklung des »Kollektivbewusstseins« über verschiedene Stadien darstellt. In Bezug auf die hier interessierende »soziale Ethik« argumentiert Jerusalem mit Durkheim:

»Der primitive Mensch lebt […] als ein sozial gebundenes Herdentier. Seine Seele ist ganz erfüllt von dem, was Dürckheim ›kollektive Vorstellungen‹ nennt. […] Er vermag weder eine sinnliche Wahrnehmung anders zu deuten, als es die Überlieferung mit sich bringt, noch auch sich gegen eine Vorschrift der herrschenden Sitte aufzulehnen« (Jerusalem 1899/1919, S. 318).

Dieser *Zustand fehlender Problematisierungsmöglichkeiten von sozialen Zwängen (in Form von vorgefundenen Rollen und Verhaltensmustern)* bildet den Ausgangspunkt von Jerusalems Rekonstruktion der Moralgeschichte. Nach Jerusalem besteht die Grundform moralischen Bewusstseins in Stammesgesellschaften aus »sozialen Imperativen«[121], die ursprünglich

---

121 Als weitere Stufen der sittlichen Entwicklung systematisiert Jerusalem zweitens das *positive Recht* und drittens die *sittliche Norm*: »Die geltenden Rechtsnormen, die anfangs auf Herkommen und Gewohnheit beruhen, später jedoch in der Form von Gesetzen schriftlich festgesetzt werden, sind zunächst der Ausdruck des Willens der herrschenden Klasse. […] Die geltenden Gesetze *dringen* als soziale Imperative in die Seelen ein und werden […] dadurch zu sittlichen Pflichten« (Jerusalem 1899/1919, S. 339).

3.3 Der komplementäre Aufbau von subjektiver und sozialer Welt ...

in irgendeiner Form mit religiösen oder magischen Vorstellungen zusammenhängen und von Generation zu Generation tradiert werden. Damit folgt Jerusalem Durkheims These, wonach die Integration von sozietalen Systemen ausschließlich über ein gemeinsames »Kollektivbewusstsein« gesichert werde. Nach Eder (1977, S. 513) entscheiden die Grenzen gemeinsamen Denkens und Empfindens nur in archaischen Gesellschaften über Zugehörigkeit und Nichtzugehörigkeit. Solche Gesellschaften seien nach dem Prinzip »Verwandtschaft«[122] organisiert. Ihre Außenabgrenzung gelinge mit dem einfachen binären Schema Kultur – Natur (ebd., S. 510), d.h. zwischen »Menschen« und »Barbaren«. Nach diesem Schema sind nun auch die einzelnen Kwuzoth in Baumgarten integriert. Im Zitat oben wird unterschieden zwischen »Genossen der Kwuzah«, die untereinander solidarisch sind, und »Barbaroi«, die »außerhalb des Sittengesetzes« stehen, womit sie als nichtkultivierte Subjekte der Natur zuzurechnen sind.

Die *Entstehung einer neuen Ordnung*, welche die verschiedenen Kwuzoth in die umfassendere Gemeinschaft »Schulgemeinde« integriert, gelingt dann, wenn die institutionalisierten Normen der technischen Ordnung moralisiert werden können.[123] Solange der Wächterbund »eigentlicher Träger der Heimordnung und des Heimgeistes« (Bernfeld 1921a, S. 96) ist, bleibt die Geltung aller Regeln und Gesetze unmittelbar von dessen Sanktionsgewalt abhängig. Die technische Ordnung infrage zu stellen, impliziert aufgrund der engen Verbindung mit deren sozialem Entstehungszusammenhang immer zugleich eine Machtprobe mit dem Wächterbund. Bernfeld ist sich bewusst, dass die Integration der Schulgemeinde einen neuen normativen Rahmen verlangt, d.h. eine *Ablösung des verwandtschaftlichen Organisationsprinzips,* welches auf der Stufe der tech-

---

122 »*Verwandtschaft* ist ein elementares Schema der Sozialintegration; die Außenabgrenzung gelingt mit dem einfachen binären Schema Natur – Kultur; die interne Integration ist auf natürlichen [im Sinne von nichterworbenen Statusmerkmalen, D.B.] Unterschieden aufgebaut« (Eder 1977, S. 510; Hervorhebung i.O.).
123 Hoffer berichtet von drei älteren Jugendlichen, »die den militaristischen Formen des Vereins [Histadruth, D.B.] nie sehr billigend gegenüberstanden« (Hoffer 1922, S. 127) und aufgrund ihrer öffentlichen Distanzierung beim Übergang zur moralischen Ordnung eine wichtige Rolle gespielt hätten (vgl. Kap. 3.3.4).

nischen Ordnung den Bereich möglicher Beziehungen strukturiert. »Verwandt« bedeutet auf dieser Stufe, dass man Mitglied derselben »Kwuzah« ist.

Das *sozialpädagogische Problem* besteht nun darin, dieses Schema der Sozialintegration so zu verändern, dass die Grenzen der Zugehörigkeit über die Außengrenzen der einzelnen Kwuzoth hinausgreifen. Bernfeld spricht von »Vertiefung der Schulgemeinde« (ebd., S. 73), soziologisch betrachtet ist es eine Erweiterung. Die Grenzen der sozialpädagogischen Machbarkeit einer Erweiterung der Schulgemeinde sind durch die erwähnte Dialektik zwischen Psycho- und Sozialdynamik gegeben. Die Streitereien zwischen den einzelnen Kwuzoth sind so betrachtet Ausdruck einer psychischen Konfliktstruktur, die durch pädagogisch versierte Streitschlichtungen nicht verändert werden kann. Allein eine Veränderung auf der Ebene subjektiver Struktur kann die »technische Ordnung« unter neue Anpassungszwänge stellen, wodurch dann auch die Untergruppenkonflikte nachhaltig entschärft würden.

> »Hier [bzgl. der Überwindung der sozialen Ethik, D.B.] nützt natürlich kein Predigen, denn das Entscheidende ist dabei nicht die intellektuell-logische Inkonsequenz des sittlichen Menschen, sondern die *in diesem Zustand sich ausdrückende Entwicklungsstufe* der Triebe und Affekte. Die narzißtische Besetzung ist noch nicht weit genug von ihrem Ursprung, dem eigenen Ich, vorgeschritten, sie hat noch nicht zur Verallgemeinerung ›Mensch‹ sich sublimiert, sondern sie hält noch bei den narzißtisch-homoerotisch besetzten Chawerim [Kameraden in der eigenen Kwuzah, D.B.]« (ebd.; Hervorhebung D.B.).

Das sozialpädagogische Problem besteht also darin, den Soziozentrismus der Affekte – narzißtisch besetzt wird auf der Stufe der technischen Ordnung die eigene Kwuzah – weiter zu dezentrieren[124], sodass das Kind lernt, vom ursprünglichen Objekt der Identifikation im Sinne der zitierten »Verallgemeinerung ›Mensch‹«[125] zu abstrahieren. Diese Fähigkeit zur Sublimierung

---

124 Analog dazu – aber zeitlich nach Bernfeld – beschreibt Piaget die Dezentrierung des kindlichen Weltbilds auf der kognitiven Ebene (Distanzierung zum sinnlich wahrgenommenen Geschehen) und Mead auf der sozialen (Erweiterung der Perspektivenübernahme).
125 Bernfelds Formulierung ist dem Meadschen »Generalized Other« frappant ähnlich. Zu dieser Entwicklungsstufe der Normgeltung vgl. Habermas (1981b, S. 61–65).

narzisstischer Libido bestimmt dann auf sozialer Ebene die Lernvorgänge, welche das verwandtschaftliche Organisationsprinzip, die »soziale Ethik« der einzelnen Gruppen überwinden.

3.3.4 Moralische Ordnung

Die weiterführende Dezentrierung des kindlichen Narzissmus erfolgt im Rahmen der Schulgemeinde. Die Schulgemeinde nötigt zu einer Sublimierung narzisstischer Libido, weil es bei ca. 150 SchulbürgerInnen schlicht unmöglich ist, alle Mitglieder in gleichem Maße zu besetzen (ebd., S. 93). Der Weg aus dieser Überforderung ist gleich konstruiert wie auf der Ebene der »autoritativen« und »technischen Ordnung«. Die Schulgemeinde wird als ganze an die Stelle des Ichideals gesetzt. Analog zum »Gesamt-Ich ›Histadruth‹« (ebd., S. 97) spricht Bernfeld vom »Gesamt-Ich ›Schulgemeinde‹« (ebd., S. 93), das aber im Gegensatz zum Wächterbund »verhältnismäßig affektarm« ist (ebd., S. 101), was eine Identifikation mit ihm erschwert. Darauf antwortet Bernfelds spezifische Methodik beim Übergang von der »technischen« zur »moralischen Ordnung«:

> »Wir haben aus mancherlei Gründen die Überwindung dieses Zustandes [technische Ordnung, D.B.] nicht deutlich beobachten können, aber ich glaube doch sagen zu können, daß insbesondere eine Einrichtung in dieser Richtung eine wichtige Funktion im System der ›neuen Erziehung‹ spielen wird: die Feste« (ebd., S. 100).

Feste sollen »dem verhältnismäßig affektarmen Gesamt-Ich der Schule neue starke Quantitäten und Besetzungen zuführen« (ebd., S. 101). Offenbar erachtet Bernfeld eine Großgruppe für weniger geeignet, an die Stelle des Ichideals zu treten[126], als ein einzelnes Schülerausschussmitglied (z. B. K.) bzw. eine einzelne Gruppe (z. B. Histadruth »Haschotrim«). Hauptgrund für diese Skepsis dürfte die Heterogenität der Schulgemeinde sein. Auch Hoffer

---

126 Dennoch scheint dies, zumindest teilweise, gelungen zu sein. Hoffer berichtet, dass »neben dem vorwiegenden Heimideal, ein Schoter zu sein, sich ein anderes aufrichtete« (1922, S. 127).

gibt zu bedenken, »daß ein ›Idealich‹ zur Gesellschaftsbildung nur dann beiträgt, wenn die einzelnen Individuen ein gewisses Maß von Gleichartigkeit repräsentieren können« (1922, S. 140).[127] Um diesen sozialintegrativen Mechanismus auch für *heterogene Großgruppen* fruchtbar zu machen, schlägt Bernfeld die Organisation und Durchführung von Festen vor. Die jüdischen Feste in Baumgarten stellen gemeinsam geteilte Ziele, d.h. eine *homogene Aufgabe* dar, welche als organisierendes Moment die *Handlungen* der einzelnen Mitglieder zentriert. Damit verbunden sind *Affekte* (Erwartungen, aber auch Befürchtungen), welche die Mitglieder bezüglich der gemeinsamen Aufgabe haben.[128] Diese tritt auf der Stufe der moralischen Ordnung an die Stelle des Ichideals[129] und ist dafür verantwortlich, dass die Baumgarten-Kinder in ihrem Handeln und Fühlen miteinander identifiziert sind.

> »Diese fieberhafte, ernste, leidenschaftliche und schöpferische Tätigkeit der gesamten Schule, in *einem* Ziel verbunden, und am Festtage in *einem* Affekte kulminierend! An diesen Fest- und Vorbereitungstagen spürte man mit äußerster Lebhaftigkeit: hier ist *eine* Schule; da waren fast die Individualitäten der Kinder und Gruppen aufgegangen im gemeinsamen Tun und Erleben« (Bernfeld 1921a, S. 101; Hervorhebungen i.O.).

Psychoanalytisch betrachtet binden Feste narzisstische Energie, die dadurch eine weitere Ablenkung von ihrem ursprünglichen Objekt, dem eigenen

---

127 Der aufmerksame Leser wird bemerken, dass Hoffer hier die Instanzen verwechselt. Seine Forderung nach »Gleichartigkeit« wird nur dann logisch, wenn sie sich auf das Ichideal bezieht. Dahinter schimmern die von Freud in »Massenpsychologie und Ich-Analyse« (1921) genannten großen homogenen Massen »Kirche« und »Armee« durch, denen der Totalitarismus dann noch »Partei« hinzufügen wird: KPdSU und NSDAP.
128 Dass die Heterogenität der Gruppenzusammensetzung erst in Koexistenz mit einer homogenen Aufgabe als Reichtum erkannt und im Sinne erhöhter Produktivität genutzt werden kann, ist auch im Konzept der »operativen Gruppe«, einem Entwurf im Rahmen einer psychoanalytischen Sozialpsychologie, zentraler Bestandteil (vgl. dazu Graf/Sidler 1997, S. 54).
129 Bernfeld antizipiert hier Freuds Hinweis zu »führerlosen Massen«, wo der Führer durch »eine Idee, ein Abstraktum ersetzt sein kann« bzw. durch »eine gemeinsame Tendenz, ein Wunsch, an dem eine Vielheit Anteil nehmen kann« (Freud 1921a, S. 94).

Ich, erfährt.[130] Welche Auswirkungen diese Entwicklung auf der Ebene affektiver Struktur auf die Beziehungen unter den Baumgarten-Kindern und die Veränderung der sozialen Ordnung im Heim haben, soll im Folgenden ausgeführt werden.

Die moralische Ordnung beginnt sich in der letzten Phase des Versuchs zu konstituieren, d. h. in der Zeit von Mitte Januar 1920 bis zum 15. April 1920, an dem Bernfelds ErzieherInnenteam Baumgarten verlässt (Hoffer 1965, S. 165).

> »[E]s gab heiße Debatten über die Mädchen, über die Histadruth. Allüberall wurden Ansätze und Anläufe bemerkbar, nach der technischen Ordnung auch die *moralische* herzustellen, *nicht nur den Lärm, sondern sich selbst zu beherrschen und zu bändigen*. Das meiste von all dem blieb Ansatz« (Bernfeld 1921a, S. 81; Hervorhebungen D.B.).

Habermas' Rekonstruktion der Handlungsnorm, die als theoretischer Hintergrund bereits zur Erklärung der autoritativen und technischen Ordnung herangezogen worden ist, kann auch Bernfelds Bemerkungen zur moralischen Ordnung sozialwissenschaftlich erhellen (Habermas 1981b, S. 61–65). Wie weiter oben erläutert, nehmen die paarweise verknüpften Verhaltenserwartungen einzelner Personen und die situationsabhängigen Imperative von Gruppen in dem Maße die externe Gestalt gesellschaftlicher Normen an, wie die mit ihnen verknüpften Sanktionen durch Einstellungsübernahme internalisiert werden. Im Zuge dieser Verinnerlichung betrachtet der Baumgartner-Schulbürger die Gruppensanktionen immer mehr als seine eigenen, von ihm selbst gegen sich gerichteten Sanktionen. Die faktisch ihm gegenüberstehende Sanktionsgewalt, die zunächst von einzelnen Bezugspersonen (autoritative Ordnung), dann von einer Gruppe ausgeht (technische Ordnung), hat sich auf dem Niveau der moralischen Ordnung in der Struktur seines Selbst, in *einem System innerer, d. h. moralischer Verhaltenskontrollen* verankert, die es möglich machen, »sich selbst zu beherrschen und zu bändigen«. Was in

---

130 Bernfeld erklärt die psychologische Wirkung von Festen deshalb als »narzißtische Gesamtheits-Akte« (1921a, S. 101).

der reformpädagogischen Literatur als »Selbstregierung« (z. B. Hepp 1911) bezeichnet wird, setzt eine Verinnerlichung gruppenspezifischer Imperative voraus, die nun jene Art der Sollgeltung gewinnen, hinter der nicht mehr die Verhaltenserwartungen aller Angehörigen einer Gruppe stehen, sondern die Instanz des »verallgemeinerten Anderen«. »Die Autorität, mit der die Instanz des ›verallgemeinerten Anderen‹ ausgestattet ist, ist die eines *allgemeinen Gruppenwillens*« (Habermas 1981b, S. 62; Hervorhebung i. O.). In Baumgarten kommt dieser in den Gesetzen und Beschlüssen der *Schulgemeinde* zum Ausdruck.

Nach Habermas (1991) resultiert der allgemeine Gruppenwille aus einer öffentlichen Praxis gegenseitiger Einstellungsübernahme, die als »moralisch-praktischer Diskurs« bezeichnet wird. Wenn sich ErzieherInnen und Kinder im Rahmen der Schulgemeinde genötigt sehen, die Verallgemeinerbarkeit ihrer Handlungsweisen auch aus den Perspektiven aller anderen zu prüfen, kann diese Institution als *Diskussionsforum für Fragen des Gerechten* rekonstruiert werden. Dieses kommunikationstheoretische Verständnis der Schulgemeinde resultiert zum einen aus Bernfelds eigener Definition: »Die Schulgemeinde ist die Organisation [der] pädagogischen ›Kompromißgesinnung‹« (Bernfeld 1921a, S. 64). Zum anderen ist auffällig, wie auf der Stufe der moralischen Ordnung die Verteilungsgerechtigkeit von verschiedenen Gütern (Essen, Wäsche, Theater- und Konzertbesuche) zum Thema wird, d. h., nicht mehr dem unhinterfragbaren Kontext lebensweltlicher Gewissheiten angehört (ebd., S. 82).

Damit beginnt die Schulgemeinde auf der Stufe »moralischer Autorität« die ihr von Bernfeld zugeschriebene Funktion zu erfüllen, die »Ordnung in ihren [gemeint sind die Kinder, D. B.] äußeren Beziehungen« (ebd., S. 89) herzustellen. Die Schulgemeinde wird auf diesem Entwicklungsniveau des Heimkollektivs ein »Dispositiv der Ordnung«[131] (Hörster 1992, S. 144), das man soziologisch als »Schema der Sozialintegration« bzw. als »gesellschaftliches Organisationsprinzip« begreifen kann.

---

131 Hörster spricht bedeutungsgleich von »Diagramm«, »Landkarte«, »algebraischer Formel« und »Bauplan« (Hörster 1992, S. 154).

3.3 Der komplementäre Aufbau von subjektiver und sozialer Welt ...

»Gesellschaftliche Organisationsprinzipien sind – so hat Habermas sie zu definieren versucht – die abstrakteste Bestimmung der Strukturen, die ein Gesellschaftssystem nach außen abgrenzen und nach innen integrieren können. *Verwandtschaft, Herrschaft, Gesellschaft* lassen sich als unterschiedliche Organisationsprinzipien des Reproduktionsprozesses der menschlichen Gattung beschreiben« (Eder 1977, S. 510; Hervorhebungen i. O.).

Auf das Organisationsprinzip »Verwandtschaft« sind wir im Zusammenhang mit der technischen Ordnung weiter oben bereits gestoßen. Dieses wird hier auf der Stufe der moralischen Ordnung durch das sozialintegrative Schema »Gesellschaft« abgelöst, dessen historisch erste Erscheinungsform die »bürgerliche Gesellschaft« ist:

»Die bürgerliche Gesellschaft ist die ideologische [sic!] Vorwegnahme eines nicht-hierarchischen Organisationsprinzips. Sie begreift sich zum ersten Mal als ›Gesellschaft‹, als eine Ordnung, die nicht durch naturhafte Zwänge oder durch soziale Zwänge zustande kommt, sondern als Ordnung, die über den Willen der einzelnen (symbolisiert etwa in der bürgerlichen Gesellschaftstheorie als Vertragstheorie) zustande kommt. Die kapitalistische Produktionsweise und der bürgerliche Staat erweisen sich jedoch faktisch als eine spezifische Realisierungsform herrschaftlicher Organisationsprinzipien. Die Realisierung des Organisationsprinzips ›Gesellschaft‹ findet sich erst seit der durch die Arbeiterbewegung forcierten Transformation bourgeois-kapitalistischer Gesellschaftsformationen in sog. ›spätkapitalistischen‹ und sozialistischen Gesellschaftsformationen« (ebd., S. 511).

Das Organisationsprinzip »Gesellschaft« verlagert das sozialintegrative Schema ins Individuum. Auf der Stufe der moralischen Ordnung besteht die primäre Anforderung an den Schulgemeinde-Bürger deshalb darin, »sich selbst zu beherrschen und zu bändigen« (Bernfeld 1921a, S. 81). Die Außenabgrenzung so integrierter Gesellschaften ist unscharf: »[N]ur der, der nicht mehr als Individuum handeln kann (etwa der Verrückte), wird ausgeschlossen (und in Irrenanstalten eingesperrt)« (Eder 1977, S. 511).

Entscheidend für den Wandel gesellschaftlicher Organisationsprinzipien ist nach Eder die kognitive Kompetenz der Akteure, d.h. deren Fähigkeit zu reflexiver Abstraktion. Dieser Unterschied zu Bernfeld, der die Voraussetzungen der Evolution der Schulgemeinde bei Lernvorgängen auf affektiver und sozialer Ebene sieht, wird relativiert, wenn Eder schreibt:

> »Die Veränderung eines Organisationsprinzips setzt *Lernvorgänge* voraus, und zwar Lernvorgänge im Umgang des Menschen mit anderen Menschen, mit der äußeren Natur und mit seiner eigenen Natur. Diese Lernvorgänge ermöglichen die Entwicklung des moralischen Bewußtseins, der Erkenntnis und des Selbstbewußtseins. Wenn wir die Konstruktionsprinzipien gesellschaftlicher Systeme in der historischen Praxis vergesellschafteter Akteure auf solche Lernvorgänge zurückführen können, dann läßt sich der Konstruktionsprozeß gesellschaftlicher Organisationsprinzipien aus diesen Lernprozessen erklären« (ebd., S. 511f.; Hervorhebung i. O.).

Eder konzipiert die Lernfähigkeit der menschlichen Gattung auf allen Ebenen möglicher Weltbezüge, während Bernfeld vor allem die Dezentrierung des kindlichen Narzissmus (affektive Dimension) und die Fähigkeit zur Perspektivenübernahme (interaktionistische Dimension) betont. Die Begründung der Schulgemeinde folgt aber insgesamt der Eder'schen These, nach der die Struktureigenschaften menschlicher Lernfähigkeit das evolutionäre Lernpotenzial von Gesellschaften festlegen.

Dass im Übergang von der technischen zur moralischen Ordnung Lernvorgänge stattfinden, die auf neue Organisationsprinzipien, d. h. auf neue Entwürfe dessen, wie die Beziehungen in Baumgarten legitim geregelt werden können, hinweisen, reflektiert Bernfeld explizit. Als Indiz hierfür sieht er die »heißen Debatten über die Mädchen, über die Histadruth« (Bernfeld 1921a, S. 81). Mit Eder kann man interpretieren, dass sich die Außenabgrenzungen der über die natürlichen Unterschiede Geschlecht, Alter und physische Stärke[132] integrierten Kwuzoth zu verschieben beginnen, indem sie zunächst im Rahmen von »heißen Debatten« entlegitimiert werden. Diese Veränderung

---

132 Die askriptiven Merkmale, welche den Wächterbund nach innen integrieren, sind Geschlecht, Alter, physische Größe und Kraft (Hoffer 1922, S. 99f.) sowie das Kollektivbewusstsein im Sinne eines gemeinsamen Referenzschemas. »Wenn es […] bei einer abgelehnten Neuaufnahme hieß: ›Er paßt nicht zu uns‹, so heißt das nicht nur, er besitzt nicht die physischen Dispositionen, bei uns zu sein, sondern er besitzt auch nicht die psychischen: er kann unsere Phantasien nicht verstehen, nicht mitmachen, er wird zu ihrer Verwirklichung nichts beitragen« (ebd., S. 133).

3.3 Der komplementäre Aufbau von subjektiver und sozialer Welt ...

der Schulgemeinde geht von einer »zweiten Machtgruppe« aus und erfolgt nach Hoffer Mitte Februar 1920. Sie wurde

> »scheinbar von drei Fünfzehn- bis Sechzehnjährigen getragen, die mit Erwachsenen in keinem engeren Zusammenhang standen. Sie, die den militaristischen Formen des Vereines [gemeint ist der Wächterbund, D. B.] nie sehr billigend gegenüberstanden, bemühten sich, das Interesse für die Schulgemeinde zu vertiefen, ihre Autorität, die bisher teilweise über den Verein ging […] direkt auf sie zu übertragen. Daß nunmehr neben dem vorwiegenden Heimideal, ein Schoter zu sein, sich ein anderes aufrichtete, entging den Beobachtern nicht. Während der Zeit unserer Anwesenheit [gemeint ist die Zeit vor dem 15. April 1920, D. B.] ließ sich nur nicht ermitteln, wie weit dies tatsächlich schon durchgeführt war. Die Stellung der Führer [des Wächterbunds, Wilhelm Hoffer und Gerhard Fuchs, D. B.], die Zugehörigkeit von zwei Mitgliedern [des Wächterbunds, D. B.] zum Schülerausschuß aber lassen einen offenen Kampf der beiden Gruppen nicht als wahrscheinlich betrachten« (Hoffer 1922, S. 127).

Hoffer schreibt dem Lernprozess von drei Jugendlichen, die gegenüber den gruppenspezifischen Normen des Wächterbunds eine zunehmend reflexive Distanz gewinnen, beim Übergang von der technischen zur moralischen Ordnung eine wichtige Bedeutung zu. Diese Beobachtung stimmt überein mit Eders Systematik, wonach die »Ersetzung des verwandtschaftlichen Organisationsprinzips durch das herrschaftliche dann gelingt, wenn institutionalisierte Normen (Rechtsnormen) moralisiert werden können« (1977, S. 519). Hoffer befürchtet, dass die Entlegitimation dieser normativen Ordnungen von Gruppenrivalitäten begleitet sein könnte, schätzt die Wahrscheinlichkeit hierzu aber als gering ein, weil der Wächterbund ausreichend mit anderen Machtzentren (Schülerausschuss und Heimleitung) vernetzt sei. Diese Begründung Hoffers kann als Hinweis auf das Legitimationsdefizit des Wächterbunds um diese Zeit interpretiert werden. Hoffer bemerkt einen Prestigeverlust – »im Monat März [1920, D. B.] gab es sehr selten Zuseher beim Turnen« (1922, S. 127) –, sodass der Wächterbund gezwungen ist, seine Autorität zunehmend über andere Institutionen zu rechtfertigen.

Die Phase der moralischen Ordnung, so kann man mit Hoffer und Bernfeld (1921a, S. 81, 100) annehmen, ist in Baumgarten *nicht* oder *nur ansatzweise* realisiert worden. Das Organisationsprinzip »Verwandtschaft« ist, so meine Vermutung, bloß durch das Organisationsprinzip »Herrschaft« abgelöst worden, wo die Nähe bzw. Ferne zur Hierarchie über den Zugehörigkeitsgrad in einer Sozietät entscheidet (Eder 1977, S. 510). Wenn Hoffer im Zitat die Angehörigkeit der Histadruth-Führer zur Heimleitung bzw. die Angehörigkeit von zwei Schotrim zum Schülerausschuss erwähnt, dann funktioniert die Sicherung der Integration von Baumgarten nach Eders Schema »Herrschaft«. Es ist anzunehmen, dass die drei Jugendlichen, welche die Histadruth-Normen problematisieren, nicht über diese Nähe zu den beiden Machtzentren in Baumgarten verfügen. Das Kräfteverhältnis – drei gegen den Rest – ist wohl auch der Grund, warum es nur ansatzweise auf der Stufe der technischen Ordnung zu Legitimationsproblemen kam, was nach Eder Voraussetzung ist für eine Weiterentwicklung der sozialen Ordnung.

3.4 Zusammenfassung und kritische Würdigung

Bernfeld entdeckt im Problem der »Erziehbarkeit« einen blinden Fleck der Pädagogik, den sie selbst nicht thematisiert, gleichwohl aber als die Conditio sine qua non pädagogischen Handelns stillschweigend voraussetzt. Diese Conditio erachtet er bei den Baumgarten-Kindern als nicht erfüllt und von daher als zunächst herstellungsbedürftig. In der psychoanalytischen Theorie sieht er geeignete theoretische und methodische Mittel, um diesen blinden Fleck zu denken. Auf den offensichtlichen Eklektizismus Bernfelds in seiner Aneignung der Psychoanalyse werde ich hier nicht mehr eingehen. Obschon Bernfeld 1921 bereits Mitglied der Psychoanalytischen Vereinigung in Wien ist[133], assimiliert er die psychoanalytischen Begriffe mit einem ausgeprägt pädagogischen Erkenntnisinteresse. Bernfeld geht es darum, die Freud'schen

---

133 Bernfeld datiert sein erstes Interesse an der Psychoanalyse auf das Jahr 1910, den Beitritt zur Wiener Psychoanalytischen Vereinigung auf das Jahr 1913 (Bernfeld 1952, S. 443). Ein halbes Jahr vor Eröffnung des Kinderheims Baumgarten initiierte er in dieser Gruppe die Bildung einer »Laiengesellschaft« und fand mit seiner Idee, die psychoanalytische Ausbildung für Nichtmediziner zu öffnen, breite Unterstützung (Reichmayr 1994, S. 99–106).

3.4 Zusammenfassung und kritische Würdigung

Konzepte für pädagogische Handlungsfelder fruchtbar zu machen. Dass durch diesen Wechsel des Kontextes die Bedeutung der klinischen Begriffe und Methoden in unzulässiger Weise verzerrt wird, bemerkt er nicht. So vernachlässigt er bspw., dass die Regression auf Stufen der prägenitalen Libidoentwicklung sich auf Gruppenebene in anderer Weise manifestiert als beim einzelnen Individuum. Was sich als »Grundannahme« in einer Gruppe über den Zweck ihres Zusammenkommens äußert, kann zwar mit Bion als »sekundäre Formation« äußerst früher Schichten der Triebentwicklung beim einzelnen Gruppenmitglied aufgefasst werden, die auf der Ebene der Beziehungen zu Partialobjekten liegen (Bion 1971, S. 120). Was diesen Zusammenhang betrifft, ist Bernfelds triebtheoretische Begründung des sozialen Chaos analog konstruiert. Anders als bei Bion aber ist die Verbindung vom biografisch Sozialen zum Gesellschaftlichen unvermittelt enggeführt, was dann zu besagten Verzerrungen der psychoanalytischen Begriffe führt.

Dieses Problem bleibt auch jenseits der Herstellung von Erziehbarkeit bzw. nach Konstitution einer ersten Ordnung in Baumgarten bestehen. Mit der Behauptung, dass die normativen Ordnungen (autoritative, technische und moralische) mit den Entwicklungsphasen subjektiver (Trieb-)Struktur vermittelt sind, handelt sich Bernfeld ein Problem ein. Eine kohärente Begründung dieses Zusammenhangs ist auf anschlussfähige Theorien angewiesen, sei dies auf bildungstheoretischer oder soziologischer Ebene. Das Problem – im »Sisyphos« explizit formuliert[134] – besteht zum einen darin, dass eine Gesellschaftstheorie, welche zur Erklärung sozialer Evolution die triebdynamischen Potenziale berücksichtigt, nicht zur Verfügung steht. Umgekehrt haben die psychoanalytischen Kategorien, die Bernfeld zur Erklärung von Erziehbarkeit (vgl. Kap. 1) verwendet, 1919/20 noch keine sozialpsychologische Erweiterung erfahren, welche als Brücke zur Soziologie dienen könnte. Bernfeld

---

134 »Hier ist die Stelle, wo ich gern einige Autoren zitieren würde, um nicht selbst die Verantwortung für Anschauungen tragen zu müssen, die mancher Leser mit mir nicht teilt, wenn ich nur solche Autoren kennte. Aber leider, keiner, von denen ich etwas las, ist von genügender Deutlichkeit und Ausführlichkeit, beherrscht die beiden Tatsachengebiete, wenn es sich darum handelt, die Wechselwirkungen zwischen den Wirtschaftsprozessen und den biopsychischen Reaktionen und Abläufen darzustellen. Der flache Psychologismus in der Soziologie ist längst oder bald erkannt« (Bernfeld 1925a, S. 90).

ist deshalb sowohl auf der soziologischen als auch auf der psychologischen Seite des Begründungszusammenhangs zu Innovationen gezwungen, die hier abschließend zusammengefasst und gewürdigt werden sollen.

Was die sozialpsychologische Erweiterung der psychoanalytischen Konzepte betrifft, behandelt Freud im letzten Abschnitt seiner »Einführung des Narzißmus« (Freud 1914, S. 66–68) in stark kondensierter Form einige der in »Massenpsychologie und Ich-Analyse« (Freud 1921) wieder aufgegriffenen Fragen, doch steht Freuds sozialpsychologisch relevante Arbeit Bernfeld noch nicht zur Verfügung, da sie fast gleichzeitig mit seinem Baumgarten-Bericht erscheint.[135] Bernfelds originäre Leistung besteht darin, aus Freuds »Zur Einführung des Narzißmus« (Freud 1914) sozialpsychologische Konzepte zu extrapolieren, um damit die »Vergemeinschaftungs- und Individuierungsprozesse« (Treptow 2002, S. 172) innerhalb der 150-köpfigen Kinderschar zu erklären. In diesem Sinne entwickelt Bernfeld eine analytische Sozialpsychologie ›avant l'heure‹. Auf die wissenschaftstheoretischen Mängel dieser Leistung habe ich hingewiesen.

Was die soziologische Begründung der autoritativen, technischen und moralischen Ordnung betrifft, entwickelt Bernfeld mit Jerusalems Moralgeschichte eine eigenständige Argumentation, welche die psychoanalytische »komplementär« (Devereux 1984, S. 116 und 369) ergänzt.[136] Dieses »Parallelismus-Konzept« (Herrmann 1996b, S. 233) ist 1921 revolutionär und

---

135 Bernfelds Vorwort ist datiert mit »Juli 1920« (Bernfeld 1921a, S. 10); »Massenpsychologie und Ich-Analyse« ist »vor Ende März 1921 abgeschlossen«, erscheint aber erst »drei oder vier Monate später im Druck« (Freud 1921, S. 63). Selbst für die im Sammelband »Vom Gemeinschaftsleben der Jugend« (Bernfeld 1922a) vereinigten Aufsätze dient Freuds sozialpsychologische Arbeit noch nicht als theoretischer Referenzpunkt, was Bernfeld in einer Präambel explizit bedauert: »Alle Arbeiten lagen im März 1921 abgeschlossen vor. Die Berücksichtigung des für die bearbeiteten Themen grundlegenden Buches von Prof. Freud: Massenpsychologie und Ichanalyse, war daher den Autoren leider nicht möglich. Sonst hätte manche Formulierung eine präzisere Gestaltung erhalten können« (Bernfeld 1922a, S. 0).

136 Wenn Gottschalch schreibt, »Bernfeld war [...] ein sorgfältiger und umsichtiger Vorläufer der ›komplementaristischen Methode‹, die von der Interdependenz der psychologischen und soziologischen Daten ausgeht und sie in getrennten Diskursen untersucht« (1992, S. 102), dann trifft das in Bezug auf die Phase technischer und moralischer Ordnung zu, in Bezug auf das »Chaos« jedoch nicht.

überwindet sozialidealistische (wie z.B. bei Natorp) oder anthropologische (wie bei den allermeisten Reformpädagogen) Begründungsmuster pädagogischen Handelns. Böhnisch und Schröer (2001) machen darauf aufmerksam, dass Bernfeld als erster »den sozialhistorischen Bedingungszusammenhang von Psycho- und Sozialdynamik erkannte«.

»Bernfeld schließt nun – so können wir interpretieren – die sozialen Orte des Leidens psychodynamisch und sozialhistorisch auf und zeigt, dass die Pädagogik so lange eine Sisyphosarbeit bleiben muss, solange sie die Entwicklungspotentiale von Mensch und Gesellschaft nicht in ihrer Tiefendimenison und sozialhistorischen Dialektik begreift. Erst wenn die Pädagogik die innere Konfliktstruktur, die sich hinter dem Leiden verbirgt, im Zusammenspiel mit der gesellschaftlichen Konfliktstruktur analysiert und nicht über sozialidealistische und anthropologische Legitimationsformen aus der sozialen und menschlichen flüchtet, wird sie erkennen, dass die sozialen Orte des Leidens die Chance zu einem pädagogischen Anfang bieten« (Böhnisch/Schröer 2001, S. 25f.).

Der »sozialhistorische« Begründungszusammenhang, der im Baumgarten-Text den »psychodynamischen« ergänzt, ist mit Jerusalems Moralgeschichte natürlich nicht entlang der »gesellschaftlichen Konfliktstruktur« konstruiert, sondern rekonstruiert den Ursprung des sittlichen Bewusstseins unter Zuhilfenahme von Kant, Hegel, Spencer, Goethe, Schiller, Shakespeare, Durkheim, Aristoteles, Platon und Sokrates. Diese aus heutiger Sicht recht abenteuerlich erscheinende Mischung ist ein Hinweis auf die theoretischen Schwierigkeiten, mit denen Bernfeld zu kämpfen hat.[137] Dennoch – und dies sehen Böhnisch und Schröer (2001) m.E. sehr klar – gelingt es hier zum ersten Mal, sozialpädagogische Institutionen soziologisch zu begründen. Bernfelds

---

137 Im »Sisyphos«, wo Bernfeld die soziologische Dimension mit Freuds »Totem und Tabu« (1912/13) konstruiert, reflektiert er diese theoretischen Schwierigkeiten explizit: »Hier ist die Stelle, wo ich gern einige Autoren zitieren würde, um nicht selbst die Verantwortung für Anschauungen tragen zu müssen, die mancher Leser mit mir nicht teilt, wenn ich nur solche Autoren kennte. Aber leider, keiner, von denen ich etwas las, ist von genügender Deutlichkeit und Ausführlichkeit, beherrscht die beiden Tatsachengebiete, wenn es sich darum handelt, die Wechselwirkungen zwischen den Wirtschaftsprozessen und den biopsychischen Reaktionen und Abläufen darzustellen. Der flache Psychologismus in der Soziologie ist längst oder bald erkannt« (Bernfeld 1925a, S. 90).

Argumentation ist vom Denkstil her eine Anwendung der »soziologischen Ethik« seines Lehrers Wilhelm Jerusalem:

> »Diesen Zusammenhang zwischen Mensch und Menschheit, zwischen dem Bewußtsein vom Eigenwert jedes einzelnen Menschen und der ganzen Menschheit als einer großen Einheit [...] darf man keinen Augenblick außer acht lassen, wenn man die sittliche Entwicklung der Menschheit verstehen und ihre Ziele erfassen will« (Jerusalem 1899/1919, S. 347).

Mein letzter Punkt betrifft die Wirkabsicht von Bernfelds Gemeinschaftserziehung. Baumgarten war ein Mittel im Kampf um die Zukunft Palästinas, den Bernfeld über die »Schaffung kultureller Tatsachen« führen wollte. Dabei instrumentalisierte er die Kinder, die in Baumgarten »bewußt als Kader für eine künftig größere, vollkommenere und organischere Unternehmung« ausgebildet werden sollten (Bernfeld 1921a, S. 29). Das Kinderheim wurde gleichsam als pädagogische Kampffront gegen andere Interessengruppen und Ideologien aufgebaut. Aufgrund des Kräfteverhältnisses – Bernfelds sozialistische Vorstellungen zur Zukunft Palästinas waren denen der jüdisch-nationalen Partei (Zionisten) und der assimilatorischen Kreise unterlegen – benötigte Bernfeld größtmögliche Geschlossenheit seiner Erneuerungsbewegung. So wie Kommandant und einfacher Guerillero gemeinsam im Hinterhalt liegen[138], versuchte Bernfeld seine pädagogische Kampftruppe zu homogenisieren. Dass für Autonomie bei diesem Unternehmen wenig Raum bleibt, ist leicht einsichtig.

Auch theoretisch lässt sich begründen, warum Bernfelds Konzeption nicht zu Kritikfähigkeit und Autonomie erzieht, sondern eher einen Charakter sozialisiert, der der »autoritären Persönlichkeit« in Adornos gleichnamiger Untersuchung nahekommt. Wie in Kapitel 2.1. beschrieben, vergesellschaftet Bernfelds Gemeinschaftserziehung die egoistischen Triebe durch Schaffung von Identifikationsmöglichkeiten mit sozialem Inhalt. Derselbe Mechanismus sichert die libidinöse Konstitution der »Kwuzah« und der »Schulgemeinde«.

---

138 In einer starken Armee hingegen werden General und Soldat kaum gemeinsam an vorderster Front kämpfen. Mächtige Organisationen haben vertikale Strukturen und kultivieren Heterogenität.

Er reproduziert ein Schema, das unabhängig vom jeweils konkreten Kontext funktioniert: Sei es in der Familie, im Rahmen eines sozialen Milieus oder, wie in Baumgarten, innerhalb sozialpädagogischer Institutionen – sobald zwischen Kind und Bezugsperson eine Brücke in Form eines einzigen gemeinsamen Charakterzugs besteht, kommt es zur formalen wie inhaltlichen Identifikation mit einem äußeren Objekt als Ichideal, was seinerseits die Matrix für kollektive Identifikationsvorgänge bildet. Bernfeld ist sich später bewusst geworden, dass pädagogische Einrichtungen, die auf der Basis solcher »Freudschen Mechanismen und Dynamismen« aufbauen (Bernfeld 1929g, S. 256), Instrumente sind, die jenseits ihrer theoretischen Neutralität auch im Dienste der »antisozialen Täuschung« stehen können (Bernfeld 1921a, S. 58). Im »Sisyphos« führt er exemplarisch vor, wie sich der bürgerliche Unterrichtsminister Machiavell bei Freuds »Massenpsychologie« bedient, um die Arbeiterjugend ihrem Herkunftsmilieu zu entfremden und eine Entsolidarisierung des Proletariats zu bewirken (Bernfeld 1925a, S. 98–106). Im gleichen Buch kritisiert Bernfeld die »libidinöse Identifikation« als »Plasmadidaktik« (ebd., S. 77) bzw. als »natürliche Lernmethode« (ebd., S. 79) und beschränkt deren Geltungsbereich auf die Beziehung zwischen Mutter und Kind. Sobald es um die Vermittlung von kognitiven und sittlichen »Bewußtseinsinhalten« gehe, sei eine »künstliche, institutionelle Methode« notwendig: der Unterricht (ebd., S. 78). Vier Jahre nach Baumgarten reflektiert Bernfeld, dass »libidinöse Identifikation« (ebd., S. 77) zur Erklärung erzieherischer Prozesse nur beschränkt leistungsfähig ist. Im Baumgarten-Text jedoch stellt dieser (sozial-)psychologische Mechanismus den theoretischen Kern dar. Einer Gemeinschaftserziehung ausgesetzt, die vorrangig auf Identifikation und Nachahmung basiert, bleiben die Baumgarten-Kinder als Mitglieder einer hochintegrierten »Schulgemeinde« ohne kritisches Bewusstsein und entsprechend unfähig zur distanzierten Reflexion.

Baracke Nr. 2 (nicht Bernfelds Heim zuzurechnen) mit Kindern, von Norden gegen Süden aufgenommen.

Holzbaracke des Baumgarten-Lagers (ohne Besonderheit)

Das Barackenlager Baumgarten wurde ca. 1917, gegen Kriegsende, als Kriegslazarett erbaut. Es war ein großes Lager (die Fotografie zeigt die Ausdehnung des Lagers nur andeutungsweise), das im Stadtteil Penzing-Baumgarten lag. Im Norden wurde es von der Linzerstraße (Nr. 299-321) begrenzt, im Westen durch die Deutschhordenstraße, im Osten durch den Baumgartner-Kasinogarten (Lautensackgasse und Pierrongasse) und im Süden grenzte es an die Bahntrasse der 1898 eröffneten Stadtbahnlinie Hütteldorf-Heiligenstadt. Die Straßennamen stimmen mit den heutigen überein und sind auf dem Lagerplan verzeichnet.

Bernfeld belegte mit seinem Kinderheim von August 1919 bis ca. April 1920 die Baracken Nr. 27, 28, 29, 30 sowie 17 und 18. »Die Baracken tragen die Nummern 27, 28, 29, 30, nebeneinander an einer Seite der letzten Barackenstraße stehend, und 17 gegenüber 27 auf der anderen Seite der Straße. Baracke 18 gegenüber 28 war uns leihweise überlassen worden (und diente als Depot). Der Spielplatz erstreckt sich hinter Baracke 27 und 28, eine Wiese hinter 29 und 30, die andere längs Baracke 30, vor ihr, sie teilweise umgebend, der Obstgarten. Zwischen den Baracken führen breite, von Beeten eingesäumte Straßen; die Straße zwischen Baracke 28 und 29 war von uns umgepflügt und der ganze Raum als Gemüsegarten eingerichtet worden« (Bernfeld 1921a, S. 36).

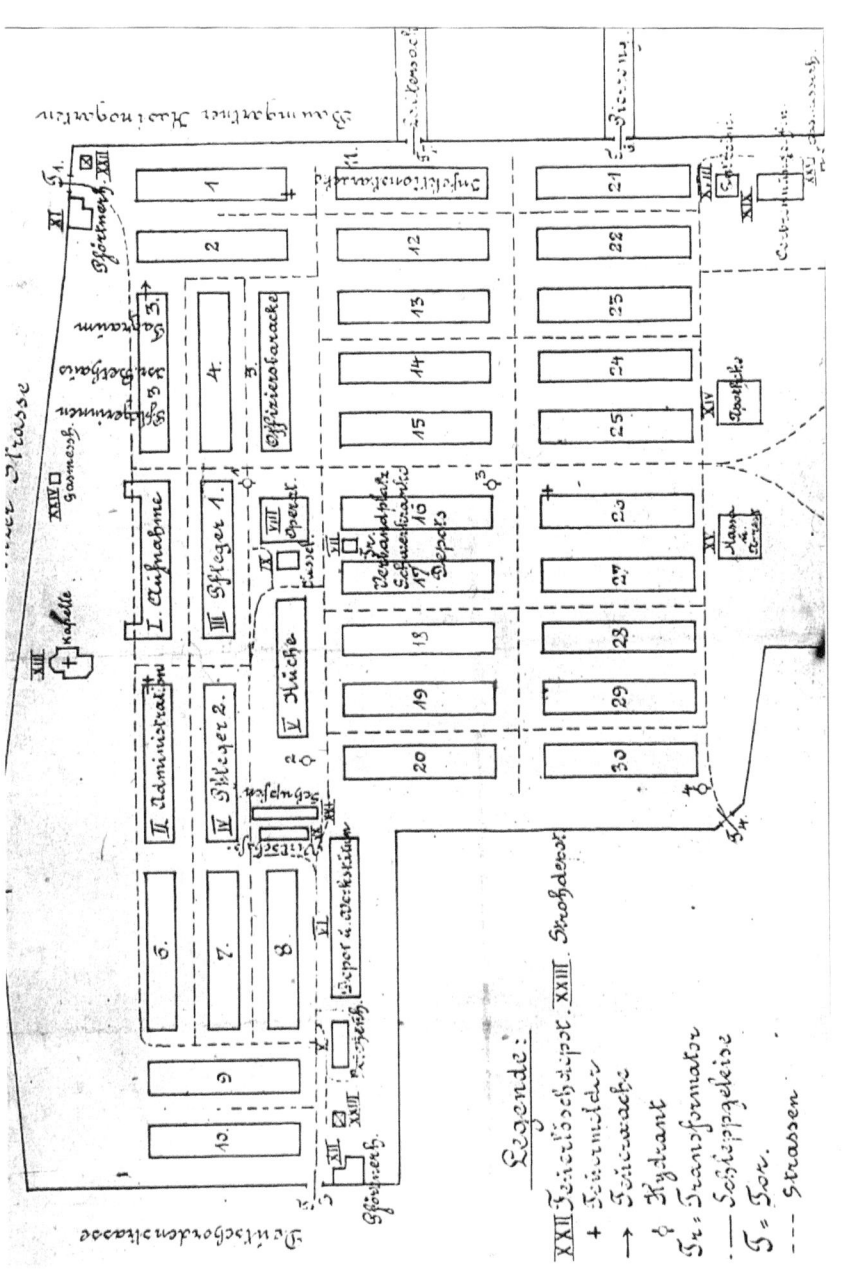

Das Bild zeigt die Eröffnung eines französisch-englischen Kinderheims mit dem 2. Österreichischen Bundespräsidenten der Ersten Republik, Dr.

Michael Hainisch (Amtszeit 1920-1928), im Vordergrund. Die Eröffnung erfolgte aber erst 1920, nachdem Bernfelds »Versuch mit neuer Erziehung« bereits beendet war. Dass das Baumgarten-Barackenlager von weiteren stationären Einrichtungen für Kinder und Jugendliche (oft finanziert durch die Siegermächte) genutzt wurde, zeigen auch die Fotos der Baracken 5 und 2. Das Baumgarten-Lager diente zudem als Zwischenstation für einen Teil der verwahrlosten Kinder aus (Ober-)Hollabrunn, nachdem man auch Aichhorns Heim rasch geschlossen hatte. Diese Nutzung fand ebenfalls einige Monate nach Bernfelds Zeit in Baumgarten statt (persönlicher Hinweis von Frau Helga Schaukal-Kappus).

Das Bild des ErzieherInnenteams gleicht der Aufnahme, welche im Band 11 der Sämtlichen Werke (Bernfeld 1921a, 155) und im Reader von Fallend und Reichmayr (1992, S. 93) abgebildet ist, ist aber nicht identisch. Zeitlich sind die beiden Bilder wohl knapp hintereinander aufgenommen worden, vielleicht aufgrund eines aufnahmetechnischen Vorgehens (i. S. von ›ich fotografiere, dann du, damit alle drauf sind‹). Vegetation und Kleidung lassen vermuten, dass es Oktober oder Anfang November war. Interessant sind die personalen Veränderungen auf den zwei Teambildern. Während hier 23 Personen zu erkennen sind, werden auf dem anderen von Herrmann nur 18 benannt. Wer ist wohl die dunkelhäutige Person in der 1. Reihe?

Das Seder-Bild stammt vermutlich aus der Endphase des »Versuchs mit neuer Erziehung«. Seder ist ein Ritus, welcher im Rahmen des Pessach-Festes (Passah) gefeiert wird. Das Pessach-Fest wird in der Woche vom 15. bis 22. Nisan als Familienfest gefeiert und erinnert an den Auszug aus Ägypten, also die Befreiung der Israeliten aus der dortigen Sklaverei. 1920 fiel der 15. Nisan auf den 3. April. Das Bild musste also spätestens am 10. April 1920 aufgenommen worden sein, was sieben Tage vor dem Weggang des ErzieherInnenteams (Bernfeld 1921a, S. 146) ist. Dass die ErzieherInnen nicht an einem separaten Tisch sitzen, ist für jene Zeit unüblich und kann als Indiz interpretiert werden, dass das Bild nicht aus der Zeit nach Bernfeld stammt. Die Kinder lesen auf dem Bild in der Haggada, welche die Liturgie des Seder in Form von Lobgebeten, Liedern und Bibeltexten enthält. Klar erkennbar sind auch die weiß gekleideten Pflegerinnen, die Bernfeld als korrupt beschreibt (1921a, 150) und die er von Anfang an gegen zionistische Pioniere ersetzen wollte. Hoffer

»Seder« im Kinderheim Baumgarten

(1965, S. 165f.) schreibt von einer Revolte, zu der es am Morgen der Seder-Feier kommt, weil das Heim noch mehr herausgeputzt worden sei als sonst üblich bei solchen Feiern und die Knaben Wein entdeckt hätten, der für die Vertreter der Trägerschaft bestimmt war. Der Grund für dieses Abrücken vom Alltag ist der Besuch einer amerikanischen Delegation des JDC. Dass dieses Seder-Bild nun 90 Jahre später im JDC-Archiv von New York auftaucht, passt ganz gut zum Bericht von Hoffer.

Joint Distribution Committee,
Vienna Branch.

"Seder" at our Orphanage in Baumgarten
(Vienna XIII).

Baumgarten

Gottesdienst an einem jüdischen Feiertag. Dieses Bild stammt auch aus dem JDC-Archiv in New York. Der Gottesdienst dürfte deshalb ebenfalls im Rahmen des Pessach-Festes gefeiert worden sein. In der zweiten und dritten Reihe zuvorderst sieht man zwei Knaben in Uniformen, wie sie Mitglieder der »Histadruth Haschotrim«, d. h. des Wächterbunds um die beiden Erzieher Wilhelm Hoffer und Gerhard Fuchs, getragen haben könnten. Weiter rechts in der 5. Reihe steht ein sehr junger Knabe. Bernfeld schreibt von 60 »Kleinkindern«, die in Baracke 17 untergebracht waren (1921a, S. 33 und S. 36).

Joint Distribution Committee,
Vienna Branch.   6435

Holiday service at our Orphanage in Baumgarten
(Vienna XIII).

Baumgarten

Sowohl dieses Foto eines Gottesdienstes als auch das Seder-Bild vermitteln einen guten Eindruck der Innenräume von Baumgarten, die man sich bei der Lektüre von Bernfelds Bericht so viel schäbiger vorgestellt hat. Auch die wohlgeordnete Kindergruppe will gar nicht recht passen zum freiheitlichen Erziehungsstil des Baumgarten-Teams. Diese Widersprüche zwischen Foto und Bericht erklärt Bernfeld wie folgt: »Channukah und Pessach wurden offiziell, und zwar von der Verwaltung, gefeiert [...]. Potemkinsche Dörfer: Sauberkeit, wohlige Wärme, gute Kleider, reichliches Essen; viel Blauweiß, Magen David [die Davidsterne auf den Vorhängen, Anm. D. B.], hebräische Dressur in Freiheit vorgeführt, kurz, jüdischnational bis in die Tischdecken (die noch am gleichen Abend ins Magazin verschwanden und trotz der Bitten der Kinder erst am nächsten Festtag wieder aufgelegt wurden)« (1921a, S. 100f.). Dieses Zitat passt als Legende der beiden Pessach-Bilder, die wenig vom Heimalltag zeigen, diesen – glaubt man Bernfeld – vielmehr verbergen.

4 Sozialpädagogik: Versuch einer Rekonstruktion des »realen Konzepts« bzw. der »impliziten Theorie« von Baumgarten

In diesem Kapitel werde ich den Versuch unternehmen, Elemente des »realen Konzepts« des Baumgarten-Experiments zu rekonstruieren. Mit »realem Konzept« meint Graf »jene Art des erzieherischen Handelns [...], die ein Beobachter etwa beobachten kann, im Gegensatz zu einem idealen Konzept, das viel eher die Selbstinterpretation des Personals ausdrückt, also die Vorstellungen darüber, wie man zu handeln glaubt« (1993b, 159).[139] Das »ideale Konzept« umfasst alles, was eine Institution über sich selber weiß, oft schriftlich festgehalten in Form eines pädagogischen Konzepts, eines Organigramms oder in Stellenbeschreibungen. Der Baumgarten-Bericht stellt idealtypisch ein ideales Konzept dar, weil Bernfeld die Theorie hinter seinem Erziehungsexperiment »nachgängig« (Fatke 1992, S. 381) explizit zu machen sucht. Graf spricht deshalb auch von »expliziter Theorie« (1993b, S. 157), ein Synonym zum Begriff des »idealen Konzepts«. Die zentralen Elemente des idealen Konzepts von Baumgarten habe ich in Kapitel 3 herausgearbeitet.

Wenn an dieser Stelle nun das »reale Konzept« thematisch werden soll, so sind damit folgende methodische Probleme verbunden. Sowohl die erzieherischen Handlungen von Bernfelds Erzieherschaft als auch der gelebte Alltag der

---

[139] Graf hat dieses institutionsanalytische Instrument wohl in Anlehnung an Überlegungen seines Hochschullehrers Peter Heintz entwickelt, der zwischen »idealen und realen Rollen« unterscheidet: »Elemente der sozialen Struktur sind zum Beispiel die Rollenmuster oder idealen Rollen, wie etwa diejenigen des Richters, der Hausfrau, des gelernten Arbeiters und so weiter. Allerdings werden die zur Struktur gehörigen Rollen im Sinne von Verhaltenserwartungen nicht immer in Übereinstimmung mit diesen Mustern gespielt, weshalb man zwischen idealen und realen Rollen zu unterscheiden pflegt« (Heintz 1968, S. 24).

Baumgarten-Kinder lassen sich im Nachhinein nicht mehr, wie Graf fordert, direkt beobachten. »Jede Analyse von realen erzieherischen Konzepten wird mit Vorteil bei der Untersuchung der Insassenrolle ansetzen. Die Art und Weise, wie Insassen in Organisationen ihren Alltag leben, läßt sich als eine Codierung dieses Realkonzeptes lesen« (ebd., S. 159). Sowohl das normative Feld der Erzieherschaft als auch dasjenige der Insassen sind uns im Fall von Baumgarten nur symbolisch vermittelt zugänglich. Das methodische Problem besteht infolgedessen darin, den Reflexionsprozess und die damit verbundenen Selektionsprozesse ›rückgängig‹ zu machen, um so auf den realen Erziehungsprozess in Baumgarten einen ›unvermittelten‹ Zugriff zu bekommen. Das ist natürlich unmöglich. Graf, dessen Referenzschema die französische Institutionsanalyse ist (Weigand/Hess/Prein 1988), erwähnt folgende methodischen Möglichkeiten, um an das reale Konzept heranzukommen:

> »Der manifeste Teil des Einrichtungskonzeptes ist in der Organisation des Alltages durch die Strukturen der Einrichtung sichtbar. Er läßt sich an den Zeitplänen, den Sitzungs- und anderen Plänen, der räumlichen Organisation, der Regelung des Zutritts zu bestimmten räumlichen Zonen innerhalb der Einrichtung anhand des Mitgliedschaftstatus usw. ablesen. Die Einrichtungen geben sich in der Regel große Mühe, als strukturierte und geordnete Organisationen wahrnehmbar zu sein. Neben diesen Bemühungen um Klarheit, Transparenz und Überprüfbarkeit der eigenen Arbeit existiert in jeder Einrichtung aber auch ein Latentes, das sowohl die Welt der Insassen als auch diejenige des Personals umfaßt. Als Latentes ist es nicht direkt wahrnehmbar. Es ist spürbar in jenem diffusen Begriff des ›Klimas einer Einrichtung‹, in den *Brüchen* der angestrebten Klarheit, die sich mit geradezu bösartiger Hartnäckigkeit immer wieder äußern und in der *Abweichung* sowohl der Insassen als auch des Personals. [...] So findet eine Zweiteilung des erzieherischen Konzeptes statt. Es existiert ein Konzept auf dem Papier und eines in den Köpfen des Personals. Diese beiden Konzepte müssen sich nur in Teilen entsprechen. Als reales Konzept bezeichne ich jenes Konzept, das in der Imagination des Personals besteht, weil es jenen Rahmen darstellt, worauf das Personal seine erzieherischen Handlungen bezieht. *Das jeweilige reale Konzept der Einrichtung bestimmt den Rahmen und den Umfang, in welchem das vorhandene Latente durch seine Emergenten einer Analyse zugänglich ist oder nicht.* Zu oft werden in seinen Äußerungen nur die Störungen und Irritationen, die sie auch sind, wahrgenommen« (Graf 1993c, S. 135; Hervorhebungen D. B.).

Graf führt hier den Begriff der Latenz ein und bezeichnet damit eine Ebene in der Institution, die »nicht direkt wahrnehmbar« sei, sondern sporadisch über »Emergenten« an der Oberfläche des Alltagsgeschehens aufscheine. Solche »Emergenten« des Latenten würden sich als »Störungen«, »Irritationen«, »Brüche«, »Abweichungen« und betriebsklimatische Phänomene (z. B. plötzliche Veränderungen einer Gruppenstimmung) manifestieren und seien in Erziehungseinrichtungen oft unerwünscht. Unerwünscht sind sie, weil sich in Form dieser »Emergenten« Aspekte zurückmelden, die mit der institutionellen Grundspannung (vgl. hierzu Kap. 5.1) in Zusammenhang stehen: »Der Verzicht auf bestimmte Erfahrungsgehalte der Institution ist also immer auch der Verzicht auf Widersprüchlichkeit, bzw. die Vermeidung eines offenen Konfliktes und bedeutet, dass die Spannungen latent bleiben« (Vogel 2006, S. 47).

Wenn ich Graf richtig verstehe, sieht er nun gerade in diesen »Emergenten des Latenten« den Hebel zur Analyse des realen Konzepts. Ob überhaupt und inwieweit diese Abweichungen von der Norm und vom Regelfall zueinander in Beziehung gesetzt und »einer Analyse zugänglich« gemacht werden können, ist abhängig vom realen Konzept. Dieses ist demnach das Referenzschema[140] für die Deutung der Emergenten des Latenten. Für die Analyse des realen Konzepts im Baumgarten-Versuch können wir daraus ableiten, dass überall dort, wo Bernfeld von Ereignissen berichtet, die sich nicht ohne Weiteres als empirische Evidenz seiner expliziten Theorie verstehen lassen, Emergenzen des Latenten vorliegen, die Hinweise auf das reale Erziehungshandeln enthalten. Der Baumgarten-Bericht weist diesbezüglich eine große Qualität auf: Bernfeld berichtet von Brüchen bei der Entwicklung der Schulgemeinde und von unerwarteten Reaktionen, denen sie im ersten Moment ratlos gegenüber gestanden hätten. An diesen Stellen, die ich im Sinne von Graf als »Emergenten des Latenten« verstehe, wird das Maß der Nichtübereinstimmung von realem und idealem Konzept sichtbar. Ich werde aufzeigen, wie Bernfeld versucht, seine explizite Theorie von Baumgarten im Anschluss an diese Ungereimtheiten zu erweitern.

---

140 Vogel spricht vom »wirksamen konzeptionellen Referenzschema« (2006, S. 72).

Die Deutung der Emergenten gelingt Bernfeld jedoch nicht immer. Die Störungen und Irritationen übersteigen manchmal das Reflexionspotenzial, welches zur Konzeptualisierung des erzieherischen Prozesses bzw. zur Revision des idealen Konzepts erforderlich ist. Für Bernfeld spricht, dass er sein Scheitern bewusst halten kann: »Wir waren durch die Wirkungen eines Versuchs gekränkt anstatt belehrt« (Bernfeld 1921a, S. 105). Dass die Daten aus einem Experiment beim Forscher auch Angst und andere Affekte auslösen können, die dann dem Erkenntnisprozess in die Quere kommen, ist aus sozialwissenschaftlichen Untersuchungen bekannt (Devereux 1984). Dieser Zusammenhang bedeutet für das hier diskutierte methodische Problem, dass überall dort, wo Bernfelds Ton aufgeregt wird oder Ausdrücke verwendet werden, die in Bezug auf das zu bezeichnende Phänomen eine unangemessene Emotionalität enthalten, Emergenten des Latenten vorliegen, die nun aber im Unterschied zum oben erwähnten Fall nicht im Rahmen des realen Konzepts verstanden werden können, sondern beim Autor des Baumgarten-Berichts Abwehr mobilisieren. »In Analogie zur psychoanalytischen Begrifflichkeit kann […] von einer Abwehr von Konflikten in Institutionen gesprochen werden, die darauf beruht, dass bestimmte Erfahrungsgehalte latent gehalten werden« (Vogel 2006, S. 47).

Der Aufbau dieses Kapitels folgt den Emergenten des Latenten, entlang denen die Abweichungen vom idealen Konzept bestimmt werden. An diesen Stellen bereitet die Konzeptualisierung des erzieherischen Prozesses Bernfeld Schwierigkeiten. Durch die Analyse dieser Emergenten kann auf das reale Konzept bzw. auf das »wirksame konzeptionelle Referenzschema« (ebd., S. 72) von Baumgarten geschlossen werden. Damit wird der Rahmen sichtbar, welcher die erzieherischen Handlungen jenseits der expliziten Theorie und Ideologie real strukturiert. Dieser Rahmen ist sozialpädagogisch-therapeutisch im modernen Sinne. »Die Lehrer ermöglichten, was man heute Gruppentherapie nennt: in Kwutzot und der Schulgemeinschaft übten die Schüler Selbstreflexion und ließen unter Gruppendruck von destruktiven Verhaltensweisen ab« (Utley 1979, S. 364; Übersetzung M. R.). Was Bernfeld in Baumgarten macht, ist wirklich Therapie. Das aber hatte er sicher nicht geplant. Die sozialpädagogisch-therapeutischen Aspekte des Baumgarten-

Versuchs entstehen als Krisenintervention und werden teils in das psychoanalytische Referenzschema eingebaut, teils mit der linkszionistischen Ideologie amalgamiert.

4.1 Die impliziten Voraussetzungen des Bernfeld'schen Konzepts von Gemeinschaftserziehung: »ein Kern für Freiheit und Verfassung reifer Kinder«

Dem »organisatorischen Grundriß« (Bernfeld 1921a, S. 31ff.) lässt sich entnehmen, was in Baumgarten ursprünglich geplant war. Interessant ist, was sichtbar wird, wenn man die betreffende Textpassage genauer analysiert. Hierzu habe ich sie tabellarisch dargestellt. Die einzelnen Dimensionen des organisatorischen Grundrisses sind als Zeilen voneinander abgegrenzt.

Der organisatorische Grundriss besteht aus einer Aufzählung mehrerer Bedingungen, die für das »pädagogische Gelingen« unabdingbar sind. Die zentrale Prämisse findet sich gleich zu Beginn des Absatzes: »Für das pädagogische Gelingen einer großen Schulsiedlung ist entscheidend, ob von Anfang an ein Kern für Freiheit und Verfassung reifer Kinder […] vorhanden ist« (Bernfeld 1921a, S. 30). Das bedeutsame Wort ist hier »reif«. Neben den »reifen« Kindern werden

➢ eine »Anzahl von arbeitenden Jugendlichen«, ohne die kein »Schülerausschuß« gebildet werden könnte (ebd.);
➢ »eine Gruppe […] von Lehrern«, die Persönlichkeiten im Sinne von Bernfelds pädagogischen Idealvorstellungen sind (ebd.);
➢ eine »leidenschaftliche Arbeitsgesinnung«

als Voraussetzungen für das »pädagogische Gelingen« genannt.

Ebendieses ›Anforderungsprofil‹ setzt Bernfeld im unmittelbar anschließenden Textabschnitt auf Baumgarten um, was in die rechte Spalte der Tabelle eingearbeitet wurde. Er benennt die tatsächliche Anzahl und altersmäßige Zusammensetzung der Kinder, er spricht über die vorliegenden Qualifikationen der angestellten Lehrer, er erwähnt sein Desiderat eines Gemeinschaftslebens der Erzieherschaft, und er spricht von »Vorbereitung der Schulsiedlung direkt in Baumgarten« – für die, wie er dann einräumt, »nichts geschehen konnte« (ebd., S. 31f.). Warum »nichts geschehen konnte«, dokumentiert er anhand der Beschneidungen, die sein organisatorischer Grundriss seitens des Joint erfuhr.

Interessant ist nun, dass in Bernfelds ›Umsetzung des Anforderungsprofils‹ von der »Reife« der Kinder nicht mehr die Rede ist – sie fällt sozusagen stillschweigend unter den Tisch (das entsprechende Feld ist in der Tabelle leer).

	Anforderungsprofil	Umsetzung des Anforderungsprofils
Kinder	»[…] ein Kern für Freiheit und Verfassung reifer Kinder« (S. 30)	
	»[…] eine – und wäre es nur eine kleine – Anzahl von arbeitenden Jugendlichen, die fähig sind, Verpflichtungen im Schülerausschuss und in den Werkstätten auf sich zu nehmen« (S. 30)	
Altersgruppen	bis 6 J.: 60 vorschulpflichtige Kinder (S. 31)	keine vorschulpflichtigen Kinder
	6-14 J.: 60 Knaben und 60 Mädchen (S. 31)	Das Kinderkollektiv setzt sich fast ausschließlich aus dieser Altersklasse zusammen.
	über 14 J.: ca. 25 männliche Jugendliche und 25 weibliche Jugendliche (S. 31)	keine männlichen Jugendlichen über 14 Jahre (Verbot des Joint-Präsidenten); Mädchen über 14 Jahre fallen mangels qualitativ guter Ausbildungsmöglichkeiten im kaufmännischen Bereich weg (vgl. S. 32)
	insgesamt 230	insgesamt ca. 250; davon weilten abwechselnd jeweils 100 im Ausland (vgl. S. 38)
Lehrer	eine Gruppe »von Lehrern, die es gelernt haben, persönliche Ambitionen auf Würde und unfehlbare Befehlsgewalt abzulegen und sich mit Kameradschaftsführerschaft zu bescheiden« (S. 30)	»[…] trotzdem war zweifellos das auffallendste Charakteristikum unserer Schule eine wirklich ernsthafte und weitgehende Gestaltung des neuartigen Verkehrs der Erwachsenen (Lehrer) mit den Kindern« (S. 49f.)
	vorzügliche Didaktiker der neuen Methoden (vgl. S. 31)	»Man kann auch mit Recht darauf hinweisen, dass auch nicht alle Lehrer den höchsten, nicht einmal hohen Anforderungen entsprachen, und dennoch die pädagogische Leistung als Ganze nicht durchaus schlecht war. Wir anerkennen solche Einwände restlos« (S. 150f.)
	junge Leute, vor allem Hörer des Pädagogiums, welche »mit jüdischer Bildung Kinder- und Jugendführerqualitäten verbinden« sollten in Baumgarten die Möglichkeit erhalten, eine Art schulisches Praktikum zu absolvieren (vgl. S. 31)	keine Pädagogiumshörer (vgl. S. 32)

4.1 Die impliziten Voraussetzungen des Bernfeld'schen Konzepts ...

Klima	»eine leidenschaftlichen Arbeitsgesinnung, die ausgeht von den eigentlich arbeitenden Menschen in der Siedlung« (S. 30)	am Ende des Versuchs kritisiert die Erzieherschaft eine «Geringschätzung der ›niedrigen Arbeit«« und eine entsprechende »Behandlung derer, die sie verrichten« (S. 142)
Heimleben	Möglichst viele Schulsiedlungslehrer sollten auf dem Heimareal wohnen. Einrichtungen wie Bibliothek, Musik- und Gesellschaftszimmer sollten die Kommunikation und Bildungsmöglichkeiten auf dem Areal fördern (vgl. S. 31)	Lehrer wohnen aufgrund der unzumutbaren Verpflegungs-, Gesundheits-, Heiz- und Wohnverhältnisse in Baumgarten fast ausnahmslos auswärts. Es entwickelte sich keinerlei angeregtes und anregendes Gemeinschaftsleben von Erwachsenen (vgl. S. 32)
Lehrwerkstätten	An folgenden Orten sollte eine »richtige Lehrzeit« absolviert werden können: Tischlerei, Buchbinderei, Schusterei, Gemüsegarten, Kleinviehhof, Haushalt, Küche, Nähstube. Daneben »Unterrichtskurse«, die Möglichkeit der geistigen Ausbildung bieten (vgl. S. 31)	Wegfall aller Werkstätten (außer einer kleinen Schulwerkstätte) (vgl. S. 32)
Logistik	keine Dienstmädchen und Diener ...	Erna Patak will in ihrem Bereich keine freiwilligen Hilfskräfte, sondern nur Angestellte oder wohltätig Beschenkte (vgl. S. 32)
	... sondern Chaluzim und Chalozoth (= »Pioniere« = ältere Pfadfinder) (vgl. S. 31)	Verwaltung entledigt sich schnellstens der unbequemen Chaluzim und engagiert christliches Personal (vgl. S. 32)

Abb. 7: »Organisatorischer Grundriß« von Baumgarten: Plan und Realität (nach Bernfeld 1921a, S. 30ff.)

Dass die Baumgarten-Kinder nicht im Entferntesten »reif« waren, wird dann im Bericht kommentarlos als Faktum präsentiert. Nun könnte man argumentieren, das sei auch nicht weiter verwunderlich, denn Bernfeld habe ja gewusst, dass er mit Baumgarten *noch* keine Schulsiedlung würde realisieren können; dadurch habe auch das Kriterium »reife Kinder« nicht mehr *die* Rolle gespielt. Da Bernfeld aber andererseits klare Vorstellungen darüber artikuliert, aus welcher Schicht sich die Klientel seiner Schulsiedlung rekrutieren soll – den Kriegswaisen –, wird deutlich, dass er auch bei einer direkten Realisierung der Schulsiedlung mit der von ihm anvisierten Klientel (= Kriegswaisen) genau dasselbe Problem der nicht im entferntesten reifen Kinder gehabt hätte.

Die Frage, inwiefern Bernfeld selbst geahnt hat, dass sein Konzept einen gewissen ›Schiel‹-Effekt aufweist, ist schwierig zu beantworten. Schenkt man der Anekdote Hoffers Glauben, wonach Bernfeld ihn eingeladen habe, am 15. Oktober 1919, d. h. am Tag der Eröffnung Baumgartens, vorbeizuschauen

»und einige Kaninchen- und Hühnerkäfige vorzubereiten, damit die Kinder lernen können, sich um sie zu kümmern« (1965, S. 163; Übersetzung M. R.), dann muss eine gewisse Naivität oder doch jugendliche Unbedachtheit im Spiel gewesen sein. Die Verkennung der skandalisierenden Realität kann aber auch dem Handlungsdruck geschuldet sein, der vom Flüchtlingsproblem ausgeht. Der Aufsatz »Die Kriegswaisen« (Bernfeld 1916d) ist explizit »als Stück eines Tatprogramms konzipiert« (Bernfeld 1921a, S. 15) und beginnt mit dem Satz:

> »In den mährischen Flüchtlingslagern wurden 1000 jüdische Waisenkinder gezählt; 18000 etwa irren – wörtlich – in den Straßen der Städte und Dörfer Galiziens umher. Aus der Bukowina, aus Polen und Rußland ist noch nichts Genaues bekannt, aber zweifellos, wir müssen die Zahl 20000 vervielfachen. Kaum vermögen wir uns diese Zahlen vorzustellen« (ebd., S. 11).

Neben diesen quantitativen Erwägungen zur Größe des Problems sucht man vergeblich nach Überlegungen bzgl. qualitativer Aspekte: Nicht thematisiert werden bspw. psychosoziale Probleme, wie sie sich im Anschluss an Kriegs- oder Migrationstraumata stellen (Bazzi et al. 2000). Ebenso bleibt der »soziale Ort« (Bernfeld 1929g), dem die erwarteten Ostflüchtlinge größtenteils angehören, in seiner Differenz zum mehrheitlich Bürgerlich-Assimilatorischen der Wiener Juden unberücksichtigt.

Auch wenn Bernfeld bzgl. des Problems der Ostflüchtlinge eine offensive und innovative Strategie verfolgt (vgl. hierzu Kap. 3.2.3), sind die zu dessen Bewältigung entworfenen Konzepte (»Kriegswaisenerziehung«, »freie jüdische Schulsiedlung« und »Baumgarten«) nicht in unmittelbarer Tuchfühlung mit der Realität entstanden. Bernfeld schreibt zwar, dass die »Jugendkultur-(Sprechsaal-)Jugend« als »linker Flügel der Jugendbewegung« das Studium der Soziologie gepflegt und kurz vor Kriegsausbruch Fühlung mit der sozialdemokratischen Arbeiterjugend gesucht habe. Der im letzten Heft des *Anfang* (Zeitschrift der Jugend) erschienene Bericht über eine Versammlung ebendieser Gruppe am 30. Juni 1914 zeigt aber, wie wenig weit diese Annäherung ging: »Bemerkenswert war die Beteiligung zweier Vertreter der proletarischen Jugendbewegung« (Bernfeld 1928a, S. 395).

4.1 Die impliziten Voraussetzungen des Bernfeld'schen Konzepts …

In unmittelbaren Kontakt mit Repräsentanten der ostjüdischen Jugendbewegung kam Bernfeld im Rahmen des »Österreichisch-jüdischen Jugendtags« vom 18. bis 20. Mai 1918. Dieser Jugendtag fand in einem der größten Säle Wiens, dem Großen Musikvereinssaal, statt »und wurde von seinem Präsidenten Bernfeld völlig dominiert« (Hoffer 1965, S. 151; Übersetzung M. R.). Obschon es bei diesem Anlass gelang, eine Dachorganisation der jüdischen Jugendgruppen Österreichs zu gründen, wurden Spannungen zwischen ost- und westjüdischen Vereinen teilweise durch tumultartige Auseinandersetzungen manifest.

> »Es zeigte sich bei diesem Anlaß, daß sich eine Gruppe ›Schomrim‹ [jüdische Pfadfinder, D.B.] von den Anhängern Bernfelds und Wynekens abzugrenzen begann, die, was die Berufsumschichtung und Auswanderung nach Palästina betraf, ein weitergehendes praktisches Engagement forderte, als Bernfeld dies vorsah. […] Schlomo Horowitz, ein Gruppenleiter der ›Schomrim‹, wandte sich gegen das Erziehungswesen Gustav Wynekens, das er als unsozial, weil nur Kindern privilegierter, wohlhabender Eltern vorbehalten, bezeichnete. Die Art der freien, antiautoritären Erziehungsweise Wynekens eigne sich nicht für die Persönlichkeitsentwicklung junger Juden, die vielmehr an strengere Vorschriften, ähnlich den jüdischen Gesetzen, gewöhnt werden müßten« (Jensen 1995, S. 76f.).

Bernfeld musste diese Ausrichtung der jüdischen Jugendbewegung suspekt vorkommen, denn gerade der antiautoritäre Aspekt von Wynekens Pädagogik war ihm eine zentrale Inspiration, während er der geisteswissenschaftlichen Konzeption insgesamt eher kritisch gegenüberstand.[141] Ob er versucht war, diese Tendenz innerhalb der jüdischen Jugendbewegung autoritär zu unterdrücken, ist nicht zweifelsfrei auszumachen. Bernfeld selbst berichtet von einem »kleinen Zwischenfall, der Unruhe erzeugte und den Vorsitzenden [also Bernfeld selbst, D.B.] nach den Ordnern rufen ließ« (Bernfeld 1918b, S. 119). In den »Blättern aus der jüdischen Jugendbewegung« schreibt Bernfeld über dasselbe Ereignis Folgendes:

---

141 Bernfeld »sympathisierte mit dem antiautoritären Aspekt von Wynekens Lehre, mit seinen rationalen und organisatorischen Vorschlägen, das Problem [pädagogischer Autorität, D.B.] zu lösen […]. [Bernfeld] akzeptierte Wynekens Zielsetzung, versuchte sie aber im Rahmen wissenschaftlicher Forschung zu begründen (Hoffer 1965, S. 153; Übersetzung D.B.).

> »Die östliche Jugend war es, die auf unserer Tagung durch einzelne Vertreter, durch mancherlei Zwischenrufe und bei vielen Erklärungen sich auf diesen sehr seligmachenden Standpunkt, ›Wir sind wir‹ und wir sind allein das Judentum, gestellt hat. Die westliche Jugend hat demgegenüber den richtigen Standpunkt nicht gefunden. Sie war erstaunt, gekränkt, sie hat sich beinahe aufs Bitten verlegt, während doch in Wahrheit die wirkliche Antwort darauf eine unvergleichlich viel gröbere sein müßte« (Bernfeld 1918a, S. 5).

Zu fragen wäre, was Bernfeld hier unter »gröberer Antwort« versteht. Etwa seinen oben erwähnten Ruf nach den Ordnern der Tagung? Bernfeld musste irritiert sein durch die unzivilisierte Art dieser ostjüdischen Jugendlichen, sich in die Diskussion einzubringen, auch wenn er selbst in seiner Berichterstattung durchaus eine diskursethische Gesinnung durchblicken lässt:

> »Und erst wenn [die Jugend] […] nach ihren Bildungszielen und ihren Erziehungsmethoden sich in Lager trennt, wenn sie diese Fragen im innersten erschüttern, wenn sie um deren Lösung sich innerlich bemüht, erst dann wird das Wort von der Erneuerung des Judentums mehr als ein Wort, Anfang von Wirklichkeit. Denn nur aus diesem Streit, nur aus Bewegung, die um diese Fragen kreist, kann aus der Jugend der neue Typus Judenmensch geboren werden, dessen Kommen die Erneuerung des Judentums in einem wichtigeren Sinn als dem politischen bedeutet« (Jerubbaal 1918Bernfeld 1918b/19, S. 120).

Bernfelds Lust an diskursiver Auseinandersetzung, welche im Kern die Lebendigkeit einer Gruppierung ausmacht, kommt hier deutlich zum Ausdruck. Dass diese Form von sozialer Integration an Voraussetzungen gebunden ist, welche die Kommunikationskompetenzen der einzelnen Mitglieder betreffen, bleibt hier jedoch unreflektiert. Die Frage, ob Bernfeld die subjektive Struktur der Baumgarten-Kinder aufgrund seiner bisherigen Erfahrungen hätte antizipieren können, lässt sich so beantworten, dass Bernfeld aufgrund der Irritation am Jugendtag ahnen konnte, welcher Art die Kinder in Baumgarten sein würden, auch wenn praktisch auszuschließen ist, dass die 200 Delegierten der österreichisch-

4.1 Die impliziten Voraussetzungen des Bernfeld'schen Konzepts …

jüdischen Jugendgruppen zur proletarischen Klientel von Baumgarten gehörten.[142]

Zusammenfassend lässt sich sagen, dass die Psychostruktur der Baumgarten-Kinder eine gewisse Verkennung erleidet, obschon Bernfeld punktuell mit Jugendlichen zu tun hatte, die nicht in bürgerlichen Erziehungsverhältnissen sozialisiert worden waren.[143] Diese Verkennung erleidet in dem Moment Schiffbruch, als Bernfeld seine Klientel leibhaftig vor sich hat. »Wir sind mit unserem Ideal von Schule und Jugendkultur ziemlich schroff gegen eine ziemlich unerbittliche Wirklichkeit geprallt«, schreibt Hilda Geiringer als Quintessenz des Abschnittes, in dem sie die Baumgarten-Kinder charakterisiert (1920, S. 52). Auch Bernfeld reflektiert, dass die Erzieherschaft von einem Jugendlichen ausgegangen sei, wie er idealtypisch in der Jugendbewegung anzutreffen sei: »Wir waren aus der Jugendbewegung gekommen, so schwebten uns – *uns selbst nicht klar bewußt* – junge Menschen vor: deren Debatten und unbedingte Ethik, geistiges Niveau und hinreißende Sittlichkeit« (1921a, S. 80; Hervorhebung D. B.). Der oben erwähnte ›Schiel‹-Effekt dürfte damit erwiesen sein: Bernfeld hat in Baumgarten mit einem anderen Sozialisationsniveau gerechnet, d. h. mit Kindern und Jugendlichen, die über Kommunikationskompetenzen verfügen und bzgl. moralischer Entwicklung weit fortgeschritten sind. Diese impliziten Erwartungen werden nun aber nicht erst hier, in der Mitte des Berichts, enttäuscht, sondern in aller Härte bereits ganz zu Beginn. Hoffer berichtet von zehn taubstummen Knaben,

> »einige recht groß. *Keiner wusste, wie mit ihnen umgehen.* Sie fingen an, den Vorratsraum zu plündern, wo sie sich die Mäuler mit rohen Esswaren vollstopften. Bernfeld bat mich zu helfen, die tauben und stummen Knaben aus dem Weg zu schaffen, und ich tat dies mit Hilfe eines Fußballs« (Hoffer 1965, S. 163; Hervorhebung D. B.; Übersetzung M. R.).

---

142 Lediglich ein Mädchen im Schülerausschuss ist »Schomereth« (Bernfeld 1921a, S. 66), gehört also der organisierten Jugend an, die sich im Mai 1918 versammelt hatte. In Baumgarten gab es zudem »Chaluzim« (ebd., S. 32, 83), die den zitierten »neuen Typus Judenmensch« darstellen, von dem die Erneuerung des Judentums ausgehen sollte (Jensen 1995, S. 74f.).

143 Theoretisch ist ihm die Erziehung von proletarischen Kindern aus der Lektüre von Montessoris Buch »Selbständige Erziehung im frühen Kindesalter« (1909/1928) bekannt (vgl. hierzu Bernfelds Rezeption in »Jerubbaal« 1918/19, S. 283f.).

Die heilpädagogischen Problemstellungen bleiben auch nach Überweisung dieser Gruppe von Knaben in andere Institutionen (ebd., S. 164) mannigfaltig, was das Erzieherteam um Bernfeld zeitweise wohl an die Grenze der Überforderung brachte. Zum Ausdruck kommt dies am deutlichsten in der Kurzcharakterisierung der drei Gruppen aus den drei abgebenden Fürsorgeinstitutionen (Bernfeld 1921a, S. 39 ff.). Durch dieses Kardinaldokument schimmert recht deutlich, dass Bernfeld leicht schockiert gewesen sein muss. Um einen Eindruck von der subjektiven »Struktur der Kinder« (ebd., S. 39) zu vermitteln, werde ich im folgenden Abschnitt das Kinderkollektiv beschreiben, dessen Zusammensetzung – so die These – weit weniger homogen war, als Bernfelds Bericht auf den ersten Blick glauben macht. Ich werde auch hier versuchen, die geschickten Retuschen Bernfelds sichtbar zu machen.

4.1.1 Wer waren die Baumgarten-Kinder? Subjektive Struktur und gruppale Identitäten

Die Klientel von Baumgarten besteht aus jüdischen Kindern, die aufgrund der Besetzung Galiziens und der Bukowina durch die russische Armee nach Wien bzw. Südmähren evakuiert und dort in verschiedenen Fürsorgeeinrichtungen untergebracht worden waren. Rekrutiert wurde die ca. 250- bis 300-köpfige Baumgarten-Kinderschar in drei Institutionen: Das Flüchtlingsheim *Engerthstraße* in Wien II übersiedelte als Ganzes (200 Kinder inkl. Mobiliar) nach Baumgarten, d.h. das Heim (zumindest die Kinderabteilung) wurde aufgelöst. Aus der privat geleiteten Waisen-Heimstätte *Esteplatz* in Wien III kamen 50 Mädchen nach Baumgarten, aus *Nikolsburg* in Südmähren ein »Trupp Kinder« (ebd., S. 40), der nicht allzu groß gewesen sein dürfte, weil die Gesamtanzahl von 250 Kindern ja bereits durch die Populationen von *Engerthstraße* und *Esteplatz* erreicht wird.

Ohne Bernfelds psychoanalytische Erklärung der Verwahrlosungserscheinungen an dieser Stelle zu wiederholen, kann gesagt werden, dass die Baumgarten-Kinder überwiegend Symptome einer *narzisstischen Neurose* zeigten, die zu Beginn des 20. Jahrhunderts neben dem den *hysterischen*[144] und *zwangsneurotischen* Erkrankungen einen noch kaum erforschten Neurosentypus darstellte. Diese pathogene Störung liegt auf der Ebene der narzisstischen Beziehung zum eigenen Ich, die infolge vorzeitig abgebrochener Spiegelung (ebd., S. 126) – in Baumgarten lebten fast ausnahmslos Kinder, die durch Kriegseinwirkung Mutter, Vater oder beide Elternteile verloren hatten (Geiringer 1920, S. 51) – oder negativer Stigmatisierung in Fürsorgeeinrichtungen gar nicht oder fehlentwickelt ist.[145]

Zum gemeinsamen Nenner der Persönlichkeitsstruktur findet sich eine weitere Bestimmung im Vorwort des Berichts: Es waren »proletarische« Kinder (Bernfeld 1921a, S. 10). Aus Kapitel I zur »Vorgeschichte« Baumgartens wissen wir bereits, welch kritisch-ablehnende Haltung Bernfeld gegenüber dem assimilierten bürgerlichen Judentum einnimmt. Dahinter steht eine Formel, die, cum grano salis, wohl stimmen mag: Je proletarischer, desto weniger assimiliert. Im Groben bestätigt wird das durch die überwiegende Herkunft der Kinder aus den Nordostprovinzen der Monarchie, in denen die Assimilation deutlich geringer war als im deutschsprachigen Reichsteil. Im Detail finden sich aber auch hier Unterschiede: Die *jugendlichen* Bewohner Baumgartens bezeichnet Bernfeld mit Ausnahme von rund einem Dutzend Knaben, die entweder jüdisch-orthodox waren oder zionistisch sozialisiert, als »Assimilanten merkwürdiger Art« (ebd., S. 124), die durch zwei, drei weitere Jahre jüdischer Flüchtlingsfürsorge zu ›richtigen‹ Assimilanten geworden wären (vgl. ebd., S. 125). Bezüglich der *Kinder* schreibt er: »Es waren so gut wie lauter Ostjuden, zum Teil östlichste Judenkinder« (ebd., S. 124). Diese Hinweise lassen sich als weitere Dimensionen interpretieren, auf denen Bernfeld den unterschiedlichen Assimilationsgrad seiner Klientel bestimmt. Es gilt nicht nur ›je proletarischer, desto weniger assimiliert‹, sondern ebenso:

---

144 Der Text »Ein Freundinnenkreis« (Bernfeld 1922c) enthält Hinweise auf einen Fall hysterischer Erkrankung im Jugendalter.

145 Aufgrund Bernfelds drastischen Schilderungen bzgl. der Verwahrlosung besteht Anlass zur Vermutung, dass die beschriebenen gravierenden Entwicklungsstörungen nicht allein auf die Zeit in den Waisenheimen zurückgeführt werden können, sondern wohl schon in frühester Kindheit durch die sozialen Gegebenheiten des Herkunftsmilieus angelegt waren.

je jünger desto weniger assimiliert, und: je kürzer die Aufenthaltsdauer in Einrichtungen der jüdischen Flüchtlingsfürsorge, desto weniger assimiliert.

Bernfeld räumt ein, dass zwischen den einzelnen Teilpopulationen in Baumgarten erhebliche Unterschiede bestanden: »Engerthstraße, Esteplatz, Nikolsburg bezeichneten sehr lange ziemlich scharf getrennte, einander sehr feindselige Lager; und was die Kinder subjektiv als Gegensatz empfanden, bestand auch objektiv als beträchtliche Verschiedenheit des Grades und der Art ihrer Verwahrlosung« (ebd., S. 39). Wiederum zeigt sich hier der Bau von Bernfelds Argumentation: Einerseits werden die Gruppenunterschiede in Abhängigkeit zu den Verwahrlosungserscheinungen definiert; andererseits betrachtet Bernfeld dasselbe Phänomen durch die zionistische Brille, d. h. vor dem Hintergrund einer Theorie der Assimilation, deren grobes Strickmuster hier herausgearbeitet wurde (vgl. dazu auch Koch 1974, S. 32–59). Auf diese Ideologisierungstendenz, welche Bernfelds (Sozial-)Pädagogik unterzieht, werde ich weiter unten nochmals zurückkommen. Konzentrieren wir uns zunächst auf die erwähnten Gegensätze zwischen den Kindern, die Bernfeld vom »sozialen Ort« (Bernfeld 1929g) innerhalb des Systems der jüdischen Flüchtlingsfürsorge her bestimmt.

Nikolsburg (tschechisch: Mikulov) ist eine Kleinstadt in Südmähren, heute kurz hinter der österreichisch-tschechischen Grenze gelegen, also gar nicht weit von Wien entfernt. Wenn Bernfeld schreibt, dass der Zustand der Kinder aus Nikolsburg der schlimmste von allen war, ist dies nicht weiter erstaunlich. Die Provinz der Doppelmonarchie verharrte in den ersten beiden Jahrzehnten des 20. Jahrhunderts in einem quasi archaischen, vorindustriellen, also vormodernen Zustand. Andererseits gab es auf dem Land etwas, was in der Stadt Mangelware war: zu essen. Es ist daher leicht einsichtig, dass die Kinder, die von dort kamen, klagten, in Nikolsburg habe es zwar schlechter, aber mehr zu essen gegeben als in Baumgarten. In Wien war die Versorgungslage mit Nahrungsmitteln logischerweise sehr viel prekärer als im agrarischen Umland.

Vom *Esteplatz* kamen wie erwähnt 50 Mädchen, die sich selbst »zum Teil für Wienerinnen [hielten] [...], obzwar auch sie beinahe alle aus dem Osten waren« (Bernfeld 1921a, S. 124). Der Unterschied in der Selbstdefinition

4.1 Die impliziten Voraussetzungen des Bernfeld'schen Konzepts ...

liegt hier wohl in der sozialen Prägung begründet, die diese Mädchen in dem offenbar überschaubaren, gut geführten Heim erfahren hatten. Sie »waren physisch nicht nur nicht verwahrlost, sondern sorgfältig gepflegt« (ebd., S. 40). Dies steht natürlich in direktem Zusammenhang damit, dass die »Heimmutter eine sehr sorgsame, aber pathologische Frau« (ebd.) war – also, wie wir schließen dürfen, eine Angehörige der jüdisch-assimilierten Oberschicht. Das drückt sich in der Psychostruktur dieser Gruppe aus: Sie war »phantasievoller, mannigfaltiger interessiert, affektiv mehr gebunden, kenntnisreicher und [...] kultivierter, aber fast durchwegs mit starken psychopathischen Zügen« (ebd.).

Hier nun verbirgt sich das Dilemma, das Bernfeld – ich möchte fast sagen: nicht ganz von ungefähr – unangesprochen lässt. Denn so wie diese 50 Mädchen beschrieben werden, entsprechen sie am ehesten jenem »Kern [...] reifer Kinder« (ebd., S. 30), ohne den der Aufbau der Schulgemeinde nicht möglich gewesen wäre. Bernfeld dürfte sofort erkannt haben, dass nur mit den Esteplatz-Mädchen ›etwas anzufangen‹ war. Sein unausgesprochenes Dilemma aber ist, dass es sich bei diesen Kindern am wenigsten um »proletarische« handelte, sondern gerade um solche, die von assimilatorischen Tendenzen bereits recht stark beeinflusst waren. Das Dilemma besteht darin, dass das, was diese Kinder »kompetent« machte, Attribute der von Bernfeld perhorreszierten Assimilation waren. Liest man die Attribute, die Bernfeld diesen Mädchen zuschreibt, psychoanalytisch, dann ist schnell klar, dass diese Mädchen hysterisiert waren, was Hilda Geiringer auch berichtet.[146] Das ist natürlich alles andere als das Spezifikum einer proletarischen Subjektstruktur, wie schon Freud lange vor 1900 erkannt hatte: Die Hysterie ist Privileg und Domäne des Bürgertums. Bernfeld kann das auch gar nicht verdecken – explizit spricht er davon, ihr Sozialverhalten entspreche dem, was »sonst typisch für wohlverzogene Bürgerkinder ist« (ebd., S. 40). Bernfeld sieht sich also vor dem Paradox, dass er seine Vision einer proletarisch-sozialistischen Erziehung nur mithilfe bürgerlich-assimilierter Kinder auf die Beine bringen kann, weil die wirklich proletarischen Kinder nicht die geringsten Voraussetzungen dazu

---

146 »Wir hatten viele hysterische Kinder, viele Bettnässer« (Geiringer 1920, S. 116).

mitbringen. Genau gegen diese bürgerlich-assimilierte jüdische Klasse und ihren Phänotyp jedoch polemisiert Bernfeld dann aber wieder, wo er kann.

Stellt man sich die Leiterin des Heims am Esteplatz vor, so sieht man eine Fabrikantenwitwe vor sich oder auch eine reiche, unverheiratet gebliebene Erbin mit ›karitativer Ader‹. Solche ›Damen der Gesellschaft‹ gründeten zu Kaisers Zeiten massenhaft Heime, sei es für ›gefallene Mädchen‹, sei es für Waisenkinder oder andere Hilfsbedürftige. Ausgehend von dieser Vorannahme lässt sich fragen, welche Waisenmädchen ein solche ›Dame‹ für ihr Heim wohl ausgewählt haben wird; denn Selektion[147] fand statt, das kann nicht zweifelhaft sein. Selbstredend nicht solche, die von ›ganz unten‹ kamen, also keinesfalls Einkoter, Bettnässer oder sonstwie psychosozial auffällige Kinder. Der Schluss, den wir ziehen müssen, ist: »Esteplatz« garantierte Bernfeld eo ipso ein gediegenes Sozialisationsniveau und eine stabile – freilich eben »bürgerlich« geformte – Subjektstruktur.

Wenn man sich nun die Verhältnisse in Baumgarten vorstellt, vor allem in den ersten Wochen und vor dem Hintergrund der Informationen über die infrastrukturelle Unzulänglichkeit der Einrichtung (schlechte Versorgungslage, prekäre Heizsituation, Mangel, wohin man schaut: Bekleidung, Sanitärwesen, Körperhygiene usw.), und sich dann vorstellt, wie es mit all dem am Esteplatz bestellt gewesen sein muss, dann wird einsichtig, dass die Mädchen, die von dort kamen, einen regelrechten ›negativen Kulturschock‹ erlitten haben werden. Das schimmert auch in Bernfelds Bericht durch, wenn er schreibt, die drei Gruppen hätten »sehr lange ziemlich scharf getrennte, einander sehr feindselige Lager« gebildet (ebd., S. 39). Modern ausgedrückt: Die Gruppe vom Esteplatz, als die sozial privilegierte Gruppe in Baumgarten, wird eine deutliche Abgrenzungspolitik betrieben haben, sie wird im Rahmen des Möglichen ›Besitzstandswahrung‹ im Sinne von Bourdieus »feinen Unterschieden« (1987a) versucht haben. Als Beispiel einer sozial differenzierenden Praxis kann die Alltagshygiene angeführt werden: »Einige größere Mädchen [mit einiger Sicherheit diejenigen vom Esteplatz, D. B.] versuchten trotz der

---

147 Zu fragen wäre auch nach den Auswahlkriterien Bernfelds hinsichtlich der abgebenden Institutionen, über die im Baumgarten-Bericht merkwürdigerweise kein Wort zu finden ist.

elenden Bedingungen sich halbwegs rein und ordentlich zu halten, andere Kinder starrten vor Schmutz, Ungeziefer und Ausschlägen« (Geiringer 1920, S. 51). Bernfeld wäre nicht Bernfeld, wenn ihm ein solches Ungleichheit reproduzierendes Abgrenzungsverhalten recht gewesen wäre – aber, und das ist sein Dilemma, er war sich auch im Klaren darüber, dass nur mit dieser Gruppe ebenjener »Kern für Freiheit und Verfassung reifer Kinder« gegeben war, den er zur Umsetzung seines pädagogischen Konzepts benötigte.

Neben den Gruppenidentitäten, welche über die abgebenden Institutionen definiert waren[148], gab es auch Sprachgemeinschaften, welche sich innerhalb des Kinderheims voneinander abgrenzten. Bernfeld schreibt:

> »Kaum eines der Kinder nannte sich einen Deutschen – nur die Mädchen vom Esteplatz hielten sich zum Teil für Wienerinnen […], aber es war ihnen klar, daß im Grunde Deutsch ihre Sprache sei, nicht ihre Muttersprache, aber die Sprache ihrer Zukunft. Ja, sie waren in dieser Beziehung recht empfindlich« (1921a, S. 124).

Aber warum waren sie »recht empfindlich«? Fühlten sie sich etwa bedrängt, gar bedroht durch etwas, das ihre Identität als Deutsch Sprechende in Frage zu stellen schien? Es muss da etwas gegeben haben, was sie empfindlich werden ließ, d.h. etwas, mit dem sie ihre Identität verbanden und das in Baumgarten infrage gestellt wurde. Bernfeld weist darauf hin, dass viele Kinder Deutsch nur als »entsetzliches Kauderwelsch« sprachen, aber »behaupteten, Deutsch könnten sie« (ebd., S. 124). Auffällig ist, dass er genau von diesem Punkt aus in eine Reflexion über die Minderwertigkeitsgefühle der Kinder hinsichtlich

---

148 Es gibt einen Hinweis, dass die Mädchen vom Esteplatz eine mit der Histadruth vergleichbare Machtposition besetzten. Beim Übergang von der technischen zur moralischen Ordnung sei es zu »heißen Debatten über die Mädchen [gekommen], über die Histadruth« (Bernfeld 1921a, S. 81). Nach der Konzeption Bernfelds wird das neue Ordnungsniveau durch Entmachtung partikularistischer Machtgruppen, wie es die Histadruth zweifellos war, erreicht. Warum aber werden im gleichen Zug mit der Histadruth »die Mädchen« genannt? Aufgrund des bestimmten Artikels dürfte es sich dabei nicht um allgemeine Diskussionen über Mädchen gehandelt haben. Vielmehr ist anzunehmen, dass mit »die Mädchen« eine spezifische Gruppe gemeint ist, die eine ähnliche Machtstellung wie die Histadruth innehatte. Mit großer Wahrscheinlichkeit waren »die Mädchen« deshalb die Gruppe vom Esteplatz.

ihrer jüdischen Ethnizität einbiegt. »Sie hatten im Durchschnitt keinerlei jüdische Kenntnisse« (ebd., S. 125), ergänzt er noch seine Schilderung. Dann kommt der entscheidende Satz: »Noch zwei, drei Jahre jüdische Flüchtlingsfürsorge, und sie wären ›Assimilanten‹ geworden« (ebd.).

Liest man diese Textstelle als Emergent des Latenten, kann man interpretieren, dass Bernfeld gegen die vorfindlichen identitätsstiftenden und -stabilisierenden Symbole »Esteplatz« und »Deutsch« angeht. Er muss sie zu verdrängen versuchen durch Symbole wie »Schulgemeinde«, »Kwuzah«, »Hebräisch« und »Histadruth« usw. Anders gesagt findet hier ein ›Kampf der Symbole‹ statt, dessen Schauplatz die Kinder sind. Unübersehbar deutlich wird dies im nachfolgenden Absatz, in dem Bernfeld berichtet, wie sich die Baumgarten-Kinder Stück für Stück die jüdische Kultur wieder angeeignet hätten: »Broche« (Segenspruch zur Mahlzeit), »Schabbes« (Sabbat), »Hebräisch-Unterricht« und »Freitag-Abend-Feiern« (ebd., S. 126). Bernfeld glaubt, die Kinder vor sich selbst bzw. vor ihrer ›falschen‹ Gruppenzugehörigkeit retten zu müssen. Natürlich steht die Ausbildung einer Ideologie immer im Zusammenhang mit der Integration einer Gruppierung (Bauleo 1988), aber Bernfeld verwischt hier manipulativ die Zugehörigkeit der einzelnen Heimkinder zu anderen Gruppen, denen sie ein bestimmtes Selbstverständnis bzw. eine Sprache verdanken.

Bernfeld unterscheidet zwischen zwei »inneren Gruppen« (Fischetti 1997, S. 93), welche die Matrix der inneren Welt der Baumgarten-Kinder bilden, von der aus sie denken, fühlen und handeln. »Tief zuunterst, bei den meisten schon recht verblaßt, verschüttet, unbewußt geworden« sei das »Jüdische als das selbstverständlich Bejahte der Zeit, wo noch liebende und geliebte Personen sie umgaben« (Bernfeld 1921a, S. 126). Darüber und durch Bernfelds Entwertung scharf abgegrenzt,

> »bei manchen bereits wuchernd, bei vielen sich eben ansetzend, als Bestandteil der bewußten, egoistischen gegenwärtigen Affektsphäre, aus der das Jetzt ›Engerthstraße‹, ›Nikolsburg‹ und alles Elend, alle Not in der liebeleeren Seelenwüste sich aufbaute: das Assimilatorische […]. Die Kinder waren unterwegs, menschlich anti-sozial und national anti-jüdisch zu werden« (ebd.).

Die weiter oben erwähnte Ideologisierungstendenz bricht an dieser Stelle recht massiv durch. Indem Bernfeld alle drei abgebenden Institutionen als Sozialisierungsinstanzen einer assimilatorischen Struktur entwertet und gleichschaltet, wird latent gehalten, dass es in Baumgarten von Beginn an funktionierende Gruppenidentitäten gab, Identifikationspole, die »Engerthstraße«, »Nikolsburg« und »Esteplatz«[149] hießen. Darüber findet sich keinerlei Reflexion bei Bernfeld. Vielmehr begünstigt seine Schilderung den Eindruck, die ankommenden Kinder hätten eine Art ›Tabula-rasa-Zustand‹ aufgewiesen, wo ›von Grund auf‹ angefangen werden musste – oder, kritisch formuliert: konnte. Entgegen Bernfelds suggestiver Darstellung besetzt das »Gesamt-Ich ›Schulgemeinde‹« (Bernfeld 1921a, S. 93) keineswegs eine Leerstelle, sondern bereits bestehende Gruppenidentifizierungen werden durch es ersetzt und verdrängt.

4.1.2 Bernfelds leises Erschrecken über das Erziehbarkeitsniveau der Baumgarten-Kinder

Auffälligster Emergent ist hier der inflationäre Gebrauch der Adjektive »psychopathologisch« und »psychopathisch«. Daneben gibt es eine Anzahl weiterer Beschreibungen abweichenden Verhaltens, die überraschen müssen bei einem Autor, der sieben Jahre später »die Grenze der Erziehbarkeit« soziologisch als Grenze des kapitalistischen »Systems« reflektiert (Bernfeld 1928a, S. 465) und »Verwahrlosung« als normativen Begriff bürgerlicher Pädagogik kritisiert (Bernfeld 1928g, S. 228):

- ➢ »gefährdete Kinder« (Bernfeld 1921a, S. 15)
- ➢ »verelendete Kindermasse« (ebd., S. 19)
- ➢ »Verwahrlosung« (ebd., S. 39)
- ➢ keine »analen Hemmungen [...]; Beschmutzen der Aborte« (ebd., S. 40)

---

149 Warum in der zitierten Aufzählung die Einrichtung am »Esteplatz« unerwähnt bleibt, wo doch angenommen werden kann, dass dort der Assimilationsdruck am stärksten gewesen sein muss, kann nur vermutet werden.

- »mutuelle Masturbation« (ebd.)
- »pathologische Kinder von ausgesprochenem Schwachsinn bis zu leichten Psychopathien« (ebd.)
- »durchwegs mit starken, psychopathischen Zügen« (ebd.)
- Heimmutter am »Esteplatz« war eine »pathologische Frau« (ebd.)
- »vollkommene Verbrechertypen« (ebd.)
- »halbes Dutzend psychopathologisch gebliebener Kinder« (ebd., S. 41)
- »sehr geringe intellektuelle Interessen« (ebd., S. 46)
- »sinnlose Zerstörung« (ebd.)
- »psychische Wunden [...], die zur Quelle ihrer Entartung und Verwahrlosung geworden waren« (ebd., S. 54)
- »völlig abnormales, unkindliches, selbst pathologisches Affektleben« (ebd.)
- gehemmte oder falsch [...] fixierte Affekte« (ebd.)
- »allgemeine Störung ihrer Liebesart und ihres Liebesmaßes« (ebd., S. 64)
- »nicht oder wenig psychisch geschädigt« (ebd., S. 67)
- »tobsüchtig« (ebd., S. 82)
- »arbeitsscheu und faul« (ebd.)
- »rücksichtslose Egoisten« (ebd., S. 90)
- »ungehemmtes Triebleben« (ebd., S. 107)
- »Anzahl ausgesprochen pathologischer Naturen«, »in der Schule [...] von höchster Gefährlichkeit für die anderen« (ebd., S. 116)
- »Unkonzentriertheit, Interesselosigkeit, Sprunghaftigkeit, Aggressivität, Ruhelosigkeit« (ebd.)
- »schwere Psychopathen« (ebd.)

Beachtet man die Verteilung dieser Bezeichnungen, die einer aburteilenden Alltags- und Pseudopsychologie näherstehen als einem psychoanalytischen Ansatz, so stellt man fest, dass sie an zwei Textstellen gehäuft auftreten: bei der Beschreibung der drei Teilpopulationen (ebd., S. 39f.) und bei der Charakterisierung der »Schulstürzer« (ebd., S. 116). Man kann deshalb davon ausgehen, dass diese wertenden Begriffe die Ohnmacht und Hilflosigkeit ausdrücken, diesen verwahrlosten Kindern erzieherisch zu begegnen. Deshalb werden sie als »unerziehbar« bezeichnet und pathologisiert. »Wir fühlten uns hilflos mit einigen sehr gestörten Kindern, Psychopathen oder vielleicht Hirngeschädigte [...]. Die emotional stummen Kinder stellten immer noch ein großes Problem dar« (Hoffer 1965, S. 164; Übersetzung M.R.). Wahrscheinlich ist auch, dass die »nichterziehbaren« Kinder einfach nicht die Struktur aufwiesen, wie Bernfeld sie aus seiner Arbeit mit assimilierten Jugendlichen aus bürgerlichem Hause gewohnt war. »Erziehbarkeit« stellt – wenn man so will – die Grenze eines pädagogischen Umgangs dar, der für Bernfeld »normal« war. Jenseits dieser Grenze werden die impliziten Vorannahmen des bürgerlichen Pädagogen erschüttert.[150] Bernfeld muss dazulernen, sich einen alternativen Umgang mit den Kindern und Jugendlichen aneignen, den ich als sozialpädagogisch-therapeutischen bezeichnet habe.

Der psychiatrische Diskurs um die »Unerziehbaren« unter den Zöglingen von Erziehungs- und Besserungsanstalten

Zu Bernfelds Verteidigung muss an dieser Stelle ein wissenschaftshistorischer Exkurs eingefügt werden. Bernfelds Wortwahl bei der Beschreibung der Baumgarten-Kinder, die aus heutiger Perspektive ›schwere Hämmer‹ enthält, befindet sich in Übereinstimmung mit einem psychiatrischen Diskurs, welcher um die Jahrhundertwende einsetzte und die »Unerziehbaren« unter den Zöglingen der Erziehungs- oder Besserungsanstalten zum zentralen Thema hatte. Was ich oben als pseudopsychologische Bezeichnungen kritisiert habe, findet in diesem psychiatrischen Diskurs seine ›wissenschaftliche‹ Begründung. Ich

---

150 Diese Interpretation unterscheidet sich diametral von derjenigen von Werders und Wolffs, welche die Grenze der Erziehung im Kinde als »seine durchs bürgerliche Triebschicksal begrenzte Erziehbarkeit« verstehen (1969, S. 366). In diesem Verständnis erscheint das »bürgerliche Triebschicksal« als zu überwindende Subjektstruktur und nicht – wie in meiner Interpretation – als die für Erziehung notwendige Basis, welche bei verwahrlosten Kindern erst ausgebildet werden muss.

werde diesen Diskurs in Beziehung zu Bernfelds Denken setzen, um seine unkritischen Anlehnungen sichtbar zu machen.

»Unter den deutschen Psychiatern kann wohl Otto Mönkemöller die zweifelhafte Ehre der ›Erstentdeckung‹ von ›Unerziehbaren‹ unter der Klientel der staatlich überwachten ›Ersatzerziehung‹ zuerkannt werden. Jedenfalls stammt von ihm die erste psychiatrisch-neurologische Untersuchung von Anstaltszöglingen im Kaiserreich« (Malmede 1991, S. 202). Interessant ist, dass nicht nur Mönkemöllers Terminologie z. T. mit derjenigen Bernfelds übereinstimmt, sondern auch die in der erwähnten Untersuchung entwickelte Typologie von Anstaltszöglingen. 1898 untersuchte Mönkemöller 200 Zöglinge des kommunalen Berliner »Erziehungshauses« zu Lichtenberg. Das Altersspektrum der ausnahmslos männlichen Anstaltsinsassen reicht vom Sechsjährigen bis zum fast 21-Jährigen. Ihm und seinen Kollegen sei schon nach »kurzer Zeit […] eine […] große Menge der Zöglinge als psychopathisch« aufgefallen, schreibt Mönkemöller in der Einleitung (zit. n. Malmede 1991, S. 203). Seine diagnostischen Kategorien sind: »geistiger Schwachsinn«, »epileptische Geistesstörung« und »Moral insanity«. Die letzte Kategorie könne auch »mit dem Begriffe des geborenen Verbrechers« erfasst werden (ebd.). In Bernfelds Aufsatz »Psychische Typen von Anstaltszöglingen« (1926p) stoßen wir auf eine ähnliche Einteilung: »Typus 1« umfasst die »Geisteskranken und die intellektuell Defekten« (ebd., S. 161), was in etwa der ersten und zweiten Kategorie bei Mönkemöller entspricht. Zum »Typus 2« gehören bei Bernfeld »jene Fälle […], die man mit Recht moral insanity, moralisch schwachsinnig nennt […]« (ebd., S. 162). Interessant ist, dass Bernfeld das Erziehungsheim weder für »Typus 1« noch für »Typus 2« als die richtige Maßnahme betrachtet. »Typus 1« sieht er in »Sanatorien« am richtigen Ort, »Typus 2« müsse »aus der Erziehungsanstalt entfernt werden«, weil er »gefährlich, ja ansteckend« sei (ebd.). »Typus 2« dürfte also den Knaben aus Nikolsburg entsprechen, von denen Bernfeld zwei zurückgeschickt hat und andere bis zum Schluss und vor allem im Schulbereich »ein großes Problem« darstellten (Hoffer 1965, S. 164).

Die Übernahme des Begriffs »moral insanity« lässt darauf schließen, dass Bernfeld die psychiatrischen Untersuchungen Mönkemöllers bekannt waren und dass er deren Ergebnisse als zutreffende Beschreibung einer Klientel jenseits der Grenze von Erziehbarkeit und das heißt, auch jenseits der Reichweite sozialpädagogischer Interventionsmöglichkeiten zustimmte. Übereinstimmungen zwischen Bernfelds Chrakterisierung des Baumgarten-Klientels und einer psychiatrischen Terminologie werden auch bei anderen Autoren sichtbar. Kluge bspw. fand 1905 »geistig abnorme Fürsorgezöglinge«, die

> »als *psychopathisch*, als minderwertig hingestellt werden, die auf der Grenze zwischen geistiger Gesundheit und Krankheit stehen, die insbesondere als moralisch *schwach*- oder *irrsinnig* gelten und für welche auch der Ausdruck ›*Verbrechernaturen*‹ und ›geborene Verbrecher‹ geschaffen und wohl auch noch im Gebrauch geblieben ist« (zit. n. Malmede 1991, S. 204; Hervorhebungen D.B).

Die im Zitat kursiv hervorgehobenen Ausdrücke finden sich auch in Bernfelds Vokabular zur Beschreibung der Baumgarten-Kinder. Bernfelds unkritische Adoption des psychiatrischen Diskurses übernimmt nicht nur dessen Terminologie, sondern auch die hier definierte Grenze von Erziehbarkeit: »Generell unterschieden wurde zwischen ›erziehbaren‹ Zöglingen – dazu zählten auch die sogenannten ›Schwererziehbaren‹ – und ›unerziehbaren‹ Zöglingen« (Malmede 1991, S. 205).

Dies entspricht exakt Bernfelds Typologie von Anstaltszöglingen im oben erwähnten Aufsatz (1926p). Neben »Typus 1« und »Typus 2«, welche Bernfeld nicht zur Klientel von Erziehungsheimen zählt und die in diesem Sinne den »›unerziehbaren‹ Zöglingen« aus dem Zitat zugerechnet werden können, gibt es noch »Typus 3«, die »Verwahrlosten, trotzig Verbitterten« (ebd., S. 162) und »Typus 4«, die »Normalen«, die »erziehbar durch alle die Mittel [sind], die einer Anstalt zur Verfügung stehen« (ebd., S. 163). »Typus 3« ließe sich den »Schwererziehbaren« aus dem Zitat zuordnen, die dem »Typus 2, den Hemmungslosen, ähnlich [sind]. Sie unterscheiden sich von diesen aber sehr beträchtlich. Sie sind heilbar«, schreibt Bernfeld (ebd., S. 166). Das Kriterium, welches zwischen »Schwererziehbaren« und »Unerziehbaren« trennt, besteht also in der »Heilbarkeit« der Verwahrlosung, die »Typus 3« primär charakterisiert. Das ist eine aufschlussreiche Nuance, durch die das Verschieben der Grenze von Erziehbarkeit in den therapeutischen Bereich fällt. Bernfelds Leistung in Baumgarten besteht darin, Methoden entwickelt zu haben, um verwahrloste Kinder vom »Typus 3« so zu »heilen«, dass sie nach einem halben Jahr dem »Typus 4« zugerechnet, d. h., mit sozialpädagogischen und nicht mehr therapeutischen Mitteln erzogen werden konnten. Dieses Verdienst kann sich die Psychiatrie nicht zurechnen. Deren »Bemühen um exakte Diagnose paart sich zugleich mit einem weitgehenden therapeutischen Nihilismus« (Jantzen 1987, S. 57).

Im Gegensatz zu Malmede, der hinter dem psychiatrischen Diskurs um die »Unerziehbaren« in der Fürsorgeerziehung Professionalisierungsinteressen vermutet (1991, S. 205), kritisiert Jantzen diesen Diskurs als bürgerliche »Ideologiebildung« (Jantzen 1987, S. 56). Deren Funktion sei es gewesen, die sozialen Probleme der Armut, der Verelendung und der Krankheit, welche am in die Städte strömenden bzw. dort lebenden Proletariat und noch deutlicher an der proletarischen »Großstadt-Jugend« (Bernfeld 1928g) sichtbar wurden, auf individuelle psychische Probleme zu reduzieren.

> »Dimensionen bürgerlichen Denkens wie körperliche Unversehrtheit, Bildungsfähigkeit, *Erziehbarkeit* und Rationalität des Denkens und Handelns schlagen um in psychiatrische Dogmen der körperlichen Defektivität als endogene Prozesse [...], der Bildungsunfähigkeit, der *Unerziehbarkeit* und der Unverständlichkeit. Dabei verbinden sich jewels (soweit diese überhaupt vorhanden sind) medizinisch-naturwissenschaftliche Diagnosen mit einem aufgeblähten alltagspsychologischen ›Begriffs‹-Instrumentarium, in dessen innerer Struktur der Ausschluß der ›Minderwertigen‹ immer bereits vorgedacht ist. [...] *Psychopathie* ist jede Form der Abweichung von der gesellschaftlichen Normalität: Sie wird als Minderwertigkeit [...] begriffen, die im psychischen und sozialen Prozeß ihren Ausdruck findet« (Jantzen 1987, S. 58f.; Hervorhebungen D. B.).

Auf Bernfelds »alltagspsychologische« Beschreibung der Klientel werde ich nicht mehr zurückkommen. Seine Begrifflichkeit enthält alle hier aufgezählten »Dimensionen bürgerlichen Denkens« mit Ausnahme der »körperlichen Unversehrtheit«.[151] Bestreiten möchte ich hingegen, dass der »Ausschluß

---

151 Die »Rationalität des Handelns und Denkens« bspw. findet sich als Charakteristikum des »Typus 4«, der »Normalen«: »Dieser Typus aber unterscheidet sich zugleich dadurch von unserem Typus 1, daß er in seinem Verhalten weitgehend gleichmäßig ist, also bis zu einem gewissen Grad berechenbar ist« (Bernfeld 1926p, S. 163).

der ›Minderwertigen‹« in Baumgarten »bereits vorgedacht« ist. Zwar sagt Bernfeld am zweiten Tag, dass er die Kinder, welche sich als unerziehbar erweisen würden, aus dem Heim entlasse (Bernfeld 1921a, S. 60), vollzogen wird dieses Verdikt aber nur zweimal (ebd., S. 88).

Obwohl also auch dieses Element »bürgerlichen Denkens« im Baumgarten-Text vorkommt, dürfte das »reale Konzept« – so meine These – eher einer integrativen Pädagogik entsprochen haben, die auf Ausgliederung und Sonderbehandlung der Auffälligen prinzipiell verzichtet und damit sehr passable Erfolge erzielt. Die oben erwähnte Leistung Bernfelds besteht darin, die im Kinde liegende psychische Grenze der Erziehbarkeit nach ›unten‹, weit in den Bereich schwerer Verwahrlosungserscheinungen hineinverschoben zu haben. Mit der Schulgemeinde für verwahrloste Kinder (Bernfeld 1926p, S. 167) entwickelt er in Baumgarten eine sozialpädagogisch-therapeutische Methode, welche die für damalige Fürsorgeeinrichtungen »unerziehbar« geltenden Kinder halten und in ihrer Entwicklung fördern kann. Damit konzipiert er gleichsam den sozialtherapeutischen ›Unterbau‹ der damaligen Kinder- und Jugendfürsorgeinstitutionen.[152]

4.1.3 Der Schülerausschuss als Krisenintervention und nicht unwesentliche Modifikation des Metamodells »Schulgemeinde«

Beginnen wir bei den Emergenten im Text: An mehreren aufeinanderfolgenden Tagen nach der inoffiziellen Inbetriebnahme von Baumgarten versammelt

---

152 Bernfelds Aufzählung der Auffälligkeiten (z. B. 1921a, S. 116) ist auch aus heutiger Perspektive interessant, gehören sie doch alle miteinander zum Alltagsbild von Hauptschulklassen. Dabei muss man sich klar machen, dass diese Phänomenologie heutzutage in den Bereich der Heil- und Sonderpädagogik fällt. Auch wenn einschlägige Professionalisierungsprozesse unterdessen weit fortgeschritten sind und auch im institutionellen Feld der Schule Fuß gefasst haben, bleibt die Herausforderung für Schulische HeilpädagogInnen, Psychomotoriktherapeutinnen, LogopädInnen und SchulsozialarbeiterInnen höchst anspruchsvoll, und zwar selbst unter dem Aspekt, dass heute schneller zu separativen Lösungen gegriffen wird, als dies Bernfeld in Baumgarten tat.

Bernfeld die »älteren Kinder (etwa 50)« (Bernfeld 1921a, S. 60) um sich, später dann auch die Mädchengruppe vom Esteplatz, um ihnen die Örtlichkeiten, die Prinzipien der Schule und die pädagogischen Grundregeln des Heims zu erklären sowie diesbezügliche Fragen seitens der Kinder zu beantworten. Er tut dies in der Meinung, »es würde sich die Schulgemeinde von selbst aus diesen Zusammenkünften ergeben« (ebd., S. 61), muss aber unter dem Druck der drängenden »Chaos«-Bewältigung sehr rasch erkennen, dass sich dies nicht realisieren lässt. Anstelle der »sehr zeitraubenden Besprechungen« (ebd.) will Bernfeld daraufhin ein Repräsentativsystem einführen. Dazu macht er den Vorschlag, »Schlafsaal-Zehnerschaften« (ebd., S. 62) zu bilden, der aber von den älteren Knaben abgelehnt bzw. durch das – gewiss dem Fußball-Vereinswesen mit seinem ›Spielerausschuss‹ abgeschaute – Modell eines »Ausschusses« ersetzt wird. Funktion dieser Repräsentanz ist es, die Einzelkommunikationen von potenziell 300 Kinder mit dem Leiter zu bündeln und zu kanalisieren, sodass einem Empfänger nur noch ein Sender gegenübersteht, wodurch die Kommunikationsprozesse störungsfreier und zeitökonomisch günstiger ablaufen können. »So mußte ich mich bemühen, ein Vertretersystem, ebenso natürlich und organisch wie jene Zusammenkünfte *aller*, aber weniger zeitraubend und weniger an regelmäßige Zeiten gebunden, zustandezubringen« (ebd.; Hervorhebung D. B.). Der instruktive Widerspruch besteht hier darin, dass Bernfeld zunächst von »Besprechungen« mit den 50 ältesten Kindern spricht, eine Seite später dann von »Zusammenkünften aller«, womit genau genommen nur Vollversammlungen des Kinderkollektivs gemeint sein können – die es jedoch zu diesem Zeitpunkt noch gar nicht gibt. Ich interpretiere die fehlende Kohärenz so, dass Bernfeld mit der Schulgemeinde aller beginnen wollte. Dies war sein Plan, von dem er aufgrund seiner Erfahrungen in der Jugendkulturbewegung ausging. Die »Besprechungen« mit den 50 älteren Kindern stellen also die erste Abweichung von diesem Plan dar, die Schaffung des Schülerausschusses die zweite. Beide Abweichungen entstehen – so meine These – als Kriseninterventionen, d.h. als Reaktionen auf Hindernisse bei der Implementierung der Schulgemeinde.

Diese nicht unwesentlichen Modifikationen des Metamodells »Schulgemeinde« sind aus Bernfelds Bericht zwar rekonstruierbar, werden aber kontinuierlich in den ursprünglichen Entwurf integriert, sodass sie im Zuge der Darstellung sehr rasch nicht mehr als Abweichungen, sondern als konzeptionelle Bausteine erscheinen. Zum Beispiel versieht Bernfeld bei der allerersten Nennung des Terminus den Begriff »Ausschuß« mit Anführungszeichen, um ihn damit korrekt als Fremdzitat kenntlich zu machen (ebd.). Die zweite Nennung bietet dann bereits ein Kompositum, »Ausschußmitglieder« (ebd.), in der die Originalform allerdings noch erhalten ist. Doch schon in der dritten Nennung – kaum zufällig verknüpft mit der Erwähnung eines Zeitintervalls (eine Nacht) – erscheint der Begriff in ebender Form, in der Bernfeld ihn dann konzeptuell systematisiert – als »*Schüler*ausschuß« (ebd., S. 63). Das ist genuin Bernfeld'sche Theorieentwicklung: Im Zitat, wo der Terminus technicus »Schülerausschuß« textchronologisch zum ersten Mal erscheint, lässt er nichts mehr von seiner Provenienz erkennen:

> »Für das pädagogische Gelingen einer großen Schulsiedlung ist entscheidend, ob von Anfang an ein Kern für Freiheit und Verfassung reifer Kinder; ob eine – und wäre es nur eine kleine – Anzahl von arbeitenden Jugendlichen vorhanden ist, die fähig sind, Verpflichtungen *im Schülerausschuß* und in den Werkstätten auf sich zu nehmen« (ebd., S. 30; Hervorhebung D.B.).

Wer von Bernfeld einige Texte gelesen hat, wird hier unweigerlich stolpern. Nach dem ›Initialwort‹ »Schulsiedlung« erwartet man natürlicherweise »Schulgemeinde« – dort aber steht »Schülerausschuß«. Die Entstehung des Schülerausschusses, wie ich sie oben rekonstruiert habe, ist ein Ergebnis der Baumgartner Startphase, gewissermaßen ein Produkt der Einsicht in die Undurchführbarkeit der Schulgemeinde unter den aktuellen Umständen. Das weist diesem Begriff einen bestimmten Level zu – den einer Bescheidung, einer Selbstreduktion, die, wie zu erwarten wäre, explizit artikuliert werden müsste. Was aber macht Bernfeld? Er beginnt den Absatz, in dem »Schülerausschuß« zum ersten Mal im gesamten Text vorkommt, auf einem viel höheren Level, nämlich dem der konzeptuellen Überlegungen bzgl. nicht unterschreitbarer Voraussetzungen bei der Schaffung einer Schulsiedlung. Mit anderen Worten hat er die Erfahrung von Baumgarten hier, sozusagen klammheimlich, in die ambitionierte Programmatik integriert, sodass es so aussieht, als sei ein Schülerausschuss das Selbstverständlichste von der Welt. Die Umstandslosigkeit, mit der hier ein ›Output‹ in den ›Input‹ rückeingespeist wird, ist bewundernswert.

Die Realität des Schülerausschusses gerät noch bezüglich eines anderen Punkts in Widerspruch zu Bernfelds idealer Konzeption. Die pathologisierende Beschreibung, welche oben kritisiert wurde, betrifft das Gros der Baumgarten-Kinder. Davon ausgenommen sind nur »wenige«, darunter die Mitglieder des Schülerausschusses:

> »Alle drei Mitglieder des Schülerausschusses gehörten zu jenen wenigen, für die die früher gegebene allgemeine Charakterisierung des psychischen und moralischen Zustands nicht gilt. Ihr Rechts- und Verantwortungsgefühl war stark, ihre geistigen oder wenigstens sportlichen und nationalen Interessen waren sehr bemerkenswert« (Bernfeld 1921a, S. 65f.).

Hier also ist er, der eingangs zitierte »Kern für Freiheit und Verfassung reifer Kinder«, so gibt Bernfeld dem Leser zu verstehen. Neben einem gut ausgebildeten »Rechts- und Verantwortungsgefühl« verfügen die Mitglieder des Schülerausschusses – gleichsam als Mindestanforderung – auch über »nationale Interessen«, d. h., es sind Jugendliche, die zionistisch denken und nicht assimilatorisch sozialisiert sind. Wäre das letztgenannte Kriterium bei der Selektion der Ausschussmitglieder zur Anwendung gekommen, wären die Mädchen vom Esteplatz für dieses Gremium wohl nicht in Frage gekommen, obschon sie andererseits die einzige Gruppe bilden, aus der sich besagter »Kern […] reifer Kinder« rekrutieren konnte. Bernfeld berichtet, dass die Mädchen gegen die Wahl des Schülerausschusses opponierten:

> »Einige wollten keinen Ausschuß haben; es war dies eine Minderheit, aber sie wehrte sich krampfhaft. Die Mehrheit setzte aber sogar eine regelrechte Wahl mit Stimmzettel durch (ohne Beeinflussung von Dr. G[eiringer]); die Minderheit war unglücklich, einige weinten, weil sie ›wählen mußten‹« (ebd., S. 63).

Das Demokratieverständnis, welches bei diesen Mädchen offenbar unabhängig von pädagogischer Beeinflussung vorlag und mit dem der Knaben

4.1 Die impliziten Voraussetzungen des Bernfeld'schen Konzepts ...

scharf kontrastiert[153], lässt auf einen Sozialisationstyp schließen, wie er am wahrscheinlichsten im Kinderheim Esteplatz ausgebildet worden sein konnte. Bei der oppositionellen Minderheit dürfte es sich deshalb um Mädchen aus diesem Heim gehandelt haben, wahrscheinlich um die reifsten, welche aufgrund einer gewissen Ich-Stärke Widerstand formulieren und ein Stück weit durchhalten konnten. Für sie dürfte es wenig einsichtig gewesen sein, bei der Schülermitbestimmung auf ein Repräsentativsystem umzuschalten. In Bernfelds Bericht erscheint das Weinen der Mädchen aber nicht als Trauer über den Verlust direktdemokratischer Mitbestimmungsmöglichkeiten, sondern eher als Zeichen der Hysterie, welche die Gruppe »den Nachmittag und Abend lang« befiel (ebd.).[154] Auffallend ist, dass Bernfeld relativ unvermittelt[155] im Anschluss an diese Stelle den Unterschied zwischen suggestiver, manipulativer und kompromissorientierter Pädagogik diskutiert. Vielleicht, so kann man interpretieren, musste hier ideologisch etwas auf die Kompromissschiene geschoben werden, was in Wirklichkeit handfeste Beeinflussung war.

Hinter Bernfelds Verbaldeklarationen spukt als handlungsstrukturierendes Element das Phantom einer einerseits nicht assimilatorisch sozialisierten, andererseits aber optimal für »neue Erziehung« vorbereiteten Kinderschaft herum. Dieses widersprüchliche Konstrukt trifft er bei den Kindern, die aus den drei bestehenden Heimen nach Baumgarten überwiesen wurden, nicht oder nur ausnahmsweise an. Ein Ausweg aus diesem Dilemma bieten die wenigen »Jugendlichen, die aber nicht eigentlich dazugehörten, sondern nur im Hause wohnten, für uns [Erzieherschaft, D. B.] aber sehr wesentlich waren bei der Bildung von Kameradschaften, *Schülerausschuß* usw.« (Geiringer 1920,

---

153 »Die Wahl [des Knabenvertreters für den Schülerausschuss, D. B.] war durch Zuruf, besser: durch ein allgemeines Gebrüll vorgenommen worden: die Vorschläge einiger, die auf Stimmzettel und eine gewisse pedantische Ordnung des Vorgangs hingezielt hatten, waren niedergeschrien worden« (Bernfeld 1921a, S. 63).
154 Nach Geiringer gab es in Baumgarten »viele hysterische Kinder« (1920, S. 116).
155 Der neue Absatz beginnt wie folgt: »Es kann an dieser Stelle schon ein Einwand kurz besprochen werden, der immer wieder der Schulgemeinde entgegengehalten wird« (Bernfeld 1921a, S. 63).

S. 54; Hervorhebung D. B.).[156] Aus diesem Zitat kann man schließen, dass mindestens eines der drei Ausschussmitglieder zu den Jugendlichen gehörte, die sich »gegen die Anordnungen« (Bernfeld 1921a, S. 32) der Trägerschaft in Baumgarten aufhielten. Mit großer Wahrscheinlichkeit handelt es sich hierbei um Ka., eine der beiden weiblichen Abgeordneten. Mit 16 Jahren liegt sie über der von Geiringer (1920, S. 54), Hoffer (1965, S. 164) und Bernfeld (1921a, S. 32) berichteten Altersobergrenze von 15 (Geiringer) bzw. 14 Jahren (Hoffer und Bernfeld). Ka. dürfte als »Schomereth«[157] (Bernfeld 1921a, ebd., S. 66) den erwähnten Idealvorstellungen Bernfelds am nächsten gekommen sein: »Die ›Schomrim‹ bekämpften vehement die Assimilation und gerieten damit in einen Konflikt zu ihren oft assimilationswilligen Eltern, gleichzeitig forderten sie die Rückbesinnung auf althergebrachte jüdische Werte« (Jensen 1995, S. 73). Zu fragen wäre, inwieweit sich die bürgerlich-assimilatorisch sozialisierten Mädchen vom Esteplatz von Ka. im Schülerausschuss repräsentiert fühlen konnten. Und warum haben sie Ka. überhaupt gewählt?

Bernfeld schreibt, dass die Wahl der beiden Mädchenvertreterinnen anders als bei den Knaben nicht über einen kombinierten Projektions- und Identifikationsprozess zustande kommt, ohne aber zu präzisieren, welche »Motivationen« zur Wahl von Ka. und B. geführt haben und warum es anfänglich zu Widerstand gegen die Wahl gekommen ist.

---

156 Dass Bernfeld neben dem Schülerausschuss selbst noch eine Gruppe leitete, wie dies von Hoffer und Fuchs bekannt ist, wird nur an einer einzigen Stelle im Baumgarten-Bericht erwähnt (1921a, S. 83). Das ist überraschend und macht stutzig: Kein einziges Erlebnis, keine Beobachtung fließt aus diesem reichen Erfahrungsfeld in den Bericht ein. Bernfeld erwähnt explizit vier Mitglieder seiner Kwuzah: zwei Chaluzim, Schwester Judith und den Elektrotechniker des Heims. Bernfeld setzte sich also vor allem mit Jugendlichen und jungen Erwachsenen auseinander, welche er für die Übernahme von pädagogischen Aufgaben vorbereitete. Das aber wurde Bernfeld von einem »der zionistischen Präsidenten des Joint« explizit verboten, weshalb »an eine ruhige, ausbauende Entwicklung ihrer Tätigkeiten [...] nicht zu denken« gewesen sei (ebd., S. 32).

157 Bernfeld bezeichnet den »Schomer«, das männliche Pendant zur »Schomereth«, als »jüdischeste aller Jugendorganisationen«, die »sehr viel vom polnischen Skaut übernommen« habe und »sogar anfangs völlig unter dem Einflusse dieses Vorbilds gestanden« habe (Jerubbaal 1918/19, S. 337).

4.1 Die impliziten Voraussetzungen des Bernfeld'schen Konzepts ...

»Bei den Mädchen waren andere Motivationen vorhanden, daher eine andere Reaktion. Es führte zu weit und wäre Aufgabe einer wissenschaftlichen Untersuchung und nicht eines Berichts, dem nachzugehen. Es genüge nach dem Gesagten, darauf hinzuweisen, daß zwischen Suggestion und Suggestion, zwischen Willensdurchsetzung und Willensdurchsetzung denn doch recht wesentliche menschliche und pädagogische Unterschiede bestehen« (Bernfeld 1921a, S. 65).

Bernfeld windet sich in Ausflüchten. Und abermals – analog zur oben erwähnten Stelle (ebd., S. 63) – kommt Bernfeld im Anschluss an die Beschreibung der Mädchenwahl auf den Unterschied zwischen Suggestion und Manipulation zu sprechen. Die Wiederholung der Textstruktur verstehe ich als signifikante Emergenz. Der hier aufscheinende latente Subtext kann so gedeutet werden, dass bei der Wahl der Mädchenvertreterinnen eben sehr wohl »Suggestion« und »Willensdurchsetzung« erfolgt ist. Im Anschluss an das oben Gesagte kann vermutet werden, dass Bernfeld den Mädchen vom Esteplatz Ka. als Repräsentantin vorgeschlagen hat, was diesen aber aufgrund unterschiedlicher Gruppenzugehörigkeit und -ideologie nicht passte. Dennoch dürfte Bernfeld auf Ka. als Vertreterin im Schülerausschuss bestanden haben, worauf die Mädchen vom Esteplatz eine zweite, ›eigene‹ Abgeordnete wählen: B. Dieses Mädchen wird als einzige der drei Ausschussmitglieder nicht näher charakterisiert, was ein Hinweis darauf sein kann, dass B. Bernfelds Wunschvorstellungen wenig entsprochen hat, obschon ein ›gediegenes‹ Sozialisationsniveau in Form einer stabilen – freilich eben ›bürgerlich‹-assimilatorisch geformten – Subjektstruktur vorlag.

K. (15 Jahre) hingegen, der jüngere Bruder von Ka., dürfte in etwa die Persönlichkeit und Ideologie ausgewiesen haben, welche Bernfeld in Baumgarten idealerweise anzutreffen hoffte, was ihn als männlichen Vertreter für den Schülerausschuss wählbar machte. Wie fünf andere Knaben war K. Mitglied des jüdischen Fussballclubs »Hakoah« (Bernfeld 1921a, S. 62). »Drei oder vier waren Schomrim, ein halbes Dutzend der Buben [darunter K., D. B.] waren leidenschaftliche Anhänger der ›Hakoah‹ – Wiener jüdischer Fussballklub –, drei oder vier waren orthodox. Alle anderen – Assimilanten« (ebd., S. 124). Jenseits des diskriminierenden Gehalts dieser Aussage meint Bernfeld hier vor allem: Der »Kern für Freiheit und Verfassung reifer Kinder«, der »Verpflichtungen im Schülerausschuß« übernehmen kann, ist quantitativ sehr dünn: 12 bis 14 Kinder von 300, also knapp 5% aller Kinder, d.h. jedes Zwanzigste. Angesichts dieser Voraussetzung kann erwartet werden, dass Bernfeld beim Aufbau der Schulgemeinde auf mannigfaltige Schwierigkeiten stößt und Phasen der Stagnation zu überwinden hat.

4.2 Weitere Stagnation bei der Entwicklung der Schulgemeinde

Bernfeld beschreibt Stagnationsphasen bei der Entwicklung der Schulgemeinde mit einer gewissen Irritation, weil er zu deren Erklärung kein adäquates analytisches Instrumentarium aufbieten kann. Er sieht zwar den Zusammenhang zwischen der Entwicklung von psychischer und sozialer Struktur (ebd., S. 73; vgl. auch Hoffer 1922, S. 138f.), es fehlen ihm aber die zwischen diesen beiden Ebenen vermittelnden sozialpsychologischen und gruppentheoretischen Konzepte. An deren Stelle tritt die Ideologie, wie wir dies auch schon an anderen Stellen festgestellt haben.

Bernfeld konstatiert auf dem Niveau der technischen Ordnung eine Stagnation, die er folgendermaßen beschreibt:

> »Die Schulgemeinde war eine kurze Weile in Gefahr, ein Debattierklub zu werden. Der Ausschuß und die Ordner hatten nichts oder nur sehr wenig zu arbeiten. Sie hatten zu schauen, zu hören, zu reden, aber Körper und Arme blieben unbeschäftigt. Daher wurde zum Ersatz lauter geschrien, als nötig und nützlich war, und unter Umständen auch geprügelt [...]. Anderseits wurden die wenigen wirklichen Arbeiten mit inadäquater Energie getan: Protokolle schreiben, Stühle rücken, Aufsperren, Läuten, Post austragen u. dgl. waren heißersehnte Tätigkeiten« (Bernfeld 1921a, S. 81).

Es habe eine ganze Weile gebraucht, bis die ErzieherInnen sich

4.2 Weitere Stagnation bei der Entwicklung der Schulgemeinde

> »*durch die von den Kindern geschaffenen Tatsachen davon belehren* ließen, daß es in unserem Fall auf die Selbstverwaltung der Kinder ankam; und bis wir sahen, daß die Kinderschulgemeinde etwas anderes sei als die Gemeindeversammlungen in der Jugendbewegung« (ebd., S. 80; Hervorhebung D. B.).

Deutlich wird hier, dass das bewährte Referenzschema zur Konzeption der Integration von Jugendgemeinschaften nicht mehr funktioniert, d. h., seine erklärende und handlungsanleitende Kraft verliert. Ein alternatives Referenzschema hat sich noch nicht entwickeln können, sodass die Erzieherschaft während dieser Stagnationsphase ohne konzeptuelle Orientierung nach einem Ausweg suchen muss, über den die Entwicklung der Schulgemeinde auf ein neues Niveau gelangen kann. Für die pädagogische Kompetenz Bernfelds spricht, dass er die Kinder dorthin führt, wo sie die Stagnation selber überwinden können.

> »Es tauchten ganz neuartige Vorschläge auf: man solle ein Tischgebet einführen; Sabbat solle festlicher gefeiert werden als bisher; man solle mehr Schachspiele und Matadorbaukästen anschaffen und dafür Kartenspielen unter allen Umständen verbieten; auch die Jugendlichen dürfen nicht rauchen; die Kinder sollen in Pflegschaften eingeteilt werden und alle Älteren Pfleger von einigen Jüngeren werden; die Erwachsenen wurden streng kontrolliert, ob sie auch die Gesetze der Schulgemeinde einhalten, sie wurden vor Gericht zitiert; es gab heiße Debatten über die Mädchen, über die Histadruth« (ebd., S. 81).

Bernfeld überformt seine Fähigkeit, diese Impulse der Kinder aufzunehmen und für die Weiterentwicklung des Kollektivs zu nutzen, ideologisch:

> »Das meiste von dem [gemeint sind die oben zitierten Vorschläge der Kinder, D. B.] blieb Ansatz, denn dem Bürgertum und seiner faulen Pädagogik wurde gar unheimlich bei diesem Erwachen einer neuen Welt, die gleich in ihren ersten Symptomen richtig bewertet wurde als ›bolschewistisch‹. Denn wahrlich, was die Kinder hier zu erleben und zu erfinden begannen, war der Sozialismus, war jenes neue Gemeinschaftsgefühl, das irgendeinmal als Terror alle Ichgeilheit, alle Macht- und Selbstgierigen auf Erden vernichten oder sublimieren wird« (ebd.).

Anstelle einer theoretischen Erklärung – bspw. hätte man sagen können, dass in dieser Phase des Integrationsprozesses »Projekte«[158] entstanden sind, um das latent drohende Ende des »Versuchs mit neuer Erziehung« zu »transzendieren« (Pichon-Rivière, zit. n. Litovski de Eiguer/Eiguer 1974, S. 57) – spricht Bernfeld von der Erfindung des Sozialismus durch die Kinder.

Die im Zitat erwähnten Debatten zielen auf eine Kritik und Entlegitimierung der machtvollen Einheiten (Erwachsene, Mädchen [gemeint sind wahrscheinlich die Mädchen vom Esteplatz], Histadruth) in Baumgarten. Bernfeld suggeriert also, dass die bei diesen Gruppen liegende Macht umverteilt und demokratisiert wird, was er als Erfindung des Sozialismus versteht. Ich glaube, dass Bernfeld an dieser Stelle mittels politischer Ideologie von einer Machtverteilung ablenkt, die teilweise auf dem Niveau »autoritativer Ordnung« persistiert. Die Autorität des Schülerausschusses, d. h. des dreiköpfigen Gremiums um Bernfeld, bleibt nämlich auch in der Phase »moralischer Ordnung« unangetastet, was aus der Bemerkung hervorgeht, dass vieles »allermeistens völlig spontan vom Ausschuß oder den Kindern in der Schulgemeinde eingeleitet und durchgeführt« wurde (Bernfeld 1921a, S. 82). Bernfeld scheint bis zum Schluss des Baumgarten-Versuchs seinen Einfluss indirekt über den Schülerausschuss geltend zu machen. Ein Stück weit bleibt sein »Programm ›Schulgemeinde, Kwuzoth‹« (ebd., S. 58) bis zum Ende des Versuchs Ideologie. Die realisierte Schmalspur-Ausgabe wäre mit »Programm ›Bernfeld, Schülerausschuss‹« präziser bezeichnet. Hier liegt die wahre Machtzentrale, die Schulgemeinde hingegen ist pseudodemokratisches Feigenblatt. Dass Bernfeld solche Verhältnisse, die in den realexistierenden ›Volksdemokratien‹ zum Stereotyp wurden, als »moralische Ordnung« versteht, ist ideologische Klischierung, die aus der Systematik von Jerusalems Moralgeschichte resultiert.

Karl Wirth, der als Kind in Baumgarten war, schreibt:

---

158 Die Theorie der Operativen Gruppe fasst die zunehmende Produktivität einer Gruppe als Entwicklung von der »Voraufgabe« über die »Aufgabe« zum »Projekt« (Litovski de Eiguer/Eiguer 1974, S. 56f.).

»so planten wir spaeterhin arbeitscooperativen (wir wussten nicht ganz genau, was das bedeutet!) zu gruenden, um der gemeinschaft zu dienen. so dachten wir an eine tischlerei u. an andere werkstaetten – aber all das erschien so wunderbar, verband uns noch enger u. erzeugte eine sehr freudvolle hoffnung auf die zukunft, dass ich glaube, dass dies unsere glücklichste zeit in unserem leben war« (1992, S. 88f.).

Die auch von Bernfeld berichtete Produktivität des Kinderkollektivs, welche sich in einer Vielzahl von geplanten und realisierten Projekten äußert, wird hier bezeugt. Gleichzeitig aber wird die sozialistische Ideologie denunziert, mit der Bernfeld die Veränderungen der Schulgemeinde in dieser fortgeschrittenen Phase erklärt. Den Kindern bleiben die politischen Bezeichnungen für die von ihnen geschaffenen Einrichtungen unverständlich. »politisches bewusstsein jedoch fehlte uns noch damals«, schreibt Karl Wirth (ebd., S. 90). Aber auch ohne diesen ideologischen Überbau fühlen sich die Kinder gegen Ende des Baumgarten-Versuchs sehr glücklich, was auf den sozialpädagogischen Erfolg[159] des Unternehmes hinweist, der von Bernfeld selbst aber als bloße Vorarbeit für seine weitreichenden politischen Ziele entwertet wird.

4.3 Alltagsorientierung vs. Pensionatversorgung

Eine weitere sozialpädagogisch-therapeutische Errungenschaft Bernfelds ist ideologisch bis zur Unkenntlichkeit überformt.[160] Die Auseinandersetzung zwischen Pädagogik und Verwaltung, welche ich in Kapitel 5 spannungs-

---

159 Dass Bernfeld diesen Punkt, wo ›es laufen‹ würde, erreicht hat, darf als erwiesen gelten. Es überrascht deshalb nicht, dass die ideologischen Kontrahenten in dem Moment massiv intervenieren, wo sich abzeichnet, dass das Kinderkollektiv zu funktionieren beginnt.
160 Andere sozialpädagogische Prinzipien wiederum sind klar umrissen: »Bernfeld hat zum Beispiel sehr genau gesehen, daß man die Buben und die Mädels anders behandeln muß; daß, zum Beispiel, Mädchen ein sehr intimes Leben brauchen. Man kann Buben in einem großen Schlafsaal schlafen lassen. Wenn jeder nur sein kleines Kasterl bei sich hat, wo er seine privaten Sachen unterbringen kann, geht das, um eine große Gruppe aus Buben zu formen. Mädchen machen immer Familien und brauchen Zimmer. Vielleicht drei Kinder zusammen oder vier, aber nicht mehr. Eine große Gruppe ist Mädchen nicht gemäß. Das hat er gewußt; hat er gemerkt« (Edith Kramer über ihren Onkel in Heller 1993, S. 96).

theoretisch rekonstruieren werde, verdeckt die berechtigte und damals wohl revolutionäre Kritik an einem Heimalltag, den man heute höchstens noch in der katholischen Innerschweiz antrifft.[161] Meine These geht dahin, dass der Heimalltag in Baumgarten demjenigen eines Pensionats glich, d. h., dass alltägliche Aufgaben wie Zimmer aufräumen, putzen, Kleider waschen, auftischen, Geschirr abräumen und abtrocknen nicht in der Verantwortung der Kinder und ihrer ErzieherInnen lagen, sondern von Dienstpersonal besorgt wurden. Dieses Dienstpersonal befindet sich auf der untersten Stufe der strukturellen Hierarchie, rekrutiert sich größtenteils aus »Nichtjuden« und ist unterbezahlt. Dieser ungünstigen Position entsprechend ist sein Prestige niedrig, was sich als »Geringschätzung der ›niedrigen Arbeit‹« äußert und als schlechte »Behandlung derer, die sie verrichten«. Konsequenterweise dürfte die Korruption in diesem Angestelltensegment am höchsten gewesen sein, wodurch sie den Kindern und Jugendlichen permanent verdächtig waren. Zusammenfassend spricht die Erzieherschaft von einer »unerträglichen Lage der Dienstmädchen« (1921a, S. 142).

Bereits im »organisatorischen Grundriß« sieht Bernfeld vor, dieses nichtjüdische Dienstpersonal durch zionistische »Pioniere« zu ersetzen. »Die gesamten Verwaltungsdienste und Schwerarbeiten sollten nicht von Dienstmädchen und Dienern [sic!], sondern von Chaluzim und Chaluzoth geleistet werden« (ebd., S. 31). Männliche Chaluzim und weibliche Chaluzoth stellen den neuen jugendlichen jüdischen Menschentypus dar, welchen Bernfeld in Baumgarten systematisch sozialisieren wollte. Zentraler Programmpunkt des »chaluziut« (Pioniertum) war die Produktivierung der jüdischen Jugend, konkret eine »Berufsumschichtung« (Jensen 1995, S. 74) in Richtung auf handwerkliche Berufe, welche zur Besiedlung von Palästina als notwendig erachtet wurden.[162] Wenn Bernfeld als erste Voraussetzung für das pädagogische Gelingen Baumgartens »eine – und wäre es nur eine kleine – Anzahl von

---

161 In der Tat hat sich mir die sozialpädagogische Dimension von Bernfelds Kritik an der Verwaltung erst erschlossen, nachdem ich im Kanton Zug ein Heim besucht hatte, das mir wie ein Relikt aus längst vergangener Zeit vorkam.
162 Bernfeld schrieb einen Aufsatz zum Thema »Berufswahl« (Jerubbaal 1918/19, S. 111–116).

arbeitenden Jugendlichen [erwähnt], die fähig sind Verpflichtungen im Schülerausschuß und *in den Werkstätten* auf sich zu nehmen« (1921a, S. 30), dann hat er wohl die Chaluzim und Chaluzoth im Hinterkopf. Die »chaluzische« Ausrichtung von Baumgarten zeigt sich auch in der dritten Voraussetzung für das pädagogische Gelingen, das abhängig sei von einer »leidenschaftlichen Arbeitsgesinnung [...], die ausgeht von den eigentlich arbeitenden Menschen in der Siedlung« (ebd.). Diese linkszionistische Ideologie eines produktiven Kinderkollektivs ist konzeptionell also bereits im organisatorischen Grundriss festgehalten. Auf der Stufe der moralischen Ordnung ist sie dann ansatzweise Wirklichkeit geworden, wie oben ausgeführt wurde. Die vollumfängliche Realisierung sei einzig an der Verwaltung gescheitert: »Es hätte, um aus Baumgarten eine werktätige Gemeinschaft zu machen, nichts bedurft – nur eine andere Verwaltung« (ebd., S. 121).

Jenseits dieser Begründung auf der Ebene struktureller Spannung finden sich auch pädagogische Argumente für die Aneignung von »verwalteten« Lebensbereichen:

> »Man kann auch nicht sagen, hier höre Pädagogik auf und beginne Verwaltung, oder umgekehrt. Wohin gehört dann Schlafsaal-, Speisesaalordnung, Kleidung, Nahrung, Körperpflege usw., die die Verwaltung für sich reklamiert, die aber der Pädagoge, dessen Pädagogik sich nicht auf vier oder fünf Unterrichtsstunden beschränkt, nicht einem unpädagogisch vorgehenden, alle seine Bemühungen zunichte machenden Menschen übergeben kann? Oder kann die Ordnung im Schlaf- und Speisesaal, die Körperpflege, die Art, in welcher all dies gehandhabt wird, wirklich dem Pädagogen gleichgültig sein?« (1921a, S. 141)

Der Erzieherschaft fordert hier die Zuständigkeit für lebensweltlich strukturierte Alltagsbereiche, welche in Baumgarten offenbar durch die »Verwaltung« verantwortet wurden. Mit Habermas könnte man von einer ›Kolonialisierung systemisch integrierter Handlungsbereiche‹ sprechen (1981b). Damit verbunden ist eine Multiplikation der sozialpädagogischen Einflussmöglichkeiten, was zugleich eine Abkehr vom Stil des Pensionats bedeutet. Aus der Perspektive heutiger Einrichtungen der stationären Jugendhilfe fallen alle im Zitat erwähnten Alltagsbereiche in die Zuständigkeit der Sozialpädagogik. Aus eigener Erfahrung kenne ich die alltäglichen Konflikte im Jugendheim. Dass deren Bearbeitung im Alltag produktiver ist als im Setting der Schule, stand für Bernfeld fest. Er hatte ein sicheres Gespür für die Anpassungsmechanismen von SchülerInnen, deren Spontaneität und Eigensinn in Abhängigkeit vom Schulklima mehr oder weniger in die Latenz gedrängt werden, wodurch sie einer pädagogischen Thematisierung nicht mehr zugänglich sind. Seine Kritik der Schülerrolle – »man [hat] in den üblichen Schulen überhaupt keine Schüler vor sich […], sondern künstliche Präparate, ›Schüler‹, Ergebnisse eines ganz bestimmten Schulstubenluftdrucks, die sogleich in den Naturzustand zurückkehren, wenn dieser Druck sich vermindert oder verändert« (Bernfeld 1921a, S. 113) – ist zwar auf die »alte Pädagogik« (ebd., S. 53) bezogen, dürfte aber auch auf die Schule von Baumgarten zutreffen, und zwar umso mehr, als diese nach Bernfelds eigener Einschätzung »zuviel Elemente der alten [Erziehung] enthielt« (ebd., S. 111).

Es liegt nahe zu vermuten, dass Bernfeld in Baumgarten eine Alltagsorientierung der Pädagogik anstrebte – etwa im Sinne der Alltagswende moderner Sozialpädagogik (Thiersch 1977) –, indem der pädagogische Einflussbereich von der Schule auf Felder alltäglicher Verrichtungen ausgedehnt werden sollte. Bernfelds programmatische Absicht, »die Arbeit mehr ins Zentrum des Heims zu stellen, sie aus dem Unterricht zu befreien und sie mitten ins Leben zu stellen« (Bernfeld 1921a, S. 121), bedeutete damals eine unerhörte Innovation, die historisch ohne Vorbild war. Seine konzeptionellen Referenzpunkte sind mit Ausnahme von Montessori private Reform*schulen* mit bürgerlicher Klientel. »In den Fragen der äußeren Ordnung des Anstaltslebens gab es Vorbilder in den Internaten großer Schulen – auch in den Kasernen«, schreibt Gertrud Bäumer rückblickend auf die Entwicklung von Fürsorgeeinrichtungen für »schwer erziehbare Kinder« (1929, S. 16). Der erwähnte Pensionatstandard im außerschulischen Bereich dürfte deshalb die Regel gewesen sein. Ebenso ist anzunehmen, dass die Verwaltung normkonform gehandelt hat, wenn sie für Raumpflege und Aufräumarbeiten Dienstpersonal einstellt. Einsichtig werden auch die Widerstände der Kinder, wenn sie für alltägliche Verrichtungen und Aufgaben nun plötzlich selbst verantwortlich sein sollten: »Alle unserer Bemühungen, die Kinder zu manueller Arbeit zu erziehen und ihnen die eingewurzelte Arbeitsscheu zu benehmen, werden durch diese Geringschätzung der ›niedrigen Arbeit‹, durch die Behandlung derer, die sie verrichten, [...] völlig vereitelt (Bernfeld 1921a, S. 142). Das war die traditionell legitime Norm, welche den Kindern aufgrund ihrer Heimerfahrungen bekannt war. Mit ihr wollte Bernfeld in Baumgarten brechen, weil er realisierte, dass die pädagogischen Einflussmöglichkeiten im Rahmen der Heimschule durch eine Sozialpädagogik des Heim*alltags* verdoppelt werden konnten, was er in Anbetracht der z. T. schweren Verwahrlosungserscheinungen als notwendig erachtete.

Man kann dieser These entgegenhalten, der Heimalltag sei lediglich ein weiteres Kampffeld in der Auseinandersetzung zwischen Pädagogik und Verwaltung gewesen und Bernfeld sei es mit dieser Inanspruchnahme lediglich um eine Verschiebung der Frontlinien gegangen. Der manifeste Textsinn lässt eine solche Interpretation zu, weil die oben ausgeführte linkszionistische Ideologie das sozialpädagogische Anliegen übertönt. »Keine Arbeitsschule, sondern Arbeitsleben in [einer] kindgemäßen Gemeinschaft« (ebd., S. 121) heißt die entsprechende Devise, und man denkt assoziativ an die Kinderhäuser der Kibbuzim. Diese ideologische Einfärbung verstellt jedoch eher den Blick auf den Alltag von Baumgarten und das, was unter dem Motto »das ganze Heim als Arbeitsraum und Arbeitsding« (ebd.) konkret realisiert wurde. An einem Beispiel lässt sich illustrieren, dass Bernfeld – als Nachfolgemodell zur Pensionatversorgung[163] – eine Art ›aktivierende Sozialpädagogik‹[164] entwickelt, die unmittelbar im gelebten Alltag die Kinder als Subjekte ihrer Handlungen rekonstruieren will.[165]

---

163 Interessant ist, dass bis heute der Sozialarbeiter bzw. die Sozialarbeiterin, welche im Rahmen der freiwilligen oder jugendstrafrechtlichen Jugendhilfe die Einweisung eines Kindes oder Jugendlichen in eine sozialpädagogische Einrichtung koordiniert, in der Schweiz als »Versorger« bzw. »Versorgerin« bezeichnet wird.

164 In Bezug auf diesen Begriff kann eingewendet werden, dass Sozialpädagogik immer schon aktivierend war und auf die Tatsache faktischer Fremdbestimmung antwortete. So betrachtet reicht die Tradition »aktivierender Sozialpädagogik« bis auf Rousseaus »negative Erziehung« zurück, auf Montessoris »Hilfe zur Selbsthilfe« und auf die »(Selbst-)Verantwortungsstruktur familiärer bzw. familienanaloger Gemeinschaften i.S. Pestalozzis oder Wicherns« (Kessl/Otto 2002, S. 452f.).

165 »Der Mensch soll Täter seiner Taten werden« (Heydorn 1970, S. 307).

> »Und es dauert zwei Monate(!!), bis wirklich fast genügend Becher, Bürsten [Zahnbürsten, D.B.], Schächtelchen für das Zahnpulver, dieses selbst, vorhanden und über den Waschtischen die Bretter befestigt sind, auf denen diese Utensilien aufgestellt werden können. Und dies wäre bis heute nicht, wenn nicht alle in Verzweiflung schließlich zur Selbsthilfe geschritten wären: die Ärztin eigenhändig auf jede Bürste den Namen des Kindes geschrieben hätte, der Mathematiklehrer mit einigen Kindern die Bretter aus der Tischlerei geholt, zugesägt und angenagelt hätte, wenn nicht die Lehrer aus dem von ihnen gesammelten Geld sie gekauft, und die Kinder der Kwuzah Achwah die Schächtelchen fabriziert hätten aus dem Pappendeckel, den eine Lehrerin gespendet hatte« (ebd., S. 148).

Die hier beschriebene »Selbsthilfe« umfasst Tätigkeiten, die heutzutage ganz selbstverständlich in den Zuständigkeitsbereich der Sozialpädagogik fallen. In Baumgarten jedoch wird die Verantwortung für die Ordnung rund um die Zahnhygiene von den ErzieherInnen schrittweise angeeignet. Damit verbunden ist ein sozialpädagogischer Paradigmenwechsel, der bei allen Akteuren Lernprozesse voraussetzt. Dass die Wiederaneignung lebensweltlicher Bereiche gelang, steht außer Zweifel. »Hier sei nur vermerkt, daß im letzten Monat unserer Wirksamkeit die Kinder, die wir arbeitsscheu und faul übernommen hatten, ganz allgemein den Wunsch zeigten, alle fürs Heim nötigen Arbeiten, die schweren, schmutzigen und langweiligen inbegriffen, selbst zu übernehmen« (ebd., S. 82f.). Auch Hoffer berichtet von diesem Zuwachs an Selbstverantwortung, der hier jedoch bereits zwei bis drei Monate früher erfolgt:

> »Aber eine Beobachtung stach hervor: Jeder, der diese Kinder nach den ersten zwei oder drei Monaten traf und genügend informiert war, um sie mit Kindern aus herkömmlichen Waisenhäusern zu vergleichen, hätte mit mir übereingestimmt, dass dies keine ›Heimkinder‹ [institution children] sind. [...] Das war das erste wichtige Resultat *der Arbeiterhaltung* [»worker's attitude«], auf die die Kinder reagieren konnten (1965, S. 165; Hervorhebungen D.B.; Übersetzung M.R.).

Der hier von Hoffer angestellte Vergleich mit traditionellen Waisenhäusern, in denen ein Typus von Betreuung praktiziert wurde, der bei den Kindern einen ›Heimkind‹-Habitus sozialisiert, wie wir ihn von anderen Insassen mehr oder weniger totaler Institutionen kennen (Goffman 1973), ist insofern aufschlussreich, als die bürokratische Verwaltung der Bedürfnisse das Gegenteil einer Sozialpädagogik darstellt, der es zentral um die Aneignung fremdbestimmter Lebensbereiche geht. Allerdings erklärt Hoffer diesen Zugewinn an Autonomie als Resultat sozialistischer Ideologie, die in Form einer »worker's attitude« Wirkung entfaltet habe, und auch bei Bernfeld wird der Erfolg einer als ›aktivierend‹ und ›alltagsorientiert‹ zu bezeichnenden Sozialpädagogik ideologisch überformt, wenn er resümiert, im »letzten Monat« des Baumgarten-Versuchs seien »beträchtliche Ansätze zu einer allgemeinen Arbeitspflicht« (Bernfeld 1921a, S. 82) sichtbar geworden. Wenn Bernfeld von »Pflicht« spricht, wird die erreichte Subjektivierung alltäglicher Handlungsroutinen geradezu rückgängig gemacht.

Der Leser muss sich kritisch durch die linkszionistischen Begründungen vorkämpfen, um auf Bernfelds pädagogische Leistung zu stoßen. Gleichzeitig muss er vom Kampf um Macht und Prestige abstrahieren, der im Feld der strukturellen Hierarchie zwischen Pädagogik und Verwaltung ausgetragen wird (vgl. hierzu Kap. 5). Dass es sich dabei auch um einen Streit zwischen zwei sozialpädagogischen Paradigmen handelte, habe ich hier aufgezeigt.

4.4 Zusammenfassung und Würdigung

Im Zentrum des »realen Konzepts«, das in diesem Kapitel ansatzweise rekonstruiert wurde, steht Bernfelds Erfahrung, dass in Baumgarten ganz anders angefangen werden musste, als gedacht und geplant. Entgegen seiner Erwartung entwickelt sich die Schulgemeinde nicht »von selbst« (Bernfeld 1921a, S. 61). Bernfeld realisiert, dass er völlig bei null anfangen muss und dieses »null« ist radikaler, als man glauben möchte. Es ist Therapie und Sozialpädagogik im modernen Sinne.

Die Erfahrung, dass die sozialisatorischen Voraussetzungen für »neue Erziehung« zum größten Teil nicht einmal ansatzweise vorhanden waren, lässt Bernfeld an verschiedenen Stellen seines Berichts durchscheinen, meist in Nebensätzen oder als Apposition: »[...] – uns selbst nicht klar bewußt – [...]« (ebd., S. 21). Obschon die Reflexion dieser Abweichung vom idealen Konzept nur rudimentär erfolgt, strukturiert sie die Erziehungshandlungen in Baumgarten ganz wesentlich. Der Schülerausschuss ist das sichtbarste Indiz dafür, dass Bernfeld auf den psychischen Zustand seiner Klientel nicht vorbereitet war. Was er in der Folge entwickelt, ist Krisenintervention im wahren Sinne des Wortes. Damit von seinen Plänen überhaupt etwas eine Chance auf Verwirklichung hat, muss er in kürzester Zeit die Voraussetzungen erarbeiten, die das aus der bürgerlichen Jugendkulturbewegung adoptierte Modell der Schulgemeinde hinsichtlich Subjektstruktur und Interaktionskompetenz seiner Mitglieder impliziert. Dass ihm das gelungen ist, spricht für seine Kompetenz als psychoanalytisch orientierter Pädagoge.

Durch die abweichende Vorgehensweise in Baumgarten erfährt das Modell »Schulgemeinde« nicht unwesentliche Änderungen. Das reale Konzept, d. h. das Erziehungshandeln, mit dem Bernfelds Team auf die unerwarteten Probleme beim Aufbau der Schulgemeinde reagiert, wird fortlaufend in das ideale Konzept integriert. Bernfeld entwickelt aus den Erfahrungen der Baumgarten-Schulgemeinde mit verwahrlosten Kindern und Jugendlichen eine Konzeption von Gemeinschaftserziehung, die tendenziell vergessen lässt, dass am Anfang etwas anderes geplant war. Bernfelds Bericht besteht nicht aus einem ersten Teil, in dem zunächst das theoretische Referenzschema eingeführt wird, und einem zweiten Teil, wo dann versucht wird, dieses »mit einiger Empirie in Einklang zu bringen, an ihr zu richten und zu kontrollieren« (ebd., S. 91), um dann in einem dritten Teil die Unterschiede zwischen Theorie und Empirie festzuhalten. Bei Bernfeld geht alles durcheinander: Die theoretischen Referenzschemata sind teils explizit, teils implizit und die Beschreibungen des konkreten Erziehungsgeschehens erfolgen z. T. hoch selektiv, um die Empirie möglichst nahtlos ins ideale Konzept überführen zu können.

Die nicht integrierbaren Erfahrungen, d. h. die Ereignisse, welche sich mit dem in Kapitel 3 herausgearbeiteten Modell von Gemeinschaftserziehung nicht verstehen lassen, sind im Bericht als latenter Textsinn enthalten. An verschiedenen Stellen werden sie manifest, was sie einer Analyse zugänglich macht. So wurden in diesem Kapitel die Gruppenidentitäten rekonstruiert, welche zum einen auf der Zugehörigkeit zu einer der drei abgebenden Institutionen, zum anderen auf Sprachgemeinschaften basieren. Im Baumgarten-Bericht sind diese fortbestehenden Gruppenidentitäten, welche zu erheblichen Untergruppenkonflikten führen, durch geschickte Retouchen latent gehalten. Auf der Ebene des manifesten Textsinns erscheinen die Kinder und Jugendlichen als atomistisch vereinzelte Entitäten. Sie »hatten kein Verhältnis zu nichts und zu niemandem; es gab keine Freundschaft untereinander, keinen Anschluß an Erwachsene« (Geiringer 1920, S. 51). Die Interpretation von Emergenten des latenten Textsinns weist jedoch auf eine starke Mädchengruppe hin, welche vom Waisenheim am Esteplatz kam und dort in einem bürgerlich-assimilatorischen Klima aufwuchs. Bernfelds Dilemma besteht darin, dass er in dieser Mädchengruppe den »Kern für Freiheit und Verfassung reifer Kinder« (Bernfeld 1921a, S. 30) vorfand, den er zum Aufbau der Schulgemeinde braucht. Nur kann er nicht offen darüber schreiben, weil seine Schulgemeinde zionistisch und sozialistisch zu sein hat.

Eine weitere Erfahrung, die von der linkszionistischen Ideologie fast verdeckt wird, macht Bernfeld mit einem sozialpädagogischen Handlungsmodell, das sich vom traditionellen Stil der ›Pensionatversorgung‹ diametral unterscheidet. Bernfeld spricht von »Arbeitsleben« und vom »Heim als Arbeitsraum und Arbeitsding« (ebd., S. 121). Jenseits dieser ideologischen Begründung wird ein pädagogischer Stil sichtbar, den ich als alltagsorientiert bezeichnet habe. Ausgehend von der Einsicht, dass die Baumgarten-Verwaltung eine ›Pensionatversorgung‹, wie sie damals in Fürsorgeeinrichtungen üblich war, nicht gewährleisten konnte[166], greift das Erzieherteam gemeinsam mit den Kindern zur Selbsthilfe und beginnt die zentralen Bereiche

---

166 Sieht man davon ab, dass Bernfelds Kritik an der Verwaltung strukturelle Gründe hat (vgl. hierzu die Analyse in Kap. 5), kommt darin auch etwas von der urtypischen österreichischen ›Schlamperei‹ zum Ausdruck. Auf die von Bernfeld geschilderte Weise wurde jahrzehntelang ein riesiges Vielvölkerreich regiert, verwaltet und in Gang gehalten. Letzteres allerdings stets am Rande des Zusammenbruchs. Das Ausmaß an Schlendrian, an Protektionswirtschaft und an Desorganisation innerhalb sämtlicher politischen Instanzen und Organe übertrifft alles uns heute Lebenden noch Vorstellbare. Neidvoll schaute z. B. Freud in seinen Briefen an seinen Berliner Intimfreund Wilhelm Fließ auf die effektive Organisation des deutschen Kaiserreichs.

des alltäglichen Lebens eigenverantwortlich zu strukturieren. Kern der von Bernfeld initiierten ›aktivierenden Sozialpädagogik‹ ist die »Selbstverwaltung [und] Selbstwirtschaft der Kinder« (ebd., S. 83). Wenn man vom hier mitschwingenden sozialistischen Pathos abstrahiert, bleibt eine alltags- und lebensweltorientierte Sozialpädagogik, die versucht, »an vitale Bedürfnisse und reale Lebenssituationen des Jugendlichen anzuknüpfen und Sinnerlebnisse von hier aus zu gestalten« (Bernfeld 1928g, S. 235). Im Unterschied zur lebensweltorientierten Sozialpädagogik von heute, deren normative Maßstäbe nicht klar ausgewiesen sind[167], bestehen für Bernfeld diesbezüglich keine Zweifel: »Ich finde es nicht nur wünschenswert, sondern einen *Grund*, einzuschreiten und die Ideologie so zu gestalten, daß mit Ausnahme kleiner Schichten die gesamte Jugend des Proletariats im Sozialismus Sinngebung, Ideologie und klare Einordnungsmöglichkeit findet« (ebd., S. 235f.; Hervorhebung i. O.). Dass das Subjekt als einzelnes Sinn haben, sich vielleicht sogar Sinn selbst geben, zuschreiben kann, das ist nicht Bernfelds Denkweise oder stärker noch: Das würde er als »Verbürgerlichung des Proletariats« (1929g, S. 269) ablehnen, d.h. als das, was wir heute gemeinhin unter dem Begriff »Individualisierung« verstehen.[168] Die Vermittlung eines ideologischen Rahmes, in dem der junge Mensch seine Erfahrungen verstehen und seine Handlungen orientieren konnte, gehörte als Struktur gebender Bestandteil zum pädagogischen Programm. »Der jugendliche Proletarier, der in den Sozialismus gerät, hat vollgültigen Ersatz für alle jene Sinngebungen und findet Werte, die der Jugendliche in der Jugendbewegung hat« (Bernfeld 1928g, S. 235). Ohne diesen ideologischen Überbau ist der Jugendliche verloren, sowohl der proletarische als auch der bürgerliche. Man kann hier von einer notorischen Kollektivismusverherrlichung sprechen, »nur muß man sich vergegenwärtigen, in welcher Zeit das war. Die waren alle so«, sagt Edith Kramer über ihren Onkel und seine politisch-pädagogischen Weggenossen. (Heller 1993, S. 102).

---

167 Was der Schritt vom »gelingenden Alltag« zum »gelingenderen Alltag« (Thiersch 1986) ausmacht, ist theoretisch nur ansatzweise geklärt.
168 Auch die Kriegswaisen sind »als einzelne ohne Sinn, Bedeutung und Aufgabe« (1916d, zit. n. Bernfeld 1921a, S. 11).

4.4 Zusammenfassung und Würdigung

Das in diesem Kapitel herausgearbeitete »reale Konzept« von Baumgarten wird an verschiedenen Stellen von Bernfelds Aufsätzen zur Heimerziehung (Liebel 1971) theoretisch gefasst. Unter dem Titel »Die Schulgemeinde in der Jugendfürsorge« reflektiert er die Erfahrung, dass die verwahrlosten Baumgarten-Kinder erhebliche Modifikationen des Metamodells »Schulgemeinde« notwendig machten:

> »[D]ie kriminellen und verwahrlosten [Kinder sind] darum noch lange nicht Klassenkämpfer [...], weil sie ›asozial‹, weil sie Rebellen, Verbrecher sind, weil sie sich bürgerlicher Erziehung widersetzen. Sie widersetzen sich jeder Gesellschaft. Ein großer Teil von ihnen muß erst mit sehr wirksamen Mitteln beeinflußt werden, ehe er einem proletarischen Erziehungsziel gemäß wäre. [...] Ohne Erziehung sind sie dem Sozialismus sicherer verloren, als, wäre es auch, mit einer verbürgerlichenden. Die meisten sind als Opfer des Elends so weitgehend seelisch gestört, daß ihre Herstellung unbedingt gefordert werden muß« (Bernfeld 1928a, S. 461f.).

Dass sich die verwahrlosten Kinder aus dem Flüchtlingsheim in der Engerthstraße und in Nikolsburg seiner »neuen Erziehung« widersetzten, erfuhr Bernfeld bereits in den ersten Baumgartner Tagen. Interessant ist, dass er im Zitat eine »verbürgerlichende Erziehung« als weniger hoffnungslos bewertet denn das Fehlen von Erziehung überhaupt. Was er bereits 1921 ahnte (z. B. 1921a, S. 80), ist sieben Jahre später sicheres Wissen geworden: Die für Baumgarten geplante Schulgemeinde war jenseits ihrer linkszionistischen Ideologie ein Modell der bürgerlichen Jugendbewegung. Man fragt sich, ob er hier nicht etwa an die Mädchen aus der Waisenheimstätte am Esteplatz gedacht hat, für die also trotz ihrer assimilatorisch-bürgerlichen Subjektstruktur noch Hoffnung bestand, zionistisch-proletarische Schulgemeinde-Bürgerinnen zu werden. Mehr Hoffnung auf jeden Fall, als für die paar Kinder und Jugendlichen, deren Verwahrlosung bis zum Schluss nicht ›retabliert‹ werden konnte. Die Notwendigkeit sozialpädagogisch-therapeutischer »Herstellung« als Voraussetzung proletarischer Erziehung, d.h., eine der zentralen Erkenntnisse aus den Erfahrungen von Baumgarten, wird in diesem Zitat sehr deutlich.

Die Periodisierung der Erziehung in der Jugendfürsorge findet auch auf methodischer Ebene ihren Niederschlag. Im Aufsatz »Psychische Typen von Anstaltszöglingen« (1926p) unterscheidet Bernfeld zwei Arten von Schulgemeinden:

> »Allerdings unterscheidet sich die Schulgemeinde der *Verwahrlosten* von der *Normaler*. Die *Normalen* sehen die allermeisten Ordnungsforderungen ein, welche der Schulorganismus verlangt. Sie lernen sehr schnell […] durch die Verwaltungsprobleme, die sie bewältigen müssen, auch sehr verwickelte Zusammenhänge zu verstehen und abstrakte Notwendigkeiten anzuerkennen. Die *Verwahrlosten* haben diese Einsicht zunächst nicht. Sie widersetzen sich anfangs jeder Ordnung, weil sie eine Einschränkung ihres Egoismus ist. Sie müssen die grundsätzlichen Tatsachen erst kennenlernen; und sie lernen, solange sie noch verwahrlost sind, nur im Interesse ihres Egoismus. Das heißt: Sie müssen einmal erleben, daß das Chaos der Einzelwillkür ihnen selbst schädlich ist. […] Die Anstalt der Verwahrlosten muß also mit dem *Chaos* beginnen, das sich sofort einstellt, wenn deren eine größere Zahl beisammenwohnt und die Erwachsenen konsequent jede individuelle Strafe verweigern. So schaffen sie eine Not, als deren Lösung die Schulgemeinde entstehen und sich allmählich so entwickeln kann, daß nach einigen Monaten die Kinder *erziehbar* werden« (ebd., S. 167; Hervorhebungen D. B.).

Der zitierte Absatz kann als eine Systematisierung des realen Konzepts von Baumgarten gelesen werden. Bernfeld merkt in einer Fußnote an, dass sein Buch *Kinderheim Baumgarten* den »Erziehungsgang« einer Schulgemeinde mit Verwahrlosten beschreibe (ebd., S. 168). Wenn im Zitat der Eindruck entsteht, Bernfeld propagiere analog zu den beiden Typen von »Anstaltszöglingen« – den »Normalen« und den »Verwahrlosten« – zwei unterschiedliche Institutionstypen, so wird im letzten Absatz des Aufsatzes klar, dass die »Schulgemeinde der Verwahrlosten« ein Stadium der Entwicklung eines Kinderkollektivs bezeichnet, das der ›eigentlichen‹ Schulgemeinde vorausgeht. »Die Verwahrlostenanstalt wäre […] nur eine Durchgangsstation. Hat sie ihren Entwicklungszyklus beendet, dann geht sie in die allgemeine Erziehungsanstalt auf. Und eine neue Gruppe beginnt mit dem Chaos, aus dem allmählich Gemeinschaft wird« (ebd.). Der leichte Schock über die nicht führbar erscheinenden Kinder ist hier in eine pädagogische Konzeption transformiert, die die Kompetenzen von verwahrlosten Kindern mit den Anforderungen, welche die Mitgliedschaft in einer Schulgemeinde stellt, systematisch vermittelt.

5 Soziologie: Der strukturelle Misserfolg des Versuchs mit »neuer Erziehung«

Bereits im Vorwort (Bernfeld 1921a, S. 9f.) erwähnt Bernfeld den »scharfen Konflikt zwischen ›Pädagogik‹ und ›Verwaltung‹ […], dessen Ende die solidarische Kündigung aller irgendwie wesentlich mit der Schule verknüpften Menschen war« (ebd., S. 10). Bernfeld nimmt das Ende des »Versuchs mit neuer Erziehung« vorweg. Es scheint, als wäre dieses Ende das durch den Bericht zu verarbeitende Ereignis. Auf der Ebene des manifesten Textsinnes jedoch bezeichnet Bernfeld das Ende von Baumgarten als »Zwischenfall« (ebd.). So unbedeutend kann dieser »Zwischenfall« jedoch nicht gewesen sein. Seine Reflexion bildet explizit die Umrahmung des Textes. Im ersten (Kap. I) und letzten Kapitel (Kap. VIII) will Bernfeld »eine richtige Darstellung jener Vorgänge (oder besser Vorschiebungen)« (ebd.) geben, die zum »Ende des Versuchs mit neuer Erziehung« geführt haben. Aber bereits hier bei der Bekanntgabe seines Darstellungsinteresses – soziale Prozesse werden als »Vorschiebungen« bezeichnet – wird sichtbar, dass Bernfeld eine nüchterne und sachliche Berichterstattung schwer fällt. Seine Absicht ist – daran lässt der Titel von Kapitel VIII[169] keinen Zweifel –, die Zusammenhänge zwischen den strukturellen Bedingungen und dem Grundkonflikt in Baumgarten zu verstehen, um daraus allgemeine Grundsätze für die Organisation des Verhältnisses zwischen Verwaltung und Pädagogik in sozialpädagogischen Institutionen ab-

---

169 »Von unserer Verwaltung und einer Heimverwaltung überhaupt« (Bernfeld 1921a, S. 136).

5 Soziologie: Der strukturelle Misserfolg des Versuchs mit »neuer Erziehung«

zuleiten. Bernfeld will eine soziologische Erklärung für sein Scheitern liefern.[170]

> »Diese Andeutungen waren nötig, um zu zeigen, in welcher Richtung ein Neudenken der Zusammenhänge von uns jüdischen Erziehern gründlich und unabhängig vorgenommen werden muß [...]. Von hier aus wird das Schicksal unserer Pläne und Versuche, über die in dieser Schrift berichtet wird, nicht als Zufall der persönlichen Konstellation, sondern in ihrem notwendigen, soziologischen, kulturellen Anteil verständlich. Und der Weg zu geschickteren, konsequenteren, fruchtbareren Maßnahmen wird frei« (ebd., S. 24).

Dass diese Reflexion letztendlich nicht gelingt[171], ist zum einen darauf zurückzuführen, dass er zum Zeitpunkt der Berichterstattung gefühlsmäßig noch so involviert ist, dass die soziologische Analyse zur Schuldfrage mutiert, wer das Ende von Baumgarten zu verantworten habe. Immer wieder wird Bernfeld polemisch und anstelle einer »Tatbestands-Gesinnung« (Bernfeld 1925a, S. 13), d.h. des wissenschaftlich beobachtenden Blicks auf die »faits sociaux« (Durkheim 1895) der Erziehung[172], verarbeitet er den Konflikt projektiv, d.h., er nimmt Schuldzuweisungen vor, die durch ihr »Maß an Wut und Aggressionen [...] stutzig machen« (Fatke 1993, S. 85f.) und geradezu kafkaesk anmuten (vgl. Utley 1979, S. 365, 367). Ich werde an dieser Stelle die »wütenden Verunglimpfungen« (Fatke 1993, S. 85) der Heimverwaltung und des Geldgebers nicht herausarbeiten, sondern nach einer Interpretation

---

170 Fatke fragt, »warum Bernfeld mit der Psychoanalyse nicht auch in das Dunkel der psychodynamischen Verwicklungen zwischen Verwaltungs- und Erziehungspersonal hineingeleuchtet hat, um die Mechanismen aufzuhellen« (1993, S. 86). Als Grundannahme dieses Kapitels gehe ich davon aus, dass Bernfelds Wahrnehmung dieses Konflikts soziologisch strukturiert ist. Mangels expliziter Modelle und Theorien kann er das beobachtete Material im Bericht aber nicht so ordnen, dass seine Erklärungen Licht ins »Dunkel« dieses Konflikts bringen.

171 »[Bernfelds] Kafkaeske Erzählung der Auseinandersetzung vermittelt das Gefühl, dass er es in der letzten Analyse [gemeint ist wohl das letzte Kapitel des Baumgarten-Berichts, D.B.] mit einem irrationalen, unüberwindbaren Phänomen zu tun hatte, einem bürokratischen Widerstand, der weder kontrolliert noch erklärt werden konnte« (Utley 1979, S. 365; Übersetzung M.R.).

172 Der soziologisch-objektivierende Blick auf Erziehung als »soziale Tatsache« ist im »Sisyphos« realisiert (1925a, S. 49).

5 Soziologie: Der strukturelle Misserfolg des Versuchs mit »neuer Erziehung«

suchen, warum hier die latente Sinnebene des Textes Bernfelds deklarierter Absicht widerspricht: »Nichts liegt mir ferner als Polemik, die angesichts der Unsachlichkeit und Unzuständigkeit der Gegenpartei nichts anderes als ein Akt sinnlosen Ressentiments wäre« (Bernfeld 1921a, S. 10).

Zum anderen fehlen Bernfeld die soziologischen Modelle, die zur Erklärung des *strukturellen Misserfolgs* von Baumgarten notwendig sind. Mit strukturellem Misserfolg bezeichne ich ein Scheitern, das nicht die Folge pädagogischer Fehlhandlungen ist, sondern im Zusammenhang mit strukturellen Spannungen innerhalb und außerhalb einer erzieherischen Organisation steht.

> »Die Gesamtspannung innerhalb eines Systems hängt nicht ausschließlich von den internen Bedingungen ab, welche Spannung erzeugen, sondern unter bestimmten Umständen auch von der *strukturellen Spannung*, die in dem das System als Einheit umfassenden (externen) System vorhanden ist. Falls die Spannung innerhalb des umfaßten Systems als Folge der strukturellen Spannungen im externen System erhöht wird, sprechen wir von *induzierter anomischer Spannung*. Die Gesamtspannung in dem umfaßten System setzt sich dann aus der endogenen und der induzierten Spannung zusammen. Das bedeutet, daß ein umfaßtes System unter Umständen eine Gesamtspannung erfährt, derer es auch bei Einsatz aller intern verfügbaren Mittel nicht Herr werden kann« (Heintz 1968, S. 286f.; Hervorhebungen D.B.).

Graf, der sich explizit auf diese Überlegungen von Peter Heintz zu endogenen und induzierten anomischen Spannungen bezieht, formuliert in Bezug auf pädagogische Einrichtungen:

> »Das Ausmaß des strukturellen Mißerfolgs einer erzieherischen Organisation ist abhängig von den von außen in das System hinein induzierten Spannungen. Es lassen sich vier Felder der Spannungsinduktion, respektive der Spannungsgenerierung bestimmen:
> 1) Das Feld des institutionellen Auftrags.
> 2) Das Feld der strukturellen Hierarchie.
> 3) Das Feld des Angestellten-Spannungsinputs.
> 4) Das Feld des Insasseninputs.
> Der Selbstreflexionsprozeß der Einrichtung ist eine institutionelle Möglichkeit, den Spannungstransfer vom umfassenden System in das umfaßte System aufzufangen und dadurch zu minimalisieren« (Graf 1993b, S. 158).

5 Soziologie: Der strukturelle Misserfolg des Versuchs mit »neuer Erziehung«

Ich interpretiere die Absicht Bernfelds in Kapitel I und VIII als einen solchen institutionellen Selbstreflexionsprozess. Bernfeld versucht im Nachhinein, zu begreifen, warum der Versuch mit neuer Erziehung pädagogisch erfolgreich war[173] und wieso er dennoch scheiterte. Ich werde in diesem Kapitel die Intention Bernfelds aufnehmen und das von ihm berichtete Material mithilfe von Heintz' Theorie der strukturellen und anomischen Spannungen (Heintz 1968, Kap. 14, 1972) sowie Grafs Anwendung auf erzieherische Organisationen (Graf 1993b) neu verstehen. Entlang den von Graf vorgeschlagenen vier Feldern der Spannungsinduktion werde ich die Spannungsgenerierung und -übertragung in Baumgarten rekonstruieren. Hierzu werde ich die Spannungen einerseits am berichteten Material sichtbar machen, andererseits die theoretischen Modelle einführen, mit welchen die Spannungen in den einzelnen Feldern je unterschiedlich erklärt werden können.

5.1 Das Feld des institutionellen Auftrags: Die Grundspannung

Die *erste Grundspannung* auf der Ebene des institutionellen Auftrags liegt in der doppelten Zielsetzung, welche Bernfeld mit Erna Patak aushandelt. »Erstens sollte in Baumgarten ein gutes jüdisches Kinderheim entstehen, zweitens die Vorbereitung für die Schulsiedlung« (Bernfeld 1921a, S. 30). Der Widerspruch zwischen diesen beiden Aufgaben besteht darin, dass einerseits

---

173 Aufgrund meiner Rekonstruktion in Kap. 3 und 4 ist eine solche Bewertung aus pädagogischer Sicht begründet. Ähnlich urteilt Herrmann (1996, S. 350): »Entgegen der damaligen Selbstwahrnehmung und der seitherigen Tradierung eines Selbstmißverständnisses war das Kinderheim ›Baumgarten‹ und seine Erziehungsidee ein voller Erfolg.« Kritisch äußert sich Fatke (1993, S. 84, 86) über die erzieherischen Erfolge von Bernfeld, ebenso Robert Weltsch, der wie Bernfeld Sekretär des Jüdischen Nationalrats war und zum jüdischen Jugendorden »Jerubbaal« gehörte: »Bernfelds Idee, seine Theorie zu beweisen, indem er in der Nähe von Wien ein Jugenddorf (Kinderheim Baumgarten) [...] schuf, war nicht von Erfolg gekrönt. Bernfeld gab der [amerikanischen Trägerschaft, D.B.] und deren Wiener Vertreter Schuld für den Zusammenbruch, aber ganz offensichtlich gab es auch Mängel im System« (1982, S. 381; Übersetzung M.R.). Leider präzisiert Weltsch nicht, welche Systemfehler für ihn offensichtlich waren.

eine Einrichtung geschaffen werden soll, deren pädagogisches Konzept im Wesentlichen eine Erziehung ›vom Kinde aus‹ realisiert, andererseits aber eine Instrumentalisierung des Heims als Kaderschmiede für eine »künftige größere, vollkommenere und organischere Unternehmung« (ebd., S. 29) intendiert wird. Wie in Kapitel 2 ausgeführt, ist die geplante Schulsiedlung ein ebenso politisches wie pädagogisches Projekt. Die neue Erziehung ist Mittel zur »Schaffung kultureller Tatsachen« (ebd., S. 22), welche auf pädagogischem Gebiet die sozialistische Zukunft Palästinas antizipieren sollen. Dass diese politische Zielsetzung »Plan geblieben« (ebd., S. 30) ist, bzw. »für die Vorbereitung der Schulsiedlung direkt in Baumgarten nichts geschehen konnte« (ebd. S. 31f.), reduziert die Spannungsinduktion im Feld des institutionellen Auftrags nicht. Meine These geht dahin, dass die politische Dimension des Projekts lediglich in die Latenz gedrängt wird.[174] Damit ist sie aber nicht einfach vom Tisch, sondern wird gegen die Macht des Trägers und der Heimleitung geltend gemacht, was eine reflektierte Balancierung mit den pädagogischen Zielen zusätzlich erschwert. Dass die pädagogische Tätigkeit von den ErzieherInnen im Umkreis Bernfelds über den ganzen Versuch hinweg mit dem politischen Anspruch verbunden bleibt, zeigt die an die Trägerschaft gerichtete Bemerkung im ultimativen Memorandum der Lehrerschaft: »Wir glaubten aufgrund der Besprechungen mit Dr. Bernfeld, [...] es würde uns möglich sein, mitzuarbeiten am Aufbau des jüdischen Erziehungswesens der Diaspora und bei der Schaffung einer Erziehungsinstitution mit modernen wissenschaftlichen Grundlagen und Methoden« (ebd., S. 140). Die Hartnäckigkeit, mit der an der ursprünglichen Zielsetzung festgehalten wird, zeigt sich auch daran, dass Bernfeld im Dezember 1920, d.h. acht Monate, nachdem Baumgarten verlassen worden war, für Angehörige und Freunde des »Jüdischen Instituts für Jugendforschung und Erziehung« eine Tagung organisiert mit dem Obertitel »Aufbau einer Schule für Tausend« (Bernfeld 1920c, S. 415; vgl. auch Kap. 2.1.3).

---

174 Ob damit auch erklärt werden kann, dass die politische Dimension des Baumgarten-Texts erziehungswissenschaftlich nicht immer voll gewürdigt wird, ist möglich. Die »harmlosen Lesarten in der Bernfeld-Rezeption« (Niemeyer 1998, S. 177) mögen aber auch andere, mehr bei den Rezensenten liegende Gründe haben.

5 Soziologie: Der strukturelle Misserfolg des Versuchs mit »neuer Erziehung«

Die *zweite Grundspannung* auf der Ebene des institutionellen Auftrags steht im Zusammenhang mit einer Neuorientierung des Joint. Die amerikanische Trägerschaft stellt ihre Hilfepolitik am Ende der Kampfhandlungen von punktuellen Short-term- auf strukturelle Long-term-Hilfsprojekte um (Jüdisches Lexikon 1929, S. 304; Encyclopaedia Judaica 1928, S. 590f.). In Bernfelds Bericht erscheint diese Neuausrichtung als »Reorganisationsversuche der Vienna Branch« (ebd., S. 25). Nach dem Zusammenbruch der alten Herrschaftsstrukturen sollten »in großzügiger Weise Hilfsinstitutionen geschaffen werden«, schreibt Bernfeld, bedauert aber sogleich: »freilich als Hilfe und nicht als Aufbau« (ebd., S. 25). Die erste Grundspannung im Feld des institutionellen Auftrags, wie ich sie oben als Widerspruch zwischen einer Pädagogik ›vom Kinde aus‹ und deren Instrumentalisierung zu politischen Zwecken herausgearbeitet habe, findet hier ihr komplementäres Gegenstück auf der Ebene der Trägerschaft. Einerseits sollen »in großzügiger Weise Hilfsinstitutionen« geschaffen werden als langfristig orientierte Beiträge zur Lösung des Flüchtlingsproblems. Andererseits sollen alle Leistungen »als Hilfe« erfolgen, d. h. als Sofortmaßnahme bei Bedürftigen.

Der Versuch des Joint, seine Hilfeleistungen am Ende des Ersten Weltkriegs neu zu organisieren, weckt bei Bernfeld »Hoffnungen« (ebd.), das Projekt der Schulsiedlung mit amerikanischen Geldern finanzieren zu können. Die politischen Zielsetzungen Bernfelds stoßen bei der amerikanischen Trägerschaft jedoch auf Widerstand.[175] Interessiert ist die amerikanische Trägerschaft primär an den unbestreitbaren Fähigkeiten Bernfelds, Kinder und Jugendliche in Gruppen und Gemeinschaften zu organisieren. Diese Kompetenz fehlt sowohl Erna Patak, deren »eigentliche Tätigkeit [...] die persönliche Wohltätigkeit [war und ist]« (ebd., S. 28), als auch dem Joint, das bis dahin nur am Erbringen kurzfristig wirksamer Einzelfall-»Hilfe« beteiligt war, nicht aber am nachhaltigen »Aufbau« sozialpädagogischer Strukturen.

Im Zuge ihrer »Reorganisationsversuche« generiert die Vienna Branch des Joint also eine Grundspannung, deren Bearbeitung den von ihr finanzierten

---

175 Dass Hilfswerke von politischen Gruppierungen für ihre Partikularinteressen vereinnahmt werden können, kann in aktuellen Konflikten immer wieder beobachtet werden.

5.1 Das Feld des institutionellen Auftrags: Die Grundspannung

Projekten erhebliche Probleme stellt.[176] Denn die Neuorientierung der Hilfepolitik auf den nachhaltigen »Aufbau« von Fürsorgeeinrichtungen stellt einen Fremdkörper dar, der mit der Struktur der amerikanischen Hilfsorganisation nicht kompatibel ist. Aufgrund seiner Finanzierung durch Spendengelder funktioniert das Joint gemäß der Praxis fürsorgerischer Wohltätigkeit, deren Eckpfeiler das individuelle Almosen und die damit verbundene Gebermentalität bilden. Für Bernfeld ist dieses Paradigma ein Auslaufmodell der »eben erst vergehenden Periode der jüdischen Gesellschaftsentwicklung« (ebd., S. 28). Sein Widerstand gilt primär der »tantenhaften Wohltätigkeit« (Geiringer 1920, S. 49), die an Unabhängigkeit und Emanzipation der anvertrauten Kinder nicht interessiert sein kann, weil »sie mindestens im unbewußten Hintergrund als Effekt des Tuns Dankbarkeit erwartet; wäre es auch in der sublimen Form, daß man die deutliche Beglücktheit sehen möchte« (Bernfeld 1921a, S. 28). Diese Verhaltensweise stellt gleichsam einen strukturell gegebenen Habitus dar, der sich bei allen Einheiten der Organisation bis hin zum amerikanischen Spender beobachten lässt. Deshalb erscheinen Investitionen in Einrichtungen der Kriegswaisenfürsorge dann optimal legitimiert, wenn Photos den Weg nach Amerika finden, die glückliche Kinder abbilden, die in Kinderheimen untergebracht sind, welche einen (im Sinne der Spenderschaft) ordentlichen Eindruck hinterlassen. Dass Baumgarten keinen Hintergrund für solche Photos abgibt bzw. nur mit erheblichem Inszenierungsaufwand dafür hergerichtet werden kann, liegt nicht allein an Bernfelds Widerstand gegen die objektivierende Tendenz fürsorgerischer Wohltätigkeit, sondern vor allem an den Verwahrlosungserscheinungen der Baumgarten-Kinder, deren Sozialisationsprozesse von Entwicklungsblockaden und krisenhaften Übergängen gekennzeichnet sind.

Bernfeld widersetzt sich also nicht allein aus ideologischen Gründen einer Objektivierung der ihm anvertrauten Subjekte.[177] Die heilpädagogische

---

176 Das Ausmaß der zweiten Grundspannung führt nicht nur in Baumgarten zu anomischen Zuständen, sondern ist wohl auch für das Scheitern anderer Long-term-Hilfsprojekte verantwortlich: »Nach einem Jahr des reorganisierten Joint müssen Präsidialmitglieder gestehen: wir haben keine Projekte, wir ›wursteln nur weiter‹« (Bernfeld 1921a, S. 26).
177 Dass die politische Instrumentalisierung (erste Grundspannung) auch eine Objektivierung der ihm anvertrauten Kinder darstellt, reflektiert Bernfeld nicht.

Praxis in Baumgarten erfordert einen Rahmen, der für krisenhaft verlaufende Entwicklungsprozesse und die damit verbundenen Ängste ein »containment« (Bion) darstellt. Das Problem der Balancierung dieser zweiten Grundspannung besteht dann darin, die strukturell erforderliche Orientierung an der wohltätigen Einzelfall-»Hilfe« gegenüber der Ideologie und der Praxis einer Erziehung auszutarieren, welche Selbstregulations- und Selbstheilungsprozessen von Kindern einen hohen Stellenwert einräumt. Aus dem Ruder läuft dieser Balanceakt einerseits, wenn der heilpädagogisch notwendige Freiraum in Gefahr ist, vereinnahmt und durch die Praxis und Ideologie wohltätiger Einzelfall-»Hilfe« kolonialisiert zu werden. Andererseits besteht die Gefahr einer Entlegitimierung der Einrichtung, wenn die eingesetzten Gelder gegenüber dem Träger und seinen Spendern nicht als wirksame Soforthilfe bei einzelnen Kindern begründet werden können.

Fasst man die beiden Grundspannungen im Feld des institutionellen Auftrags zusammen, ergibt sich folgende Matrix:

Ebene Heim	»Neue Erziehung« i.S. einer ›Erziehung vom Kinde aus‹ KIND ALS SUBJEKT	←→	Instrumentalisierung von Baumgarten als Kaderschmiede KIND ALS OBJEKT
Ebene Trägerschaft	»Aufbau«-Orientierung: es sollen »in großzügiger Weise Hilfsinstitutionen geschaffen werden« SOZIALPÄDAGOGISCHE STRUKTUREN	←→	»Hilfe«-Orientierung: fürsorgerische Wohltätigkeit und individuelle Almosen SOFORTHILFE FÜR NOTLEIDENDE

Abb. 8: Grundspannungen im Feld des institutionellen Auftrags

5.1.1 Spannungstransfer aus dem Feld des institutionellen Auftrags: Intrarollenkonflikte und Interrollenkonflikte

Traditionellerweise ist die Bearbeitung des Spannungsinputs aus dem Feld des institutionellen Auftrags der Heimleiterrolle übertragen. Analog zum Lehrer, von dem erwartet wird, dass er zwischen widersprüchlichen Funktionen der Schule wie Vermittlung von Fähigkeiten und Beurteilung, zwischen Förderung und Forderung, zwischen der Auslese und der Integration einen »guten«

5.1 Das Feld des institutionellen Auftrags: Die Grundspannung

Weg findet, stellt sich auch für den »Direktor des Kinderheims Baumgarten« (ebd., S. 140) das Problem, einerseits zwischen den mit der Heimgründung verbundenen pädagogischen und politischen Ansprüchen eine Balance zu finden, andererseits ein Gleichgewicht zwischen »Hilfe«- und »Aufbau«-Orientierung des Trägers.

Die damit verbundenen Schwierigkeiten sind in ihren individuellen Auswirkungen ebenfalls von der Lehrerrolle her bekannt: Es kommt zu einer Verlagerung der institutionellen Grundspannung in die Persönlichkeit des Lehrers. Gelingt es der Lehrerpersönlichkeit, die Spannung zu bearbeiten, so resultiert daraus für diese ein Gewinn an Legitimität, der zugleich auch ein Gewinn an Autonomie ist. Darauf basierte lange Zeit zu einem großen Teil die Attraktivität der Lehrerrolle. Wenn man im Volksmund von einem ›guten Lehrer‹ spricht, dann meint man nicht einen Lehrer, der eine bestimmte schulische Funktion sehr gut erfüllt und dafür andere, die dazu im Widerspruch stehen, vernachlässigt. Vielmehr besteht die Leistung des ›guten Lehrers‹ darin, dass er zwischen den widersprüchlichen Funktionen wie Beurteilen und Befähigen eine gute Balance findet. Dadurch werden die Spannungen, die in der Schule vorhanden sind, bearbeitet (Vogel 2003, S. 173ff.).

Die Spannung wird in einen Konflikt innerhalb der Rolle transformiert. Wir sprechen deshalb von »*Intrarollenkonflikten*« (AG Soziologie 1999, S. 28). Je nachdem, wie groß die Spannungen sind, ist der Umgang mit den Intrarollenkonflikten problematisch. Bekannt ist in diesem Zusammenhang das »Burn-out-Syndrom«: das Ausbrennen angesichts der nachhaltig widersprüchlichen Erwartungen, die in einer Rolle zusammenkommen. Der Transfer von Spannungen in einen Intrarollenkonflikt muss aber nicht zwangsläufig zu einem Burn-out führen. Gelingt es dem Rollenträger, einen reflektierten »Umgang« (Gamm 1979) mit den widersprüchlichen Erwartungen zu finden, können bewusst Abstriche und Kompromisse gemacht werden, die dann nicht die Bedeutung eines persönlichen Scheiterns haben.

Meine These geht dahin, dass Bernfeld als vermittelnde Instanz zwischen Lehrerschaft und Verwaltung den Spannungsinput aus dem Feld des institutionellen Auftrags auffängt. Das erste und das letzte Kapitel des Baumgarten-Berichts enthalten Ansätze zu einer Reflexion der institutionellen Grundspannung. Wie bereits erwähnt, fehlen Bernfeld hierzu aber soziologische *Kompetenzen*, sodass die Widersprüche nicht auf einer Bewusstseinsebene gehalten werden können und sich diffus in die *Persönlichkeit* Bernfelds hineinverlängern. Aus dem »Subjekt im Widerspruch« (Parin/Parin-Matthèy 2000) wird dann ein »Widerspruch im Subjekt« (Parin 1978) mit somatischen Auswirkungen: Bernfeld erkrankt.

Nachdem Bernfeld in dieser Pufferposition nicht mehr zur Verfügung steht, transferiert sich die institutionelle Grundspannung nicht mehr in einen Intrarollenkonflikt, sondern wird auf die soziale Dimension verlagert, wodurch die Möglichkeit abnimmt, Spannungspotenziale als innerpsychische Konflikte zu bearbeiten. Stattdessen treten sie in den Interaktionen auf der intersubjektiven Ebene, also zwischen den InteraktionsteilnehmerInnen, in den Interaktionen selbst auf. Solche Spannungen beeinträchtigen *die Kommunikation*.

Im Anschluss an die Beschreibung der institutionellen Grundspannung und deren Transfer in Intra- und Interrollenkonflikte werde ich in Kapitel 5.2.1 zunächst eine phänomenologische Darstellung des Konflikts zwischen Pädagogik und Verwaltung geben, um ihn dann (ab Kap. 5.2.2) vor einem spannungstheoretischen Hintergrund zu erhellen. Ich werde aufzeigen, dass die institutionellen Grundspannungen im Rahmen eines unerbittlichen Kampfs um Prestige und Macht in *strukturelle Spannungen* transformiert werden, d.h. in ein Ungleichgewicht zwischen Macht und Prestige innerhalb des »Feldes der strukturellen Hierarchie«. Diese Spannungen zwischen einzelnen Rängen der Heimhierarchie werden in Baumgarten mittels »*subkultureller Differenzierung*« (Heintz 1968, S. 281) latent gehalten. Bernfelds Strategie der subkulturellen Differenzierung zielt auf eine »Revolution der Erziehung« (Bernfeld 1921a, S. 27), d.h. auf einen alternativen Bewertungsmaßstab sozialen Handelns. Weil diese Strategie nicht gelingt, erzeugen die strukturellen Spannungen zunehmend *anomische Spannungen*, was bei den einzelen Akteuren verschiedene Formen von manifestem Anpassungsverhalten auslöst. Diese Arten individueller Anpassung an anomische Spannungen (Merton 1968) stellen das transformierte Produkt der durch Hierarchisierung bearbeiteten institutionellen Grundspannungen dar.

5.2 Der Kampf um Macht und Prestige im Feld der strukturellen Hierarchie

Einführend werde ich den »scharfen Konflikt zwischen ›Pädagogik‹ und ›Verwaltung‹« (Bernfeld 1921a, S. 10) phänomenologisch darstellen. Wie erwähnt, bleiben die strukturellen Spannungen in Baumgarten lange Zeit latent. Dennoch gibt es Bruchstellen, wo sie aufscheinen. Die phänomenologische Darstellung des Konflikts fokussiert diese Emergenten der latenten Spannung, um sie anschließend einer soziologischen Analyse zuzuführen. In einem zweiten Abschnitt wird die im vorhergehenden Absatz kursiv gedruckte *soziologische Begrifflichkeit* eingeführt. Dieses theoretische Instrumentarium wird in einem dritten Abschnitt eingesetzt, um die Bearbeitung der institutionellen Grundspannung im »Feld der strukturellen Hierarchie« aus dem von Bernfeld berichteten Material herauszuarbeiten und deren Transformation in verschiedene Formen individueller Anpassung i. S. Mertons (1968) sichtbar zu machen.

5.2.1 Phänomenologie des Konflikts zwischen Pädagogik und Verwaltung

Der Konflikt zwischen Pädagogik und Verwaltung wird bereits im Vorwort angesprochen und ist Thema des Kapitel VIII. Was zunächst auffällt, ist die vernichtende Geringschätzung Bernfelds. So beschreibt er die Menschen, welche in Baumgarten die Verwaltung führen, als Diebe und als korrupt. Das »gesamte Verwaltungspersonal [bestand] aus minderwertigen Menschen« (ebd., S. 150). »Die Baumgartner Verwaltung an sich war von Grund auf schlecht, desorganisiert, reibungsvoll, absolut unzuverlässig« (ebd., S. 153). »Die Verwaltung war einfach schlecht; unbeschreiblich schlecht. Sie war (und ist) das Gegenbeispiel jeder vernünftigen Organisation« (ebd., S. 147). Sie war eine »knarrende und tückische Maschine« (ebd., S. 152).[178] Von einem Menschen, über den seine Nichte sagt, er sei »nicht besonders von Impulsen

---

[178] Weitere Zitate finden sich bei Fatke (1993, S. 85).

getrieben« gewesen (Heller 1993, S. 101), erstaunen solche Aussagen und man kommt nicht umhin zu vermuten, dass Bernfeld innerpsychische Spannungen, die sich im Zusammenhang mit den Intrarollenkonflikten an seiner Position manifestieren, projektiv verarbeitet. Die Annahmebestätigung der korporativen Kündigung bezeichnet Bernfeld als »anmaßendes Dokument impotenten Bürokratismus« (Bernfeld 1921a, S. 145). Die soziale Realität konstituiert sich im Anschluss an diesen Brief allerdings umgekehrt: Kastriert und entsprechend impotent wird das ErzieherInnenteam, das die Trägerschaft nicht nur sang- und klanglos fallen lässt, sondern auch noch ein paar Schuhe hinterdreinwirft, was durch Bernfeld als Akt von »niedriger Bosheit« und »Gemeinheit« bewertet wird (ebd., S. 146).

Des Weiteren wird von Mobbing gegen LehrerInnen berichtet, die offenbar auf dem Areal wohnen und durch ihre starke Präsenz bei den Kindern möglicherweise sehr beliebt, d. h. im Besitz von persönlichem Prestige waren: »Mißliebige Mitglieder des Lehrkörpers konnten zwar nicht entlassen werden, aber es wurde versucht, sie hinauszuekeln, ihre Wohnungen wurden nicht aufgeräumt, die Holzration wurde ihnen entzogen usw. In zwei Fällen siegte die Verwaltung« (ebd., S. 152f.).

Wer sich fragt, wo dieser Kreislauf gegenseitiger Missachtung begonnen hat, wird um eine Antwort verlegen sein. Man erfährt, dass das Verhältnis zwischen Trägerschaft/Verwaltung und Erzieherschaft zu Beginn des Versuchs anders war: »Anfangs wurde betont, daß die Kinder moralisch sehr gefördert wurden« (ebd., S. 136). Ein einzelnes Ereignis, das erklären könnte, warum diese gegenseitige Anerkennung in solch maßlose Geringschätzung und Diffamierung umgeschlagen ist, gibt es nicht. Es ist deshalb auch wenig produktiv zu fragen, wo diese Spirale gegenseitiger Aberkennung eingesetzt hat und wer dafür verantwortlich ist. Stattdessen schlage ich eine *soziologische Betrachtungsweise* vor und interpretiere mit Heintz (1968, S. 281) *die zunehmend divergierende Bewertung der Erzieherschaft bzw. der Verwaltung als Ausdruck eines wachsenden Ungleichgewichts zwischen Macht und Prestige bei den Einheiten »Erziehung« und »Verwaltung«.*

Bevor ich Heintz' spannungstheoretische Überlegungen im nächsten Abschnitt einführe, möchte ich den hier postulierten Zusammenhang zwischen

5.2 Der Kampf um Macht und Prestige im Feld der strukturellen Hierarchie

divergierenden Bewertungsmaßstäben und zunehmender Statusdifferenz im Verhältnis zwischen Erzieherschaft und Verwaltung, verstanden als zwei Einheiten mit unterschiedlichen Positionen, zunächst anhand eines signifikanten Vorfalls illustrieren. Bruno Frei schreibt in der Wiener Morgenzeitung (Ausgabe vom 03.04.1920) über Baumgarten einen Artikel, »der neben allerhand unverdienten, ja nachweisbar lügenhaften Lobessprüchen für die Verwaltung allerhand ebenso unverdiente schiefe, zum Teil nachweisbar lügenhafte Bemerkungen gegen die ›Pädagogik‹ enthielt« (Bernfeld 1921a, S. 145; vgl. auch S. 111). Bernfeld bezichtigt Erna Patak, diese öffentliche Diffamierung der Erzieherschaft persönlich veranlasst zu haben.

Interessant ist an dieser Berichterstattung, dass sie offenbar ganz der Sichtweise von Trägerschaft und Verwaltung verpflichtet ist, obschon bei Bruno Frei als kritischem Journalisten mit marxistischer Orientierung eigentlich eher Sympathien für die Gegenseite zu vermuten wären. Derselbe Autor publizierte nämlich 1920 ein Buch, das eine mit Bernfeld vergleichbare marxistische Perspektive auf das jüdische Flüchtlingselend in Wien einnimmt.[179] Bruno Frei nimmt in dieser Arbeit eine kritische Haltung gegenüber den herkömmlichen Formen der Fürsorge ein. In frappierender Übereinstimmung mit Bernfeld schreibt er bspw.: »Vom Bemitleiden hat der Bemitleidete nichts. Vielleicht noch mehr der Bemitleidende. Das Bemitleiden ist die typische Ausdrucksform der bürgerlichen Einstellung zum Jammer des elenden Lebens der andern« (Frei 1920, S. 85). Dass dieses kritische Potenzial im Artikel über das Kinderheim Baumgarten nicht eingelöst wird, interpretiere ich als Hinweis auf die gestärkte Machtposition der Verwaltung zu diesem Zeitpunkt, die dem Journalisten nur ganz bestimmte Informationen zugänglich macht und Widersprüche, für deren Wahrnehmung Bruno Frei aufgrund seiner Beschäftigung mit diesem Thema das entsprechende Referenzschema mitbringen würde, erfolgreich latent hält.

Im Unterschied zu Bruno Frei, dem sich dieses Problem aufgrund einseitiger

---

[179] Wie Bernfeld (1921a, S. 17) politisiert auch Frei das Flüchtlingselend zum Klassenkampf: »Nur der wirtschaftliche Gegensatz, der Klassenkampf ist der allein berechtigte Krieg. Der jüdische und arische Kriegsgewinner gegen den jüdischen und arischen Kriegsverlierer. Dies ist die Front von heute. Die gerechte Front« (Frei 1920, S. 69).

5 Soziologie: Der strukturelle Misserfolg des Versuchs mit »neuer Erziehung«

Informationen vermutlich gar nicht gestellt hatte, muss der Leser von Bernfelds Bericht entscheiden, wie er Pädagogik und Verwaltung in Baumgarten bewerten will. Aufgrund der unterschiedlichen Bewertungsgrundlagen, nach welchen die Verteilung von Prestige in Baumgarten erfolgt, ist der Leser in besonderer Weise gezwungen, sich zu positionieren.[180] Obwohl Bernfeld die Normen seiner »neuen Erziehung« eindeutig favorisiert, bleibt dem Leser die Freiheit, ähnlich wie die Verwaltung eine kritische Beurteilung dieser neuen Erziehung vorzunehmen. Dies ist bspw. die Lesart von Verena Wolfrum (1983) in ihrer »kritischen, aber voreingenommenen« (Adam 1992, S. 95) Dissertation. Ganz anders Paul Lazarsfeld, der als junger Doktor der Mathematik eine erste Arbeit publiziert, die ganz unter dem Eindruck von Bernfelds Experiment »Kinderheim Baumgarten« steht (Lazarsfeld/Wagner 1924).

Die Interpretationsprobleme, welche die divergierenden Bewertungsmaßstäbe aufwerfen, sind bis heute dieselben geblieben. Geschichtswissenschaftlich ist der Wahrheit über Baumgarten kaum näherzukommen, weil es zu wenige historische Quellen über Bernfelds Kinderheim gibt.[181] Eine Ausnahme bildet der Bericht von Karl Wirth (1992). Auch die Psychologie hilft nicht weiter, außer man wäre im Besitz von Aufzeichnungen der persönlichen Analyse Bernfelds (bei Hanns Sachs), mit denen man möglicherweise entschlüsseln könnte, welche Verzerrungen die Realität bei der Berichterstattung aufgrund eines allfälligen psychischen Konflikts erfahren hat. *Ich möchte stattdessen vorschlagen, die Feststellung, dass es in Baumgarten zwei Wertmaßstäbe, d.h. zwei normative Felder im gleichen System gibt, als das signifikante Datum zu nehmen, das es zu erklären gilt.*

Es gibt im Text Stellen, an denen Bernfeld explizit auf die unterschiedlichen Bewertungsmaßstäbe hinweist. So zum Beispiel, wenn er zusammenfassend

---

180 Bernfeld hat die Offenheit seines Textes als Problem zukünftiger Interpretationen vorweggenommen: »Es gibt kein Mittel, die einzelnen Sätze so fest miteinander zu verlöten, daß kein beliebiger Rezensent sie nach seinen bösen oder beschränkten Absichten auseinanderreißen könnte« (Bernfeld 1921a, S. 111).

181 Mag. Dr. Michael Wininger vom Institut für Bildungswissenschaft der Universität Wien machte mich auf ein Archiv des J.D.C. aufmerksam. Dem Studium der dort archivierten Akte (Nr. 52549RV-3) zu den Aktivitäten der Vienna Branch konnten keine Hinweise auf einen Konflikt zwischen Trägerschaft und Heimleitung entnommen werden.

5.2 Der Kampf um Macht und Prestige im Feld der strukturellen Hierarchie

das Urteil der Trägerschaft bzw. der Verwaltung auf die Formel »keine Disziplin, keine Ordnung, kein ordentlicher Unterricht« bringt, um dann sogleich zu widersprechen: »Wir sehen die Sache anders. Und zwar so: […]« (1921a, S. 136). Implizit angesprochen sind die Unterschiede in der Bewertung, wenn Bernfeld die Glaubwürdigkeit seiner Berichterstattung problematisiert. »Wer bis hierher gelesen hat und weiß, daß wir trotzdem vom Joint als unfähige Erzieher betrachtet, wenigstens so behandelt wurden, muß meinen, daß ich schöngefärbt, wenn nicht gelogen habe« (ebd., S. 136). Die abweichende Bewertung seiner Arbeit durch die jüdische Öffentlichkeit ist eine der Hauptmotivationen, die Bernfeld zum Verfassen seines Berichts veranlasst. Im Schlusssatz des Vorworts sagt Bernfeld, dass er den Bericht über Baumgarten abgefasst habe, um eine Gegendarstellung zu all den verleumderischen Fehlinformationen über seine pädagogische Arbeit zu schaffen:

> »Denn irgendwo muß eine richtige Darstellung jener Vorgänge (oder besser Vorschiebungen) zu finden sein, damit nicht auch unsere Freunde irre werden an uns, unserem Können und Wollen, wenn wir schweigen, indes der öffentliche Meinungsapparat des Wiener Zionismus klappert, um uns und unsere Ideen durch Herabsetzung unserer Leistungen zu diskreditieren« (ebd., S. 10).

Dass Bernfeld die divergierenden Bewertungsmaßstäbe in seinem Bericht nicht zum Verschwinden bringt (im Unterschied zum Zeitungsartikel von Bruno Frei), verstehe ich als Hinweis auf seinen wissenschaftlichen Anspruch und sein theoretisch nicht auf den Begriff gebrachtes Bewusstsein, dass diesem Kampf um normative Hegemonie ein sozialer Prozess im Feld der strukturellen Hierarchie entspricht. Wie bereits angekündigt, werde ich Bernfelds explizite und implizite Hinweise auf die Existenz von zwei unterschiedlichen Bewertungsmaßstäben soziologisch erklären. Hierzu werde ich zunächst Heintz' ersten spezifischen Satz über Rangspannung einführen. Bisher wurde nur allgemein festgehalten, dass mit struktureller Spannung ein Ungleichgewicht zwischen Macht und Prestige bezeichnet ist. Wie ein solches Ungleichgewicht erkannt werden kann und welche Folgen sich daraus an Orten mit Machtdefizit bzw. Machtüberschuss ergeben, soll im nächsten Kapitel dargestellt werden.

5.2.2 Peter Heintz' Theorie der strukturellen und anomischen Spannungen

Das 14. Kapitel von Peter Heintz' *Einführung in die soziologische Theorie* trägt den Titel »Strukturelle und anomische Spannungen« (1968, S. 280–299). 1972 veröffentlichte Heintz einen Aufsatz mit demselben Titel, in dem er die Theorie nochmals zusammenfasst (Heintz 1972). Der eine Vorteil dieser Theorie ist ihr formaler Charakter, wodurch sie auf unterschiedliche soziale Kontexte übertragbar wird. Der andere Vorteil ist, dass sie anschlussfähig ist an die Psychoanalyse. Im ersten Kapitel seiner *Einführung* stellt Heintz explizit diesbezügliche Überlegungen an, auf die ich weiter unten eingehen werde.

Die für uns zentralen Modelle werden gleich am Anfang des 14. Kapitels vorgestellt:

> »Unter *sozialer Struktur* verstehen wir das normative Feld (Rollen-Status) der Interaktion von Akteuren. Wir berücksichtigen also sowohl die als Rollen-Status institutionalisierten Normen wie auch ihre Besetzung durch Akteure.
>
> Als *Ordnungsprinzip* dieser Struktur sollen hier nur zwei berücksichtigt werden, nämlich die differentielle Verteilung von Macht und Prestige und die Tendenz zum Ausgleich von Macht und Prestige. Diese beiden Ordnungsprinzipien sind unabhängig voneinander.
>
> Im Hinblick darauf bezeichnen wir als *strukturelle Spannung* ein Ungleichgewicht zwischen Macht und Prestige innerhalb einer Struktur. Ein solches Ungleichgewicht kann als Machtdefizit oder Machtüberschuß charakterisiert werden, wobei auf die Prestige-Verteilung Bezug genommen wird.
>
> Als *anomische Spannung* bezeichnen wir eine Spannung beim Akteur zwischen den gesellschaftlich legitimen Mitteln und den gesellschaftlich legitimen Zielen im Sinne von Robert K. Merton.
>
> Der *allgemeinste Satz* lautet, daß strukturelle Spannungen anomische Spannungen erzeugen. Ein solcher Satz hat recht wenig Inhalt« (Heintz 1968, S. 280; Hervorhebungen D.B.).

Im Fortgang des 14. Kapitels spezifiziert Heintz den Zusammenhang zwischen struktureller und anomischer Spannung mit insgesamt elf Sätzen. Insbesondere der dritte spezifische Satz ist zur Entschlüsselung des Konflikts

5.2 Der Kampf um Macht und Prestige im Feld der strukturellen Hierarchie

zwischen Verwaltung und Bernfeld zentral. Betrachten wir aber zunächst das Zitat.

Soziale Struktur hat nach Heintz zwei Aspekte: Struktur wird erstens definiert als ein Feld von interrelierten Symbolen oder institutionalisierten Normen. Elemente sind hier zum Beispiel die formalisierten Wissensbestände der Jurisprudenz und die Rolle des Richters. Allerdings werden die zur Struktur gehörigen Rollen nicht notwendig in Übereinstimmung mit den damit verbundenen normativen Verhaltenserwartungen gespielt. Deshalb unterscheidet Heintz als zweiten Aspekt von sozialer Struktur das Feld von interagierenden Einheiten oder Akteuren. Was bei Hoffmann-Nowotny später als strukturelle und kulturelle Dimension von Gesellschaften (sozialen Systemen) bezeichnet wird (vgl. dazu Kap. 2.2.1), sind hier zwei Aspekte der sozialen Struktur.

Im zweiten Abschnitt thematisiert Heintz zwei *Ordnungsprinzipien* der sozialen Struktur. Erstens wird postuliert, dass die Verteilung von Prestige und Macht innerhalb einer Gesellschaft nicht immer und notwendigerweise zusammenfällt. Zweitens behauptet Heintz eine Tendenz zur Kongruenz von Prestige und Macht. Um die Bedeutung dieser Ordnungsprinzipien zu verstehen, werde ich zunächst die Begriffe »Prestige« und »Macht« einführen (vgl. dazu Heintz 1968, S. 24–60).

Heintz unterscheidet zwischen »persönlichem« und »sozialem Prestige« und nimmt an,

> »daß das persönliche Prestige des Führers oder, was dasselbe ist, sein Charisma, zum Teil oder ganz als das Ergebnis der Freudschen Sequenz erklärt werden kann. Gleichzeitig haben wir gesehen, daß bei der Wahl eines Führers auch das soziale Prestige eine Rolle spielen kann. Das soziale Prestige kann mit der familiären Herkunft (Dynastie) zusammenhängen, mit der Zugehörigkeit zu einer ethnischen Gruppe (Rasse), mit dem Reichtum, mit bestimmten Arten von Kenntnissen (Bildung) und mit vielem mehr. Schon an diesen wenigen Beispielen läßt sich erkennen, daß soziales Prestige keinen kombinierten Projektions- und Identifikationsprozeß voraussetzt. Es ist eben gesellschaftlich definiert« (Heintz 1968, S. 30).[182]

---

[182] Mit »kombiniertem Projektions- und Identifikationsprozeß«, weiter oben im Zitat auch als »Freudsche Sequenz« bezeichnet, meint Heintz den sozialpsychologischen Mechanismus, mit dem in »Massenpsychologie und Ich-Analyse« (Freud 1921) die libidinöse Konstitution einer Gruppe erklärt wird.

Sowohl der Begriff des »persönlichen« als auch der des »sozialen Prestiges« bedeutet, dass Personen mit geringerem Prestige bereit sind, dem Willen von Personen mit höherem Prestige Folge zu leisten und deren Ansichten und Meinungen zu übernehmen. Mit anderen Worten verleiht Prestige »Autorität« in einem weiten Sinne des Wortes. Und daher ist Prestige auch Macht. Doch versuchen wir das Verhältnis zwischen Prestige und Macht noch genauer zu fassen.

Zwischen einer »charismatischen« Führung und einer unpersönlichen Herrschaft, die allein auf erworbenem Prestige beruht, bestehen Unterschiede.[183] Charismatische Führung ist dadurch gekennzeichnet, dass sie im Prinzip auf der Anerkennung des der Person des Führers zugeschriebenen oder verliehenen persönlichen Prestiges beruht. Die Grundlage ist hier die Anerkennung einer Person und nicht, wie im Falle unpersönlicher Herrschaft, das Vorhandensein verschiedener Niveaus sozialen Prestiges oder Schichten. Die Personen, die einem solchen Niveau angehören, genießen in dieser Eigenschaft ein entsprechendes soziales Prestige. Ein Prestigegefälle zwischen verschiedenen Niveaus zeigt sich zum Beispiel im Verhältnis zwischen Lehrern und Schülern, zwischen Offizieren und Soldaten, zwischen Erwachsenen und Kindern und zwischen Regierenden und Regierten. »Das Bestehen von sozialen Prestigeniveaus ist für die Stabilität der Machtverhältnisse bedeutsam, die in diesen Niveaus eine Struktur vorfinden, auf die sie sich stützen können« (ebd., S. 50). In dem Maße, in dem die Prestigeniveaus gefestigt sind, bilden sie also Elemente der sozialen Struktur, so etwa die Rangordnung der Berufe oder das Verhältnis der Generationen.

Die Ausübung von Macht, das heißt die Ausnützung eines Machtgefälles, ohne Prestige wird als Anmaßung empfunden, die den Widerstand der unterworfenen Personen hervorruft. Weil es keine Herrschaft gibt, die auf die Dauer ohne Prestige auskommt, postuliert Heintz eine Tendenz zum Ausgleich von Macht und Prestige. Das zweite Ordnungsprinzip im Zitat besagt, dass Herrschaft eine möglichst weitgehende Legitimierung durch

---

183 Weber bezeichnet diesen unpersönlichen Herrschaftstypus als »legale Herrschaft«. »Gehorcht wird nicht der Person, kraft deren Eigenrecht, sondern der gesatzten Regel, die dafür verantwortlich ist, wem und inwieweit ihr zu gehorchen ist« (Weber 1922, S. 152).

5.2 Der Kampf um Macht und Prestige im Feld der strukturellen Hierarchie

Prestige anstrebt. Die Tendenz gilt aber auch in umgekehrter Richtung: Der Besitz von Prestige begünstigt den Erwerb anderer Machtmittel. »Diese Erscheinung läßt sich vor allem bei der ›charismatischen Herrschaft‹ beobachten, die ursprünglich ausschließlich auf dem persönlichen Prestige des Führers gründet. Der charismatische Führer befindet sich meist in einer relativ günstigen Situation, um andere Machtmittel zu erwerben« (ebd., S. 57). Diese Tendenz zur Kongruenz von Prestige und Macht nutzt Bernfeld im Kampf um ein sozialistisches Palästina (vgl. dazu Kap. 2.2).

Nachdem das Verhältnis zwischen Prestige und Macht durch zwei Ordnungsprinzipien beschrieben worden ist, kann nun der nächste zentrale Begriff im Zitat erklärt werden: »*Strukturelle Spannungen*« zeichnen sich nach Heintz durch ein Ungleichgewicht zwischen Macht und Prestige innerhalb einer Struktur aus. Ein Ungleichgewicht zwischen Macht und Prestige äußert sich als Machtdefizit oder Machtüberschuss. Machtdefizit bedeutet, dass die Machtmittel von bestimmten normativen Feldern im Verhältnis zu ihrem Prestige defizitär sind. Dies ist der Fall, wenn sich Rollen- und Verhaltenserwartungen in Lebensentwürfen breit durchsetzen, ohne dass dies zu einem Wandel der Institutionen führt. Klassisches Beispiel ist hier das Bürgertum des 18. Jahrhunderts, das zu wirtschaftlichem Reichtum und Bildung kam, ohne dass ihnen gleichzeitig politische Macht zugestanden wurde. Machtüberschuss hingegen heißt, dass bestimmte Rollen innerhalb der Sozialstruktur im Verhältnis zu ihrem Prestige zu viele Einflussmöglichkeiten haben. Hierzu gehört bspw. der Wirtschaftskapitän, dessen Einflussmöglichkeiten im Zusammenhang mit dem Prestige stehen, das er in einer Phase ökonomischer Prosperität erworben hat bzw. das ihm zugeschrieben worden ist. In einer Rezession geht dieses Prestige verloren, ohne dass der damit verbundene Status sofort desavouiert wäre und seine Macht verloren ginge. Seine Macht erscheint dann als illegitim.

Im Gegensatz zu den »strukturellen Spannungen«, die sich auf beide Aspekte der Sozialstruktur (Rollenstatus und/oder Akteure) beziehen, bezeichnet der Begriff der »*anomischen Spannung*« ausschließlich eine Spannung beim Akteur. Die Theorie anomischer Spannung bietet die Möglichkeit, soziale Gruppen mit abweichendem bzw. auffälligem Verhalten besser zu verstehen. Dabei stellt diese Theorie einen Zusammenhang zwischen den anomischen

5 Soziologie: Der strukturelle Misserfolg des Versuchs mit »neuer Erziehung«

Spannungen ursächlich zugrunde liegenden strukturellen Spannungen und den von den als abweichend gesehenen Gruppen gewählten Bewältigungsstrategien her. Aufbauend auf Überlegungen Durkheims[184] geht Robert K. Merton davon aus, dass in integrierten Gesellschaften verbindliche Verknüpfungen zwischen kulturell definierten bzw. allgemeingültigen Zielen und den zur Zielerreichung legitimen Mitteln besteht. Das Ausmaß der Abschwächung dieses Zusammenhangs an verschiedenen Orten der Gesellschaft gilt bei Merton als Ausdruck des anomischen Gehalts dieser Gesellschaft. In diesem Sinne unterliegt jede moderne Gesellschaft anomischen Spannungen, und ihr Integrationsproblem zeigt sich darin, inwieweit es ihr gelingt, ihre Mitglieder in der Spannbreite des gesellschaftskonformen Verhaltens zu halten.

Robert K. Merton hat eine Systematik möglicher Bewältigungsstrategien bezüglich des Problems eines Ziel-Mittel-Konflikts vorgeschlagen. Er differenziert zwischen fünf Typen der Anpassung. Sie sind in der folgenden Darstellung schematisch dargestellt: (+) bedeutet »Zustimmung«, (–) bedeutet »Ablehnung« und (+ / –) bedeutet »Ablehnung herrschender und Substitution durch neue Werte«.

Arten der Anpassung	kulturelle Ziele	institutionalisierte Mittel
1. Konformität	+	+
2. Innovation (Neuerung)	+	–
3. Ritualismus	–	+
4. Apathie (retreatism)	–	–
5. Rebellion	+ / –	+ / –

Abb. 9: Typologie der Arten individueller Anpassung (Merton 1968, S. 293)

---

184 Das Konzept der Anomie war zuerst von Emile Durkheim in die Soziologie eingeführt worden und behandelte diese als Folgeproblem eines zu raschen gesellschaftlichen Wandels. Durkheim zeigte, dass Anomie aufgrund einer ungenügenden Abstimmung zwischen gesellschaftlich ausdifferenzierten Teilstrukturen entsteht. Soziale Distanzen aufgrund funktionaler Differenzierungen oder beschleunigte gesellschaftliche Veränderungen, die keine hinreichend häufigen und stabilen direkten Kontakte zwischen den Teilen, also keinen Erfahrungsaustausch mehr ermöglichen, führen zu einer bloß vagen sozialen Regelung, zu einer mangelnden Ausbildung von Solidarität, damit auch zu bloß vagen Erwartungen an das soziale Verhalten der einzelnen Individuen. Die Regellosigkeit nimmt entsprechend zu (Graf/Graf 2008).

5.2 Der Kampf um Macht und Prestige im Feld der strukturellen Hierarchie

Merton betont, dass sich diese Arten individueller Anpassung nicht auf Personen i.S. von Typen der Persönlichkeitsstruktur beziehen, sondern »auf Rollenverhalten in bestimmten Situationen« (ebd.), d.h. auf Handlungen eines Akteurs oder einer Gruppe von Akteuren, die sich an den normativen Verhaltenserwartungen innerhalb eines bestimmten sozialen Kontexts (Situation, System) orientieren. Das bedeutet, dass einzelne Einheiten von einer Möglichkeit zu einer anderen übergehen können, wenn sich die Situation verändert bzw. wenn sie von einem sozialen Kontext in einen anderen wechseln. Wir werden sehen, dass in Baumgarten gleichzeitig verschiedene Formen von Anpassungsverhalten beobachtbar sind. Neben Konformität gibt es auch Rückzug, Rebellion und Innovation. Ich werde im Zusammenhang mit der konkreten Analyse dieser Bewältigungsformen anomischer Spannungen in Baumgarten noch einige grundsätzliche Bemerkungen anfügen, welche die oben tabellarisch eingeführte Typologie weiter erklären.

Kehren wir an dieser Stelle zurück zum letzten Absatz im Heintz-Zitat. Der »allgemeinste Satz« bezieht sich auf das Verhältnis zwischen »struktureller« und »anomischer Spannung«. Jene erzeuge diese, schreibt Heintz. Mit anderen Worten haben Machtdefizite und Machtüberschüsse innerhalb einer sozialen Struktur beim Akteur Anpassungsverhalten zur Folge. Hierhin gehört bspw. die Beobachtung, dass Reorganisation und Umstrukturierung in Betrieben bei Mitarbeitern zur inneren Kündigung führen können. Diese Reaktion lässt sich mit Merton als »Rückzug« verstehen, der dann eintritt, wenn nur die Unternehmensziele umstrukturiert wurden, die adäquaten Mittel zu deren Erreichung (z.B. Weiterbildung, Zeit zur Konstitution von neuen Teams) aber fehlen. Die damit verbundene strukturelle Spannung ist eine Diskrepanz zwischen Macht und Prestige bei den Einheiten Belegschaft und Betriebsführung. So könnte bspw. die betroffene Belegschaft der Betriebsführung nicht die notwendigen Kenntnisse zuschreiben, welche für eine Reorganisation Voraussetzung sind. Dieses Defizit an sozialem Prestige führt in der sozialen Struktur zu einem Machtüberschuss des Managements, dessen Entscheide aus der Perspektive der Belegschaft als illegitim erscheinen.

5 Soziologie: Der strukturelle Misserfolg des Versuchs mit »neuer Erziehung«

Einfache Rangspannung

Das folgende Zitat schließt unmittelbar an das Zitat weiter oben an, in dem Heintz die Begriffe »strukturelle Spannung« und »anomische Spannung« definiert und einen ersten allgemeinen Zusammenhang zwischen diesen beiden Spannungsarten postuliert:

> »Die im folgenden zu entwickelnden Sätze haben einen spezifischeren Inhalt, wobei die gewählte Formulierung einen Konsensus zwischen den Mitgliedern der Stuktur über die Bewertungsgrundlage der Verteilung von Prestige bzw. die Existenz gemeinsamer Werte impliziert. Unter dieser Voraussetzung, die natürlich nicht immer und oft nur tendenziell gegeben ist, kann die allgemeine Natur dieser Sätze folgendermaßen gekennzeichnet werden. Die strukturellen Spannungen werden mit Bezug auf eine solche Bewertungsskala definiert, das heißt die Bewertungsskala ermöglicht es, den Ort von Gleichgewicht bzw. Ungleichgewicht zwischen Macht und Prestige anzugeben. In Gesellschaften, in denen ein solcher einheitlicher Maßstab besteht, das heißt in modernen Gesellschaften, können demnach die strukturellen Spannungen von Einheiten der Gesellschaft (Rollen-Status und/oder Akteure) als Funktion ihrer Bewertung ausgedrückt werden« (Heintz 1968, S. 280).

Zunächst benennt Heintz die zentrale Voraussetzung für die zu entwickelnden spannungstheoretischen Gesetzmäßigkeiten: ein »Konsensus zwischen den Mitgliedern der Stuktur über die Bewertungsgrundlage der Verteilung von Prestige bzw. die Existenz gemeinsamer Werte«. Mit anderen Worten haben die zu entwickelnden Gesetzmäßigkeiten nur in Gesellschaften mit universalistisch geltenden Normen eine soziale Realität. Nicht der Fall ist dies bspw. in ständisch strukturierten Gesellschaften (z.B. mit Kasten) mit separaten Ehrsystemen. Im Gegensatz dazu würden »moderne Gesellschaften« gemeinsame Werte kennen, sagt Heintz weiter unten, ist sich jedoch bewusst, dass auch »moderne Gesellschaften« Reste von ständischen Strukturen aufweisen. Die Voraussetzung eines gemeinsamen normativen Hintergrunds sei deshalb »nicht immer und oft nur tendenziell gegeben«. In der Tat kennen auch moderne Gesellschaften soziale Milieus, die sich entgegen der Diagnose von Beck – »jenseits von Stand und Klasse« (Beck 1983) – noch nicht aufgelöst haben und deren Kulturen eine normative Kraft besitzen, die sich von ihrer Umgebung unterscheidet.

Dennoch lässt sich eine Tendenz Richtung universalistisch geltenden Normen in Zeiten der Globalisierung nicht übersehen und kann auch sozialwissenschaftlich bestätigt werden (Habermas 1981a, 1981b). *Unter der Voraussetzung gemeinsamer Werte ist es nun möglich,* »*die strukturellen Spannungen von Einheiten der Gesellschaft als Funktion ihrer Bewertung*« *auszudrücken.* Die Bewertung von bestimmten Einheiten der Gesellschaft sagt etwas über deren Besitz an Prestige aus. Im Falle von Asylsuchenden bspw. ist diese Bewertung niedrig, wodurch – aufgrund des weiter oben ausgeführten Zusammenhangs zwischen Macht und Prestige – das Auftreten eines Machtdefizits wahrscheinlich ist. Machtdefizit meint bspw. die Durchsetzung der persönlichen Rechte im Falle einer Verhaftung, was bei Asylsuchenden aufgrund ihres strukturellen Machtdefizits mit größerer Wahrscheinlichkeit nicht gelingt als bei Einheiten ohne Machtdefizit. Machtdefizite (wie auch Machtüberschüsse) sind charakteristisch für strukturelle Spannungen innerhalb einer Gesellschaft, die im Falle der Asylsuchenden zu Auseinandersetzungen nicht nur auf der politischen Ebene, sondern auch im Alltag führen, bis hin zu diskriminierenden Praktiken und tätlichen Übergriffen. Gesellschaften nehmen Machtdefizite und Machtüberschüsse von Einheiten (z. B. arbeitslose Jugendliche) ab einem gewissen Ausmaß als Gefährdung ihres einheitlichen Normensystems wahr, das in der Moderne Gleichheit und Freiheit aller Akteure zur Grundlage hat (ebd.). Die Wahrnehmung von Machtdefiziten und Machtüberschüssen hängt andererseits auch davon ab, inwieweit ein solcher Ort des Gleichgewichts innerhalb einer Gesellschaft als einheitliches Wertsystem anerkannt und institutionell gefestigt ist.

Ich habe mit dieser Veranschaulichung an einem Beispiel z. T. bereits auf Heintz' Satz über einfache Rangspannung vorgegriffen. Die oben behauptete Funktion – strukturelle Spannungen (Machtdefizit und Machtüberschuss) als abhängige Variable ihrer Bewertung (Prestige) – wird hier spezifiziert.

»Wir postulieren an erster Stelle:
a) Je höher die Bewertung einer Einheit, um so wahrscheinlicher ist das Auftreten eines Machtüberschusses, und
b) je tiefer die Bewertung, um so wahrscheinlicher ist das Auftreten eines Machtdefizits.
Daraus folgt:
c) Je größer der Unterschied in der Bewertung, um so wahrscheinlicher ist das entsprechende Verhältnis durch ein Ungleichgewicht zwischen Macht und Prestige gekennzeichnet (einfache Rang-Spannung).
Anders ausgedrückt, je größer die strukturelle Spannung, gemessen am Unterschied in der Bewertung, um so größer die Wahrscheinlichkeit, daß die strukturelle Spannung eine anomische Spannung erzeugt.
Die Natur der genannten Beziehung ist vermutlich nicht linear, sondern exponential. Die folgende graphische Darstellung bringt diese Vermutung zum Ausdruck.«

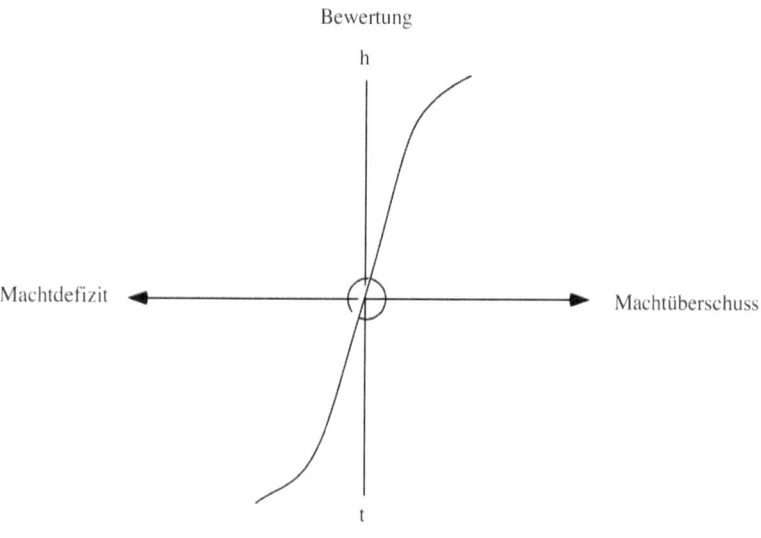

(Heintz 1968, S. 281)

Nehmen wir zur Veranschaulichung dieses Satzes die Verhältnisse in Baumgarten. Wenn ich weiter oben zusammengetragen habe, mit welch diskreditierenden Worten Bernfeld die Verwaltung beschreibt und welchen Diffamierun-

5.2 Der Kampf um Macht und Prestige im Feld der strukturellen Hierarchie

gen er und sein Team selbst ausgesetzt sind, werden die Unterschiede in der Bewertung gewisser Einheiten von Baumgarten – es geht sowohl um Rollen als auch um konkrete Akteure – sichtbar. Die Verwaltung bewertet die Leistungen der Erzieher als ungenügend und sabotiert zunehmend »bewußt« und »eingestandenermaßen« deren Pädagogik (Bernfeld 1921a, S. 149). Umgekehrt verachtet Bernfeld die Verwaltung in kaum zu überbietender Weise. Diese Unterschiede in der Bewertung ließen sich mit Heintz theoretisch als Ungleichgewicht zwischen Macht und Prestige bzw. als einfache Rangspannung verstehen. Als einfache Rangspannung käme dann entweder ein Machtdefizit der Verwaltung oder ein Machtdefizit der Erzieherschaft in Frage. In beiden Fällen gilt Punkt b) aus dem Zitat oben: »Je tiefer die Bewertung, um so wahrscheinlicher ist das Auftreten eines Machtdefizits.«

Bei welcher Einheit sich das Machtdefizit tatsächlich befindet, würde sich nur dann entscheiden lassen, wenn die oben angeführte Voraussetzung für den Satz über Rangspannung gegeben wäre. Nun kann in Baumgarten aber gerade nicht von einem einheitlichen normativen Hintergrund gesprochen werden, wie schon in Kapitel 5.2.1 festgestellt wurde. In Bezug auf die zentralen Aufgaben der Einrichtung existieren keine gemeinsamen Werte. »Es gab wohl keinen Punkt, in dem ›Verwaltung‹ und ›Pädagogik‹ einer Meinung gewesen wären« (Geiringer 1920, S. 115). Damit lässt sich nicht entscheiden, bei welcher Einheit das Machtdefizit bzw. der Machtüberschuss real ist. Tatsächlich scheint sich am Schluss des Versuchs eine Art Pattsituation zu ergeben: »[N]iemand wußte, wem er zu gehorchen und wem er zu befehlen habe« (Bernfeld 1921a, S. 153).

Was aber ohne Zweifel feststeht, sind die *Unterschiede* in der Bewertung. Bernfeld lässt keine Gelegenheit aus, diese Unterschiede hervorzuheben. Aufschlussreich diesbezüglich ist die Stelle, wo Bernfeld – fast versöhnlich – der Verwaltung ein gewisses Maß an Leistungsfähigkeit attestiert: »Wir haben niemals die Verwaltung der Untätigkeit geziehen. Sie war sehr geschäftig und tat darin das Mögliche; aber dies ihr Mögliches war für uns nicht einmal das Allermindeste« (ebd., S. 149). Taktisch geschickt lässt Bernfeld die Argumentation (etwa des Wiener Zionismus), die Verwaltung habe die grundlegenden Bedürfnisse nach Essen, Kleidung und Wärme einigermaßen befriedigt, zunächst stehen, um dann sogleich zu betonen, dass die Erzieherschaft einen anderen Maßstab habe, der sich nicht einmal im äußersten Punkt mit dem der Verwaltung überschneide.

Was mit Heintz' Satz über Rangspannung erklärt werden konnte, sind die Unterschiede in der Bewertung von Verwaltung und Erzieherschaft bzw. einzelnen Akteuren in diesen Rollen sowie die Verwirrung darüber, welche Bewertung zutrifft. Die überaus großen Unterschiede in der Bewertung bedeuten mit ebenso großer Wahrscheinlichkeit, dass das Verhältnis zwischen Erzieherschaft und Verwaltung – Bernfeld spricht von »Beziehungen zwischen Verwaltung und Pädagogik« (ebd., S. 150), was auf sein soziologisches Denken in Einheiten hinweist – durch ein Ungleichgewicht zwischen Macht und Prestige gekennzeichnet ist. Die Verwirrung darüber, welche Bewertung der Realität (eher) entspricht, lässt sich als Absenz einer einheitlichen Bewertungsgrundlage verstehen.

Subkulturelle Differenzierung

Zwischen den beiden auffälligsten Tatsachen im Baumgarten-Konflikt, dem Unterschied in der Bewertung und der Absenz einer einheitlichen Bewertungsgrundlage, gibt es folgenden Zusammenhang:

> »Die genannte Implikation [gemeint ist die Voraussetzung des Satzes über Rangspannung, D. B.] eines einheitlichen Bewertungsmaßstabes ist, empirisch gesehen, um so fragwürdiger, je größer der Bewertungsunterschied ist. Mit anderen Worten:
> Je größer der Bewertungsunterschied, um so wahrscheinlicher ist das Auftreten einer abweichenden Bewertungsskala an den Orten mit potentiellem Machtdefizit und Machtüberschuss. Beim Machtdefizit ist der Grund die Ablehnung einer Skala, an der gemessen die Position der Einheit unterprivilegiert ist, und ihre Ersetzung durch eine andere, an der gemessen die Position der Einheit günstiger ist, beim Machtüberschuß ist der Grund die neofeudale Absetzung. In diesem Zusammenhang spricht man in der Regel von einer Tendenz zur subkulturellen Differenzierung. Die Entstehung abweichender Bewertungsskalen ist wohl nicht als Ergebnis der bloßen Konfrontation einzelner Einheiten mit der Spannung aufzufassen, sondern als das Ergebnis eines sozialen Prozesses.

5.2 Der Kampf um Macht und Prestige im Feld der strukturellen Hierarchie

Daraus folgt, daß strukturelle Spannungen entweder anomische Spannungen erzeugen oder die Änderung der Bewertungsskala bewirken. Zwischen anomischer Spannung und Änderung der Bewertungsskala besteht ein Substitutionsverhältnis im Sinne von Alternativen. Daraus ergibt sich als Bedingung für die genannte Exponentialnatur der Beziehung zwischen Macht-Prestige-Ungleichgewicht und Bewertungsunterschied die Abwesenheit der Alternative: Änderung der Bewertungsskala« (Heintz 1968, S. 281f.; Hervorhebungen D.B.).

Mit diesen spannungtheoretischen Überlegungen kann nun der Konflikt zwischen Erzieherschaft und Verwaltung soziologisch entschlüsselt werden. Meine These geht dahin, dass die Unterschiede in der Bewertung im Laufe des »Versuchs mit neuer Erziehung« das Ergebnis eines sozialen Prozesses sind, der mit Heintz als »subkulturelle Differenzierung« bezeichnet werden kann. Die erwähnte Widersprüchlichkeit, welche die erziehungswissenschaftliche Rezeption des Baumgarten-Berichts auszeichnet, kann mit zwei abweichenden Bewertungsskalen erklärt werden, die sich im Zuge des Prozesses subkultureller Differenzierung ausbilden.[185]

Nach Heintz ist der Grund für die Ablehung einer Bewertungsskala je nach Position innerhalb der Struktur unterschiedlich. Einheiten mit potenziellem Machtdefizit lehnen eine für sie diskriminierende Skala ab, um sie durch eine andere zu ersetzen, »an der gemessen die Position der Einheit günstiger ist«. Genau dies versucht Bernfeld in Baumgarten, wenn er den Standpunkt der »Verwaltung«, d.h. ihre normativen Erwartungen an Erziehung und Administration, durch den der »neuen Erziehung« ersetzen will. Daraus lässt sich spannungstheoretisch auf ein potenzielles *Machtdefizit an der Position der Erzieherschaft*[186] schließen. Über Identifi-

---

185 Bernfeld spricht anstelle von subkultureller Differenzierung innerhalb der Struktur von »organisatorischer Zweiteilung im Kinderheim« (1921a, S. 139f.). Dass dieser Prozess in Bezug auf die Vermeidung anomischer Zustände funktional ist, bleibt in seinem Bericht theoretisch unverstanden.

186 Bezüglich des Machtverhältnisses zwischen »Pädagogik« und »Verwaltung« ist die Aussage von Hilda Geiringer interessant, dass »1.000.000 Kronen [das monatliche Budget von Baumgarten, D.B.] schließlich 333mal so viel sei als 300 Kinder«, aber faktisch war die so geschaffene Konstellation eine unmögliche« (Geiringer 1920, S. 115). Hilde Geiringer zitiert hier Bernfeld (1921a, S. 84), verrechnet sich aber, was für eine promovierte Mathematikerin überraschend ist.

kationsprozesse zieht die Erzieherschaft große Mengen an Prestige auf sich. Gleichzeitig gerät bei Kindern und Erzieherschaft die Verwaltung in Verruf, was einen Prestigeverlust bedeutet. Beide Vorgänge zusammen erhöhen die Gesamtspannung der Struktur. Mit anderen Worten ist das Verhältnis zwischen Erzieherschaft und Verwaltung durch ein zunehmendes Ungleichgewicht zwischen Macht und Prestige gekennzeichnet: Erzieherschaft mit hohem Prestige und potenziellem Machtdefizit auf der einen Seite, Verwaltung mit geringem Prestige und potenziellem Machtüberschuss auf der anderen.

Nach Heintz (vgl. Zitat oben) erzeugen strukturelle Spannungen entweder anomische Spannungen oder bewirken die Änderung der Bewertungsskala. Bernfelds Strategie des Innovateurs ohne Macht zielt auf eine Änderung der Bewertungsskala, d. h. auf die Implementierung der Grundsätze »neuer Erziehung« (vgl. dazu Kap. 3). Deshalb steht die Erhöhung der strukturellen Gesamtspannung durch Prestigezufuhr auf die eigene Position und Zufügen von Prestigeverlusten an der gegnerischen Position im Dienste von Bernfelds Strategie. Je höher die Rangspannung, um so eher bewirkt sie die Änderung der Bewertungsskala oder erzeugt anomische Spannung. Beides ist theoretisch möglich. Seine Erzieherschaft pokert hoch und fordert vom Joint ultimativ »Machtvollkommenheiten« (Bernfeld 1921a, S. 144) für Bernfeld, die ihm erlauben würden, die »neue Erziehung« zum Maß(stab) aller Dinge in Baumgarten zu machen. Nachdem die Trägerschaft nicht auf diese Forderungen eintritt, steht fest, dass die »Alternative: Änderung der Bewertungsskala« nicht mehr zur Disposition steht. Damit ist der Punkt erreicht, wo die strukturelle Spannung in anomische Spannung umschlägt. Diese führt bei den Erziehern zur korporativen Kündigung, was dem Anpassungstypus »Rückzug« im Sinne Mertons entspricht.

So weit meine spannungstheoretische Erklärung des Konflikts in Baumgarten. Ich werde nun diese grob skizzierte Argumentation noch mit »empirischem« Material anreichern. Wie erwähnt, beschreibt Bernfeld den Konflikt im ersten und letzten Kapitel. Dazwischen erfahren wir nichts über den zermürbenden Kleinkrieg, obwohl kein Zweifel besteht, dass dieser den ganzen Versuch über andauert. Eine Ausnahme, die ich als signifikanten »Ausrutscher« interpretiere, gibt es allerdings. Im Kapitel über die »Schulgemeinde« (Kap. IV) berichtet Bernfeld in überraschender Offenheit, was der Kern dieses Konflikts ist. Die Entwicklung der Schulgemeinde ist bis zur letzten Stufe der moralischen Ordnung fortgeschritten, die Bernfeld nicht nur als Internalisierung universalistisch geltender Verhaltensanforderungen beschreibt, sondern auch als Erweiterung von Produktivität und Partizipation (vgl. dazu Kap. 3.3.4). »Die Kinder begannen, sich wirklich in die Verwaltung einzumengen« (ebd., S. 82). Bernfeld, von der Schulgemeinde damit betraut, mit der Verwaltung Fragen wie z.B. die nach der Verwendung des übrig bleibenden Essens zu verhandeln (ebd.), stößt auf heftigen Widerstand. Mit sicherem Gefühl für den latenten Gehalt der vorgebrachten Argumente schreibt Bernfeld: »Die Verwaltung fühlte aber schon bei Einzelforderungen, daß sie überflüssig und unmöglich werden würde« (ebd., S. 83). Das klingt nach ›unfriendly take-over‹, was offenbar auch die Interpretation der Verwaltung war: »Man beruhigte sich bei der Ausflucht, ich wolle eben die ganze Macht an mich reißen« (ebd.). Was in diesem Satz irritiert, ist das Verb »beruhigte« und das Nomen »Ausflucht«. Die äußerst Angst machende Vorstellung, dass Bernfeld die Verwaltung übernimmt und die damit verbundene Machtposition besetzt, soll beruhigen? Und dann soll diese Vorstellung auch noch eine »Ausflucht« sein, was bedeuten würde, dass man die noch bedrohlichere Absicht hinter den genannten »Einzelforderungen« nicht wahrhaben will? Meines Erachtens kommt in dieser Textpassage unverstellt zum Ausdruck, worum es Bernfeld im Kern geht. Nicht die Besetzung von einzelnen Positionen innerhalb der Heimstruktur steht im Vordergrund – das ist allenfalls ein Nebeneffekt auf dem Weg zum eigentlichen Ziel –, und nicht die Lösung verwaltungstechnischer Probleme ist Bernfelds Triebkraft. Ihm geht es ums Ganze, d.h. um die Ablösung einer sozialen Ordnung mittels Pädagogik. »Revolution der Erziehung« (ebd., S. 27) nennt er seine Absicht und lässt keinen Zweifel daran, wie ernst es ihm damit ist: »Denn wir sind gefährlich!« (ebd., S. 150)

Bernfeld geht es um die Durchsetzung und Implementierung »neuer Erziehung« und nicht um die Ersetzung oder Entlassung der Verwaltung.

5 Soziologie: Der strukturelle Misserfolg des Versuchs mit »neuer Erziehung«

> »Nicht einmal die Unzulänglichkeiten der Verwaltung waren das Entscheidende. Wir, und die Kinder mit uns, hätten gern alle Unzulänglichkeiten soweit gemildert, gebessert und ergänzt, als unsere Möglichkeiten gereicht hätten und es wäre hier nicht zu fragen, wie viel das gewesen wäre; es hätte bei solcher Konstellation für die Pädagogik, für Verfassung und Wert der ganzen pädagogischen Institution eben das hinreichen müssen, was wir alle – Lehrer, Kinder, Verwaltung – in inniger Zusammenarbeit zustande gebracht hätten« (ebd., S. 149).

Bernfeld behauptet nicht, dass er oder die Kinder die besseren Organisatoren sind. Er lässt diese Frage gleichsam als empirisch zu beantwortende offen. Des Weiteren entlastet er die Verwaltung indirekt durch das soziologische Argument, dass der gesellschaftliche Wert von Pädagogik (»Konstellation für die Pädagogik, für Verfassung und Wert der ganzen pädagogischen Institution«) der entscheidende Faktor dafür sei, was an Vernunft bei der Organisation von pädagogischen Einrichtungen realisiert werden kann. Ebenso wird im Zitat deutlich, dass es für die Verwaltung weiterhin eine Funktion geben wird. Bernfeld will also weder optimieren noch supprimieren. Das, worum es ihm geht, ist die Mitbestimmung der Kinder und der Lehrer in allen Belangen ihres Lebens: »Volle Selbstverwaltung« und »Selbstwirtschaft« (ebd., S. 83) heißt das Programm der Schulgemeinde auf der Stufe der moralischen Ordnung (vgl. dazu Kap. 3.3.4) und gehört zum Kern »neuer Erziehung«.

Die Zunahme struktureller Spannung in Baumgarten als Voraussetzung subkultureller Differenzierung

Erinnern wir uns an die erste Grundspannung im Feld des institutionellen Auftrags, der im Widerspruch zwischen pädagogischer und politischer Zielsetzung bei der Heimgründung besteht. Autonomie, Handlungsspielraum und Legitimität der Heimleitung hängen davon ab, inwieweit es gelingt, diese Grundspannung situativ angemessen auszutarieren. *Nun wird diese erste Grundspannung bereits vor der Eröffnung Baumgartens durch strategische Entscheidungen vonseiten der Trägerschaft umgangen und in die Latenz gedrängt.* Der »zionistische Präsident des Joint« (ebd., S. 32), der an anderer Stelle als »Freund der Leiterin« (ebd., S. 137) bezeichnet wird, verbietet, dass Bernfelds Erziehung

»männliche Jugendliche über 14 Jahre anvertraut würden. [...] Dann erklärte das Joint, es könne keine Pädagogiumshörer und freiwilligen Hilfskräfte dulden; ohne Begründung, unzweifelhaft auf Betreiben der Leiterin« (ebd., S. 32).[187] Erna Patak setzt mithilfe der Trägerschaft strategisch, d. h. »ohne Begründung« und Diskussion, durch, dass diese drei Gruppen von Jugendlichen und jungen Erwachsenen, die in Baumgarten eine Art ›Training on the job‹ hätten erfahren sollen, »um später als Schulsiedlungslehrer fungieren zu können« (ebd., S. 31), im Heim keine Aufnahme finden. Bernfeld ist in der Folge zur Aufgabe seiner politischen Zielsetzung gezwungen. Die Grundspannung ist damit aber nicht bearbeitet. Die Hierarchie erlaubt es, die Spannung in die Latenz zu verschieben. Wenn Bernfeld schreibt, dass es »bis zur letzten Stunde ebenso wie einige Jugendliche auch [Pädagogiumshörer und freiwillige Hilfskräfte] in Baumgarten [gab], aber gegen die Anordnungen«, und dass »an eine ruhige ausbauende Entwicklung ihrer Tätigkeit [...] nicht zu denken [war]« (ebd., S. 32), dann ist dies als Emergenz dieser Latenz zu verstehen.

Die Grundspannung zwischen pädagogischer und politischer Zielsetzung scheint auch an anderen Orten immer wieder auf. Die Politisierung der Baumgarten-Kinder durch Bernfelds Erziehung wird von der Trägerschaft mit weiteren stategischen Entscheidungen zu verhindern versucht. So wird nach einem Monat gleichsam von Geisterhand eine Position geschaffen, die zuvor weder in Bernfelds organisatorischem Grundriss (ebd., S. 31) noch in den Verhandlungen mit der Initiatorin des Heims jemals erwähnt worden ist. Die Änderung der Organisationsstruktur wird nicht im Rahmen eines Diskurses beschlossen, sondern strategisch geplant. Zunächst wird Bernfeld und der Erzieherschaft der Posten des Verwalters als Entlastung von Erna Patak, die mit der Logistik des Heims hoffnungslos überfordert war, schmackhaft gemacht (ebd., S. 141). Das Einverständnis Bernfelds und der Erzieherschaft wird durch eine Täuschung erkauft: Erna Patak macht die Zusage, den Verwalter Bernfeld zu unterstellen (ebd., S. 137, 141). Einen Tag vor Eintreffen des Verwalters nimmt sie diese Zusage dann zurück (ebd.). Der Verwalter

---

187 Das »Pädagogium« war eine Gründung Bernfelds zur Ausbildung von jüdischen Lehrern und Erziehern und bestand von 1918 bis 1921. Mit den freiwilligen Hilfskräften waren die weiter oben erwähnten »Chaluzim« gemeint.

kommt einen Monat nach Eintreffen der Kinder, d. h. ca. am 15. November 1919 ins Heim (ebd., S. 137). Von der formalen Hierarchie her ist Bernfeld als pädagogischer Leiter dem Verwalter, Professor Artur Riem, gleichgestellt.

Aus spannungstheoretischer Perspektive kann vermutet werden, dass die Bearbeitung der institutionellen Grundspannung, die eben nicht diskursiv, sondern über eine Hierarchisierung der Angestellten erfolgt, bereits nach einem Monat problematisch geworden ist. Um die politische Dimension der institutionellen Aufgabe weiterhin in der Latenz zu halten, ist zu diesem Zeitpunkt eine zusätzliche Hierarchisierung des Heims notwendig. Hierzu wird eine Position in der Organisationsstruktur eingeführt, welche die Position der Leiterin stärkt. Bernfeld, der in der Erzieherschaft über viel Anerkennung und Prestige verfügt, wird in der Hierarchie zurückgestuft, was einen Machtverlust bedeutet. Umgekehrt büßt Erna Patak während des ersten Monats durch ihre logistische Misswirtschaft und ihren Wortbruch bei der Erzieherschaft an Glaubwürdigkeit ein (ebd., S. 137), während ihre Machtposition durch den neuen Verwalter verstärkt wird. Insgesamt bedeuten diese Entwicklungen eine Zunahme der strukturellen Spannungen.

Lässt man diese soziologische Erklärung einmal beiseite, lässt sich hinter der Schaffung eines Verwalterpostens und der Verwirrung über seine Stellung innerhalb der Hierarchie folgendes Szenario erahnen: Bernfeld ringt der Initiatorin von Baumgarten in direkter Verhandlung viele Zusicherungen ab. Bernfeld hatte eine besondere Begabung, Menschen für seine Anliegen zu gewinnen, mochten sie noch so riskant sein.[188] Bereits im ersten Monat realisiert Erna Patak, dass sich das Heim nicht nach ihren Vorstellungen entwickelt, und beginnt, eigenmächtig Anordnungen der Erzieherschaft zu unterminieren (ebd.,

---

[188] Die wohl riskanteste Unternehmung, zu der Bernfelds Vater Isidor seine Hand bot, war der Wiener »Sprechsaal«, ein Diskussionszirkel, welcher sich um die Zeitschrift »Der Anfang« gruppierte. Siegfried Bernfelds Schwester Lilly erinnert sich: »Trotzdem konnte mein Bruder, der unglaublicher Überredungskraft fähig war, unseren Vater dazu bewegen, zwei ungebrauchte, mit eigenem Eingang versehene Räume seines Geschäftslokals für den ›Sprechsal‹ zur Verfügung zu stellen« (Scheu 1985, S. 21). Drei Tage nach einer mehrstündigen Veranstaltung mit Gustav Wyneken werden diese Räume am 21. März 1914 polizeilich geräumt und versiegelt (Aspetsberger 1995, S. 109f.). Inwieweit Isidor Bernfelds Geschäftstätigkeit von der Auflösung des Wiener Sprechsaals tangiert wurde, ist mir nicht bekannt.

5.2 Der Kampf um Macht und Prestige im Feld der strukturellen Hierarchie

S. 141), was ihr im Gegenzug »reichlich Antipathien« einträgt (ebd., S. 138). In dieser Situation wendet sich die Heimleiterin an ihren Freund, den Direktor des Joint. Beim Joint hat sie sich bereits vor Eröffnung des Heims Rückendeckung verschafft, um Bernfeld die Aufnahme von männlichen Jugendlichen, PädagogiumshörerInnen und freiwilligen Hilfskräften zu verbieten (ebd., S. 32). Trotzdem gehen ihr und dem Joint die mündlich vereinbarten Machtbefugnisse von Bernfeld noch immer zu weit. Um seinen Rang weiter zurückzubinden bzw. ihre eigene Position im Feld der institutionellen Hierarchie zu stärken, stellt das Joint – möglicherweise auch hier »auf Betreiben der Leiterin« (ebd., S. 32) – Bernfeld einen »Professor«[189] als Verwalter zur Seite (ebd., S. 139, 141). Bernfeld erfährt dies »aus einer zufälligen Bemerkung der Leiterin« (ebd., S. 137). Bernfeld liegt mit seiner Vermutung, »daß sie einfach Angst oder Scham hatte mir zu gestehen, wie jeweils alles wirklich stand« (ebd., S. 137) womöglich ziemlich richtig. Obwohl Bernfeld der Leiterin also ein Unrechtsbewusstsein attestiert, vermag diese moralische Dimension den Konflikt um Prestige- und Machterhalt nicht zu neutralisieren. Die Handlungen und Entscheidungen von Erna Patak sind – jenseits aller Intrigen – unmittelbare Realisierung einer Trägerschaftspolitik, die dem Bernfeld'schen Programm – etwa im Sinne des wilhelminischen »Uns passt die ganze Richtung nicht« – misstrauisch bis ablehnend gegenüberstand.

5.2.3 Drei Typen von individuellem Anpassungsverhalten an anomische Spannungen

Individuelles Anpassungsverhalten an anomische Spannungen ist Ausdruck von Ziel-Mittel-Konflikten. Robert K. Merton postuliert, dass in

---

189 Leider ist mir unbekannt, welche Meriten den Professorentitel von Artur Riem rechtfertigen. Möglicherweise handelte es sich um einen Gymnasiallehrer, der in Österreich analog zu den Usancen im französischen Schulwesen mit ›Professor‹ angesprochen wurde. Dass mit diesem Titel die Position des Verwalters legitimiert wird, scheint mir nicht zufällig. Bernfeld ist im Besitz eines Doktortitels, der nun prestigemäßig übertrumpft werden muss, um die Machtladung der Einheit »Verwaltung« zu rechtfertigen.

5 Soziologie: Der strukturelle Misserfolg des Versuchs mit »neuer Erziehung«

integrierten Gesellschaften und Systemen verbindliche Verknüpfungen zwischen kulturell definierten, allgemein gültigen Zielen und den zu den Zielerreichungen legitimen Mitteln bestehen. Nun lässt sich die Abschwächung dieses Zusammenhangs auch an verschiedenen Orten in Baumgarten feststellen. Die Verbindungen verlieren an normierender Kraft, als die strukturellen Spannungen auch mittels subkultureller Differenzierung nicht mehr latent gehalten werden können. Nach Heintz manifestieren sich strukturelle Spannungen entweder in anomischen Spannungen oder in einer Änderung des zentralen Werts. Im Falle einer »Abwesenheit der Alternative: Änderung der Bewertungsskala« (Heintz 1968, S. 282) erzeugen strukturelle Spanungen anomische Spannungen. Weil sich in Baumgarten die Kultur der »neuen Erziehung« nicht gegen die für Trägerschaft und Verwaltung zentralen Werte durchzusetzen vermag, ist mit anomischen Spannungen zu rechnen, die an verschiedenen Orten Bewältigungsverhalten zur Folge haben. Wie in Abb. 9 dargestellt, unterscheidet Merton fünf Umgangsformen mit anomischen Spannungen. Empirisch lassen sich in Baumgarten insbesondere drei Arten von Bewältigungsverhalten feststellen.

Die Krankheit Bernfelds und die kollektive Kündigung des Erziehungspersonals als Anpassungsverhalten des Typs »Rückzug«

Rückzug ist die vierte der von Merton unterschiedenen Arten der Anpassung. Sowohl die kulturellen Ziele als auch die institutionalisierten Mittel werden abgelehnt. Die Implementierung der »neuen Erziehung« bzw. die Durchsetzung des damit verbundenen Bewertungsmaßstabs stößt im Laufe des Versuchs auf immer heftigeren Widerstand, der von versteckter Desavouierung bis hin zu »bewußter und eingestandener Sabotierung der Pädagogik durch die Verwaltung« (Bernfeld 1921a, S. 149) reicht. Weil für Bernfeld das Ziel pädagogisch-ideologischer Hegemonie bis zum Schluss gilt, sich aber gleichzeitig immer deutlicher herausstellt, dass die mit »neuer Erziehung« zusammenhängenden Werte mit legitimen Mitteln nicht erreicht werden können, bleibt nur der Rückzug aus dem gesamten Zusammenhang. Bern-

5.2 Der Kampf um Macht und Prestige im Feld der strukturellen Hierarchie

feld wird krank.[190] Anomietheoretisch entspricht Bernfelds Verhalten dem Anpassungstyp »Rückzug«.[191]

Ebenso kann die kollektive Kündigung der gesamten Erzieherschaft als Rückzug erklärt werden. Das »Memorandum« der Erzieherschaft an die Trägerschaft ist gleichsam der letzte Versuch, mit einem legitimen Mittel das Ziel, »am Aufbau des jüdischen Erziehungswesens der Diaspora« (ebd., S. 140) mitzuarbeiten, zu erreichen. Die in die Latenz gedrängte Grundspannung (Kap. 5.1) meldet sich in diesem Geltungsanspruch zurück. Dieser Versuch scheitert, womit die Erzieherschaft systematisch von legitimen Mitteln ausgeschlossen ist. Entsprechend machen sich Hoffnungslosigkeit und Resignation breit und führen zum Ausstieg aus dem System.

> »Hatte die Verwaltung vor mir Angst gehabt, d.h. hatte ich es jederzeit vermocht, allerdings in aufreibendem Kampf, Details in meinem Sinn durchzusetzen, und wurden die schlimmsten Dummheiten, Verantwortungslosigkeiten, Intrigen und Quertreibereien stets hinter meinem Rücken gemacht, so schien man Herrn Hoffer gegenüber sich nicht mehr genötigt zu sehen, solche Umwege zu beschreiben, und die Zustände wurden unerträglich und hoffnungslos« (ebd., S. 139).

Interessant ist, dass Willy Hoffer, der die pädagogische Leitung des Heims stellvertretend übernimmt[192], von der Trägerschaft als »erzradikal« (ebd., S. 136) bezeichnet wird. Ein Zusammenhang mit dem persönlichen Charakter ist wenig wahrscheinlich, macht Hoffer doch als Arzt und Mitherausgeber von

---

190 Hoffer schreibt, dass Bernfeld unter einer »fieberhaften Darmkrankheit, wahrscheinlich tuberkulös« gelitten habe (Hoffer 1965, S. 164; Übersetzung M.R.). Bernfelds Schwester Lilli Stross spricht von Lungen- und Kreislaufanomalien (Bernfeld 1921a, S. 143).
191 Kompatibel mit dieser anomietheoretischen Erklärung ist Geiringers Bemerkung, dass Bernfeld »z.T. infolge dieser zermürbenden Funktion erkrankte«, zwischen Pädagogik und Verwaltung zu vermitteln (1920, S. 116). Dieselbe Interpretation findet sich auch im Memorandum der Erzieherschaft: »Wir wissen, daß auch Dr. Bernfelds Krankheit durch die Aufregungen, die sich aus seiner Vermittlerrolle zwischen Erna Patak und der Lehrerschaft ergaben, ganz erheblich verschlimmert haben« (Bernfeld 1921a, S. 143).
192 Bernfeld gibt als Datum für seinen vorzeitigen Abgang aus Baumgarten den 1. März 1920 an (Bernfeld 1921a, S. 138). Nach Hoffer erfolgte dieser bereits Mitte Januar: »Und, nach drei Monaten, war Baumgarten ohne seinen Begründer und Anführer Bernfeld« (Hoffer 1965, S. 164; Übersetzung M.R.).

Freuds Schriften später Karriere, während Bernfeld auch im Exil Kritik übt (z. B. in Bernfeld 1952). Die angebliche Radikalität Hoffers dürfte also mehr mit dem im Memorandum in aller Deutlichkeit formulierten Festhalten an der ursprünglichen Zielsetzung einerseits und dem Griff zum Mittel ultimativer Forderungen andererseits zusammenhängen.

Unter der Leitung von Bernfeld wurde dieser Ziel-Mittel-Konflikt am Ort der Erzieherschaft nie in dieser Deutlichkeit manifest. Einerseits weil der Prozess subkultureller Differenzierung vor der Wahrnehmung struktureller Spannung schützt, andererseits weil Bernfeld stets versucht, seine Ziele und Mittel vor der Heimleiterin zu legitimieren. Diese »Vermittlerrolle zwischen Erna Patak und der Lehrerschaft« (Bernfeld 1921a, S. 143), welche Bernfeld aufgrund einer gewissen Nähe[193] zur Initiatorin des Heims spielen konnte, ist nach seinem krankheitsbedingten Abgang vakant. Der Legitimations-Transmissions-Riemen – wenn man so will –, der von der Lehrerschaft über Bernfeld zu Erna Patak bzw. der Trägerschaft verläuft, reißt nach Bernfelds Ausscheiden ab. Dies verstärkt den Prozess subkultureller Differenzierung und verstellt der Erzieherschaft den Blick für die beschränkte Gültigkeit ihrer Ziele und die problematische Legitimität ihrer erpresserischen Mittel. Aus der Perspektive der Erzieherschaft ist das Memorandum der letzte Akt konformen Verhaltens; aus Sicht der Trägerschaft der Anfang von Rebellion.[194]

Edith Kramer, eine Nichte von Bernfeld, überlegt hypothetisch, was passiert wäre, wenn Bernfeld weiterhin als eine Art Kupplung die Gangart

---

193 Die Beziehung ist höchst ambivalent. Auf der einen Seite sieht Bernfeld in Erna Patak das personifiziert, wogegen er mit seiner »neuen Erziehung« antritt: der »Standpunkt der üblichen Jugendfürsorge«, »persönliche Wohltätigkeit«, »Tantenhaftigkeit« sowie Ideenlosigkeit und Unsachlichkeit (Bernfeld 1921a, S. 28). Auf der anderen Seite verteidigt er sie gegen die Erzieherschaft, selbst nachdem sie in einem Artikel in der Wiener Morgenzeitung der Erzieherschaft die Schuld für das Scheitern in die Schuhe geschoben hat (ebd., S. 144f.).

194 Dass hier die gleiche Handlung je nach Standpunkt der Interpretation eine andere Bedeutung erhält, ist Ausdruck von zwei abweichenden Bewertungsskalen, wie sie im Laufe des Prozesses subkultureller Differenzierung entstehen. In dem Moment, wo eine Handlung allgemein als Rückzug bewertet werden muss – so die These in diesem Unterkapitel –, erzeugt die strukturelle Spannung anomische Spannung. Eine Grundannahme der Anomietheorie Mertons ist, dass es in Gesellschaften bzw. in Systemen allgemeingültige Wertvorstellungen gibt.

5.2 Der Kampf um Macht und Prestige im Feld der strukturellen Hierarchie

der »neuen Erziehung« mit derjenigen der Leiterin und der Trägerschaft synchronisiert hätte:

> »[I]ch vermute, wenn Bernfeld damals nicht krank geworden wäre, sodaß er alles Willi Hoffer überlassen mußte, er mit der jüdischen Organisation, die das Ganze finanziert hat, doch noch länger ausgekommen wäre und das Heim länger hätte erhalten können, als es erhalten wurde. [...] Eine so starke Persönlichkeit wie Bernfeld hätte vielleicht mit diesen Frauen, die der Organisation vorstanden, besser umgehen können. Was er sehr ironisch über ihre Tantenhaftigkeit, und daß sie Dankbarkeit von diesen Kindern erwarteten, schreibt, zeigt, daß er sie verachtet hat. Aber er hätte sie vielleicht gemeistert« (Heller 1993, S. 96).

Diese rein hypothetische Überlegung verkennt die oben beschriebene spannungstheoretische Gesetzmäßigkeit, dass »zwischen anomischer Spannung und Änderung der Bewertungsskala [...] ein Substitutionsverhältnis im Sinne von Alternativen [besteht]« (Heintz 1968, S. 282). Umgekehrt lässt sich demnach sagen, dass anomischer Druck in dem Maße zunimmt, wie sich die Alternative hierzu, das normative Primat »neuer Erziehung«, nicht durchsetzt. So betrachtet, hätte allein ein Sieg Bernfelds an der pädagogisch-kulturellen Kampffront das Ansteigen des anomischen Drucks in Baumgarten verhindert. Dass es sich gerade umgekehrt verhält – eine Niederlage zeichnet sich bereits im Februar 1920 ab und Bernfeld erkrankt als Anpassung an einen erhöhten anomischen Druck –, wollte ich hier aufzeigen.

Der Widerstand der Erzieherschaft und der Histadruth gegen verordnete Feste als Anpassungsverhalten des Typs »Rebellion«

Rebellion ist die offenste Art der Anpassung, die Merton unterschieden hat. Rebellion verlangt aufgrund tiefer Enttäuschung die Umwertung aller kulturellen Ziele und die Veränderung sozialer Strukturen, sodass das neue Arrangement die permanenten Frustrationen nicht mehr erzwingen kann. Rebellion in diesem Ausmaß impliziert den Mythos einer neuen Gesellschaft. Diese Umgangsform mit anomischen Spannungen zeigt sich im Zusammenhang mit dem Begehen von Festen.

5 Soziologie: Der strukturelle Misserfolg des Versuchs mit »neuer Erziehung«

»Die Feste«, so schreibt Hilda Geiringer, »boten Konfliktstoff« (Geiringer 1920, S. 116), da Verwaltung und Erzieherschaft mit ihnen je unterschiedliche Zielsetzungen verbinden. Für Bernfeld und seine »neuen Erzieher« (Bernfeld 1921a, S. 151) stellen sie Möglichkeiten dar, über die Bearbeitung einer gemeinsamen Aufgabe die Kindermasse als Gesamtheim zu integrieren (ebd., S. 100f.). Für die Verwaltung hingegen sind Feste in erster Linie Tage der offenen Tür, an denen man der Trägerschaft das Heim von seiner besten Seite präsentieren konnte, um so die investierten Gelder zu rechtfertigen.

> »Kamen fremde Gäste, Inspektion vom ›joint‹, wurde das ganze Kinderheim blank und blühend herausgeputzt, was uns sowohl taktisch unrichtig schien, da es unsere in Wahrheit so kläglichen materiellen Verhältnisse verschleierte, als auch vor allem der Kinder Begriffe von Wahrhaftigkeit verwirren mußte« (Geiringer 1920, S. 116).

Geht es der Verwaltung primär darum, ein sauberes Kinderheim und anständige Kinder zu präsentieren, setzen die ErzieherInnen Prioriäten, wie sie beim Aufbau von Interaktionskompetenz eine zentrale Rolle spielen (vgl. dazu Kap. 3.1).

Auch mittels subkultureller Differenzierung – vorstellbar wäre etwa die Veranstaltung von zwei verschiedenen Feiern – ist die strukturelle Spannung nicht mehr substituierbar, weil dann am Fest der »Verwaltung« zwar ein sauberes Heim, aber keine dankbaren Kinder zu sehen wären, die für die Sicherung des Spendenflusses aus den U.S.A. unabdingbar sind. Mangels dieser Alternative erzeugt die strukturelle Spannung anomische Spannung. Bernfeld passt sich zunächst durch rituelles Verhalten an. Er beteiligt sich mit den Kindern an den Festen, obwohl er deren Zielsetzung ablehnt. »Chanukkah und Pessach wurden offiziell, und zwar von der Verwaltung, gefeiert; auch unter unserer Mitwirkung, weil wir uns dem nicht entziehen konnten, aber im Geschmack der Verwaltung« (ebd., S. 100).

Ritualismus nennt Merton jene Anpassungsweise, in welcher Ziele und Mittel bloß auf ihrem untersten Level übernommen werden. Die Ziele werden so weit zurückgenommen, als Mittel zu ihrer Erreichung schon gesichert vorhanden sind. ›Dienst nach Vorschrift‹ veranschaulicht die-

5.2 Der Kampf um Macht und Prestige im Feld der strukturellen Hierarchie

sen Anpassungstypus exemplarisch. Dass Bernfeld eine Zeit lang die mit Festen verbundenen pädagogischen Zielsetzungen zurücksteckt und mit der Verwaltung kooperiert, mag damit zu tun haben, dass die Feiern trotz Instrumentalisierung durch die Verwaltung zu Legitimationszwecken noch genügend Freiraum boten für die Spontaneität der Kinder. Karl Wirth, der als Kind in Baumgarten war, schreibt:

> »feiern u. gedenktage wurden oft begangen. es waren dies hauptsaechlich jued. traditionelle feiertage mit zionistisch-proletarischem einschlag, gefeiert sehr oft mit gesang, taenzen (volks-) u. mit großer freude u. begeisterung u. dem gefuehl, dass endlich eine neue zeit anbricht, wo alle menschen gleich sind u. brueder und frei sind – auch wir juedischen kinder – ohne angst vor pogromen u. antisemitismen! politisches bewusstsein jedoch fehlte uns noch damals« (Wirth 1992, S. 90).

Interessant ist der letzte Satz: Könnte es sein, dass Bernfeld nicht nur ein sozialpädagogisches Ziel (Integration des Gesamtheims) mit den Festen verbindet, sondern auch ein politisches (der »proletarische einschlag«), das noch viel weniger von Verwaltung und Trägerschaft geteilt wird?

Wann kippt diese rituelle Anpassung an anomische Spannung in offene Rebellion? Bernfeld berichtet von »einigen krassen Vorfällen« (Bernfeld 1921a, S. 139), welche die Erzieherschaft zur Abfassung des ultimativen Memorandums veranlasst hätten. Deutlicher wird Willhelm Hoffer, der von einer »final explosion« spricht (Hoffer 1965, S. 165):

> »Ohne Vorwarnung von der ›Verwaltung‹ wurde am Nachmittag vor dem Seder klar, dass eine amerikanische Gesandtschaft des Joint Distribution Committee das Heim besuchen und an der Feier teilnehmen würde. So weit, so gut. Aber wir alle empfanden die Art und Weise, wie das Heim für diesen Anlass hergerichtet wurde [vgl. dazu das Zitat von Geiringer oben, D.B.], und dass die privaten Schränke der Kinder inspiziert werden sollten und somit ein Eindruck unseres täglichen Lebens entstehen sollte, der irreführend war. *Wir hätten es verstanden, wenn wir um Kooperation gebeten worden wären, aber unsere Zustimmung wurde einfach vorausgesetzt.* Eine ähnliche Situation trat auf, gleich nachdem Bernfeld krank geworden war, als der Ober-Rabbi von Wien, Dr. Chajes, das Heim besuchte; er war verständnisvoll und kommunikativ genug, so dass ich

5 Soziologie: Der strukturelle Misserfolg des Versuchs mit »neuer Erziehung«

ihm sagen konnte, die Sauberkeit und die weißen Handtücher und Blumen nicht allzu ernst zu nehmen. Ich wusste, dass er das verstand. Aber diesmal waren die Knaben der ›Histadruth‹ verwirrt. Sie beschimpften den ›Verwalter‹, ein etwas verängstigter Beamter, der sich auf ein Streitgespräch mit den Knaben einließ, anstatt uns um Hilfe zu bitten. Die Jungs zeigten Widerstand und wollten den Esssaal niederbrennen. Sie nahmen es übel, dass in der Küche unterschiedliches Essen vorbereitet wurde, und hatten Gerüchte vernommen, wonach die Gäste echten Wein ausgeschenkt bekamen. Die Mädchen waren untröstlich, ihr Seder in Gefahr und sie konnten die Jungs weder beruhigen noch von ihrem Vorhaben abbringen. Schlussendlich konnten wir den ›Verwalter‹ davon überzeugen, unsere Rucksäcke mit Esswaren zu füllen, und wir machten uns kurz vor dem Seder auf in den Wiener Wald. Dort verbrachten wir mit der ›Histadruth‹ eine ziemlich kalte Nacht und beobachteten den Sonnenaufgang von einem Hügel aus« (Hoffer 1965, S. 165f.; Hervorhebungen D. B.; Übersetzung M. R.).

Was zunächst auffällt, sind die unterschiedlichen Vorannahmen, von denen Verwaltung und Erzieherschaft in Bezug auf diese Inspektionssituation stillschweigend ausgehen. Dass man aufseiten der Verwaltung keine Notwendigkeit sieht, sich im Voraus mit der Erzieherschaft zu verständigen, kann als Hinweis gelesen werden, dass die Vorstellungen bezüglich äußerer Ordnung und Öffentlichkeitsarbeit zu diesem Zeitpunkt weit auseinandergehen. Die Verwaltung möchte der amerikanischen Delegation des Joint ein herausgeputztes Heim nach bürgerlichem Geschmack (saubere Handtücher, Blumen, gutes Essen und Wein) präsentieren, während Bernfeld den Besuchern die proletarische Schulgemeinde und deren Sozialisationseffekte erklären möchte. Hierzu gehört auch, dass man die »organische Entwicklung« (Bernfeld 1921a, S. 48) der sozialen und dinglichen Ordnungen (bzw. Unordnungen) sichtbar hält und nicht retuschiert.[195]

---

195 Bernfelds »Versuch mit neuer Erziehung« erlangt in kurzer Zeit einige Ausstrahlung. Karl Wirth berichtet von häufigen Besuchen, die pädagogisch motiviert waren: »ich erinnere mich nur noch, dass wir ›grosse‹ weltberuehmtheit waren u. staendig besucher aus allen gegenden der welt kamen (ich glaube auch aus russland), um unsere schulgemeinde zu sehen u. zu studieren, was auf uns einen grossen eindruck machte, weil diese menschen oft ›abenteuerlich‹, wegen ihrer kleidung, fuer uns aussahen. Ich glaube sogar, dass lunatscharski [Wassiljewitsch Lunatscharski war von 1917–1929 Volkskommissar für das Bildungswesen der UdSSR, D. B.] uns auch besucht hat!?« (Wirth 1992, S. 90)

5.2 Der Kampf um Macht und Prestige im Feld der strukturellen Hierarchie

Wie bei den Festen erfüllt das Mittel des Heimbesuchs für Verwaltung und Erzieherschaft zwei verschiedene Zielsetzungen, die unterschiedlicher nicht sein könnten. Während diese Unterschiede im Vorfeld des Heimbesuchs mittels hierarchischer Entscheide – über die Kooperation der Erzieherschaft wird strategisch verfügt – latent gehalten werden, manifestieren sie sich nun in der Situation selber. Die Histadruth entdeckt das bessere Essen in der Küche, welches für die amerikanische Delegation des Joint bestimmt ist. Das Gerücht, dass dazu Wein serviert wird, kann als fantasierte Verlängerung dieses Gefühls von Ungerechtigkeit verstanden werden. Beim Besuch des Oberrabbiners Dr. Chajes[196] gelingt während des Rundgangs eine subkulturelle Differenzierung: Das von der Verwaltung angeordnete Maß an Ordnung und Gastfreundlichkeit wird durch den stellvertretenden Heimleiter Wilhelm Hoffer relativiert. Implizit wird dadurch die andere Zielsetzung von Besuchen gestärkt: einen Einblick zu geben in die geleistete Erziehungsarbeit. Defensiv formuliert: den Eindruck von Dressur zu vermeiden.

Anlässlich des Besuchs der amerikanischen Delegation kann die strukturelle Spannung nun nicht mehr mittels subkultureller Differenzierung bewältigt werden. Die dadurch entstandene anomische Situation erzeugt offene Rebellion. Die Histadruth will den hübsch geschmückten Esssaal, in dem das überdurchschnittlich reichhaltige Essen serviert werden soll, anzünden. Damit würden die Mittel, mit denen die Verwaltung einen guten Eindruck erwecken will, zerstört. Zudem verstricken sich die Jungen in eine hitzige Diskussion mit einem amerikanischen Delegierten. Dadurch geht das Bild der dankbaren Heiminsassen, das man den amerikanischen Besuchern zwecks Vermehrung von Spenden vorführen will, in die Brüche. Während bei den Festen lediglich die Zielsetzung verworfen wird, negiert die Histadruth anlässlich der Inspektion auch die Mittel. Spannungs-

---

[196] Dr. Chajes war mit der pädagogischen Oberaufsicht des Kinderheims betraut (Bernfeld 1921a, S. 140). Bernfeld erwähnt ihn in seinem Bericht als sehr verständigen Vorgesetzten, dem selbst die psychologischen Voraussetzungen von Bernfelds Verwahrlostenpädagogik einsichtig waren (ebd., S. 123). Diese Bewertung ist nicht weiter erstaunlich. Bernfeld stärkt durch Koalitionsbildung die Position der »Erziehung« im Heim. Das Mandat von Dr. Chajes war begrenzt auf pädagogische Belange.

theoretisch lässt sich dieses Verhalten deshalb als »Rebellion« bezeichnen.

Interessant ist, dass in derselben Situation zwei weitere Umgangsformen mit anomischen Spannungen zu beobachten sind. Die Mädchen reagieren konform. Sie sehen den »Seder«[197] in Gefahr und bitten die Jungen der Histadruth, mit der Verwaltung zu kooperieren, d.h., deren ›Inspektionsshow‹ nicht zu denunzieren. Die Erzieherschaft reagiert mit Rückzug. Sie organisiert für die rebellierenden Schotrim ein Spezialprogramm und entfernt sich vom Heim. Bernfeld solidarisiert sich in diesem Moment nicht mit der rebellierenden Histadruth, obwohl hier die Möglichkeit bestanden hätte, sich die Verwaltung zu unterwerfen. Die vernichtende Kritik Bernfelds gegenüber der Verwaltung lässt etwas von der Aggression erahnen, welche wohl auch in diesem Moment der Eskalation manifest wurde. Unzweifelhaft ging es um alles oder nichts. Ich werde versuchen, diese Vehemenz und Unversöhnlichkeit Bernfelds vor dem staatstheoretischen Hintergrund Poulantzas' (1978) zu erklären.

Im Gegensatz zu einem aktuell gängigen Staatsverständnis einer neutralen regulativen Macht sagt Poulantzas: »Die Gesamtheit der Hegemonieapparate, selbst wenn sie juristisch gesehen privater Natur sind, gehört zum Staat (ideologische, kulturelle, konfessionelle usw. Apparate)« (1978, S. 65). Zum Staat, in diesem weiten Sinne begriffen, zählen u.a. die Schule, die Jugendfürsorge, die Gewerkschaften und die Medien. Der Staat bedient sich dieser Apparate und hat über sie »einen konstitutiven Einfluß nicht nur auf die Produktionsverhältnisse und die Machtbefugnisse, die sie realisieren, sondern auf die Gesamtheit der Machtbeziehungen auf allen Ebenen« (ebd., S. 74f.). Aus dieser Perspektive ist Bernfelds Kampf gegen die »bureaucratic resistance« (Utley 1979, S. 365) Klassenkampf, d.h. Kampf gegen die hegemoniale bürgerliche Staatsmacht. Umgekehrt überrascht es nicht, dass die ideologischen Kontrahenten Bernfelds in dem Moment massiv intervenieren, wo sich abzeichnet, dass das Kinderkollektiv zu funktionieren beginnt. Dass Bernfeld in diesem Kampf entscheidenden Moment nicht versucht, die Verwaltung zu

---

197 Häusliche Pessahfeier im Judentum.

unterwerfen und stattdessen krank wird, hat wahrscheinlich auch mit seinen jüdischen Wurzeln zu tun. Leidend auszuharren und die Erlösung von außen zu erhoffen, hat hier lange Tradition.

Korruption und Diebstahl als Anpassungsverhalten des Typs »Innovation«

Eine sehr häufig auftretende Form von individuellem Anpassungsverhalten an anomische Spannungen dürfte Korruption gewesen sein. Nach Edith Kramer, die mit Bernfeld über Baumgarten diskutiert hat, gehörte Korruption zum Alltag in Baumgarten: »Die große Schwierigkeit war, daß das Personal – nicht die Erzieher, sondern das übrige Personal – natürlich korrupt war; und Korruption immer wieder eingebrochen ist in dieses Leben, in dem man versucht hat mit Anstand zu leben« (Heller 1993, S. 96). »Anstand« wäre soziologisch gleichbedeutend mit »Konformität«; Korruption entspricht vom Anpassungstyp her der »Innovation«.

»Innovation« wird nach Merton jene Anpassung genannt, bei welcher die kulturellen Ziele für das Individuum fest übernommen werden (genug zu essen haben, Geld besitzen für die Befriedigung individueller Bedürfnisse). Die legitimen Mittel, Wege und Regelungen (Arbeit, Fleiß, Leistung) konnten aber nicht im gleich festen Maße verankert werden. Dementsprechend tritt eine größere Risikobereitschaft auf, kulturell verbindliche Ziele auch dann erreichen zu wollen, wenn sich der handelnden Person die legitimen Mittel auf den ersten Blick als ungenügend erweisen. Die Ziele rechtfertigen dann plötzlich die Mittel. Die Grenzen zum devianten und kriminellen Verhalten sind dabei fließend.

Interessanterweise ist in Bernfelds Bericht nur einmal explizit von Korruption die Rede. In Bezug auf die Beamten der Wiener Abteilung des American Joint Distribution Committee schreibt er:

»Ich spreche nicht davon, daß es menschlich schlecht stehen muß um eine Beamtenschaft, in deren Klientel durchaus das Gefühl herrscht […], daß Protektion nötig sei, um etwas zu erreichen; es stimmt etwas nicht im Menschlichen der Beamtenschaft einer sozialen Institution, wenn die Klienten sich über die Nebengeschäfte der Sekretäre unterhalten […]. Aber man kann von diesen menschlichen

Mängeln nicht sprechen; denn diese Symptome sind nicht Beweis dafür, dass die Beamten tatsächlich Geschäfte machen und Protektion dulden oder üben, sondern sie zeigen nur an, daß irgendeine andere Qualität in ihnen fühlbar ist, die solche Gerüchte zuläßt, jahrelang zuläßt« (Bernfeld 1921a, S. 26).

Fast scheint es, dass Bernfeld sich tunlichst hütet, die Wiener Beamtenschaft des Joint der Korruption zu bezichtigen. Er drückt sich sehr vorsichtig aus, spricht davon, dass es keine »Beweise« sondern lediglich »Gerüchte« gebe. Diese Zurückhaltung ist interessant, denn im letzten Kapitel seines Berichts lässt Bernfeld an der Trägerschaft kein gutes Haar und charakterisiert deren Handlungen als »niedrige Bosheit« und »Gemeinheit« (ebd., S. 146). Ich vermute, dass Bernfeld das Thema »Korruption« mit aller Vorsicht in den Bericht einbringt, weil es zum Alltag von Baumgarten gehörte. Im Unterschied zu Bernfelds Nichte Edith Kramer gehe ich davon aus, dass nicht nur das Verwaltungspersonal korrupt war, sondern auch das pädagogische Hilfspersonal, die »Kinderpflegerinnen« und die Kinder, von den Bernfeld schreibt, dass »sehr viele verhältnismäßig viel Taschengeld besaßen« (ebd., S. 48). Das überrascht in einer Situation permanenten Mangels.

Woher hatten die Kinder dieses Geld? Aus eigener Erfahrung kennt der Autor die Geldprobleme von Heiminsassen und die zahlreichen Mittel der Geldbeschaffung, die mit Merton als innovativ zu bezeichnen sind, aus pädagogischer Sicht aber problematisch sind, weil sie sich wenig oder gar nicht um die normativen Regeln der Zielerreichung kümmern. Im Memorandum der Erzieherschaft gibt es eine Passage, die als Hinweis darauf gedeutet werden kann, dass ein Teil der Unterversorgung an Essen und Gütern in Baumgarten ›hausgemacht‹ ist, dass es also einen permanenten Handel mit Essen und Gebrauchsgegenständen des täglichen Lebens zwecks individueller Bereicherung gab:

»Eine zureichende Hygiene im Kinderheim wurde dadurch unmöglich gemacht, daß es [...] in keinem Raume Waschlappen gibt. Es war Monate hindurch unmöglich, Becher und Zahnbürsten zu erhalten. Allen diesbezüglichen Vorstellungen wurde entgegengehalten, daß diese Gegenstände zwar ins Heim gebracht, aber hier von den Kindern verloren worden wären. Das erklärt sich aber durch die

5.2 Der Kampf um Macht und Prestige im Feld der strukturellen Hierarchie

würdelose Art der Beteiligung der Kinder mit ihren Gebrauchsgegenständen, die in ihnen das Gefühl eines persönlichen Almosenempfangs, also die Grundlage des ›Schnorrens‹ erwecken muß. Wenn die Kinder als Ganzes des Diebstahls beschuldigt wurden, so müssen wir darauf erwidern, daß solange Dienstmädchen mit nachweisbaren Delikten […] im Heime verbleiben dürfen, eine derartige Pauschalbeschuldigung nicht zu begründen ist« (ebd., S. 142).

Deutlich wird in diesem Zitat, dass immer dann, wenn im Heim etwas verschwand, pauschal die Kinder dafür verantwortlich gemacht werden. Den vom Hilfspersonal begangenen – wahrscheinlich permanenten und auch notorischen – Diebstahl hingegen verschweigt die Heimverwaltung. Damit akzeptiert sie beim Hilfspersonal das Mittel »Diebstahl« als normative Regel der Zielerreichung, wodurch eine Sanktionierung desselben Mittels bei den Kindern erschwert oder gar unmöglich wird. Zur Aufbesserung des eigenen Sackgelds erscheint dann das Verscherbeln von Waschlappen ebenso legitim wie die unrechtmäßige Aneignung von Nahrungsmitteln durch das Hilfspersonal.[198] In beiden Fällen lässt sich das Stehlen spannungstheoretisch als individuelles Anpassungsverhalten des Typs Innovation verstehen. Die Erklärung im Zitat, dass sich die Kinder mit der Entwendung der Toilettenartikel für die Demütigung als hilfebedürftige Objekte rächen wollten, betrachte ich als ideologisch.

Dass die Kinder öffentliches Gut zwecks eigener Bereicherung ›privatisierten‹, berichtet auch Karl Wirth: »ich selbst hatte das ›verkehrsministerium‹ ueber, das heisst ich musste ausgangsscheine ausstellen u. fahrscheine für die elektrische ausgeben. […] leider musste ich feststellen, dass manche die

---

[198] Folgende zwei Beispiele von nicht sanktionierbaren Diebstählen sind Indiz für die anomischen Spannungen in Baumgarten und die damit verbundenen Schwierigkeiten, die Heiminsassen und -angestellten auf konformes Verhalten zu verpflichten. »Unter dem Verwaltungspersonal gab es ein Dienstmädchen, das bei Diebstählen – schwerster Art – von den Kindern ertappt wurde und dessen Entlassung nicht durchzusetzen war, weil sie […], wie es hieß, ›sonst‹ sehr ›brav‹ ist! Es gab eine Pflegerin, gegen die […] von einem Neunjährigen die folgende Anklage schriftlich dem Untersuchungsrichter eingereicht wurde: ›Schwester Y. trägt Erdäpfel unter der Schürze, zwei Portionen. Ich frage: Schwester Y., was sind das für Erdäpfel? Kommt sie und sagt mir ins Ohr: Leck mich am Arsch.‹ Die Verwaltung war mit ihr zufrieden« (Bernfeld 1921a, S. 150).

fahrscheine verkauften – dieses und vieles andere waren die negativen seiten, folgen frueherer erziehung« (Wirth 1992, S. 87f.). Auch diese Deutung scheint mir ideologisch. Die bisherige Sozialisation muss zu viel erklären. In einer Mangelwirtschaft, wie dies in Baumgarten und in Wien während dem Winter 1919/20 der Fall war, stellte es an gewissen Orten der Gesellschaft höchste Anforderungen an die Akteure, normkonformes Verhalten zu zeigen. Das »Schwindeln«, als weiteres Anpassungsverhalten des Typs Innovation, empfanden die Kinder fast wie Stehlen »als ihr gutes Recht, ja sie waren stolz darauf, wenn es ihnen gelungen war, zwei oder mehr Portionen zu erwischen« (Bernfeld 1921a, S. 88). Dieses Schwindeln verschwand erst, nachdem »es gelungen war, die Verwaltung zu einer gewissen Vermehrung des Essens zu bewegen« (ebd.). Konformes Verhalten zeigen die Baumgarten-Kinder erst in dem Moment, als der Zugang zu den legitimen Mitteln, den eigenen Hunger zu stillen, geöffnet und erleichtert wird. Bernfeld argumentiert hier ganz anomietheoretisch.

5.3 Das Feld des Angestellten-Spannungsinputs

Für die in Erziehungsheimen geleistete Arbeit hängt fast alles vom Personal ab. Ich möchte hier aber nicht die berühmte ›Persönlichkeit‹ des Erziehers hypostasieren, sondern vielmehr die Aufmerksamkeit auf die institutionellen und gruppalen Rahmenbedingungen lenken, worin sich die Persönlichkeiten realisieren, indem sie jenen Raum gestalten, von dem sie wiederum gestaltet werden. An einem Beispiel werde ich rekonstruieren, wie sich die Spannungen von den umgebenden Systemebenen in das Feld der Angestellten hinein übertragen und dort die Ausgestaltung und Performanz der Personalrollen herausfordern.

Die Performanz der Angestellten bemisst sich einerseits daran, ob die Handlungsspielräume ausgenutzt werden, welche durch die strukturelle Hierarchie gegeben sind. Bernfeld ist bspw. gezwungen, die interne Heimschule einem bestimmten Institutionstyp anzugleichen, wodurch für das darin unterrichtende Personal spezifische Handlungsmöglichkeiten und -beschränkungen gegeben sind. Andererseits induziert das abweichende Verhalten der Insassen Spannungen in das Feld der Angestellten. Die manifeste Performanz der Insassen, d. h. 150 Kinder und Jugendliche mit ihren biografischen Besonderheiten, verändert die Aufgabe der Institution, was auf der Ebene des Personals eine Adaption der Rollenperformanz erfordert. Wie weit dies gelingt, steht im Zusammenhang mit »Elementen der Lebensgeschichten« der ErzieherInnen. »Da es sich um die Untersuchung pädagogischer Einrichtungen handelt, ist anzunehmen, daß den individuellen Lernbiographien [...] eine hervorragende Bedeutung zukommt« (Graf 1993b, S. 159).

Bernfeld ist aufgrund der proletarischen Klientel, welche sich von der bürgerlichen seiner Jugendbewegungsprojekte grundsätzlich unterscheidet (Kap. 4.1.2), gezwungen zu improvisieren. Bernfelds Einstieg in Baumgarten ist vergleichbar mit demjenigen von Eltern, die sich nichts sehnlicher gewünscht haben als ein Kind, in dem Moment aber, wo dieses da ist, zutiefst erschrecken über seine vitale Lebendigkeit und seine weitgehende Unangepasstheit an die Strukturen ihres Alltags. Frisch gebackene Eltern müssen mit ihrem Baby in kurzer Zeit viel dazulernen. Ähnlich schafft es Bernfeld, flexibel auf die unerwartete Realität zu reagieren, Modifikationen zuzulassen und damit die Spannungsinputs aus dem Feld der Insassen und der strukturellen Hierarchie produktiv zu verarbeiten. Darin besteht Bernfelds beeindruckendes pädagogisches Geschick. Er ist hier nicht Dogmatiker, kein Prinzipienreiter, sondern Pragmatiker.[199]

Beim Verfassen des Berichts versucht Bernfeld die Entwicklungen im Kinderkollektiv und seine eigenen pragmatischen Interventionen theoretisch zu klären und in ein Modell von Gemeinschaftserziehung zu integrieren. Viele Innovationen, welche durch die spezifische Art von Verwahrlosung und Devianz der Baumgarten-Kinder notwendig werden, baut Bernfeld »nachgängig« (Fatke 1993, S. 81) in sein »ideales Konzept« ein. Die Klienten mit ihren spezifischen biografischen und gruppalen Dynamismen tragen die Aufgabe in die Institution, machen Anpassungen auf der Ebene des institutionellen Auftrags

---

199 Damit soll nicht die ideologische Seite von Bernfeld geleugnet werden, sondern der Gegenpol als ebenso existent gewürdigt werden. Zur pragmatischen Seite von Bernfeld vgl. auch Wolff (2005, S. 103).

notwendig und erfordern damit eine plastische Rollenperformanz auf der Ebene der Angestellten. In der manifesten Performanz der Insassen besteht der Spannungsinput aus dem Feld der Insassen. In Kapitel 4 habe ich an einzelnen Beispielen aufgezeigt, inwieweit Bernfeld und sein ErzieherInnenteam sich auf das abweichende Verhalten der Kinder einstellen können. *Im Rahmen des hier eingeführten spannungstheoretischen Modells lässt sich diese Leistung als Bearbeitung der Spannung aus dem Feld der Insassen interpretieren.*

In diesem Unterkapitel werde ich anhand eines Beispiels nachweisen, dass diese Bearbeitung nicht in jedem Fall oder nur zum Teil gelungen ist. Bernfelds Text enthält einige mehr oder weniger offensichtliche Widersprüche, die ich als Hinweise interpretiere, dass ihm die Analyse abweichender Verhaltensweisen nicht immer gelingt. Die Qualität des Baumgarten-Berichts besteht darin, dass Bernfeld seine Irritationen nicht unkenntlich macht. Anders gesagt: Bernfeld sieht, dass das von den Kindern gezeigte Verhalten nicht seinen Erwartungen entspricht, aber er schielt dabei ein bisschen. Gleichsam unter der Hand fließen die abweichenden Verhaltensweisen in den Bericht ein und werden dort nicht reflektiert oder dann nur als Störungen. Das sind sie *auch*, aber die ausschließlich normative Thematisierung steht einer Analyse entgegen, wodurch der Spannungsinput aus dem Feld der Insassen unbearbeitet bleibt und in die Latenz gedrängt wird. *An dieser Unbewusstmachung bemisst sich der Spannungsinput aus dem Feld der Angestellten.*

Graf (1990, S. 72–93) diskutiert in seinem dynamischen Modell der Spannungsinduktion drei Konzepte, die einen Beitrag zur Erklärung des Spannungsinputs im Feld der Angestellten liefern: »Die Identifikation mit der Ideologie einer Rolle« (Parin 1978), das »Konzept der Gruppenabwehr« (Mentzos 1976, S. 79–95) und das »Konzept des sozialen Todes« (Erdheim 1984, S. 75–86). Grafs Interesse bezieht sich auf die innerpsychischen Konflikte, die gleichsam die motivationale Unterseite darstellen, wenn ErzieherInnen auf die manifeste Performanz der Insassen nicht beobachtend und reflektierend, sondern mit Abwehr reagieren. Um sein Modell dynamisch zu halten, muss Graf die triebtheoretische Basis des Rollenverhaltens von ErzieherInnen mit einbeziehen. Wenn eingangs gesagt wurde, dass für die in Erziehungsheimen geleistete Arbeit fast alles vom Personal abhänge, kann nun präzisierend hinzugefügt werden, dass *lernbiografisch erworbene Kompetenzen und Abwehrmechanismen darüber entscheiden, ob die institutionell und gruppal begrenzten Handlungsmöglichkeiten dazu genutzt werden, Spannungen aus dem Feld der Insassen zu bearbeiten oder nicht*. Ich werde diese Zusammenhänge nun anhand des Rufs der Baumgarten-Kinder nach einer »richtigen Schule« (Bernfeld 1921a, S. 104ff.) konkretisieren.

5.3.1 Der Ruf nach einer »richtigen Schule«

Am Anfang von Bernfelds Ausführungen zur Baumgarten-Schule steht eine radikale Institutionskritik:

> »Hätte ich in allen Stücken völlig unabhängig, von keinerlei Rücksichten bestimmt, an keinerlei Tatsachen in Kindern und Lehrern gebunden, unser Heim einrichten können, so hätte es in ihm keinerlei ›Schule‹ gegeben. Die Kinder hätten genau das, gerade dann und genau soviel gelernt, als sich aus dem ständigen Verkehr zwischen ihnen und uns Erwachsenen für sie ergeben hätte« (Bernfeld 1921a, S. 102).

Bernfeld versetzt sich hier hypothetisch in einen dekontextualisierten Raum, in dem weder ein bestimmter institutioneller Auftrag noch ein spezifisches Klientel berücksichtigt werden muss. Diese idealistische Konstruktion, die von jeglichem Spannungsinput absieht, lässt Bernfeld fallen, weil die Aufenthaltsdauer der Kinder unbestimmt war und er im Schulbereich mit vielen Teilzeitkräften arbeiten musste. Zudem steht von Anfang an fest, dass die heiminterne Schule gemäß den von Glöckel »neugegründeten deutsch-österreichischen Staatserziehungsanstalten« organisiert werden soll (ebd., S. 102f.).[200]

---

200 Anzunehmen ist, dass die Ausrichtung der Baumgarten-Schule an den »deutsch-österreichischen Staatserziehungsanstalten« als Teil des institutionellen Auftrags von der Trägerschaft festgelegt wurde. Bernfeld beschreibt an keiner Stelle, wie es zu dieser Rahmenbedingung kam. An verschiedenen Stellen bedauert er eher resignativ deren Existenz (Bernfeld 1921a, S. 103ff.).

5 Soziologie: Der strukturelle Misserfolg des Versuchs mit »neuer Erziehung«

Dieser spezifische Typus von Schule entsteht im Zusammenhang mit den Schulgesetzen aus der Zeit von 1918/1919. Nach Jahoda-Lazarsfeld hatten die »Bundeserziehungsanstalten« eine Vorreiterfunktion, um die in den Schulgesetzen vorgesehenen neuen Organisationsformen und Unterrichtsprinzipien lebendig zu veranschaulichen und vor allem um den Grundgedanken des Gesetzes, die Durchbrechung des Bildungsmonopols des Bürgertums, zu realisieren.

> »Um [...] den besonders begabten Kindern aus der Arbeiterschaft ein sorgenfreies Studium zu ermöglichen, wurden alte Militärschulen zu ›Bundeserziehungsanstalten‹ umgewandelt, die ursprünglich als Musterschulen der Schulreform gedacht waren. Die Angleichung der Ausbildung in der Hauptschule an die der Untermittelschule erforderte natürlich ein höheres Bildungsniveau der Lehrerschaft« (Jahoda-Lazarsfeld 1987, S. 712).

Bernfelds Mittelstufe, d. h. die fünfte bis achte Klasse, entspricht »den ersten vier Jahrgängen der Staatserziehungsanstalten« (Bernfeld 1921a, S. 103). Vom Niveau her dürfte diese Mittelstufe eine Art Untergymnasium gewesen sein, das den Anschluss an die beiden Mittelschultypen (Realschule, Gymnasium) gewährleistet. Bzgl. der inneren Schulorganisation institutionalisieren die Schulgesetze von 1918/19 »Selbstverwaltung und Schulgemeinde«, bzgl. Unterrichtsprinzipien sehen sie »Gesamtunterricht, Bodenständigkeit, Arbeitsunterricht und Kindertümlichkeit« vor (Jahoda-Lazarsfeld 1987, S. 713).[201]

Die Unterstufe in Baumgarten, d. h. die ertse bis vierte Klasse, entspricht den »ersten vier Volksschulklassen« (Bernfeld 1921a, S. 103). Was der Glöckel'sche Lehrplan unter dem Stichwort »Gesamtunterricht« versteht und was diese didaktische Neuerung für das Verhältnis zwischen Schülern und Lehrer bedeutet, beschreibt Marie Jahoda-Lazarsfeld folgendermaßen: Die Schulreform strich

---

201 Die Glöckel'sche Schulreform wird ab 1926 aufgrund verschobener Machtverhältnisse offen bekämpft. Doch bereits in den Jahren zuvor wurde je nach Bundesland mehr oder weniger von den neuen Schulideen realisiert. Jahoda-Lazarsfeld schreibt, »daß die Schulreform in vollem Ausmaß auch bis zum Jahre 1926 nur in Wien durchgeführt worden war« (Jahoda-Lazarsfeld 1987, S. 716).

»zunächst für die Volksschule jede fachliche Stundeneinteilung. Es wurde ein Thema zum Ausgangspunkt genommen, um sämtliche Wissensgebiete und Fertigkeiten zu behandeln. In der Regel wurde aus einem ausführlichen Schülergespräch, das zuweilen in parlamentarischer Form von den Kindern selbst geleitet wurde, wobei der Lehrer weitgehend in den Hintergrund trat, ein neues Wochenthema entwickelt. Man versteht, daß diese Form des Unterrichts, wenn auch mit Unrecht, autoritätslos genannt wurde. Das Schülergespräch hatte den Zweck, die Kinder selbst zur Einsicht kommen zu lassen [...]. Daß der Lehrer dabei weder als sachliche Autorität noch als geistiger Führer in den Hintergrund treten kann, daß er sogar beides in viel höherem Maße sein muß als der alte Lehrer, der nicht in die Situation kam, allen spontanen kindlichen Gedanken und Einfällen Rechnung zu tragen, ist nur selbstverständlich. Die freie äußere Form des Unterrichts konnte und wollte an der tatsächlichen Autoritätstellung des Lehrers nichts ändern« (Jahoda-Lazarsfeld 1987, S. 713).

Was Bernfeld unter dem Stichwort »freier Unterricht« (Bernfeld 1921a, S. 104) über den Schulbetrieb während des ersten Monats berichtet, gleicht dem Glöckel'schen »Gesamtunterricht« in mancherlei Hinsicht. Bernfeld versucht in Baumgarten nicht, die Schule neu zu erfinden. Die nach Eintreffen der Kinder realisierte Schul- und Unterrichtsorganisation ist zwar zweifellos inspiriert durch die Versuchsschulen von Wyneken und Otto (ebd., S. 106); Legitimation erlangt sie aber vor dem Hintergrund der Glöckel'schen Schulgesetze von 1918/19, auf die Bernfeld explizit Bezug nimmt, indem er seine Mittelstufe analog der »Untermittelschule« (Jahoda-Lazarsfeld 1987, S. 712) in »Bundeserziehungsanstalten«, bei Bernfeld als »Staatserziehungsanstalten« bezeichnet (Bernfeld 1921a, S. 103), einrichtet.

Realisiert wurde während des ersten Monats bspw. die oben beschriebene demokratische Form, die Themen des Unterrichts von den Schülern selbst bestimmen zu lassen. Weiter beschreibt Bernfeld die Auflösung der traditionellen Raumordnung im Klassenzimmer, die nach Jahoda-Lazarsfeld ebenfalls zu den Neuerungen des Glöckel'schen Lehrplans gehörte (Jahoda-Lazarsfeld 1987, S. 714). Nur die Klassengröße unterschreitet diejenige der Schulreform – in »Wien [war] die niederste Schülerzahl: 29 pro Klasse« (ebd., S. 716) –, was angesichts der Verwahrlosungserscheinungen auch begründet ist.

5   Soziologie: Der strukturelle Misserfolg des Versuchs mit »neuer Erziehung«

»Hier [...] muß einiges aus dem ersten Monat unserer Unterrichtstätigkeit erzählt werden, als die Baracke 30 noch im Bau war, ein Teil der Lehrer noch nicht eingetreten war, es noch keinerlei Bücher, Lehrmittel, ja nicht einmal genügend Hefte und Bleistifte gab, also auch rein äußerlich von ›Schule‹ noch nicht gesprochen werden konnte. Wir teilten die Kinder nach Alter und bisherigem Schulbesuch in drei bis vier Gruppen, bestimmten für jede von einem Tag auf den anderen Zeit und Ort der Lernstunden und sorgten dafür, daß sich pünktlich bei jeder Gruppe ein Lehrer einfand. So saßen 10 bis 30 Kinder um ein paar Tische, oder auch auf ihnen, frei um den Lehrer gruppiert, der gewöhnlich die Stunden mit der Frage begann: ›Was wollen wir jetzt besprechen?‹ Die Kinder waren nach Überwindung der ersten Scheu, des ersten Erstaunens sehr begeistert, fragten sehr viel, sprachen lebhaft und ›lernten‹ dabei viel. [...] Wir wußten zwar, daß dieser freie Unterricht nicht lange würde anhalten dürfen, daß wir bald zu regelmäßigem, lehrplangerechtem Unterricht würden übergehen müssen – die Kinder wußten dies auch –, aber es war soviel Schwung und Begeisterung in diesen Unterrichtsstunden vor allem bei den älteren Kindern, daß wir hoffen durften, das Interim würde fruchtbare und dauernde Wirkungen in den Kindern erzeugen und so der spätere regelmäßige Unterricht in der Schulbaracke nachhaltig von der neugewonnenen Lerneinstellung und -gesinnung beeinflußt sein« (Bernfeld 1921a, S. 103f.).

Soweit Bernfelds Berichterstattung über die Schule während des ersten Monats, die zunächst verschweigt, warum dieser »freie Unterricht«, wo doch »soviel Schwung und Begeisterung in diesen Unterrichtsstunden« lag, nicht fortgesetzt werden kann. Bernfelds Wortwahl suggeriert die Vorstellung einer nicht näher bezeichneten Macht, die von Beginn an diese paradiesischen Zustände in ein Zeitfenster sperrt. Während des ersten Monats aber, daran lässt das Zitat keinen Zweifel, werden die Kinder im Rahmen des freien Unterrichts zu aktiver Teilnahme motiviert. Dass dem in Realität nicht so war, berichtet Bernfeld im nächsten Absatz. Bernfeld widerspricht sich hier und gibt zu, dass der freie Unterricht bei den Schülern einen Widerstand erzeugte, der bei den LehrerInnen demotivierend wirkte.

»Schon nach wenigen Tagen begannen die Kinder immer nachdrücklicher, eine ›richtige‹ Schule zu verlangen. Diese Forderung nahm immer heftigere Formen an und wirkte auch auf den Unterricht zurück. Zwar bei einigen Lehrern blieb er lebendig wir nur je, aber bei den meisten wurden die Stunden matt und voll offener Resistenz. *Wir wußten uns dies nicht recht zu erklären.* [...] Auf jeden Fall hat dieses unseren Unterrichtsidealen völlig ablehnende, ja feindliche Gegenüberstehen der Kinder *unser aller Arbeitslust in Unterrichtsdingen eine Weile sehr gelähmt*« (ebd., S. 104; Hervorhebungen D. B.).

Interessant ist vor allem der offene Widerspruch in Bernfelds Bericht. Die Tatsache, dass Kinder gegen Methoden opponieren, die einen Unterricht vom Kinde aus anstreben, scheint für Bernfeld unfassbar. Dieses »unseren Unterrichtsidealen völlig ablehnende, ja feindliche Gegenüberstehen« ist ihm unerklärlich. Zudem bedeutet die Tatsache, dass sein Ideal eines freien Unterrichts an der Realität der Kinder scheitert, eine Kränkung: »Wir hatten die Kinder beglücken wollen, und sie lohnten uns mit Undank und Auflehnung« (ebd., S. 105). Bernfeld diskutiert zwei Gründe, warum sich die Kinder seinen Innovationen widersetzten.

Bernfelds Analyse des Rufs nach einer »richtigen Schule«

(1) Die soziologische Erklärung: Bernfeld macht ein »*soziales Motiv*« (ebd., S. 107) vor allem der älteren Schüler für den Wunsch nach einer »richtigen Schule« verantwortlich.

> »Es war den Älteren nicht wichtig, viel zu wissen, wohl aber waren sie erpicht darauf, viele Klassen zu absolvieren. Sie hatten eine unklare, aber sehr hartnäckige Vorstellung davon, daß nur die Absolvierung möglichst hoher Schulen sie in ihrer Erwachsenheit vor ähnlichen Schicksalen bewahren würde, wie jene waren, die sie als Juden, Waisen und Flüchtlinge in der Kindheit zu erleiden hatten. Die Privatschule schien ihnen nicht genügend Garantien zu bieten für den erhofften sozialen Aufstieg« (ebd., S. 107).

Warum die Baumgarten-Kinder »erpicht darauf [waren], viele Klassen zu absolvieren«, liegt möglicherweise an ihrer Herkunft. Marie Jahoda-Lazarsfeld schreibt, dass Reste des Feudalsystems vor allem auf dem Lande bestehen geblieben waren.

> »Auf dem Lande blieb die achtklassige Schule [die bereits 1869 eingeführt worden war; Anm. D. B.] bloß nominell. Die Kinder gingen weiterhin jahrelang

in dieselbe Klasse, denn alle Altersstufen wurden gemeinsam unterwiesen. Der Übertritt aus solchen Dorfschulen auch nur in die Bürgerschule einer benachbarten Kleinstadt war praktisch meist unmöglich« (Jahoda-Lazarsfeld 1987, S. 709).

Von daher verwundert es nicht, dass die Baumgarten-Kinder, die aus den Nordostprovinzen stammten, wo die Doppelmonarchie während der ersten beiden Jahrzehnte des 20. Jahrhunderts mit Ausnahme der größeren Städte in einem quasi archaischen, vorindustriellen, also vormodernen Zustand verharrte, darauf brennen, möglichst »viele Klassen zu absolvieren«, was für sie gleichbedeutend mit moderner Stadtschule und »sozialem Aufstieg« sein musste. Wenn Bernfeld nun »statt der Klassen ›Kurse‹« (Bernfeld 1921a, S. 103) macht, dann enttäuscht dies die Erwartungen der Baumgarten-Kindern auf eine altersklassenmäßig differenzierte Schule.

Dass die Schule für die Baumgarten-Kinder primär ein Integrationsversprechen[202] enthält, wird von Bernfeld zwar richtig erkannt, aber mit linkszionistischen und psychoanalytischen Argumenten desavouiert. »Zuletzt hatten wohl die meisten diese kleinbürgerlichen Ideale gegen wahrhaft sozialistische und nationale vertauscht, sie hatten den Wunsch, als Arbeiter nach Palästina zu gehen, aber in den ersten Monaten lag hier ein sehr starker Teil ihres libidinösen Egoismus verankert« (ebd., S. 107). Die zutreffende soziologische Analyse wird hier durch Bernfelds linkszionistische Brille fast zur Unkenntlichkeit verzerrt. Auch die Psychoanalyse – Stichwort »libidinöser Egoismus« – steht hier im Dienste einer Entwertung der Integrationsinteressen.

(2) Die psychologische Erklärung: Mangels Wissbegier seien die Voraussetzungen für freien Unterricht i. S. der Glöckel'schen Schulreform bei den Kindern gar nicht gegeben gewesen.

---

202 Gerade für marginalisierte Menschen steht die Integrationsfunktion von gesellschaftlichen Institutionen an erster Stelle: Menschen mit psychischen Problemen, die Wehrdienst leisten wollen, aber nicht dürfen, belasten die Militärgerichte der Schweizer Armee in einem erheblichen Maß.

»Was nun wollten die Kinder, wenn sie nach einer ›richtigen Schule‹ riefen? Zunächst, es kam ihnen nicht auf Kenntnisse, Wissen und Bildung an, denn daß sie auch in den chaotischen Zuständen des ersten Monats etwas lernten, ja mehr, leichter und Interesanteres als in der Schule, wußten sie. Und überdies hatten die allermeisten überhaupt keine Interessen auf den Schulgebieten. Sie wollten im Grunde nichts wissen. Ein Unterricht aber, wie er uns vorschwebte [...], beruht ganz und gar auf der spontanen Wißbegier der Kinder. Diese war bei unseren Kindern aber anfangs gar nicht vorhanden. Sie kam erst langsam, als ihr affektives Leben so weit lebendig und geordnet war, um Beträge von affektivem Interesse für geistige Dinge frei zu haben. [...] anfangs mögen sie von tiefer, dumpfer Ratlosigkeit befallen gewesen sein. Und da sie auf einem Gebiet besonders deutlich bezeichnen konnten, was ihnen fehlte, warfen sie sich darauf mit Energie. Und dies war jene Forderung nach der Schule, von der wir hier reden« (ebd., S. 106f.).

Wie in Kapitel 3.2.2 ausgeführt, erklärt Bernfeld die anfängliche Interesselosigkeit und Verwirrung triebtheoretisch. Gemäß dieser Sichtweise ist die fehlende Wissbegier im Triebkonflikt zwischen narzisstischer Selbstliebe und sexueller Objektlibido begründet. Erst wenn zwischen diesen beiden Trieben ein Gleichgewicht herrscht – Bernfeld nennt das im Zitat oben »geordnet« –, werden »Beträge von affektivem Interesse für geistige Dinge frei«. Zu einem Gleichgewicht kommt es, wenn narzisstische Selbstliebe auf ein Idealich abgelenkt wird. Als Idealich stehen in Baumgarten die Kwuzoth und die Schulgemeinde. Die narzisstische Besetzung dieser Idealichs ist die Voraussetzung dafür, dass Selbstliebe nicht ausschließlich die Beschäftigung mit dem eigenen Ich motiviert, sondern als »affektives Interesse« sich auch an »geistigen Dingen« festmachen kann. Freud sagt deshalb, dass die Liebe zu einem Idealich die »Bedingung der Verdrängung« von Selbstliebe ist (Freud 1914, S. 60). Von Freuds Überlegungen ausgehend misst Bernfeld den beiden zentralen Idealichs in Baumgarten, Kwuzoth und Schulgemeinde eine »verdrängende Funktion« bei. Dieselbe Funktion erfülle auch die Schule, was psychoanalytisch bedeutet, dass Bernfeld auch sie als Idealich versteht. Damit stellt er sie in die Reihe der prominenten Idealichs in Baumgarten, was im Widerspruch zu seiner insgesamt ambivalenten Beurteilung dieser Einrichtung steht:

> »Als die Schulgemeinde und die Kwuzoth die verdrängende Funktion wahrhaft übernommen hatten, mäßigte sich auch der Wunsch nach einer strengen Schule beträchtlich, dennoch blieb er andeutungsweise bestehen und, wie mir scheint, *mit Recht*. Die Unterrichtsorganisation müßte diese psychische Tatsache auch in irgendeiner Weise berücksichtigen« (Bernfeld 1921a, S. 108; Hervorhebung D. B.).

Bernfeld versteht den Ruf der Kinder nach einer »richtigen Schule« als »psychische Tatsache«. Begründet wird diese »psychische Tatsache« psychoanalytisch. Bernfeld schiebt hierzu einen zweiten Absatz »in ›psychoanalytischer Sprache‹« ein. Dieser zweite Absatz kann als entwicklungspsychologische Fortsetzung der triebtheoretischen Erklärung von Erziehbarkeit gelesen werden, welche im Zentrum des ersten Absatzes steht, wo sich Bernfeld bei der psychoanalytischen Nomenklatur bedient (ebd. S. 92f.). Bernfeld beschreibt, wie sich das infantile Triebleben bis in die Latenzperiode entwickelt, und thematisiert außerdem die pädagogischen Implikationen des Freud'schen Modells. Den Ruf nach einer richtigen Schule sieht er in einem bestimmten Entwicklungsstand des Trieblebens begründet, dessen Überwindung durch die Ausgestaltung einer bestimmten Lernumgebung unterstützt werden kann:

> »Für die Jüngeren – als Grenze nach oben kann hier ungefähr das zehnte Lebensjahr angenommen werden – hat das Lernen in der Schule, das Lernen an sich, mit Zwang, Disziplin, Aufgaben, und wären es auch unverstandene Anforderungen, das Lernen von Worten, Formeln, Zahlen, kurz, gerade das sogenannte mechanische Lernen eine besondere psychologische Funktion. In diesem Alter ist der frühkindliche Charakter bereit, sich grundlegend zu verändern. In der Freud'schen Psychologie werden diese zwischen die frühe Infantilität und die Pubertät eingeschobenen drei bis fünf Jahr die Latenzperiode genannt. In ihr treten innere Hemmungen gegen das bisherige Trieb- und Affektleben auf, die vom Kinde deutlich wahrgenommen werden, aber an sich zu schwach zu sein pflegen, um sich radikal durchzusetzen; sie brauchen der Hilfe von außen, gleichgerichteter Tendenzen der Erziehung, der von den Erwachsenen vertretenen kulturellen Forderungen. Es setzt in diesen Jahren ein innerer Kampf im Kinde ein, in dem die Unterdrückung des bisherigen ungehemmten Trieblebens gewissermaßen als Aufgabe vom Bewußtsein empfunden wird; ein Kampf, bei dem gerade den intellektuellen Funktionen eine besondere Rolle zufällt. Nun waren unsere Kinder zwar wenig zu Verdrängungen und Hemmungen

geneigt, trotzdem aber äußerte sich auch in ihnen die altersgemäße Einstellung. Sie wollten den moralischen Zwang; aber bloß dort, wo er weniger radikal, weniger einschneidend ins Triebleben ausgeübt wird: im Intellektuellen« (ebd., S. 107f.).

In dieser Sichtweise bekommt die Schule als Vermittlerin des kulturellen Erbes die Funktion einer äußeren Verdrängungsschranke gegen infantile Formen der Triebbefriedigung. Die Wirksamkeit schulischen Lernens für die Errichtung innerer Barrieren stellt Bernfeld allerdings hinter die Effekte von Schulgemeinde und Kwuzoth.[203] Während diese beiden Institutionen Kinder unterstützten, Formen infantiler Triebbefriedung sozial über die Partizipation an partikularistisch (Kwuzoth) bzw. universalistisch (Schulgemeinde) orientierten Gemeinschaften und emotional über eine Gegenbesetzung derselben zu sublimieren, würde Schule das Ich befähigen (durch Stärkung der »intellektuellen Funktionen« bzw. des »Bewußtseins«), infantile Triebregungen so weit mit »moralischen Forderungen« (ebd., S. 108) in Einklang zu bringen, dass reale Befriedigungen ermöglicht werden.[204]

Zusammenfassend kann man feststellen, dass Bernfeld das »psychologische Motiv« als »altersgerechte Forderungen und Wünsche« (ebd.) richtig interpretiert und ihm die entsprechende Bedeutung zuweist: Der »Wunsch nach einer strengen Schule« bestehe »mit Recht« und sei bei der Ausgestaltung der institutionellen Formen zu berücksichtigen (ebd.).

Trotz einsichtiger Analyse und Anerkennung des »psychologischen Motivs«

---

203 Bernfeld ist bezüglich dieser Einschätzung ganz Sozialpädagoge.
204 Diese Überlegungen erscheinen auch aus heutiger Sicht keineswegs antiquiert und können mit Bions »Container-Contained-Modell« wissenschaftlich reformuliert werden. Bion versteht den Lernprozess als eine Zerstörung des eigenen Gepäcks an Wissen und als eine neue Strukturierung desselben. Oftmals löst dieser Vorgang im Lernenden Erfahrungen von Verlust und Angriff oder von Abhängigkeit aus. Es entsteht also ein Konflikt zwischen der Notwendigkeit, alte Strukturen zu erhalten und neue Modelle zu erlernen. Unweigerlich beinhaltet der drohende Verlust alter Sicherheiten Frustration und Enttäuschung. Nach Bion ist Lernen schmerzlich, weil durch Lernprozesse psychotische Ängste reaktiviert werden, die zu den frühesten narzisstischen Erfahrungen des Säuglings gehören. Nach Bion funktionieren Gruppen und Institutionen als Behälter und Schutz vor diesen psychotischen Ängsten (Bion 1971; Lüders 1997; Trescher/Finger-Trescher 1992).

5 Soziologie: Der strukturelle Misserfolg des Versuchs mit »neuer Erziehung«

hinter dem Ruf nach einer richtigen Schule wird aber eine solche nur »äußerlich« eingerichtet: Bernfeld gleicht die organisatorische Struktur der heiminternen Schule den »deutsch-österreichischen Staatserziehungsanstalten« an, während er die innere Differenzierung »organisch« aus den Lernbedürfnissen der Kinder entwickeln will. Damit versucht Bernfeld den Spagat, die Vorgaben der Trägerschaft zu erfüllen und zugleich seinen reformpädagogischen Vorbildern treu zu bleiben. Der Kompromiss ist jedoch unbefriedigend:

> »Ich habe schon bemerkt, worin die Gründe für unser Versagen gelegen haben mögen. Wir dachten daher: Da wir es ja aus äußeren Gründen tun müssen, und da es überdies die Kinder so wollten, so richteten wir äußerlich eine ›richtige Schule‹ ein; in den inneren Angelegenheiten, also insbesondere in der Schuldisziplin, wollten und konnten wir nicht nachahmend vorgehen« (ebd.).

Es folgt eine ganze Reihe negativer Bewertungen der Schule in Baumgarten: Mit der Einrichtung einer »richtigen Schule« sei ein »falscher Weg« beschritten worden, und mit der Verweigerung der Schuldisziplin habe man gar einen »doppelten Fehler« gemacht (ebd.). Denn dadurch sei die Schule gleichsam ausgehöhlt worden, wodurch sie »bis zu einem gewissen Grade leere Fassade [und] darum noch häßlicher« geblieben sei (ebd., S. 109). Die verweigerte Schuldisziplin erscheint in dieser Betrachtungsweise als Grund für das angebliche Scheitern im schulischen Bereich. Umso mehr jedoch fragt man sich, warum Bernfeld den Baumgarten-Kindern die Schuldisziplin vorenthält, wo er deren psychologische und soziale Funktion ja richtig analysiert und verstanden hat:

> »Was sie entbehrt hatten, war ja nicht der Lehrplan und auch nicht die Stundeneinteilung usw. an sich, sondern was sowohl ihre sozialen als ihre psychologischen Motive wollten, war eben die Schuldisziplin. Und die haben wir ihnen zum Glück bis ans Ende – zuletzt mit ihrem vollem Verständnis und Einverständnis – verweigert« (ebd.).

Bernfelds Weigerung, seinen zutreffenden Analysen Taten folgen zu lassen, resultiert aus seiner starken Identifikation mit einer reformpädagogischen Ideologie, in deren Zentrum das Selbstregulations- und Selbstorganisationsvermögen der Kinder steht. Mit der Einrichtung einer Schuldisziplin hätte Bernfeld mit dem Kern seiner reformpädagogischen Überzeugungen brechen müssen. Den inneren Konflikt zwischen Treue zur Ideologie und wissenschaftlicher »Tatbestands-Gesinnung« (1925a, S. 13) löst er durch die zitierte Feststellung, die Kinder hätten schlussendlich seine Weigerung, eine Schuldisziplin einzuführen, gutgeheißen. Mit großer Wahrscheinlichkeit biegt Bernfeld hier die Empirie zugunsten der reformpädagogischen Ideologie zurecht.[205]

Im Rahmen dieser Ideologie kann nicht reflektiert werden, dass die Institution Schule eine von Kindern nicht freiwillig gewählte Lebensform ist, d.h. dass die Legitimität jeglicher Schuldisziplin (i. S. von sozialer Ordnung) zunächst keine pädagogische, sondern eine politische Frage ist. Bernfeld verleugnet, dass die Etablierung eines institutionellen Rahmens für Lernprozesse immer auf die Ausübung (mehr oder weniger legitimer) Macht verweist. Die Schuldisziplin sei in Baumgarten keine »autoritative« i.S. von »individuellem Zwang (vom Lehrer und in letzter Instanz vom Schuldirektor ausgeübt)« (ebd., S. 108) gewesen. Vor dem Hintergrund von Bernfelds eigener Systematik (vgl. Abb. 6) ist es allerdings nicht einsichtig, warum im Kontext Schule die erste Stufe gleichsam hinfällig wird, und die Konstitution einer Schulordnung unmittelbar auf »technischem« Niveau einsetzen soll.

> »Wer am Unterricht nicht teilnehmen will, bleibt ihm fern oder entfernt sich aus ihm; wer den Unterricht stört, wird aus dem Zimmer gewiesen; wer ohne Entschuldigung dreimal vom Unterricht fernbleibt (oder aus ihm entfernt wurde), kommt vor Gericht. Soweit es die Stundeneinteilung, die Verteilung des Lehrstoffs auf Fächer und Fachlehrer oder die Anforderungen des Lehrplans erlaubten, entschieden jeweils die Kinder, was in der Stunde gelernt werden sollte und wann das Thema gewechselt wurde. Klagen der Lehrer kamen vors Gericht. Noten, wichtige Prüfungen, Sitzordnung, Ordnungsstrafen (Draußenstehen, Abschreiben) und einen Comment oder Ritus für Fragen der Kinder (Aufzeigen und dergleichen) gab es nicht. Verbindliche Aufgaben gab es nicht« (ebd., S. 109f.).

Bereits in diesem Zitat werden Widersprüche sichtbar: Einerseits gibt es keine individuell durch die Lehrperson verhängten »Ordnungsstrafen«, andererseits

---

205 Lilli Stross, Bernfelds Schwester, arbeitete als Erzieherin in Baumgarten und erzählte Prof. Ulrich Herrmann, die Schule habe nie richtig funktioniert (persönliche Mitteilung an D.B., 26.03.2010).

schreibt Bernfeld, dass Schüler aus dem Unterricht entfernt werden. Bernfeld erklärt zu dieser Ungereimtheit:

> »Einige Lehrer brachten das schwere Werk zustande, trotz der ungünstigen Situation einen innerlich freien Unterricht zu führen; anderen gelang dies weniger gut, und ab und zu sahen sie kein anderes Mittel, die schulmäßigen Anforderungen durchzusetzen, als Rückfall in die autoritative Methode. Da wurde auch einmal geschrien, eine Strafe selbstherrlich verhängt, oder dergleichen« (ebd., S. 109).

Anzunehmen ist, dass sich die Entwicklung der Schulgemeinde, konzipiert als Evolution einer sozialen Ordnung, in die schulischen Institutionen hineinverlängert. Vom anfänglichen Chaos schreibt Bernfeld explizit: »Einzigartig war an unserer Schule die Unordnung« (ebd., S. 110). Dass deren Überwindung unmittelbar zur »technischen« bzw. zur »moralischen« Ordnung führt, widerspricht Bernfelds eigener Erfahrung. Deshalb ist es nur konsequent, wenn er im Zitat oben von »Rückfall in die autoritative Methode« schreibt. Was im Rahmen der Schulgemeinde als differenzierter Entwicklungsprozess mit Stagnations- und Regressionsmomenten reflektiert wird, erfährt im Kontext Schule eine sehr verkürzte Darstellung:

> »Alle meine Kritik an unserer Schule sagt nicht, daß [...] die neue ›Erziehung‹ im Unterricht versagt, sondern vielmehr: unsere Schule war keine neue, weil sie zuviel Elemente der alten enthielt, aber sie war auch keine alte, weil sie zu wesentliche Elemente der neuen in sich hatte, und darum war sie anfangs für uns ebenso unbefriedigend wie sie es für die Lobredner der alten gewesen wäre. Im Lauf der Zeit wurde sie immer mehr eine neue, immer befriedigender für uns, weil sie ihr Altertum immer mehr abstreifte, aber wir verließen das Heim, noch ehe schlackenlos das Neue dastand. Wir haben also die Erfolge sich nur ansetzen, aber noch nicht reifen gesehen« (ebd., S. 111).

Anstelle der verschiedenen Phasen, welche die Evolution sozialer Ordnungen im Kontext Schulgemeinde systematisieren, steht hier die »neue Schule«, welche die »alte« ablöst. Zudem erfährt dieser Übergang eine eindeutige Wertung: Die »alte Schule« ist unbefriedigend und wird im Zuge ihrer Überwindung »immer befriedigender«. Der Abwertung der Anfangsphase der Schule entspricht bei der Entwicklung der Schulgemeinde eine positive Bewertung des anfänglichen Chaos.[206]

Die unterschiedliche Bewertung von zwei Prozessen, von denen anzunehmen ist, dass sie in ihrer Entwicklung Analogien aufweisen, hat mit der oben erwähnten reformpädagogischen Brille zu tun. Meine These geht dahin, dass Bernfelds Blick auf die Entwicklungsprozesse in der Schule verstellt ist durch reformpädagogische Modelleinrichtungen. Bernfelds explizite Absicht ist es, »in Kindergarten, Schule und Heimleben die Erziehungsideen und Unterrichtsgrundsätze Maria Montessoris, Berthold Ottos und Gustav Wynekens zu einer lebendigen Synthese untereinander und mit den Notwendigkeiten zu bringen, die sich aus den Eigenarten der Kinder [und] der Lehrer [...] ergeben« (ebd., S. 9).[207] Während es Bernfeld im sozialpädagogischen Praxisfeld der Schulgemeinde gelingt, den Spannungsinput aus dem Feld der Insassen erfolgreich zu bearbeiten, kann er die »Notwendigkeiten [...], die sich aus den Eigenarten der Kinder [...] ergeben«, im Kontext Schule theoretisch nicht reflektieren. Unberücksichtigt bleibt, dass Wynekens Wickersdorf und Ottos »Hauslehrerschule« in Groß-Lichterfelde bei Berlin bei den SchülerInnen eine Subjektstruktur bedingen, die bei den Baumgarten-Kindern nicht gegeben ist.[208] Mangels ausreichender Reflexion auf ihre sozialen Voraussetzungen bleiben Wickersdorf und Groß-Lichterfelde ideale Einrichtungen, hinter denen die konkrete Realität der Baumgarten-Schule notwendigerweise herhinkt und die oben erwähnte Abwertung erfährt.[209]

---

206 »Was wir dadurch gewannen, dass wir nicht mit ›Ordnung‹ anfingen« (Bernfeld 1921a, S. 44).

207 Unter den Lehrpersonen in Baumgarten waren auch »junge Leute aus der Jugendbewegung, die bei Wyneken und B. Otto hospitiert hatten« (Geiringer 1920, S. 50).

208 Interessant ist diesbezüglich die Stelle in Hilda Geiringers Bericht, welche die Differenzen zwischen Wickersdorf und Baumgarten thematisiert: »Ich kann es mir nicht versagen bei dieser Gelegenheit mit Wehmut und um der objektiv-wissenschaftlichen Feststellung willen eines offiziellen Wickersdorfer-Prospektes von 1918 zu gedenken, der genau feststellt, wieviel Paar schafwollene und baumwollene Socken und Strümpfe, welche Art der Decken, der Wäsche, der Anzüge, der Skiausrüstung der junge Zögling mitzubringen habe« (1920, S. 51).

209 Auch bei Geiringer findet sich diese negative Beurteilung: »Aber was wir hier [im Bereich der Schule, D.B.] geleistet und erreicht haben, ist fragwürdig in mehr als einer Hinsicht« (1920, S. 57).

Bernfeld ist sich bewusst, dass ihm die Bearbeitung des Spannungsinputs aus dem Feld der Insassen im Bereich der Schule weniger gut gelingt als im sozialpädagogischen Bereich der Schulgemeinde:

> »Wir hatten die Überzeugung, daß in den neuen Schulen, die uns Beispiel und Ideal waren [die Schulversuche von Otto, Wyneken und Montessori, D. B.], nirgends ein gleichmäßig vollkommenes Schul- und Heimleben besteht, im allgemeinen ist eines von beiden bis zu einem gewissen Grad vernachlässigt. Wir hofften, es würde uns gelingen, auf beiden Gebieten gleich umsichtig und vielleicht beispielgebend zu wirken – und schon in den ersten Wochen mußten wir erleben, daß – usw. Kurz, es passierte uns hier das eine wirklich, was gerade uns nie hätte begegnen dürfen: Wir waren durch die Wirkungen eines Versuchs gekränkt anstatt belehrt, wir wurden nervös anstatt beobachtend, wir wurden gedankenlos nachahmend anstatt schöpferisch« (ebd., S. 105).

Dieses Zitat enthält den Selbstvorwurf, dass Bernfeld und sein Team als »wissenschaftliche« (ebd., S. 90) ErzieherInnen keinen adäquaten Umgang mit dem Ruf nach einer richtigen Schule gefunden hätten. Soziologisch ausgedrückt: Ihnen sei die Bearbeitung dieses Spannungsinputs nicht gelungen.[210] Diese Bearbeitung erfordert Abweichungen von der linkszionistischen und reformpädagogischen Ideologie. Aufgrund seiner starken Identifikation mit diesen Ideologien ist jede Abweichung so schmerzhaft und Selbstwert zerstörend, dass er auch nicht mehr sehen kann, wie adäquat das ErzieherInnenteam auf den Ruf nach einer richtigen Schule reagiert.

Vom Umgang des Lehrerteams mit den Spannungen, welche durch den Ruf nach einer »richtigen Schule« ins Feld der Angestellten induziert werden

Der Ruf nach einer »richtigen« bzw. »ordentlichen« (Geiringer 1920, S. 55) Schule enttäuscht zwar zunächst die Hoffnung, eine Modellschule nach dem Vorbild Ottos, Wynekens oder Montessoris zu realisieren. Bernfeld schreibt, dass im Anschluss daran ihre »Arbeitslust in Unterrichtsdingen

---

[210] »Das abweichende Verhalten der Insassen induziert Spannungen in das umfassende System« (Graf 1993b, S. 158).

5.3 Das Feld des Angestellten-Spannungsinputs

eine Weile sehr gelähmt« gewesen sei. Im wörtlichen Sinne konzeptlos hätten sie dann »weitergewurschtelt« (Bernfeld 1921a, S. 104). Vieles spricht dafür, dass gerade dieses ideologische Vakuum die individuellen Lernbiografien der unterschiedlichen Lehrpersonen verstärkt zur Geltung kommen lässt. Den individuellen Lernbiografien kommt nach Graf eine »hervorragende Bedeutung« (Graf 1993b, S. 159) dabei zu, inwieweit in einer pädagogischen Einrichtung eine soziale Umgebung geschaffen werden kann, die den Klienten ermöglicht, ihre bisherigen Lernmuster zu verändern. Die individuellen Lernbiografien der ErzieherInnen entscheiden also, inwieweit der strukturell gegebene Handlungsspielraum ausgenutzt, d. h. performativ realisiert werden kann, um den Spannungsinput aus dem Feld der Insassen aufzufangen und zu minimalisieren.

Dass dies gelungen ist, berichtet auch Bernfeld. Seiner psychoanalytischen Erklärung, der »Wunsch nach einer strengen Schule« habe abgenommen, weil »die Schulgemeinde und die Kwuzoth die verdrängende Funktion wahrhaft übernommen« (Bernfeld 1921a, S. 108) hätten, halte ich eine soziologische entgegen: Der Spannungsinput wird minimalisiert, weil es der Lehrerschaft gelingt, eine Schule zu schaffen, die die Integrationsbedürfnisse der Kinder nicht enttäuscht und einen verlässlichen Schulalltag strukturiert. Dass die gefundene Organisationsform einen hohen Grad an Selbstregulation zulässt und erfordert, was bis ans Ende des Versuchs für gewisse SchülerInnen eine Überforderung darstellt, berichtet Karl Wirth, der als Kind in Baumgarten war:

> »die schule, d.h. der unterricht war eine quelle von freude u. glueck, weil von jedem zwang entbunden u. weil die selbstgewaehlten faecher unser interesse voll in anspruch nahmen. gern erinnere ich mich an frau dr. geiringer, die uns im freien aus kiplings dschungelbuch vorlas, so schoen, dass wir den maugli mit seiner wolfsmutter u. wolfsbruedern zu sehen glaubten. dies u. vieles andre war fuer uns begluecken. fussball, turnen u. exerzieren im freien machte uns natuerlich auch viel freude – wir begannen uns langsam als freie menschen zu fuehlen« (Wirth 1992, S. 88).

> »da die klassen, besser gesagt die ›hoer‹saele ganz frei zugaenglich waren, sei es fuer aeltere oder juengere ›hoerer‹, ohne pruefungen u. auch ohne zwang die kurse regelmaessig zu besuchen, gab es keine nennenswerten gruppenbildungen von schulklassen« (Wirth 1992, S. 90).

Die Schule erscheint hier als Ort gelingenden Lebens und Lernens. Zudem werden die reformpädagogischen Formen offenen Unterrichts sichtbar, und man fragt sich, warum Bernfeld nicht einfach stolz auf das Erreichte ist.

Interessant ist diesbezüglich, dass die Darstellung von Karl Wirth zu Bernfelds Bericht in Widerspruch steht. Wirth spricht von »Kursen«. Nach Bernfeld aber kann dieses reformpädagogische Konzept nicht realisiert werden.

> »Da wir ja nun einmal mit Lehrplan und fester Stundeneinteilung zu rechnen hatten, versuchten einige von uns, wenigstens statt der Klassen ›Kurse‹ durchzusetzen. Nach mehreren Diskussionen in der Lehrerkonferenz und einigen Versuchen zeigte sich schließlich, daß wir doch Klassen bekommen hatten« (Bernfeld 1921a, S. 103).

Welche Darstellung der Wahrheit entspricht, oder ob sie unterschiedliche Phasen der Schulentwicklung in Baumgarten beschreiben, lässt sich ex post schwerlich entscheiden. Tatsache aber ist, dass es im Lehrerteam eine Auseinandersetzung gibt, ob die SchülerInnen in »Kurse« oder »Klassen« zusammenzufassen sind. Man erfährt allerdings keine Details zu dieser Diskussion, bspw. ob der Ruf nach einer richtigen Schule, insbesondere der Wunsch der älteren Kinder, »viele Klassen zu absolvieren« (ebd., S. 107), wesentlich zur Niederlage der progressiven Fraktion im Lehrerteam beigetragen hat. Bernfeld, der ansonsten ein Gespür für die Macht- und Prestigeladungen gewisser Positionen beweist, scheut hier gleichsam die Analyse des Konflikts. Dass man am Schluss »Klassen bekommen« hat, erscheint in seiner Darstellung wie von Geisterhand erfolgt.

Bernfeld versucht auch an anderen Stellen, das Interesse des Lesers von den Auseinandersetzungen im Lehrerteam abzulenken. Bevor ich diesen Spuren nachgehen werde, kann als These vorläufig festgehalten werden: Zwar gelingt es dem Lehrerteam nach anfänglicher Lähmung, die durch den Wunsch nach einer richtigen Schule induzierten Spannungen aufzufangen und zu minimalisieren. Ein Teil davon überträgt sich aber auf die Ebene der Teamdynamik. Eine solche Verschiebung ist theoretisch zu erwarten, weil bei der Bearbeitung der induzierten Spannungen lernbiografische Elemente der Lehrpersonen ins Spiel kommen. Wie breit das Spektrum der lern- bzw. berufsbiografischen Hintergründe im Lehrerteam war, ist aus folgendem Zitat von Hilda Geiringer ersichtlich:

> »Die Zusammensetzung der Lehrerschaft war ganz uneinheitlich. Es gab fast keinen Lehrer, dessen pädagogische und jüdische und jugendliche Einstellung und Vorbildung in gleicher Weise vorbildlich gewesen wäre. Es waren da z. B. tüchtige Vertreter gewisser moderner und von uns bejahter Lehrweisen, die jüdisch-jugendkulturlich wenig zu geben hatten. Es waren junge Leute aus der Jugendbewegung, die bei Wyneken und B. Otto hospitiert hatten, denen aber die unterrichtliche und erzieherische Praxis im allgemeinen und speziell mit diesen verwahrlosten jüdischen Proletarierkindern fehlte; es waren Hebräischlehrer vom joint bestellt, die all unseren Ideen (auch den jüdischen) fernstanden. Kurz es war ein bunt zusammengewürfeltes pädagogisches Personal ohne Einheitlichkeit der pädagogischen wie auch der allgemeinen Weltanschauung« (1920, S. 50).

Anzunehmen ist, dass je nach beruflicher Sozialisation unterschiedlich auf den Ruf nach einer »ordentlichen Schule« (Geiringer 1920, S. 55) reagiert worden ist. In Bernfelds Bericht finden sich nur wenige und gut versteckte Bemerkungen, welche auf Spannungen im Lehrerteam hinweisen. Dass Bernfeld diese Konflikte herunterspielt, erstaunt nicht: Spaltungen in seinem Team untergraben seine Homogenisierungsstrategie (vgl. Kap. 2.2.4) und lassen die geschlossene Kampffront gegenüber Verwaltung und Trägerschaft bröckeln. Umso auffallender ist, dass Bernfeld die Heterogenität des Lehrkörpers gerade im Zusammenhang mit der Schule zum Thema macht.[211] Er moniert, dass man sich zu wenig um ein gruppales Referenzschema bemüht habe.

> »Gewiß waren nicht alle gleichartig. In den verschiedenen Personen, aus denen sich der Lehrkörper zusammensetzte, waren sehr beträchtlich differente Weltanschauungen und Haltungen, Grundsätze, Einsichten, Erlebniskreise und Formen verkörpert; ein und der andere vermochte auch niemals den Schulmeister ganz abzulegen: *wir Erwachsene haben uns auch viel zu wenig um innere und äußere Einheitlichkeit bemüht*; trotzdem war zweifellos das auffallendste Charakte-

---

211 Vom Herausgeber von Bernfelds »Sämtlichen Werken«, Ulrich Herrmann, wird dem Baumgarten-Bericht eine große Zuverlässigkeit attestiert (vgl. dazu Fußnote 29 in Bernfeld 1921a, S. 69).

> ristikum unserer Schule eine wirklich ernsthafte und weitgehende Gestaltung des neuartigen Verkehrs der Erwachsenen (Lehrer) mit den Kindern« (Bernfeld 1921a, S. 49f.; Hervorhebung D. B.).

Bernfeld schreibt hier, dass die fehlende »innere und äußere Einheitlichkeit«[212] den Lehrkörper nicht daran gehindert habe, den interaktionellen Kern der neuen Erziehung – die sogenannte »Kameradschaftlichkeit« (ebd., S. 50) – im Bereich der Schule zu realisieren. In der Tat ist die Heterogenität eines Teams aus gruppentheoretischer Sicht eine optimale Voraussetzung für dessen Produktivierung, vorausgesetzt, die Aufgabe ist entsprechend homogen.[213]

Dennoch sind bezüglich Bernfelds Aussage Zweifel angebracht. Folgendes Zitat Geiringers zeigt auf, dass Bernfelds Erfolgsmeldung relativiert werden muss, weil die Umstellung des Verkehrstons mit den Kindern auf »schrankenlose Kameradschaft« nur von einem Teil des Lehrerkollegiums praktiziert wird. Interessant ist Geiringers Zitat, weil hier das ganze Spektrum pädagogischen Umgangs ausgebreitet wird, mit dem das Lehrerteam auf den in diesem Kapitel thematisierten Spannungsinput aus dem Feld der Insassen reagiert. Interessant ist zudem, dass Geiringer die Bearbeitungsformen des Wunsches nach einer »ordentlichen Schule« entlang den verschiedenen Lernbiografien unterscheidet: »Volksschullehrer«, »eigentliche Schullehrer« und neue Erzieher (»wir«).

> »Die Kinder jammerten nach einer ›ordentlichen Schule‹, mit Schelten, Strafen, schlechten Noten, Tadel, Hinauswerfen, Autorität.
> In diesem Dilemma haben unsere verschiedenen Mitarbeiter verschieden reagiert; wer recht hatte, läßt sich auch jetzt noch nicht eindeutig sagen. Die Volksschullehrer, die es mit den jungen Kindern am schwersten hatte, begannen ›die Zügel etwas straffer zu ziehen‹. Sie meinten, daß man gerade diesen Kindern, die im Leben so wenige Regelmäßigkeit gehabt hätten, eine gewisse gebundene Ordnung geben sollte. Die wenigen eigentlichen Schullehrer[,] die wir hatten,

---

212 Die Unterscheidung zwischen einer »inneren« und »äußeren Einheitlichkeit« kann als Hinweis gelesen werden, dass die Spannungen im Lehrkörper auch gegen außen sichtbar waren.

213 »Den optimalen Zustand hat man dann, wenn die größte Heterogenität der Teilnehmer mit der größten Homogenität der Aufgabe koexistiert« (Graf/Sidler 1997, S. 54).

suchten von Anfang an regelrechte Klassen mit Ordnung, Disziplin, Autorität und Strafe einzurichten. Nur einige Lehrer und auch die unter vielfachen Hemmungen und Zweifeln suchten mit der völlig freien Art durchzuhalten.
Wenn ich jetzt rückblickend das ganze überschaue, so scheint es mir doch, daß wir mit unserer ursprünglichen Einstellung, der schrankenlosen Kameradschaft, des vollkommenen Vertrauens recht gehabt haben; ganz sicher für die größten Kinder ab 10 Jahren« (Geiringer 1920, S. 55).

Anders als in Bernfelds Zitat weiter oben wird die Heterogenität im Lehrerteam hier nicht eingeebnet. Zum Ausdruck kommt auch, dass es um etwas geht in dieser Auseinandersetzung: Wer hat recht bezüglich der Reaktionsweise auf den Wunsch nach einer richtigen Schule? Das ist die Frage, welche Geiringer umtreibt, und es ist anzunehmen, dass es innerhalb des Lehrerteams einen Streit darüber gab, der desintegrativ wirkte und gewisse Depots[214] produzierte. So schlägt Geiringer eine »allmähliche Personalauslese« (ebd., S. 57) vor, um mittels Selektion die von Bernfeld vermisste »Einheitlichkeit« zu schaffen.

Anders als Geiringer betont Bernfeld die Integrität des Lehrerteams. Ohne die unterschiedliche Unterrichtsqualität der verschiedenen Lehrpersonen zu leugnen, hebt er die pädagogische Gesamtleistung hervor: »Man kann auch mit Recht darauf hinweisen, daß auch nicht alle Lehrer den höchsten, nicht einmal hohen Anforderungen entsprachen, und dennoch die pädagogische Leistung als Ganze nicht durchaus schlecht war. Wir anerkennen solche Einwände restlos« (Bernfeld 1921a, S. 150f.). Das klingt schon fast versöhnlich.[215] Bernfeld ist ganz offensichtlich bemüht, Leistungsunterschiede im Lehrerteam zu glätten. Dass es solche gab, wird

---

214 Das bekannteste »Depot« ist wohl der Sündenbock (zur Depottheorie vgl. Litovsky de Eiguer/Eiguer 1974, S. 55).
215 Dass diese Versöhnlichkeit die Funktion hat, die sich im Zusammenhang mit dem Ruf nach einer richtigen Schule manifestierenden Unterschiede in den Hintergrund zu rücken, wird klar, wenn Bernfeld an anderer Stelle zwei Hebräisch-Lehrer unmissverständlich disqualifiziert: »Die beiden Lehrer des Hebräischen müssen leider als die am meisten atrophierten, blutleersten Organe unseres Lehrkörpers bezeichnet werden« (Bernfeld 1921a, S. 133). Implizit sagt Bernfeld hier, dass es noch weitere Lehrpersonen gibt, deren pädagogische Leistungen zu wünschen übrig ließen.

zwar nicht abgestritten, ins Gewicht gefallen seien sie aber nicht. Soziologisch gewendet, lässt sich zusammenfassen: Das Lehrerteam kann die aus dem Feld der Insassen induzierten Spannungen – hier exemplarisch am Ruf nach einer richtigen Schule aufgezeigt – so weit bearbeiten und minimalisieren, dass das Auftreten dieser Form abweichenden Verhaltens im Zuge des Heimaufenthalts zurückgeht, ohne in die Latenz gedrängt zu werden. Die erfolgreiche Bearbeitung generiert auf der Ebene des Lehrerteams eine Dynamik, die aber nicht aus dem Ruder läuft und somit auch nicht auf eine andere Ebene des Systems transferiert wird.

Bernfelds Identifikation mit der Ideologie der Rolle als Erzieher

Vorstellbar wäre auch das Gegenteil: Aufgrund der individuellen Lernbiografien der Lehrpersonen kann der strukturell gegebene Handlungsspielraum nicht ausgenutzt werden, wodurch die Spannung aus dem Feld der Insassen im Feld der Angestellten unbearbeitet bleibt. Dies ist ja zunächst auch in unserem Beispiel der Fall, als der Lehrköper »in Unterrichtsdingen eine Weile sehr gelähmt« (ebd., S. 104) war. Neben dieser Arbeitsstörung wären auch aktivere Formen der Abwehr auf den Wunsch nach einer richtigen Schule vorstellbar. »Eine Form kann die des direkten Schlagabtausches zwischen den beiden Rollensystemen [Insassen- und Angestelltenrollensystem, D. B.] sein. Dieser Schlagabtausch zwischen einzelnen Exponenten der beiden Rollensysteme kann während der ganzen Dauer der Maßnahme eines Insassen andauern« (Graf 1993b, S. 158). Zu einem offenen Schlagabtausch kommt es in Baumgarten nicht. Dennoch klingt in Bernfelds Ausdruckweise, man habe die Kinder durch die Einrichtung einer richtigen Schule »bestrafen« (Bernfeld 1921a, S. 105) wollen, etwas davon an.

Ich werde in diesem Unterkapitel der Frage nachgehen, warum Bernfeld die Einrichtung einer richtigen Schule als unbewusste Bestrafung der Kinder analysiert. Ich schlage vor, diese überraschende Deutung vor dem Hintergrund eines lernbiografisch erworbenen Anpassungsmechanismus zu verstehen, der Bernfeld in seiner Rolle als Reformpädagoge stabilisiert, der aber zugleich dafür verantwortlich ist, dass die erfolgreiche Bearbeitung des

5.3 Das Feld des Angestellten-Spannungsinputs

Spannungsinputs aus dem Feld der Insassen auf der Ebene der Reflexion, d. h. im Bericht, als Bestrafung interpretiert wird.

Zur Erklärung dieses Anpassungsmechanismus dient mir das weiter oben erwähnte Konzept von Parin zur Identifikation mit der Ideologie einer Rolle (1978). In Auseinandersetzung mit Überlegungen von Mitscherlich (1963) geht Parin davon aus, dass »das Individuum (nicht nur) am Unbehagen der Kultur, letzten Endes an der Triebeinschränkung zu leiden hat, sondern daß die Widersprüche und Konflikte, die unsere Kultur kennzeichnen, das Subjekt selbst verändert haben« (1978, S. 120). Der Ort, wo kulturelle bzw. gesellschaftliche Widersprüche das Individuum korrumpieren, ist bei Parin die Identifikation des Ichs mit einer Rolle. Rollen beschreiben Rechte und Pflichten eines Inhabers einer Position unter dem Gesichtspunkt der Erwartungen, die soziale Bezugsgruppen an sein Verhalten haben. Aus dieser Konstellation ergibt sich ein realer Konflikt zwischen Rollenträger und Bezugsgruppen sowie ein innerpsychischer zwischen Ich und Überich (als Vertreter der Bezugsgruppen). Parin behauptet nun, dass mit der Rollenidentifikation ein weiterer Konflikt Eingang ins Ich findet.

> »Dieser enthält nun alle gesellschaftlichen Konflikte und Widersprüche, die je zur Bildung eines Rollensterotyps oder, wie ich es nenne, zur Bildung der Ideologie einer Rolle Anlaß gegeben haben. Ein ›Schüler‹ ist gleichzeitig ein braver Empfänger, der sich autoritär übermitteltes Wissen einverleibt, *und* ein kühner Beauftragter seiner unwissenden Eltern, der die höhere Welt der Gebildeten zu erobern hat; eine ›Gattin‹ ist nun eine hochverehrte Mutter und Garantin der Reproduktion *und* eine Frau, die ihre sexuellen Ansprüche gegenüber denen ihres Gatten, dem sie dienen muß, nicht anmelden darf« (ebd.; Hervorhebungen i.O.).

Durch Identifikation des Ichs mit der Rolle verinnerlicht das Individuum den Widerspruch in der Gesellschaft, der auf diese Weise zum Widerspruch im Subjekt wird. »Das Ich erscheint nun nicht mehr allein als Widerpart der gesellschaftlichen Umwelt; es trägt auch die gesellschaftlichen Widersprüche als Rollenidentifikationen in sich« (ebd.).

An einem Beispiel veranschaulicht: Eine Lehrperson vermittelt Schülern Fähigkeiten und Fertigkeiten. Dabei reproduziert sie das überlieferte Kulturgut und die bestehende Gesellschaftsstruktur (inkl. der inhärenten sozialen Ungleichheiten). Zudem sichert eine Lehrperson jeden Tag den Bestand einer sozialen Einheit (Klasse, Schule) und ermöglicht die Eingliederung einzelner. Gleichzeitig ist sie angehalten, Unterschiede herzustellen, um eine Auswahl zu ermöglichen. Nichtsdestotrotz ist eine formale Gleichbehandlung Voraussetzung dafür, dass die Beurteilung der Lehrperson Unterschiede späterer Bildungs- und Lebenschancen legitimieren kann. In den Handlungen einer Lehrperson realisieren sich die gesellschaftlichen Funktionen der Schule. Deren Widersprüchlichkeit ist offensichtlich: Schule muss zugleich eine Einheit stiften und auswählen (Integration vs. Selektion); Schule muss zugleich alle befähigen und Unterschiede herstellen (Qualifikation vs. Selektion); Schule muss zugleich eine Gesellschaftsstruktur mit Ungleichheiten reproduzieren und Begründungen für Unterschiede bereitstellen (Reproduktion vs. Legitimation) (vgl. hierzu Graf/Lamprecht 1991).

Nach Parin sind diese Widersprüche in der »Ideologie einer Rolle«, hier der Lehrerrolle, enthalten. Die Ideologie einer Rolle besteht in der Verkürzung der Sichtweise. Sie entspricht der Problematik der Nahsicht, welche die Weite der Struktur nicht überblickt. Dadurch bleibt ihre widersprüchliche Funktionalität in der Sozialstruktur im Dunkeln. Insofern verdeckt die Ideologie der Lehrerrolle als falsches Bewusstsein die Wahrnehmung der gesellschaftlichen Antagonismen, welche sich als widersprüchliche Erwartungen an die Rolle des Lehrers manifestieren. LehrerInnen schwebt als Ideal ein angepasstes *und* mündiges Individuum vor. Dadurch, dass die gesellschaftlichen Widersprüche in die Ideologie der Rolle eingebaut und amalgamiert werden, sind sie als gesellschaftliche Bedingtheiten der Rolle nunmehr schwer zu durchschauen. Auf diese Weise reduziert die Ideologie der Rolle die Spannungswahrnehmung des Akteurs und stabilisiert seine Rollenperformanz.

Die Ideologie der Rolle entspricht ihrer gesellschaftlichen Bedeutung und besteht aus den Bildern, die in einer Gesellschaft zur Lehrerrolle vorhanden sind, die sie attraktiv oder unattraktiv machen und die sowohl die Rollenerwartungen als auch die Rollenselbstbilder beeinflussen. Die Funktionalität einer Rolle innerhalb der Struktur ist von ihrer gesellschaftlichen Bedeutung zu unterscheiden. So kann bspw. die Ideologie der Lehrerrolle auf den qualifizierenden und integrierenden Aspekt reduziert sein (»Lehrpersonen vermitteln der nachfolgenden Generation das Kulturgut und das soziale Zusammenleben«), während die gesellschaftliche Funktionalität weit umfassender und, wie oben aufgezeigt, viel widersprüchlicher ist.

Meine These, welche nun anhand dieses Modells plausibilisiert werden soll, geht dahin, dass Bernfeld selbst einer solchen ideologisch bedingten Verengung und Verkürzung des Blicks unterliegt. Die Ideologie der Erzieherrolle besteht in seinem Fall aus der reformpädagogischen Variante des »neuen Erziehers« (Bernfeld 1921a, S. 151). Diese Ideologie umschreibt Bernfeld im »Sisyphos« als »Evangelium der Liebe.« »Die Reformpädagogik predigt das Evangelium der Liebe in der Erziehung. Ich lese es gern und übe es willig. Aber daß dieses zweckrationaler wäre als die Haßpädagogik, das ist unrichtig. Es ist zumindest nicht entschieden« (Bernfeld 1925a, S. 57). Auch die oben erwähnte Differenz zwischen Ideologie und gesellschaftlicher Funktion einer Rolle wird in diesem Zitat kritisch reflektiert. Es sei nicht »entschieden«, ob Reformpädagogik oder Hasspädagogik die Sozialisationsfunktion von Erziehung besser erfülle, d.h., die in Bezug auf eine gegebene Gesellschaft »wünschenswerte Durchschnitt«-Subjektstruktur generiere (ebd., S. 128).

Dieselbe Reflexion findet sich im Baumgarten-Text bezeichnenderweise im Zusammenhang mit dem Ruf nach einer richtigen Schule. Was im »Sisyphos« als nüchtern formulierte Ideologiekritik daherkommt, wird hier aus eigener Betroffenheit formuliert. Bernfeld hinterfragt das reformpädagogische Credo, wonach alle Erziehung ›vom Kinde aus‹ erfolgen soll.

> »Der Grundsatz, den Kindern ihren Willen zu lassen und ihn zu achten, hat eine scharfe Grenze, die nicht überschritten werden darf: Man muß auch seinen eigenen Willen behalten und darf sich so wenig von den Kindern zwingen lassen zu tun, was man nicht will, wie man Kinder nicht zu etwas zwingen darf, das ihnen durchaus fremd und ungemäß ist« (Bernfeld 1921a, S. 105f.).

Zur Einrichtung einer richtigen Schule habe er sich »von den Kindern zwingen lassen«, schreibt er implizit. Und dass man sich von den Kindern über den Tisch ziehen lässt, geht selbst dem Reformpädagogen Bernfeld zu weit. Er ist jedoch weit davon entfernt, gelassen auf die normative Funktion von Erziehung aufmerksam zu machen und den Erzieher als Agenten von Sozialisationseinrichtungen darzustellen. Die Wortwahl – die Rede ist von »scharfer Grenze, die nicht überschritten werden darf« – deutet darauf hin, dass der normative Aspekt von Erziehung gegen eine geltende Ideologie behauptet werden muss. Diese Ideologie ist diejenige der »Reformpädagogik«, welche diese »scharfe Grenze« tendenziell vernachlässigt, weil sie Bildungsprozesse nicht soziologisch reflektiert und die gesellschaftlich geforderten Anpassungsleistungen tendenziell ausblendet. Was als Argumentation vier Jahre später entfaltet ist[216], findet sich hier als leicht trotzige Bemerkung.

Dennoch ist die Leistung Bernfelds zu würdigen, die reformpädagogische Ideologie ein Stück weit zu durchschauen und sich selbst über die inhärenten Widersprüche aufzuklären, denen er sich identifikatorisch angeglichen hat.[217] Was Parin als Chance der Psychoanalyse sieht, scheint Bernfeld hier alleine zu schaffen: Die »in den Rollenstereotypen (= Ideologie einer Rolle, D.B.) enthaltenen gesellschaftlichen Konflikte können mit der psychoanalytischen Methode studiert werden« (Parin 1978, S. 119).

Die Selbstaufklärung über die Ideologie der Erzieherrolle gelingt jedoch nur teilweise. Würde sie vollumfänglich gelingen, hätte Bernfeld die Einrichtung einer richtigen Schule damit begründet, dass eine Institution nach Vorbild eines anerkannten Typus von Staatsschule den Integrations- und Normalisierungsbedürfnissen der SchülerInnen sowie deren Hoffnungen auf sozialen Aufstieg entspricht. Anstelle dieser Begründung wird die richtige Schule aber als Bestrafung der Kinder reflektiert. Der normative Aspekt von Erziehung bekommt hier von Bernfeld eine hässliche Maske umgehängt. Was Machtdifferenziale und Hierarchien anbelangt, ist er ganz Reformpädagoge, auf beiden

---

216 Vgl. dazu die sozialanthropologische bzw. kulturhistorische Rekonstruktion der Institution Schule im »Sisyphos«: »Und ein Stück des uralten Sadismus, ein Schimmer jener Aggressionsorgie [gemeint ist der Initiationsritus, D.B.], in deren Dunstkreis die Schule erstmals erfunden wurde, verklärt sie noch heute, gehörte ihr ausnahmslos jederzeit, einmal in hellem Strahlen, einmal in dumpfem Glimmen, zu« (1925a, S. 79).

217 Kloocke und Mühlleitner berichten, dass Bernfelds Identifikation mit reformpädagogischen Grundsätzen nicht soweit ging, dass sie auch in Bezug auf die eigene Lehrpraxis handlungsanleitend worden wäre: »Dass Bernfeld in der Pädagogischen Arbeitsgemeinschaft [des Berliner Psychoanalytischen Instituts, D.B.] im Sinne seines Lehrerideals ›im Hintergrund‹ geblieben sei, kann man, trotz aller Parallelen zu seinem Ideal der analytischen Ausbildung [vgl. dazu Bernfeld 1952, D.B.], gewiss nicht behaupten« (Kloocke/Mühlleitner 2004, S. 51).

Augen blind. Auch dass sie letztendlich statt Kursen »doch Klassen bekommen hatten« (Bernfeld 1921a, S. 103) und statt einer reformpädagogischen eine »ordentliche Schule« (Geiringer 1920, S. 55), widerspricht der reformpädagogischen Ideologie, der sich Bernfelds Ich identifikatorisch angeglichen hat. Zwar gelingt teilweise ihre Aufklärung, dennoch behält sie als verinnerlichte Rollenideologie ihre Wirkung: Der normative Aspekt von Erziehung darf nur als Bocksfuß unter der Soutane[218] der Reformpädagogik herauslugen.

5.4 Das Feld des Insassen-Spannungsinputs

Nachdem im vorhergehenden Kapitel am Beispiel des Rufs nach einer richtigen Schule rekonstruiert worden ist, wie das abweichende Verhalten der Insassen Spannungen in das umfassende System induziert, fragt dieses Unterkapitel nach den Spannungen, welche von den umgebenden Systemebenen in das System der Insassenrollen hinein übertragen werden.

> »Das System der Insassenrollen ist ein Feld, in das hinein Spannungen von den umgebenden Systemebenen übertragen werden können. Diese Spannungsübertragungen zusammengenommen mit dem Eintrag der Insassen machen die spezifische Devianz aus, welche eine bestimmte Einrichtung produziert« (Graf 1993b, S. 159).

Graf geht hier von der Überlegung aus, dass sich strukturelle und anomische Spannungen aus dem Feld des institutionellen Auftrags, der strukturellen Hierarchie sowie der Angestellten gleichsam nach unten ins Feld der Insassen hineinverlängern, soweit sie nicht bearbeitet und minimalisiert werden konnten. Dieser Spannungstransfer erzeugt dann im Feld der Insassen eine »systemnotwenige Abweichung« (ebd., S. 158), die zu unterscheiden ist von den biografisch verursachten Verhaltensauffälligkeiten, welche Graf im Zitat oben als »Eintrag der Insassen« bezeichnet. Während die »systemnotwendige Abweichung« gleichsam hausgemacht ist, sind im zweiten Fall die abweichenden Lernmuster durch Ereignisse verursacht, welche in der Vergangenheit der Kinder liegen. Sie werden von

---

218 Die Soutane ist das schwarze Gewand eines katholischen Geistlichen.

außen ins Heim getragen und dort manifest, wie dies am Beispiel des Rufs nach einer richtigen Schule ausgeführt wurde. In Kapitel 4.1.1 habe ich weitere biografische Besonderheiten der Baumgarten-Klientel thematisiert, die zum »Eintrag der Insassen« bzw. zum Spannungsinput aus dem Feld der Klientel gehören.

An dieser Stelle geht es ausschließlich um die »systemnotwendige Abweichung«, die ich spannungstheoretisch als Anpassungsverhalten an eine anomische Situation verstehe.

> »Diejenigen Insassen, welche standhaft das abweichende Verhalten während ihres Aufenthaltes in der Einrichtung durchhalten, liefern Paradigmata für die systemnotwenige Abweichung. Für die Einrichtung stellt sich das Problem, wie mit solchem Verhalten umzugehen ist« (Graf 1993b, S. 158).

Zu fragen wäre hier also nach den abweichenden Verhaltensformen, welche bis zum Schluss des »Versuchs mit neuer Erziehung« persistieren, wo es den Klienten während des Heimaufenthaltes also nicht gelungen ist, ein Stück weit ihre bisherigen Lernmuster zu verändern.

Einen interessanten Hinweis auf persistierende Verhaltensauffälligkeiten enthält das Beschlussprotokoll der VIII. Schulgemeinde vom 12. Dezember 1919. Dort steht unter Punkt 10 »Es ist verboten, außerhalb der Klosette die Notdurft zu verrichten« (Bernfeld 1921a, S. 79; vgl. auch S. 75). Zwei Monate nach Einzug der Kinder stellt das unkontrollierte Defäktieren noch immer ein Problem dar. Betrachtet man die Entwicklung der Schulgemeinde, so ist das Stadium des »Chaos« längst überwunden; man befindet sich seit Mitte November im Studium der »technischen Ordnung« und wird Mitte Januar die Stufe der »moralischen Ordnung« erreichen. Da erstaunt es, wenn die Schulgemeinde am 12. Dezember 1919 Regelungen bzgl. der Notdurft erlässt.

5.4.1 Das Schulschwänzen als »systemnotwendige Abweichung«

Auf der Suche nach weiteren Hinweisen auf abweichende Verhaltensformen, welche länger durchgehalten werden, als Bernfeld wahrhaben will, bin ich auf einen längeren Abschnitt zum Chaos in der Schule gestoßen (1921a, S. 110f.). Nach der ersten Lektüre überlegte ich mir, warum Bernfeld diese Redundanz einbaut, wo doch eigentlich angenommen werden kann, dass sich das Chaos zu Beginn der Schulgemeinde auch auf den Schulbetrieb ausweitet. Bei genauerer Betrachtung wurden aber Unterschiede sichtbar: Während im Kapitel »IV. Die Schulgemeinde« die »unbeschreibliche Unordnung in Baumgarten« auf die »ersten Tage und Wochen« beschränkt bleibt und als philogenetisch notwendiges (»bis zu einem gewissen Grad konnte es nicht anders sein. Vor jeder Schöpfung war das Chaos« [ebd., S. 61]) Stadium hingenommen wird, argumentiert Bernfeld im Falle der Schule anders:

> »Ehe ich nun von dem Unterricht als solchem und seinen Erfolgen spreche, muß ich leider noch ein Charakteristikum unserer Schule erwähnen, aber diesmal eines, das wir in keiner Weise rechtfertigen können, dessen Verantwortung wir auch jenen zuschieben müssen, denen wir es verdankten. Einzigartig war an unserer Schule die Unordnung. Beispiellos, aber hoffentlich nicht beispielgebend« (ebd., S. 110).

Es folgt eine lange Aufzählung von organisatorischen Desideraten, welche den Schulbetrieb massiv beeinträchtigten: Kein Heizmaterial, keine Schuluhren, keine Papierkörbe, keine Spucknäpfe, kein Papier auf den Toiletten, keine abschließbaren Kästen etc. Bernfeld schließt seinen Bericht mit den Worten: »Wir haben also die Erfolge [gemeint sind die im Zitat oben erwähnten, D.B.] sich nur ansetzen, aber noch nicht reifen gesehen« (ebd., S. 111). Mit dieser Bemerkung markiert Bernfeld einen wesentlichen Unterschied bzgl. der Bewältigung anfänglicher Unordnung in Schule und Schulgemeinde. In dieser gelingt die Überwindung des Chaos nach den »ersten Tagen und Wochen«, in jener werden Erfolge bis am Schluss nur ansatzweise sichtbar. Zudem wird für das Chaos in der Schule die Verwaltung verantwortlich gemacht und der Anspruch auf Selbstorganisation aufgegeben. Hilda Geiringer schreibt, explizit auf die »Ordnung [...] in den Klassen« Bezug nehmend: »Deshalb forderten wir von der Verwaltung, daß *sie* vorläufig die Ordnung besorge, die von den Kindern jetzt noch nicht gefordert werden *könne*« (Geiringer 1920, S. 115f.; Hervorhebungen i. O.). Die Ordnungsfunktionen werden hier vollumfänglich an die Verwaltung delegiert[219], während die Ordnung in der Schulgemeinde auf Initiative des Kinderkollektivs entsteht und von diesem verantwortet wird: »Alle wollten endlich Ordnung, und sie waren bereit, sie selbst zu schaffen oder bei ihrer Aufrichtung zu helfen« (Bernfeld 1921a, S. 62). Warum diese Unterschiede, wo doch die Bezugspersonen in Schule und Schulgemeinde dieselben sind? Warum gelingt es in der Schule nicht oder nur ansatzweise, das Prinzip der Selbstregulation und Selbstverantwortung zu realisieren? Warum diese Delegation der Ordnungsfunktionen an die Verwaltung, der man gleichzeitig völlige »Unzulänglichkeit« attestierte? (ebd., S. 149)

Bernfeld (ebd., S. 110f.) und Geiringer (1920, S. 57) machen hierfür die materielle Ausstattung der Schule verantwortlich. Meines Erachtens kann die prekäre Ressourcenlage aber die Schwierigkeiten bei der Institutionalisierung nur teilweise erklären. Ich werde im Folgenden darstellen, wie die Schule in Baumgarten selbst abweichendes Verhalten freisetzt, welches ihre Funktionsfähigkeit beeinträchtigt. Beim Schulschwänzen handelt es sich wie beim Ruf nach einer richtigen Schule um Anpassungsverhalten an anomische Spannungen. Während der Ruf nach einer richtigen Schule nach einer einigermaßen erfolgreichen Bearbeitung des Spannungsinputs verstummt, wird das Schulschwänzen bis zum Ende des »Versuchs mit neuer Erziehung« durchgehalten.

> »Freilich, eines hat uns unverhältnismäßig gestört und verdient angemerkt zu werden. Ich habe erwähnt, daß wir eine Anzahl ausgesprochen pathologischer Naturen unter uns hatten. Im ganzen Heimleben störten sie recht wenig, wenn sie selbst auch nur wenig ohne besondere Methoden – und diese anzuwenden, blieb uns erst in den letzten Wochen Zeit und Möglichkeit – gebessert werden konnten. Aber in der Schule waren sie von höchster Gefährlichkeit für die anderen; ihre Unkonzentriertheit, Interesselosigkeit, Sprunghaftigkeit, Agressivität, Ruhelosigkeit – je nachdem – wirkten sichtlich ansteckend, und wir konnten dies nie richtig und anhaltend paralysieren. Auch die vier Kinder, die allein von unserer bewußten Lauheit in der Kontrolle des Schulbesuchs ausgiebig Gebrauch machten, waren solche schweren Psychopaten. Sie waren die einzigen wirklichen Schulstürzer« (Bernfeld 1921a, S. 116).

---

[219] Auch Bernfeld schiebt die Verantwortung für die Unordnung in der Schule ausschließlich der Verwaltung zu (Bernfeld 1921a, S. 110f.).

Interessant ist, dass Bernfeld von »Schulstürzern« spricht, was als Ausdruck überrascht, um Schulschwänzer zu bezeichnen. Ging die ansteckende Wirkung des Schulabsentismus weiter, als Bernfeld hier schreibt? Interessant ist, dass Bernfeld an anderer Stelle von »von etwa einem halben Dutzend psychopathologisch gebliebener Kinder« spricht (ebd., S. 41). Diese Zahl steht im Widerspruch zur Aussage von Edith Kramer: »Er hat übrigens [...] die psychotischen, schwer gestörten, oder Borderline-Kinder ausgeschieden« (Heller 1993, S. 96). Bernfeld selbst spricht von zwei Heimausschlüssen (Bernfeld 1921a, S. 88). Es ist also schwierig, die genaue Zahl der Abweichler zu rekonstruieren. Tatsache ist, dass Bernfeld die Verhaltensauffälligkeiten der Kinder im Schulbereich als störender wahrnimmt als im Heimalltag. Er pathologisiert die Ursachen für dieses abweichende Verhalten, sodass es einzelnen Individuen zugeordnet werden kann. Der Kern der Abweichler bildet eine Gruppe von Schulschwänzern, die er bezeichnenderweise als »Schulstürzer« bezeichnet.

Ich möchte an dieser Stelle eine soziologische Erklärung für das Schulschwänzen einführen, das ich im Sinne Grafs als »systemnotwendige Abweichung« verstehe, das heißt, als Anpassungsverhalten an anomische Spannungen, welche einer Veränderung der Lernmuster entgegenstehen. Für Bernfeld und seine Erzieherschaft stellt sich das Problem, einen Umgang mit dieser persistierenden Verhaltensauffälligkeit zu finden: »Diese Frage des Schulzwanges ist aber nur eines der vielen höchst mangelhaft gelösten Probleme der Schule und des Unterrichts« (Geiringer 1920, S. 57).

Mertons Typologie der Arten individueller Anpassung an anomische Spannungen in der Sozialstruktur (Abb. 9) lässt sich in Bezug auf die Schule folgendermaßen spezifizieren (vgl. Abb. 10). Der Ruf nach einer richtigen Schule, den ich oben als Spannungsinput aus dem Feld der Insassen verstanden habe, kann i. S. Mertons als »Rebellion« bezeichnet werden. Sowohl die institutionalisierten Mittel – die geplante Schule in Baumgarten mit diversen reformpädagogischen Elementen (Kurssystem, Arbeitsschule, radikale Schülerorientierung etc.) – als auch die mit dieser Versuchsschule angestrebten Zielsetzungen, die »Unterrichtsgrundsätze Maria Montessoris, Berthold Ottos und Gustav Wynekens zu einer lebendigen Synthese untereinander

[...] zu bringen« (Bernfeld 1921a, S. 9f.), werden von den Kindern abgelehnt. Nach Merton setzt der Anpassungstypus »Rebellion« eine Entfremdung von den herrschenden Zielen und Normen voraus (1968, S. 310), was im Falle der Baumgarten-Kinder und ihrer Ferne zu Bernfelds schulreformerischer Intention gegeben ist. Anzunehmen ist, dass ihnen der Zusammenhang zwischen Leistung und Erfolg in dieser Reformschule nur sehr lose erschien. Die anomische Spannung wird reduziert, indem die geplante Schule nicht wie geplant, sondern mit mannigfaltigen Angleichungen an einen staatlich anerkannten Schultypus, die »deutsch-österreichischen Staatserziehungsanstalten«, realisiert wird. Der Ruf nach einer richtigen Schule wird darauf leiser, anomietheoretisch gesprochen tritt der Anpassungstypus Rebellion weniger häufig auf.

	kulturelle Ziele	institutionalisierte Mittel
geplante Schule in Baumgarten	• Weiterentwicklung und Optimierung der Versuchsschulen von Otto, Wynecken und Montessori (Bernfeld 1921a, S. 9f., 56) • Optimierung der Qualifikationsfunktion der Schule: Die Kinder lehren, gerne und vertieft zu lernen	• kein fest institutionalisierter Unterricht sondern radikale Schülerorientierung der Bildungsprozesse (ebd., S. 102) • Arbeitsleben statt Arbeitsschule (ebd., S. 121) • frei wählbare Kurse statt altersmäßig gestufte Klassen (ebd., S. 103)
Typus individueller Anpassung: Rebellion (Ruf nach einer »richtigen Schule«)	+ / –*	+ / –
realisierte Schule in Baumgarten	• Anschluss an die Moderne durch Bildung • Sozialer Aufstieg durch Bildung: »viele Klassen [...] absolvieren« und »Absolvierung möglichst hoher Schulen« (ebd., S. 107)	• erste vier Jahrgänge der von Göckel »neugegründeten deutsch-österreichischen Staatserziehungsanstalten« (ebd., S. 103)
Typus individueller Anpassung: Rückzug (Schulschwänzen)	–	–

Abb. 10: Anomische Spannungen und Anpassungsverhalten in der Schulstruktur. *(+) bedeutet Zustimmung; (–) bedeutet Ablehnung; (+ / –) bedeutet Ablehnung herrschender und Substitution durch neue Werte.

5.4 Das Feld des Insassen-Spannungsinputs

Obwohl in der realisierten Schule die Beziehungen zwischen Mittel und Zielen enger sind, zeigt eine Gruppe von SchülerInnen weiterhin nicht »konformes« (i.S. Mertons) Verhalten. Die von Bernfeld als »Schulstürzer« bezeichneten SchulschwänzerInnen sind anomietheoretisch betrachtet aber keine Rebellen – die Änderung der Schulstruktur wird nicht mehr angestrebt –, sondern dem Anpassungstypus »Rückzug« zuzurechnen.

> »Personen, die sich auf diese Weise anpassen (oder fehlanpassen), leben streng genommen in einer Gesellschaft, ohne Teile davon zu sein. Soziologisch gesehen sind sie die echten Außenseiter. […] In diese Kategorie fallen einige der Anpassungsmuster von Psychopathen, Autisten, Parias, Ausgestoßenen, Landstreichern, Clochards, chronischen Säufern und Süchtigen« (Merton 1968, S. 309f.).

Oder eben auch SchulschwänzerInnen, die gleichsam der Gesellschaft der SchülerInnen angehören ohne wirklich dabeizusein. Karl Wirth schreibt in seinen Erinnerungen an Baumgarten: »man musste überhaupt nicht die schule besuchen u. konnte einfach fussballspielen gehen, was leider viele auch taten!« (Wirth 1992, S. 87) Dieser Anpassungstypus, dessen Häufigkeit Bernfeld in seinem Bericht wohl etwas retouchiert, tritt bis ans Ende des Versuchs auf und stellt die Lehrerschaft vor das Problem eines adäquaten Umgangs.

Ein Versuch stellt die Gesetzgebung der Schulgemeinde dar, durch die man die Anwesenheit in der Schule regeln und kontrollieren wollte:

- »VII. Jeder muß pünktlich in die Schulstunde kommen. Wer dagegen verstößt, wird bestraft. Zur Durchführung dieses Gesetzes wird in jeder Klasse ein Ordner bestellt« (Bernfeld 1921a, S. 69)
- »Jeder hat pünktlich um 8 Uhr in der Schule zu sein«
- »Wer dreimal ohne Entschuldigung vom Unterricht fernbleibt, wird mit zwei Wochen Ausgangsentzug bestraft«
- »Wer zu spät in die Schule kommt, wird bestraft« (ebd., S. 75).

Mit diesen angedrohten und ausgesprochenen (ebd., S. 86) Sanktionen gelingt es jedoch nicht, das abweichende Verhalten der Baumgarten-SchülerInnen zu normalisieren. Hilda Geiringer nimmt explizit Bezug auf die oben zitierten Beschlüsse der Schulgemeinde und schreibt:

> »Es bestand [...] kein Unterrichtszwang, doch hatte die Schulgemeinde beschlossen, daß auf dreimaliges Schulschwänzen eine Anzeige an das Schulgericht stand, ebenso auf gewisse Formen der Stundenstörung usw. Im Allgemeinen war also [sic!] der Schulbesuch abhängig von dem launenhaften Willen der Kinder, der natürlich beeinflußt war durch das Interesse und die Liebe zu einzelnen Lehrern resp. Fächern« (1920, S. 57).

Interessant ist hier die lexikalisch konstruierte Kausalität (»also«), mit der Hilda Geiringer die beiden Sätze verbindet, die semantisch aber nicht logisch ist. Wenn die Schulgemeinde Gesetze erlässt, dann besteht eine sozial anerkannte Ordnung, welche den Schulbesuch gerade nicht mehr dem »launenhaften Willen der Kinder« überlässt. Offenbar aber hebelt die reformpädagogische Ideologie der Lehrerschaft die soziale Ordnung der Schulgemeinde ein Stück weit aus. Anomietheoretisch gesprochen halten die Lehrpersonen noch immer an ihrem ursprünglichen Plan fest, die Baumgarten-Schule auf den Grundsätzen Freiwilligkeit und Schülerzentrierung aufzubauen, was einer Reglementierung von Lernzeit und Lernraum i.S. der oben aufgeführten Schulgemeindegesetze widerspricht. Die Ziele und Normen der Schulstruktur bleiben also bis zum Schluss doppelgleisig i.S. von Abbildung 10 und dürften deshalb auch in der Wahrnehmung einiger Kinder unklar geblieben sein. Die anomische Situation unzureichend institutionalisierter Ziel-Mittel-Verbindungen wird durch diesen Januskopf der Schule noch verstärkt. Anzunehmen ist, dass die Lehrer mit einem Auge gezwinkert haben, wenn die Schüler Fußball spielten, statt in die Schule zu kommen, auch wenn ihnen das Schulschwänzen ein Dorn im anderen Auge war.

Die anomische Situation hätte einzig durch eine Institutionalisierung der strukturellen Zweigleisigkeit der Schule entschärft werden können. Indem man *innerhalb* der Schule, d.h. während der offiziellen Schulzeiten, einen »sozialen Ort« schafft, wo die das Bildungssystem auszeichnende Statuslinie der ›Lernleistung‹[220] und deren basale Voraussetzung ›Wohlverhalten‹ suspendiert sind, wären die Fußball spielenden SchulschwänzerInnen integrierbar gewe-

---

220 Das Bildungssystem basiert praktisch ausschließlich auf Prestigerangierung, die mit einer bestimmten Form von Lernleistung kombiniert wird (Parsons 1968, S. 170ff.).

sen. An diesem Ort, heute würde man von einem Time-out sprechen, müsste man dann mit etwas anderem als mit Unterricht beginnen, um unmittelbarer an die außerschulischen Lernprozesse dieser wenig schulsozialisierten Kinder ansetzen zu können. Auf diese Weise hätte man nicht nur das Fußballspielen der SchulschwänzerInnen ›offizialisieren‹, sondern auch eine radikale Schülerzentrierung, wie sie Bernfeld vorschwebt (1921a, S. 102), realisieren können. Für Bernfeld spricht, dass er bewusst reflektiert, in diesem Bereich »gedankenlos nachahmend anstatt schöpferisch« und innovativ gewesen zu sein (ebd., S. 105).

5.5 Zusammenfassung

In diesem Kapitel wurde die »organisatorische Zweiteilung im Kinderheim« (ebd., S. 139f.), auf die der Konflikt zwischen Erzieherschaft und Verwaltung hinauslief, soziologisch analysiert. Hierzu wurde ein spannungstheoretisches Modell eingeführt, welches zwischen vier Feldern der Spannungsgenerierung unterscheidet (Graf 1993b).

(1) Im *Feld des institutionellen Auftrags* ist die Grundspannung charakterisiert durch einen Widerspruch zwischen politischer Instrumentalisierung von Baumgarten und reformpädagogischen Ansprüchen einer Erziehung ›vom Kinde aus‹. Eine solche ist unvereinbar mit der Absicht, das Kinderheim als Kaderschmiede für eine »künftige größere, vollkommenere und organischere Unternehmung« (Bernfeld 1921a, S. 29) einzurichten. Die zweite Grundspannung auf der Ebene des institutionellen Auftrags besteht im Widerspruch zwischen der sozialpädagogischen Orientierung Bernfelds und der Hilfeorientierung der amerikanisch-jüdischen Trägerschaft. Für diese stehen die fürsorgerische Tätigkeit und das individuelle Almosen im Zentrum; Bernfeld hingegen versteht das Flüchtlingsproblem als soziales Problem, das eine sozialpädagogische Antwort verlangt: Stichworte sind hier ›Aufbau statt Hilfe‹ und ›Steuern statt Spenden‹. Diese beiden Grundspannungen transferieren sich auf die Ebene der strukturellen Hierarchie und manifestieren sich dort als Intra- und Interrollenkonflikte.

5 Soziologie: Der strukturelle Misserfolg des Versuchs mit »neuer Erziehung«

(2) Auf dem *Feld der strukturellen Hierarchie* entbrannte gleich nach der Eröffnung von Baumgarten ein heftiger Kampf um Macht und Prestige, den Bernfeld als »scharfen Konflikt zwischen ›Pädagogik‹ und ›Verwaltung‹« beschreibt (Bernfeld 1921a, S. 10). Durch Schaffung der Position eines »Verwalters« werden die Machtbefugnisse von Bernfeld eingeschränkt. Als Reaktion darauf versucht Bernfeld zum einen, die Verwaltung als »schlecht, desorganisiert, reibungsvoll [und] absolut unzuverlässig« (ebd., S. 153) zu entlegitimieren. Zum anderen akkumuliert die Erzieherschaft durch ihre unmittelbare Nähe zu den Kindern und durch die einsetzenden Identifikationsprozesse große Prestigeladungen, sodass ihr Machtdefizit immer offensichtlicher wird. Mit Heintz habe ich das, »was die ganze Zeit an aufreibendem Kampf hinter [der] pädagogischen Tätigkeit [stand]« (ebd., S. 153), als »subkulturelle Differenzierung« erklärt. Gemeint ist ein sozialer Prozess, in dessen Verlauf die Machtdefizite an der Position Erzieherschaft und die Legitimationsdefizite an der Position der Verwaltung zunehmen. Diese Entwicklungen führen dazu, dass die Spannung im Feld der strukturellen Hierarchie anwächst, was nach Heintz entweder anomische Spannungen erzeugt oder die Änderung der Bewertungsskala bewirkt (1968, S. 281f.). Ich habe interpretiert, dass diese Vergrößerung der strukturellen Spannung im Dienst von Bernfelds Strategie steht, seine Bewertungsskala, d.h. die Normen der »neuen Erziehung« zu implementieren, um diejenigen der »alten Pädagogik« (Bernfeld 1921a, S. 48) abzulösen. Diese Strategie schlägt jedoch fehl. Die Machtposition der Verwaltung ist trotz Legitimationsdefiziten intakt, sodass die von der Erzieherschaft für Bernfeld geforderten »Machtvollkommenheiten« (ebd., S. 144) nicht gewährt werden müssen. Als sich abzeichnet, dass die subkulturelle Differenzierung nicht zu einer Änderung des Bewertungsmaßstabs führt, erzeugen die strukturellen Spannungen eine anomische Situation, welche auf der Ebene der Akteure individuelles Anpassungsverhalten im Sinne Mertons (1968) freisetzt. Bernfelds Krankheit habe ich als Anpassungsverhalten des Typs »Rückzug« verstanden; den zur Eskalation des Machtkampfs führenden Widerstand von Erzieherschaft und Histadruth gegen (von der Verwaltung) angeordnete Festivitäten als Anpassungsverhalten des Typs »Rebellion«; Korruption und Diebstahl als Anpassungsverhalten des Typs »Innovation«.

(3) Einerseits sind die Handlungsmöglichkeiten der Angestellten in Baumgarten durch die strukturelle Hierarchie gegeben, andererseits induziert das abweichende Verhalten der Insassen Spannungen in das Feld der Angestellten. Ob der strukturell gegebene Handlungsspielraum ausgenutzt werden kann und die Spannungen aus dem Feld der Insassen bearbeitet werden können, ist abhängig von den Lernbiografien der einzelnen ErzieherInnen. Somit bestimmen der persönliche Umgang mit abweichendem Verhalten sowie die strukturell gegebenen Möglichkeiten (Rollenstatus), Verhaltensauffälligkeiten sozial zu kontrollieren, über den *Spannungsindex, der aus dem Feld der Angestellten* resultiert. Die Empirie zu diesem Modell (Graf 1993b) liefert in Baumgarten der Ruf nach einer »richtigen Schule«, der im Feld der Angestellten eine Kränkung und eine nachhaltige Arbeitsstörung auslöst: Der Lehrköper ist »in Unterrichtsdingen eine Weile sehr gelähmt« (Bernfeld 1921a, S. 104). Der Spannungsinput aus dem Feld der Insassen bleibt also zunächst unbearbeitet; ebenso werden die strukturell gegebenen Handlungsmöglichkeiten im Bereich der Schule in einer ersten Phase nicht ausgeschöpft: Die Ordnungsfunktionen werden der Verwaltung überantwortet (Geiringer 1920, S. 115f.; Bernfeld 1921a, S. 110f.). Erst nach einer Weile gelingt es dem LehrerInnenteam, die durch den Wunsch nach einer »richtigen Schule« induzierten Spannungen aufzufangen und zu minimalisieren, indem das reformpädagogische Wertsystem der geplanten Schule ein Stück weit demjenigen der Kinder angeglichen, d.h. eine »richtige Schule« eingerichtet wurde. Die Aufhebung dieser Entfremdung bedeutet spannungstheoretisch eine Reduktion der Anomie im Schulbereich, worauf abweichendes Anpassungsverhalten zugunsten von Konformität zurückgeht. Die zögerlich einsetzende, letztendlich aber einigermaßen erfolgreiche Bearbeitung dieses Spannungsinputs aus dem Feld der Insassen löst auf der Ebene der Angestellte zwei Dynamiken aus. Zum einen werden im LehrerInnenteam Differenzen sichtbar, welche auf die unterschiedlichen Lernbiografien zurückzuführen sind. Ich gehe davon aus, dass Bernfeld seinen Bericht bezüglich der Gruppendynamik rund um die Frage nach einer richtigen Schule zensuriert hat, um die Homogenität der Erzieherschaft zu betonen. Zum andern gelingt Bernfeld ansatzweise eine Reflexion der Ideologie seiner Rolle als Reformpädagoge. Die Einsicht,

dass man auch als Reformpädagoge Anpassungsleistungen einfordern muss, was einer Erziehung ›vom Kinde aus‹ Grenzen setzt (ebd., S. 105f.), revidiert Bernfelds Lernbiografie – eine Entwicklung, die sich bis zum Erscheinen des »Sisyphos« (1925a) noch akzentuieren wird.

(4) Graf (1993b, S. 159) geht davon aus, dass sich der *Spannungsinput aus dem Feld der Insassen* aus der Devianz, welche aus den bisherigen Verhaltensmustern der Insassen resultiert, und der Devianz, die durch den Transfer von Spannungen aus den umgebenden Systemebenen freigesetzt wird, zusammensetzt. »Diejenigen Insassen, welche standhaft das abweichende Verhalten während ihres Aufenthaltes in der Einrichtung durchhalten, liefern Paradigmata für die systemnotwenige Abweichung« (ebd., S. 158). Zu fragen wäre deshalb, ob es Verhaltensauffälligkeiten gibt, die bis zum Abbruch des »Versuchs mit neuer Erziehung« persistieren, wo es den Klienten während des Heimaufenthaltes also nicht gelungen ist, ihre biografischen Lernmuster zu verändern. Ich habe vorgeschlagen, das Schulschwänzen als Anpassungsverhalten des Typs »Rückzug« (Merton 1968) und in diesem Sinne als »systemnotwendige Abweichung« zu interpretieren. Wenn oben unter (3) gesagt wurde, dass durch Angleichung der Schulstruktur die anomische Spannung in diesem Bereich reduziert wurde, so gelang dies nicht soweit, dass der Anteil nonkonformen (i.S. Mertons) Anpassungsverhaltens von Lehrerschaft und Verwaltung nicht mehr wahrgenommen worden wäre. Bernfeld schreibt, dass das abweichende Verhalten einer bestimmten Schülergruppe »unverhältnismäßig gestört« habe (Bernfeld 1921a, S. 116). Der Kern dieser Gruppe bilden vier »Schulstürzer« (ebd.). Ich argumentiere, dass Bernfeld das Ausmaß der Devianz verharmlost und die Ordnungsleistung der Schulgemeinde, welche das Schuleschwänzen reglementieren und einschränken will, aus ideologischen Gründen nicht stützt und damit enteignet.

6 Schluss

Abschließend lässt sich nun sagen, »welche sozialpädagogischen Themenbereiche [...] sich mit Bernfeld besser klären lassen als mit den Herangehensweisen des (sozialpädagogischen) Mainstream« (Niemeyer 1998, S. 174). Die folgenden drei Abschnitte beziehen sich ausschließlich auf den frühen Bernfeld des Baumgarten-Experiments. Bernfeld hat seine Konzepte ähnlich wie Freud fortwährend revidiert. Baumgarten spielt als praktische Erfahrung in diesem Lernprozess eine hervorragende Rolle.

6.1 Die Konstitution sozialer Ordnung als sozialpädagogische Aufgabe

Dass die traditionellen Vergesellschaftungsinstanzen an integrierender Kraft verlieren, wurde in den 20er Jahren deutlich. Die damit verbundenen sozialen Phänomene, arbeitslose Jugendliche bspw., welche sich in aller Öffentlichkeit versammelten, begründeten Mennickes Diktum von der »sozialpädagogischen Verlegenheit« moderner Gesellschaften (1926, S. 331). Herumstreunende und bettelnde jüdische Flüchtlingskinder in der Stadt Wien waren auch der Anlass zur Gründung des Kinderheims Baumgarten. Bernfeld sah bereits zwei Jahre vor Kriegsende »mit einer beinahe prophetischen Weitsicht und nicht ohne Realitätssinn die Notwendigkeit, die Zukunft dieser Kinder zu bedenken und zu planen« (Hoffer 1965, S. 154; Übersetzung M.R.). Bernfeld entwickelt also sehr früh ein Bewusstsein für soziale Probleme und deren sozialpädagogische Bewältigung. Er sah, dass die bestehenden Einrichtungen der jüdischen Jugendwohlfahrt im Verhältnis zum sozialen Problem keine Lösung darstellten und drängte auf institutionelle Innovation. Obwohl ihm die Welt dieser verarmten Flüchtlingsmassen aus den Ostprovinzen des zerfallenden Kaiserreichs fremd gewesen sein musste, reagierte er offensiv und verändernd. Bernfeld war mit dieser Haltung wohl ziemlich alleine zur damaligen Zeit, die noch nicht begriffen hatte, dass die traditionellen Lebensformen den Zusammenhalt der Gesellschaft immer weniger sichern konnten.

Bernfelds frühes Bewusstsein für die Notwendigkeit sozialpädagogischer Einrichtungen, welche diese Integrationsfunktion übernehmen können, manifestiert sich im Baumgarten-Experiment in Form eines anspruchsvollen Handlungskonzepts, welches m. E. bis heute zum Grundbestand sozialpädagogischer Handlungstheorie gehört. Bernfeld integriert Schritt für Schritt ein großes Kinderkollektiv, das er »Schulgemeinde« nennt. Die herausragende Leistung seiner Gemeinschaftserziehung besteht nun darin, dass er und sein ErzieherInnenteam »nicht mit ›Ordnung‹ anfingen« (Bernfeld 1921a, S. 44), sondern das Chaos zuließen, welches sich ›naturwüchsig‹ ergab, nachdem die Kinder aus anderen Institutionen in Baumgarten ankamen. Indem die Kinder nicht von Beginn an auf ein gewisses Niveau von sozialer Ordnung verpflichtet wurden, findet keine *Enteignung* von sozialen Handlungskompetenzen statt. Die Integrationskraft des Kinderkollektivs wird auf dem Stand akzeptiert, den die heterogene Gruppierung aus sich heraus produziert. Trivial gesagt: Bernfeld holt die Kindergruppe dort ab, wo sie steht.

Die sozialpädagogische Theorie berücksichtigt diese Bernfeld'sche Errungenschaft. So schreibt Mennicke sechs Jahre nach Baumgarten, zu einer Zeit, wo er Bernfeld wohl noch nicht persönlich gekannt hatte:

> »Wenn es erlaubt ist, hier etwas mehr ins Konkrete zu gehen, so kann aus der bisherigen Erfahrung gesagt werden, daß die meisten der hier in Frage kommenden Jugendlichen sich zunächst als sehr wenig gruppenfähig erweisen. Es ist notwenig, sie zunächst in ganz loser Form unter sich zu sammeln und sie dann erst allmählich in eine der bestehenden Jugendpflege- oder Jugendbewegungsgruppen hinüber zu leiten. Es ist dringend zu hoffen, daß durch ein immer stärkeres Einströmen von Jugendbewegungskräften in die Wohlfahrtsarbeit die

6.1 Die Konstitution sozialer Ordnung als sozialpädagogische Aufgabe

Einsicht in die hier vorliegenden Notwendigkeiten wie die Voraussetzungen zur Bewältigung der hier gestellten Aufgabe wachsen möchten« (1926, S. 340).

Auch in der zeitgenössischen Theoriediskussion kommt die Erkenntnis Bernfelds vor. Mit Verweis auf Bernfelds Text »Die Schulgemeinde und ihre Funktion im Klassenkampf« (1928a) besteht bei Winkler (1988) die »achte Grundbestimmung des sozialpädagogischen Handelns« in der Notwendigkeit, die institutionelle Struktur sozialpädagogischer Einrichtungen der Aneignung durch die Subjekte preiszugeben:

»Die *kritische* Funktion des Begriffs ›Ort‹ liegt deshalb darin, daß er auf die Notwenigkeit verweist, Versorgung zwar nicht abzubauen, sie jedoch den Subjekten selbst zu überantworten; er zielt darauf, *den Ort noch von den ursprünglich für notwendig erachteten inneren Strukturen zu befreien.* [...] So sehr die materielle Gestalt des Ortes daher auch gesellschaftliche Möglichkeiten repräsentieren kann, darf sie doch andererseits die Tätigkeit des Subjekts nicht festlegen: Sie muß eine Selbstorganisation des Zöglings anstoßen. Sozialpädagogisches Handeln birgt deshalb ein größeres Risiko als jede andere erzieherische Aktivität. Sozialpädagogik kann sich nämlich niemals sicher sein, wie sich die Subjekte am pädagogischen Ort entwickeln« (1988, S. 281f.; Hervorhebung D. B.).

Was Bernfeld in Baumgarten erstmals realisiert hat, ist in Winklers »Theorie der Sozialpädagogik«, die seit bald 20 Jahren der letzte Versuch eines Gesamtentwurfs darstellt, ein zentrales Handlungskonzept.[221] Dieses wichtige Resultat aus Bernfelds Erziehungsexperiment ist also in gebührender Form in die sozialpädagogische Theoriebildung eingeflossen und scheint als Standard sozialpädagogischen Handelns gesichert.

Dennoch bleibt ein leichtes Unbehagen in der Rezeption dieses Handlungskonzepts. Während Winkler im Zitat oben immerhin noch von »kritischer Funktion« spricht, geht die emanzipatorische Dimension der Baumgarten-Schulgemeinde in der Rede vom »offenen Anfang« (Hörster

---

221 Zur Bedeutung von Bernfeld in Winklers »Theorie der Sozialpädagogik« vgl. auch Müller (1992, S. 69ff.).

1992, 1995; Hörster/Müller 1996) verloren. Zwar bezeichnet dieser Begriff durchaus dasselbe Phänomen wie im Winkler-Zitat, ist jedoch um die Enteignungsthematik verkürzt, die Bernfeld im Auge hat. Die sozialpädagogisch inszenierte Konstitution einer sozialen Ordnung ist in Baumgarten eine Errungenschaft des Kinderkollektivs. Die sozialpädagogische Leistung Bernfelds besteht ›lediglich‹ darin, die Kinder dorthin zu führen, wo sich ein neues Niveau von sozialer Ordnung und von moralischem Bewusstsein entwickeln und durchsetzen kann. Winkler hat schon recht: Es hätte auch ganz anders kommen können. Die Entwicklung von Subjekten und Gruppen an pädagogischen Orten bleibt ein riskantes Geschäft, wenn man sich dafür entschieden hat, die von den Kindern geschaffenen Ordnungen nicht zu enteignen. Im gegenteiligen Fall wäre Sozialpädagogik wenig anders als die Schule, die als Ort der Enteignung verschiedentlich kritisiert worden ist (Graf 1988; Bernstein 1981). *In Bernfelds Werk ist Sozialpädagogik der Gegenentwurf zum Enteignungsprogramm der Schule.* Deshalb ist für Bernfeld allein die »Schulgemeinde in der Jugendfürsorge« (1928a, S. 454–465) ein Konzept sozialistischer Pädagogik, nicht aber die »Schulgemeinde in der höheren Schule« (ebd., S. 418–453) und die Schulgemeinde im »Schulheim« (ebd., S. 400–418). Hier bleibt dasselbe Konzept eine Methode bürgerlicher Erziehung.

6.2 Analytische Sozialpsychologie als wissenschaftliche Basis von Sozialpädagogik

Einmal abgesehen von seiner linkszionistischen Motivation sind Bernfelds grundlegende Intuitionen in Baumgarten ebenso reformpädagogischer wie psychoanalytischer Art. Die reformpädagogischen Anleihen werden bereits im Vorwort erwähnt: Die »Erziehungsideen und Unterrichtsgrundsätze Maria Montessoris, Berthold Ottos und Gustav Wynekens [sollen in Baumgarten] zu einer lebendigen Synthese untereinander« gebracht werden (Bernfeld 1921a, S. 9). Die starke Anlehnung an Wyneken ist ein direktes Erbe aus Bernfelds Zeit als Führer der Wiener Jugendkulturbewegung

6.2 Analytische Sozialpsychologie als wissenschaftliche Basis von Sozialpädagogik

(vgl. dazu Fallend 1992b).[222] Die Bewunderung von Montessori war in pädagogischen Kreisen des Roten Wiens weit verbreitet und wurde von der italienischen Ärztin erwidert. Am 26.11.1926 schreibt sie in einem Brief an Glöckel:

> »Es freut mich ganz besonders, daß ich bei Vorträgen in Südamerika immer auf Wien zu sprechen kommen konnte, wie ich auch in England und Frankreich häufig die Gelegenheit hatte, jenes Werk zu rühmen, das ich als eines meiner eindrucksvollsten Erlebnisse betrachte: Die Wiener Schulreform. Zwischen meiner pädagogischen Methode und der Wiener Schulreform besteht eine so innige geistige Verwandtschaft, daß es für mich einen besonderen Reiz hat, die Analogie und Verschiedenheit beider Systeme immer wieder zu prüfen und zu untersuchen« (Keim 1984, S. 280).

Die reformpädagogische Ausrichtung der Wiener Schulreform verlängert sich nicht nur ideell in den Baumgarten-Versuch, sondern auch institutionell. Der Lehrplan der internen Heimschule war an demjenigen der »neugegründeten deutsch-österreichischen Staatserziehungsanstalten« (Bernfeld 1921a, S. 103) orientiert (vgl. dazu Kap. 5.3.1). Dieser Lehrplan war im Kern reformpädagogisch und in diesem Sinne »viel stärker auf die Lernbedürfnisse und -interessen der jungen Menschen zugeschnitten […]. So sind in begrenztem Umfang in die neuen Lehrpläne das Prinzip des Arbeitsunterrichts, der Selbsttätigkeit wie auch der Ausgang von der heimatlichen Umwelt eingegangen« (Keim 1984, S. 275).

Obwohl der reformpädagogische Einfluss auf Bernfeld erheblich war, ist dessen Verhältnis zu Montessori, Otto und Wyneken nicht ungebrochen. Wenn Bernfeld schreibt, dass alle drei »nicht-wissenschaftliche Erzieher oder erste Bahnbrecher des wissenschaftlichen Tuns in der Erziehung sind« (1921a, S. 91), kommt eine Ambivalenz zum Ausdruck, die zugleich aufzeigt,

---

222 Anders als bei Walter Benjamin kam es zwischen Wyneken und Bernfeld nie zum Bruch. »Obwohl Bernfelds wissenschaftliche und psychoanalytische Interessen ihn von Wyneken weit entfernt hatten, hegte er weiterhin so große Hochachtung für ihn als Erzieher, daß er seine beiden Töchter aus erster Ehe auf Wynekens Koedukationsinternat schickte, in die Schulgemeinde Wickersdorf« (Paret 1992, S. 22).

was Bernfeld mit der Reformpädagogik im Sinn hat: Es geht ihm um nichts anderes als um die wissenschaftliche Begründung seiner reformpädagogischen Intuitionen. Bernfeld »akzeptierte Wynekens Konzept nicht ohne Vorbehalte und wollte es wissenschaftlich überprüfen« (Hoffer 1965, S. 160; Übersetzung M. R.). Das ist bereits in Baumgarten Bernfelds Projekt und seine theoretischen Anstrengungen, dieses Unternehmen vorwärts zu bringen, werden ganz allgemein, aber insbesondere in Bezug auf den Baumgarten-Bericht unterschätzt.

Ich habe in Kapitel 3.4 nachgewiesen, dass Bernfeld in Baumgarten eine analytische Sozialpsychologie ›avant l'heure‹ entwickelt, d. h. ohne, dass ihm Freuds »Massenpsychologie und Ich-Analyse« (1921) zur Verfügung gestanden hätte. Bernfelds theoretischer Anspruch ist hoch: Er vermittelt die libidinöse Konstitution seines Kinderkollektivs mit der psychoanalytischen Subjekttheorie und antizipiert damit Freuds Programm in »Massenpsychologie und Ich-Analyse«: »Es muß also eine Möglichkeit geben, die Psychologie der Masse [Sozialpsychologie, D. B.] in Individualpsychologie umzuwandeln« (Freud 1921, S. 116). Gleichzeitig begründet er die Konstitution einer schulgemeindebürgerlichen Ordnung soziologisch, indem er die verschiedenen Stufen sozialer Integration mit Konzepten seines Soziologieprofessors an der Wiener Universität Wilhelm Jerusalem erklärt. Bernfeld ist damit an der Entwicklung einer psychoanalytischen Sozialpsychologie maßgebend beteiligt und stellt diese von Beginn an in einen gesellschaftstheoretischen Rahmen.

Die Pionierrolle[223] Bernfelds wird von Dahmer gewürdigt:

> »Auf den Spuren von Bernfeld wird die analytische Sozialpsychologie realisieren, daß die psychoanalytische Metapsychologie nicht den Status einer ›allgemeinen Theorie‹, sondern den einer historischen Anthropologie hat, daß vor allem das ›Realitätsprinzip‹ ein gesellschaftliches, historisch-variables ist. Sie wird an der soziologischen Konkretisierung analytischer Begriffe arbeiten, sie historisieren. Sie wird die (variablen) klassen- und schichtspezifischen Formen

---

223 Auch in Bezug auf die Entwicklung der Soziometrie antizipiert Bernfeld Morenos Konzepte: »Der […] soziometrische Test ist allerdings so nicht Morenos Erfindung, sondern war schon vor seinen Publikationen bekannt« (Dollase 1984, S. 437). Dollase verweist an dieser Stelle auf die Publikationen von Bernfeld (1922a) und Hoffer (1922).

6.2 Analytische Sozialpsychologie als wissenschaftliche Basis von Sozialpädagogik

> der Sozialisation, des abweichenden Verhaltens und der psychischen Störungen erforschen. Ihre Aufmerksamkeit wird den Mechanismen gelten, mittels derer die Triebwünsche der Individuen an das System der gesellschaftlichen Arbeit und Herrschaft angeschlossen werden. Sie wird die Subjekte als lebensgeschichtlich prozessierenden Widerspruch von menschlicher Natur und sozialer Form verstehen, wird in den politisch-sozialen Auseinandersetzungen nicht eine bloße Kulisse von Lebensgeschichte, sondern das Medium sehen, in dem Wünsche und Ängste der Individuen sich konkretisieren. Sie wird zeigen, daß der Kampf um die gesellschaftlichen ›Verhältnisse‹ auch in den Individuen tobt, daß ihre scheinbar privaten psychischen Kompromisse, Ausbruchversuche und Verzichte, daß ihre Sprachlosigkeit und ihre Ausdrucksfähigkeit gesellschaftlich relevant sind« (1980, S. 680).

Das hier zusammengefasste Programm ist umfassend und entspricht den von Bernfeld entwickelten Ansätzen einer analytischen Sozialpsychologie. Dass es bei diesem Unternehmen um weit mehr geht als um Gruppendynamik und Organisationssoziologie, sieht Dahmer klar: Bernfelds Reflexion auf dieser intermediären Ebene – prototypisch hierfür sein Konzept des »sozialen Orts« – bleibt immer soziologisch geerdet: Institutionen (v. a. Sozialisationsinstanzen) und Ideologie (i. S. von institutioneller Sinnproduktion) werden aus der historischen Auseinandersetzung mit Lebens- und Arbeitsbedingungen am jeweiligen »sozialen Ort« sowie aus der biografischen Auseinandersetzung mit den psychischen Bedingungen, verstanden als innere Konfliktstruktur der am jeweiligen »sozialen Ort« tobenden sozialen und familiären Konflikte, erklärt.

Die praktische Erfahrung als Erzieher bildet einen wichtigen Ausgangspunkt für die Entwicklung einer analytischen Sozialpsychologie. Bernfeld kommt in Baumgarten erstmals mit Kindern und Jugendlichen in Kontakt, welche nicht in bürgerlich-urbanen Milieus aufwuchsen und stellt fest, dass deren Verhalten und Empfinden von demjenigen abweicht, dem er im Rahmen der Wiener Jugendkulturbewegung begegnet war. Diese gegensätzlichen Erfahrungen als praktischer Pädagoge dürften für die Entwicklung einer analytischen Sozialpsychologie von großer Bedeutung sein und werden im Baumgarten-Text an verschiedenen Stellen thematisch, so z. B. wenn Bernfeld schreibt: »Wir waren aus der Jugendbewegung gekommen, so schwebten uns – uns selbst nicht klar bewußt – junge Menschen vor: deren Debatten und unbedingte Ethik, geistiges Niveau und hinreißende Sittlichkeit« (1921a, S. 80). Entscheidend ist die Apposition »uns selbst nicht klar bewußt«. In Baumgarten werden die impliziten Voraussetzungen bürgerlicher Pädagogik erstmals sicht- und erlebbar. Der empirische Ausgangsunkt von Bernfelds jugendtheoretischen Arbeiten war bis anhin nämlich ganz selbstverständlich die Wiener Jugendkulturbewegung (Dudek 1990, S. 361), deren Mitglieder sich ausschließlich aus bürgerlichen Familien rekrutierten (Leichter 1973, S. 336).

In Kapitel 4.1 führe ich aus, wie Bernfelds abweichende Erfahrungen mit den Baumgarten-Kindern zu Krisenintervention führen, aus denen eine therapeutisch orientierte Sozialpädagogik resultiert, welche die Expressivität und Symbolisierungsfähigkeit eines Kinderkollektivs in kurzer Zeit so fördert, dass es weitgehend alle Verhaltensweisen aufgibt, die Goffman (1973) in Heilanstalten unter dem Stichwort »Insassenkultur« untersucht hat: »Aber eine Beobachtung stach hervor: Jeder, der diese Kinder nach den ersten zwei oder drei Monaten traf und genügend informiert war, um sie mit Kindern aus herkömmlichen Waisenhäusern zu vergleichen, hätte mit mir übereingestimmt, dass dies keine ›Heimkinder‹ [institution children] sind« (Hoffer 1965, S. 165; Übersetzung M. R.). Baumgarten wird für die Kinder trotz materieller Not ein Ort von Humanität und Glück (Wirth 1992).

Der Beitrag zu einer analytischen Sozialpsychologie besteht in Baumgarten darin, eine sozialpädagogisch-therapeutische Methode entwickelt und erfolgreich erprobt zu haben. Es ist anzunehmen, dass Bernfeld diese Errungenschaft meint, wenn er sieben Jahre später schreibt: »Die Erfahrung lehrt, daß es eine Methode gibt, die Liebe und Verständnis vervielfacht wirksam werden läßt: Die konsequente Schulgemeinde in großen Erziehungsheimen« (1928a, S. 455). In Bezug auf Baumgarten dürften diese therapeutischen Effekte tatsächlich erreicht worden sein: Die Multiplikation von »Liebe« durch libidinöse Konstitution des Kinderkollektivs (vgl. Kap. 3.2.3) und die Vervielfachung von »Verständnis« durch Umstellung der Handlungskoordination auf kommunikatives Handeln (vgl. Kap. 3.1). Bernfelds Begriff für diese praktisch-methodische Anwendung analytischer Sozialpsychologie ist »Psychopolitik« (1930j, S. 503):

6.2 Analytische Sozialpsychologie als wissenschaftliche Basis von Sozialpädagogik

»Diese unübersteigliche Grenze für die praktische Anwendung der sozialen Psychologie[diese ist nach Bernfeld nicht durch die Unzulänglichkeit des Wissens gesetzt, sondern gesellschaftlicher Natur, Anm. D. B.] könnte für die psychologische Wissenschaft in zweifacher Weise sehr fruchtbar sein. Sie könnte sich [...] gedrängt fühlen, angesichts des Massencharakters der seelischen Leiden nach Methoden zu suchen, die über die therapeutische Einzelbehandlung hinausgehen und auf Bewältigung des Massenproblems hinzielen« (ebd.).

»Soziale Psychologie«, verstanden als Psychologie des »sozialen Orts«[224], und »Psychopolitik«, verstanden als sozialtherapeutische Methode des »sozialen Orts«, sind Bernfelds Gegenentwurf zur damaligen Psychologie. Damit schließt Bernfeld auch an das an, was Freud 1918 am 5. Internationalen Psychoanalytischen Kongress in Budapest gefordert hat, obwohl seine Überlegungen zu einer gruppentherapeutischen Anwendung der psychoanalytischen Methode (Freud 1919, S. 248f.) für Bernfeld zum Zeitpunkt des Baumgarten-Versuchs nicht ausschlaggebend gewesen sein dürften.

Bernfelds Projekt einer analytischen Sozialpsychologie ist bis heute wenig fortgeschritten und im sozialwissenschaftlichen Diskurs marginalisiert (Erdheim 1992).[225] »Bernfelds Vorhaben, Jugend auf der Grundlage ihres sozialen Ortes zu erfassen, sie in ihren typischen Verhaltensweisen und Persönlichkeitsstrukturen auf ihren gesellschaftlichen Zusammenhang zu beziehen, ist bis heute nicht eingelöst worden« (Nowicki 1979, S. 243). Dabei müsste vor allem die Sozialpädagogik (aber auch die politische Psychologie) ein erstrangiges Interesse daran haben, das Verstummen ihrer AdressatInnen, deren scheinbar unverständliche Handlungen und ästhetische Ausdrucksweisen in einen Zusammenhang mit Gesellschaft zu stellen. Wenn für SozialpädagogInnen die symbolisierten und agierten Geltungsansprüche von Kindern und Jugendlichen in ihrer gesellschaftlichen Bedeutung lesbar

---

224 Eine solche »soziale Psychologie« müsste sich »nachdrücklich der Frage widmen, welchen Einfluß der soziale Ort, an dem ein Mensch aufwächst und lebt, für die zwangsläufige seelische Fehlentwicklung hat« (Bernfeld 1930j, S. 503).

225 Ausnahmen bilden hier die Publikationen von Mario Erdheim (1984), Burkhard Müller (1995a) und Vera King (2002; King/Müller 2000). Von großem Wert sind die beiden Sammelbände von Dahmer (1980), welche z. T. schwer zugängliche Grundlagentexte der analytischen Sozialpsychologie vereinigen.

würden, bedeutete dies eine Übersetzung ihrer politischen Stimme. Natürlich wäre dann Sozialpädagogik nur noch als kritische möglich, was für Bernfeld selbstverständlich war, heute aber eine wenig salonfähige Entwicklungsperspektive von Disziplin und Profession darstellt.

> »Der Unwillen – um nicht von der Unfähigkeit zu sprechen – des Mainstreams in Disziplin wie Profession zu erkennen, dass Politik Sozialer Arbeit inhärent ist, hat diese [...] zur Handlangerin bestehender Verhältnisse bzw. zur Unterstützerin der Prozesse der Reproduktion sozialer Ungleichheit in einer klassenstrukturierten bürgerlich-kapitalistischen Gesellschaft macht« (Sünker 2002, S. 111).

6.3 Die Erfahrung der sozialen Grenze von Erziehung als Anfang gesellschaftstheoretischer Reflexion und kritischer Sozialpädagogik

Die Bedeutung der Erfahrungen in Baumgarten kann für Bernfelds Nachdenken über Pädagogik nicht hoch genug bewertet werden. Dass die Voraussetzungen von Erziehung im Subjekt aber auch die Methoden (insbesondere die Schulgemeinde) und Organisationsformen von Erziehung gesellschaftlich bedingt sind, lernt Bernfeld in Baumgarten. Ich möchte damit nicht behaupten, dass Bernfeld pädagogische Probleme nicht bereits vor 1921 soziologisch reflektierte. Die Unausweichlichkeit und die Unüberwindbarkeit der »sozialen Grenze« hingegen spürt er erst in Baumgarten, was seine idealistischen Konzeptionen vom Kopf auf den Fuß stellt. Sein Buch *Sisyphos oder die Grenzen der Erziehung* ist diesbezüglich ein Meilenstein. Hier kommt das neue, soziologisch belehrte Modell erstmals klar zum Ausdruck. Diese enorme Entwicklung des Denkstils, die ich als Resultat der Erfahrungen in Baumgarten interpretiere, wird auch von Mollenhauer (1972) gesehen. Er stellt Bernfelds Denken in eine Kontinuität zu demjenigen von Schleiermacher, der bereits wisse, dass »die Struktur des pädagogischen Feldes [...] nur oberflächlich beschrieben [wäre], wenn nur die beobachtbaren Komponenten im unmittelbar gegebenen Handlungszusammenhang [...] berücksichtigt werden« (ebd., S. 25). Bernfeld habe diese soziologische Intuition Schleiermachers aufgenommen, gleichzeitig aber das Verhältnis von Pädagogik und Gesellschaft umgekehrt.

> »Bernfeld hingegen kehrt das Verhältnis um: Nur eine Erziehungswissenschaft, die das pädagogische Handeln als historische Reaktion der Gesellschaft begreift, kann ihren Begriff erfüllen, da Erziehung kein abstraktes anthropologisches Datum, sondern selbst eine gesellschaftliche Tatsache ist« (ebd.).

Bernfeld denkt nicht mehr wie Schleiermacher von der Pädagogik in die Gesellschaft hinein, sondern von der Gesellschaft auf die Erziehung. Dabei erscheint Erziehung neu als »soziale Tatsache« im Durkheimschen Sinne. Ohne die Erfahrung von Baumgarten, so behaupte ich hier abschließend, wäre eine solche radikale Umkehrung der Denkrichtung nicht möglich gewesen.

Was bereits im Baumgarten-Text als Ahnung enthalten ist, wird in den folgenden Jahren einer gesellschaftstheoretischen Reflexion zugeführt. Dabei bildet Bernfeld ein respektables soziologisches Grunddenken aus, das als strukturfunktionalistisch und marxistisch bezeichnet werden kann. Was als Erziehung gilt, das steht »im funktionalen Zusammenhang mit den gesellschaftsbildenden und -umwandelnden Kräften, letzten Endes mit der Form und den Tendenzen des wirtschaftlichen Produktionsprozesses« (Bernfeld 1925a, S. 54). Ich werde diese Entwicklung des Bernfeld'schen Denkens im folgenden Absatz am Beispiel der Reflexion der Schulgemeinde rekonstruieren.

Bereits in Baumgarten weiß Bernfeld, dass mit denselben pädagogischen Methoden je nach Kontext ihrer Anwendung ganz unterschiedliche Ziele erreicht werden.

> »Schulgemeinde und Kwuzoth sind Instrumente dieser sozialistischen Pädagogik. Und von hier erst bekommen sie ihren Wert. *Wie alle Institutionen sind sie an sich im Grund neutral.* Sie können auch vergewaltigt werden, als Mittel zur antisozialen Täuschung. *Deshalb sind sie nicht letzte Forderungen.* Man kann sich schließlich eine Schule denken, die auch ohne sie eine belangvolle Tatsache würde; und es ist deshalb nicht richtig zu meinen, weiß Gott wieviel für Erziehung und Sozialismus erreicht wäre, wenn das Programm ›Schulgemeinden,

Kwuzoth‹ in jeder Schule durchgeführt würde. Es gilt für sie auch, wenngleich etwas eingeschränkt, was insbesondere von den so oft gehörten Prinzipien der sozialistischen Pädagogik zu sagen ist, von allgemeiner Einheitsschule, Arbeitsunterricht usw.: *alles Gefäße, die Gift oder Heiltrunk enthalten können.* Freilich, konzipiert wurden alle diese Einrichtungen aus der richtigen Gesinnung, während die anderen aus jener Einstellung erdacht wurden, die es zu bekämpfen gilt« (Bernfeld 1921a, S. 58; Hervorhebungen D.B.).

Entscheidend sei nicht, argumentiert Bernfeld, was in der Erziehung getan werde. Entscheidend sei vielmehr, mit welcher »Gesinnung« bzw. »Einstellung« es getan werde. Allein auf Basis einer – auch historisch geführten – Analyse der Ideologie lasse sich entscheiden, welche Ziele mit einer pädagogischen Einrichtung erreicht werden. Hält man sich vor Augen, dass Bernfeld vier Jahre später genau das Gegenteil behauptet, nämlich dass »die Organisation des Erziehungswesens das entscheidende Problem ist […], während […] die Lehrplan- und Unterrichts-, ja selbst Erziehungsfragen beruhigt den Pädagogen, Ideologen, ja selbst den Sozialdemokraten überlassen« (1925a, S. 98) werden können, wird sichtbar, wie Bernfeld seine Argumentation vom Kopf auf die Füße stellt, d.h., die strukturelle Ebene von Erziehung als Basis einer idealistisch-symbolischen präsentiert. Dem »Unterrichtsminister« Machiavell ist es vollkommen egal, ob Lehrpläne und Erziehungsmethoden durch parteipolitische Interessen und Ideologien geprägt werden, weil aus seiner bürgerlichen Sicht allein die strukturelle Frage zählt, d.h., wer mit wem wie lange zur Schule geht.

Diese strukturelle Ebene von Erziehung wird im Text »Die Schulgemeinde und ihre Funktion im Klassenkampf« (1928a) soziologisch geklärt. Bernfeld kritisiert die »soziale Funktion« der Jugendfürsorge als Strafinstitution, die zur Abschreckung und Selektion diene: »Denn die Jugendfürsorge ist keine Erziehungs- und Heilungseinrichtung, sondern ein Teil des Auslese- und Strafapparates der kapitalistischen Gesellschaft, der sich bloß als Erziehungsunternehmen verkleidet hat« (ebd., S. 457). Dass Jugendfürsorge der »seelischen Heilung und Besserung« (ebd., S. 462) dienen soll, sei eine »neue Idee« (ebd., S. 460), welche erst mit dem Bewusstsein eines breiten Bürgertums, »daß es der Kapitalismus ist, der dies Elend produziert« (ebd., S. 459),

6.3 Die Erfahrung der sozialen Grenze von Erziehung ...

aufkommen konnte. Erst die Wahrnehmung von Verwahrlosung als soziales Problem ermöglicht eine Erneuerung der Jugendfürsorge und deren teilweise Umstellung von Strafen auf Heilen. Die

> »Einführung [von Psychologie und moderner Jugendfürsorge, D.B.] ist ein *Kompromiß* zwischen der rücksichtslosen Vernichtung der proletarischen Jugend, soweit sie nicht gesund, fleißig und brav ist (dem Erziehungsziel der herrschenden Klasse), und den Forderungen der Arbeiterklasse, die auf Abschaffung dieser Elendsordnung gehen« (ebd., S. 460; Hervorhebung D.B.).

Was ich in Kapitel 5.1 als »institutionelle Grundspannung« thematisiert und in Bezug auf das Kinderheim Baumgarten bestimmt habe, analysiert Bernfeld hier in Bezug auf die Institution Jugendfürsorge. Die »institutionelle Grundspannung« besteht aus den widersprüchlichen gesellschaftlichen Funktionen Strafen und Erziehen bzw. Selektion und Sozialisation. Widersprüchlich sind die Funktionen aufgrund von politischen Kräfteverhältnissen, die ursächlich auf den Antagonismus zwischen Kapital und Arbeit zurückgehen.

Bernfeld würdigt zum einen den Rationalitätsgewinn, welcher mit diesem »Kompromiß« einhergeht. Die »moderne Jugendfürsorge«, welche die Ursachen mittels Psychologie in den seelischen Kräften des Verwahrlosten suche, »kommt der Wahrheit näher als die frühere, zugleich verhindert sie aber, daß man an die ganze Wahrheit herankomme; die Entwicklung wird auf diesem Durchgangsstadium festgehalten« (ebd.). Die »ganze Wahrheit« besteht nach Bernfeld in der Reflexion der gesellschaftlichen Funktionen als widersprüchliche und in dem Bewusstsein, dass die Erziehung von Verwahrlosten aufgrund dieser Widersprüche nicht gelingen kann.

> »Ich meine, hier sind – in der kapitalistischen Gesellschaft – unlösbare Widersprüche. Die ›Pädagogik‹ fordert die Aufhebung der ›Strafe‹, die kapitalistische Gesellschaft kann sie nicht entbehren; Verbrechen, Verwahrlosung sind radikal nur durch Aufhebung der gesellschaftlichen Zustände zu bekämpfen, die zu schützen Strafe, Gericht, Gefängnis, Fürsorgeerziehung da sind« (ebd., S. 459).

Zum anderen betrachtet Bernfeld den Kompromiss zwischen Strafen und Heilen als politischen Erfolg der Arbeiterklasse, als »wirklichen Fortschritt der sozialistischen Erziehungspolitik« (ebd., S. 462). Dieser Fortschritt ist aber nur ein Teilsieg, was bedeutet, dass die Widersprüche zwischen Strafen und Erziehen auf der Ebene pädagogischen Handelns weiterhin auftauchen und von den SozialpädagogInnen bearbeitet werden müssen.

>»Die Versuche der Anstaltserzieher, durch die Schulgemeinde jene neue Auffassung zu verwirklichen, also die Zöglinge durch die geeigneten Mittel zu heilen, zu erziehen, statt sie zu bestrafen und verkommen zu lassen, stoßen auf Hindernisse bei Behörden und Öffentlichkeit, die eine Heilung gar nicht konsequent wollen. Dadurch bereiten sich *Widersprüche vor, deren Ergebnis als Kompromiß die Schulgemeinde sein mag*, welche die Jugend in der Anstalt von der übrigen proletarischen Jugend erst recht abschließt, aber doch den Boden abgibt, auf dem sich die Kämpfe abspielen können, die sich im wesentlichen wohl ähnlich gestalten werden wie die in der höheren Schule« (ebd., S. 460f.; Hervorhebung D.B.).

Die Systematik von Bernfelds Argumentation hat also folgende Ebenen: (1) Auf der ökonomischen Ebene steht der Widerspruch zwischen Arbeit und Kapital; (2) auf der politischen Ebene sind es Auseinandersetzungen zwischen dem sozialistischen und dem bürgerlichen Lager um die Ausrichtung der »Erziehungspolitik«; (3) auf einer institutionellen Ebene ist es die Grundspannung zwischen Heilen und Strafen, deren Bearbeitung in der Schulgemeinde stattfindet; (4) auf der Handlungsebene ist es zum einen der Intrarollenkonflikt der »Anstaltserzieher«, welche situativ angemessen einmal mehr strafen müssen, ein andermal mehr heilen; zum anderen sind es die Handlungen der jugendlichen Verwahrlosten, die aus einer widersprüchlichen Mischung von gerechtfertigtem Widerstand gegen die hegemoniale Ordnung und narzisstisch-neurotischer Assozialität besteht. Bernfeld argumentiert acht Jahre nach Baumgarten ganz und gar soziologisch: Ausgehend vom polit-ökonomischen Kontext gelangt seine Analyse über die intermediäre Ebene der Institutionen bis auf die Handlungsebene. Im Baumgarten-Text ist die Denkrichtung noch eine andere. Zwar ist die Schulgemeinde auch hier Ausdruck eines Kompromisses, aber eben nicht eines (bildungs-)politischen: »Die Schulgemeinde ist die Organisation dieser pädagogischen ›Kompromißgesinnung‹« (1921a, S. 64). Diese handlungstheoretische Begründung der

6.3 Die Erfahrung der sozialen Grenze von Erziehung ...

Schulgemeinde wird im Text von 1928 durch eine gesellschaftstheoretische ersetzt.

Mit den oben rekonstruierten Ebenen ist zugleich der Gang der Analyse der »sozialen Grenze« von Erziehung aufgezeichnet. Bernfeld ist nicht primär an Soziologie interessiert. Soziologie ist bloßes Mittel zur Bestimmung dieser Grenze und zur Ausmessung der pädagogischen Handlungsmöglichkeiten. Bernfeld gibt einige Hinweise, wie man als Sozialpädagoge in einer kapitalistischen Gesellschaft mit den erwähnten Widersprüchen umgehen kann. Grundsätzlich rät Bernfeld, die Antagonismen kapitalistischer Gesellschaften, welche in Form von widersprüchlichen Funktionen der Erziehung manifest werden, bewusst zu halten, sowohl bei sich als Erzieher, als auch bei den Kindern. Hierzu bedarf es politischen Bewusstseins und soziologischer Reflexion. Auf der Ebene pädagogischen Handelns hingegen sollen die Widersprüche im konkreten Interaktionsgeschehen versöhnt werden, indem »eine Art Solidaritätsbeziehung« (Bernfeld 1928a, S. 464) mit den Kindern eingegangen wird. Damit meint Bernfeld dasselbe, was er im Baumgarten-Text unter den Begriffen »neuartiger Verkehr der Erwachsenen (Lehrer) mit den Kindern« (Bernfeld 1921a, S. 50) bzw. »Kameradschaftlichkeit« (ebd.) einführt. Diese »Solidaritätsbeziehung« legt gleichsam die Schienen, auf denen die Aufklärung von Kindern und Jugendlichen über die Widersprüche des Kapitalismus erst erfolgen kann.

> »Der Erzieher aber, der es zu jener Solidarität mit seinen Zöglingen gebracht hat, könnte auch deutlich fühlen, daß dies noch lange nicht die Grenze der Erziehbarkeit seiner Zöglinge, sondern des Systems ist. Seine Zöglinge sind noch um ein gutes Stück weiterzubringen, wenn man sie nicht mit der bestehenden Welt versöhnt, sondern sie erziehend in ihrer Feindseligkeit *klärt*, wenn man sie zu Klassenbewußtsein und Klassensolidarität führt« (ebd., S. 465; Hervorhebung i. O.).

Die Aufgabe des Erziehers besteht nach Bernfeld darin, die »Feindseligkeit«, welche sich bei Kindern und Jugendlichen in sozialpädagogischen Institutionen oft sehr diffus entlädt (Bernfeld 1921a, S. 53), zu »klären«, indem sie als Manifestation gesellschaftlicher Widersprüche verstanden wird. Auf der

Ebene sozialpädagogischen Handelns gilt es also, den weiter oben über vier Stufen aufgezeichneten Gang soziologischer Analyse wieder zurückzugehen und Interaktionskonflikte als Resultanten gesellschaftlicher Strukturprobleme zu deuten.

Diese Bernfeld'sche Version von *kritischer Sozialpädagogik* beinhaltet ein sehr anspruchsvolles Handlungsmodell mit zahlreichen Fallstricken. Den Ausgangspunkt bildet der manifeste Konflikt im pädagogischen Alltag. Deutungen, welche verfrüht von diesem konkreten Geschehen abstrahieren und Zusammenhänge herstellen, welche nicht zum Bereich bewusster Erfahrungen bei den Kindern und Jugendlichen gehören, geraten leicht in den Dienst des Widerstands gegen die von Bernfeld intendierte Klärung bzw. Bewusstwerdung. Bernfeld beschreibt in seinem Aufsatz »Der soziale Ort und seine Bedeutung für Neurose, Verwahrlosung und Pädagogik« (1929g) einen Fall[226], in dem das Klassenbewusstsein eines Jugendlichen zu seiner Neurose gehört.

Um diesen Fallstricken zu entkommen, d. h., um die neurotischen Anteile bei Kindern und Jugendlichen als spezifische Sozialisationsleistung eines sozialen Orts zu deuten, der aufgrund seiner Position innerhalb der Sozialstruktur bestimmten Spannungen ausgesetzt ist, braucht es psychoanalytische und soziologische Kompetenzen, die man mit Dahmer wie folgt präzisieren kann:

> »Analytische Sozialpsychologie hat nur in der Erneuerung der *Bernfeld-Tradition* eine Zukunft. Die ›welt‹lichen Seelsorger von morgen (weder Ärzte noch Priester), denen Freud die Psychoanalyse anvertrauen wollte, werden theoretisch gebildete und politisch engagierte Schicksals-Saboteure sein. Sie werden verschiedener Theoriesprachen mächtig sein. Sie werden mit der Grammatik der unterdrückten Wünsche ebenso vertraut sein wie mit dem Spiel gesellschaftlicher Entwicklungstendenzen; sie werden der auf die Klärung von Interaktionsproblemen (und deren Korrelat, eine subjektfreie Systemtheorie) zusammengeschrumpften Soziologie die beiden Dimensionen bewußtloser Praxis in Erinnerung rufen, von denen sie absieht: die Lebensgeschichte der Individuen und die der Klassengeschichte« (Dahmer 1989, S. 29; Hervorhebungen i. O.).

---

226 Ich vermute, dass das Fallbeispiel autobiografische Züge aufweist. Diese herauszuarbeiten, wäre im Rahmen der noch ungeschriebenen Biografie von Bernfeld eine reizvolle Aufgabe.

Erfahrungen in operativen Gruppen (Barth/Borer 2002), klinische Selbsterfahrung und qualitative Sozialforschung (Vogel 2006; Barth 2001) lehrten mich, dass das Beherrschen der »Grammatik der unterdrückten Wünsche« zuerst kommt. Die Kenntnis des »Spiels gesellschaftlicher Entwicklungstendenzen« hingegen bewahrt vor Wahn, weil die »Natur« des Menschen über die Gesellschaftsstruktur vermittelt ist, auch die Triebe. An dieser Vermittlung hat Bernfeld bis zu seiner Emigration gearbeitet. Das Konzept des »sozialen Orts« (Bernfeld 1929g) ist das Ergebnis seiner Reflexion; eine sozialpsychologische Methode des »sozialen Orts« hat er uns leider nicht hinterlassen.

Literatur

Die Zitation von Bernfelds Publikationen folgt der umfassenden Bibliografie von Herrmann und von Bühler (1992).

Abendroth, Wolfgang (1965): Sozialgeschichte der europäischen Arbeiterbewegung. Ffm. (Suhrkamp).
Adam, Erik (1983): Austromarxismus und Schulreform. In: Heintel, Peter; Leser, Norbert; Stourzh, Gerald und Wandruszka, Adam (Hg.): Die Schul- und Bildungspolitik der österreichischen Sozialdemokratie in der Ersten Republik. Wien (Österreichischer Bundesverlag), S. 271–314.
Adam, Erik (1992): Siegfried Bernfeld und die Reformpädagogik. Eine kritische Rezeptionsgeschichte. In: Fallend, Karl und Reichmayr, Johannes (Hg.): Siegfried Bernfeld oder die Grenzen der Psychoanalyse. Materialien zu Leben und Werk. Ffm. (Stroemfeld/Nexus), S. 91–105.
Adam, Erik (1993): Siegfried Bernfeld. Ein Wegbereiter der modernen Erlebnispädagogik. Lüneburg (Edition Erlebnispädagogik).
Adler, Max (1926): Neue Menschen. Gedanken über sozialistische Erziehung. Berlin (E. Laub'sche Verlagsbuchhandlung), 2007.
Adorno, Theodor W. (1995): Studien zum autoritären Charakter. Ffm. (Suhrkamp).
AG Soziologie (1999): Denkweisen und Grundbegriffe der Soziologie. Eine Einführung. Ffm. (Campus).
Althusser, Louis (1977): Ideologie und ideologische Staatsapparate. Hamburg/Westberlin (VSA).
Aristoteles (1982): Poetik. Griechisch/Deutsch. Stuttgart (Reclam).
Aspetsberger, Friedbert (1995): ›arnolt bronnen‹. Biographie. Wien/Köln/Weimar (Böhlau).
Autorenkollektiv (Hg.) (1970): Berliner Kinderläden. Antiautoritäre Erziehung und sozialistischer Kampf. Köln/Berlin (Kiepenheuer & Witsch).
Barth, Daniel (2001): Eine psychoanalytisch orientierte Studie zur Wirkung von kurzfristigen stationären Krisenintervention auf den Adoleszenzverlauf von verwahrlosten männlichen Jugendlichen. Vierteljahresschrift für Heilpädagogik und ihre Nachbargebiete 70(2): 146–161.

Literatur

Barth, Daniel (2003): Die Durkheim-Rezeption bei Siegfried Bernfeld. Unveröffentlichtes Manuskript eines Vortrags an der Tagung des Arbeitskreises Historische Sozialpädagogik in Eichstätt.

Barth, Daniel und Borer, Christine (2002): Die »operative Gruppe« in der Fortbildung und Supervision von Sozialpädagogen. Schweizerische Zeitschrift für Heilpädagogik 3: 5–12.

Bauleo, Armando (1988): Ideologie, Familie und Gruppe. Zur Theorie der operativen Gruppenmethode. Hamburg (Argument).

Bäumer, Getrud (1929): Die historischen und sozialen Voraussetzungen der Sozialpädagogik und die Entwicklung ihrer Theorie. In: Nohl, Herman und Pallat, Ludwig (Hg.): Handbuch der Pädagogik. Fünfter Band: Sozialpädagogik. Berlin/Leipzig (Julius Beltz), S. 3–17.

Bazzi, Danielle; Schär Sall, Heidi; Signer, David; Wetli, Elena und Wirth, Dieter P. (2000): Fluchten, Zusammenbrüche, Asyl. Fallstudien aus dem Ethnologisch-Psychologischen Zentrum in Zürich. Zürich (Argonaut).

Beck, Ulrich (1983): Jenseits von Stand und Klasse? Soziale Ungleichheiten, gesellschaftliche Individualisierung und die Entstehung neuer sozialer Formationen und Identitäten. In: Kreckel, Reinhard (Hg.): Soziale Ungleichheiten. Göttingen (Otto Schwartz), S. 35–74.

Benetka, Gerhard (1992): Psychoanalyse und akademische Psychologie. In. Fallend, Karl und Reichmayr, Johannes (Hg.): Siegfried Bernfeld oder die Grenzen der Psychoanalyse. Materialien zu Leben und Werk. Ffm. (Stroemfeld/Nexus), S. 222–263.

Bernfeld, Siegfried (1915a): Über den Begriff der Jugend. In: Herrmann, Ulrich (Hg.): Siegfried Bernfeld. Sämtliche Werke. Band 1: Theorie des Jugendalters. Weinheim/Basel (Beltz), 1991, S. 43–137.

Bernfeld, Siegfried (1916a): Über Schülervereine. Ein Beitrag zur Gruppenpsychologie und ihrer Methodik. In: Herrmann, Ulrich (Hg.): Siegfried Bernfeld. Sämtliche Werke. Band 2: Jugendbewegung und Jugendforschung. Schriften 1909–1930. Weinheim/Basel (Beltz), 1994, S. 174–221.

Bernfeld, Siegfried (1916d): Die Kriegswaisen. Der Jude 1: 269–271.

Bernfeld, Siegfried (1917g): Die Assimilation um der Menschheit willen. Der Jude 2: 32–46.

Bernfeld, Siegfried (1918a): Der österreichisch-jüdische Jugendtag. Blätter aus der jüdischen Jugendbewegung 1: 2–7.

Bernfeld, Siegfried (1918b): Der österreichisch-jüdische Jugendtag in Wien. Jerubbaal. Eine Zeitschrift der jüdischen Jugend 1: 119f.

Bernfeld, Siegfried (1919a): Das jüdische Volk und seine Jugend. Berlin/Wien/Leipzig (R. Löwit).

Bernfeld, Siegfried (1920a): Ein Institut für Psychologie und Soziologie der Jugend. Archiv für Jugendkultur. Enwurf zu einem Programm. In: Herrmann, Ulrich (Hg.): Siegfried Bernfeld. Sämtliche Werke. Band 2: Jugendbewegung und Jugendforschung. Schriften 1909–1930. Weinheim/Basel (Beltz), 1994, S. 222–260.

Bernfeld, Siegfried (1920c): Korrespondenzblatt der Freunde des Jüdischen Institus für Jugendforschung und Erziehung. In: Herrmann, Ulrich (Hg.): Siegfried Bernfeld. Sämtliche Werke. Band 2: Jugendbewegung und Jugendforschung. Schriften 1909–1930. Weinheim/Basel (Beltz), 1994, S. 415–416.

Bernfeld, Siegfried (1921). Jüdisches Institut für Jugendforschung und Erziehung. Semesterbericht über das Arbeitssemester 1920–1921. In: Herrmann, Ulrich (Hg.): Siegfried Bernfeld. Sämtliche Werke. Band 2: Jugendbewegung und Jugendforschung. Schriften 1909–1930. Weinheim/Basel (Beltz), 1994, S. 434–438.

Bernfeld, Siegfried (1921a): Kinderheim Baumgarten – Bericht über einen ernsthaften Versuch mit neuer Erziehung. In: Herrmann, Ulrich (Hg.): Siegfried Bernfeld. Sämtliche Werke. Band 11: Sozialpädagogik. Weinheim/Basel (Beltz), 1996, S. 9–155.

Bernfeld, Siegfried (1922a): Vom Gemeinschaftsleben der Jugend. Beiträge zur Jugendforschung. Leipzig/Wien/Zürich (Internationaler Psychoanalytischer Verlag).

Bernfeld, Siegfried (1922c): Ein Freundinnenkreis. In: Herrmann, Ulrich (Hg.): Siegfried Bernfeld. Sämtliche Werke. Band 2: Jugendbewegung und Jugendforschung. Schriften 1909–1930. Weinheim/Basel (Beltz), 1994, S. 261–224.

Bernfeld, Siegfried (1923b): Über den Begriff der sozialistischen Erziehung. Die Arbeit. Organ der zionistischen volkssozialistischen Partei Hapoel-Hazair 3: 86–91.

Bernfeld, Siegfried (1925a): Sisyphos oder die Grenzen der Erziehung. Ffm. (Suhrkamp), 1967.

Bernfeld, Siegfried (1926p): Psychische Typen von Anstaltszöglingen. In: Herrmann, Ulrich (Hg.): Siegfried Bernfeld. Sämtliche Werke. Band 11: Sozialpädagogik. Weinheim/Basel (Beltz), 1996, S. 157–168.

Bernfeld, Siegfried (1927c): Die heutige Psychologie der Pubertät. Zur Kritik ihrer Wissenschaftlichkeit. Ein Sammelreferat. In: Herrmann, Ulrich (Hg.): Siegfried Bernfeld. Sämtliche Werke. Band 1: Theorie des Jugendalters. Weinheim/Basel (Beltz), S. 161–230.

Bernfeld, Siegfried (1927h): Das Massenproblem in der sozialistischen Pädagogik. In: Werder, Lutz von und Wolff, Reinhart (Hg.): Antiautoritäre Erziehung und Psychoanalyse. Ausgewählte Schriften. Band 3. Ffm. (März), 1969, S. 919–931.

Bernfeld, Siegfried (1928a): Die Schulgemeinde und ihre Funktion im Klassenkampf. In: Werder, Lutz von und Wolff, Reinhart (Hg.): Antiautoritäre Erziehung und Psychoanalyse. Ausgewählte Schriften. Band 2. Ffm. (März), 1969, S. 388–467.

Bernfeld, Siegfried (1928g): Die männliche Großtadt-Jugend. In: Herrmann, Ulrich (Hg.): Siegfried Bernfeld. Sämtliche Werke. Band 11: Sozialpädagogik. Weinheim/Basel (Beltz), 1996, S. 227–237.

Bernfeld, Siegfried (1929d): Strafen und Schulgemeinde in der Anstaltserziehung. In: Herrmann, Ulrich (Hg.): Siegfried Bernfeld. Sämtliche Werke. Band 11: Sozialpädagogik. Weinheim/Basel (Beltz), 1996, S. 239–247.

Bernfeld, Siegfried (1929g): Der soziale Ort und seine Bedeutung für Neurose, Verwahrlosung und Pädagogik. In: Herrmann, Ulrich (Hg.): Siegfried Bernfeld. Sämtliche Werke. Band 11: Sozialpädagogik. Weinheim/Basel (Beltz), 1996, S. 255–272.

Bernfeld, Siegfried (1930g): Der analytische Unterricht für Pädagogen im Berliner Psychoanalytischen Institut. In: Werder, Lutz von und Wolff, Reinhart (Hg.): Antiautoritäre Erziehung und Psychoanalyse. Ausgewählte Schriften. Band 3. Ffm. (März), S. 950–952.

Bernfeld, Siegfried (1930j):: Die Psychologie in der Arbeiterbewegung. In: Werder, Lutz von und Wolff, Reinhart (Hg.): Antiautoritäre Erziehung und Psychoanalyse. Ausgewählte Schriften. Band 2. Ffm. (März), 1969, S. 497–506.

Literatur

Bernfeld, Siegfried (1931a): Trieb und Tradition im Jugendalter. Kulturpsychologische Studien an Tagebüchern. Ffm. (päd.-extra), 1978.

Bernfeld, Siegfried (1931d): Die Tantalus-Situation. Bemerkungen zum ›kriminellen Über-Ich‹. In: Herrmann, Ulrich (Hg.): Siegfried Bernfeld. Sämtliche Werke. Band 11: Sozialpädagogik. Weinheim/Basel (Beltz), 1996, S. 303–321.

Bernfeld, Siegfried (1932b): Die kommunistische Diskussion um die Psychoanalyse und Reichs ›Widerlegung der Todestriebhypothese‹. In: Sandkühler, Hans Jörg (Hg.): Bernfeld, Reich, Jurinetz, Sapir und Stoljarov. Psychoanalyse und Marxismus. Dokumentation einer Kontroverse. Ffm. (Suhrkamp), 1969, S. 247–286.

Bernfeld, Siegfried (1941a): Psychoanalyse als Gespräch. Psyche 32(4): 355–373.

Bernfeld, Siegfried (1952): Über die psychoanalytische Ausbildung. Psyche 38(5): 437–459.

Bernhard, Armin (1996): Pädagogische Prinzipien und Schulmodelle im Kontext der entschiedenen Schulreform und der sozialistischen Erziehungstheorie. In: Seyfarth-Stubenrauch, Michael und Skiera, Ehrenhard (Hg.): Reformpädagogik und Schulreform in Europa. Band 2: Schulkonzeptionen und Länderstudien. Hohengehren (Schneider), S. 329–361.

Bernstein, Basil (1981): Studien zur sprachlichen Sozialisation. Ffm./Berlin/Wien (Ullstein).

Betz, Susanne Helene; Löschner, Monika und Schölnberger, Pia (Hg.) (2009): ›… mehr als ein Sportverein‹. 100 Jahre Hakoah Wien 1909–2009. Insbruck/Wien/Bozen (Studienverlag).

Beutler, Kurt (1995): Rezeption von Siegfried Bernfelds Sämtlichen Werken, Band 1 und Band 2. Hrsg. von Ulrich Herrmann. In: Beutler, Kurt und Wiegmann, Ulrich (Hg.): Jahrbuch für Pädagogik. Auschwitz und die Pädagogik. Ffm./Berlin/Bern/New York/Paris/Wien (Peter Lang), S. 354–356.

Bion, Wilfred R. (1971): Erfahrungen in Gruppen und andere Schriften. Stuttgart (Klett).

Blankertz, Herwig (1982): Die Geschichte der Pädagogik – von der Aufklärung bis zur Gegenwart. Wetzlar (Büchse der Pandora).

Bloch, Ernst (1977): Das Prinzip Hoffnung. Gesamtausgabe Bd. 5. Ffm. (Suhrkamp).

Böhnisch, Lothar und Schröer, Wolfgang (2001): Pädagogik und Arbeitsgesellschaft. Historische Grundlagen und theoretische Ansätze für eine sozialpolitisch reflexive Pädagogik. Weinheim/München (Juventa).

Böhnisch, Lothar; Schröer, Wolfgang und Thiersch, Hans (2005): Sozialpädagogisches Denken. Wege zu einer Neubestimmung. Weinheim/München (Juventa).

Bourdieu, Pierre (1987a): Die feinen Unterschiede. Kritik der gesellschaftlichen Urteilskraft. Ffm. (Suhrkamp).

Brosch, Peter (1975): Fürsorgeerziehung – Heimterror, Gegenwehr, Alternativen. Ffm. (Fischer).

Bruner, Jerome (2002): Wie das Kind sprechen lernt. Bern/Göttingen/Toronto/Seattle (Hans Huber).

Bunzl, John (1987): Der lange Arm der Erinnerung. Jüdisches Bewußtsein heute. Wien/Köln/Graz (Böhlau).

Bunzl, John (1992): Siegfried Bernfeld und der Zionismus. In: Fallend, Karl und Reichmayr, Johannes (Hg.): Siegfried Bernfeld oder die Grenzen der Psychoanalyse. Materialien zu Leben und Werk. Ffm. (Stroemfeld/Nexus), S. 73–83.

Buxbaum, Edith (1936): Massenpsychologische Probleme in der Schulklasse. Zeitschrift für psychoanalytische Pädagogik 4/5: 215–240.
Buxbaum, Edith (1966): Three great psychoanalytic Educators. The Reiss-Davis Clinic Bulletin 3(1): 5–13.
Claussen, Detlev (2006): Béla Guttmann. Weltgeschichte des Fußballs in einer Person. Berlin (Berenberg).
Dahmer, Helmut (Hg.) (1980): Analytische Sozialpsychologie. 2 Bde. Ffm. (Suhrkamp).
Dahmer, Helmut (1989): Psychoanalyse ohne Grenzen. Freiburg (Kore).
Devereux, Georges (1984): Angst und Methode in den Verhaltenswissenschaften. Ffm. (Suhrkamp).
Dollase, Rainer (1984): Soziometrie. In: Heigl-Evers, Annelise (Hg.): Kindlers ›Psychologie des 20. Jahrhunderts‹. Sozialpsychologie. Band 1: Die Erforschung der zwischenmenschlichen Beziehungen. Weinheim/Basel (Beltz), S. 436–442.
Dörr, Margret (2001): ›Da sitzt die einfach auf meinen Schoß‹! Zum ›szenischen Verstehen‹ einer Alltagsbegebenheit. In: Schmid, Volker (Hg.): Verwahrlosung – Devianz – antisoziale Tendenz. Stränge zwischen Sozial- und Sonderpädagogik. Freiburg (Lambertus).
Dudek, Peter (1990): Jugend als Objekt der Wissenschaften. Geschichte der Jugendforschung in Deutschland und Österreich. Opladen (Westdeutscher Verlag).
Dudek, Peter (1992a): Siegfried Bernfelds Doppelrolle als Aktivist und Interpret der Jugendkulturbewegung. In: Hörster, Reinhard und Müller, Burkhard (Hg.): Jugend, Erziehung und Psychoanalyse. Zur Sozialpädagogik Siegfried Bernfelds. Neuwied (Luchterhand), S. 43–58.
Dudek, Peter (1992b): »Im Anfang war die Utopie«. Jugendprotest und Erziehungskritik bei Siegfried Bernfeld, geb. 1992. Drei Szenen, drei Orte. Pädagogik 44(5): 38–43.
Dudek, Peter (1996): ›Als hervorragender Pädagoge und gründlicher wissenschaftlicher Forscher bekannt‹. In: Geissler, Gert und Wiegmann, Ulrich (Hg.): Außeruniversitäre Erziehungswissenschaft in Deutschland: Versuch einer historischen Bestandsaufnahme. Köln/Weimar/Wien (Böhlau), S. 61–89.
Dudek, Peter (2002): Fetisch Jugend. Walter Benjamin und Siegfried Bernfeld – Jugendprotest am Vorabend des Ersten Weltkrieges. Bad Heilbrunn (Klinkhardt).
Durkheim, Emile (1893): Über soziale Arbeitsteilung. Studie über die Organisation höherer Gesellschaften. Ffm. (Suhrkamp), 1977.
Durkheim, Emile (1895a): Die Methode der Soziologie. Autorisierte Übersetzung von Prof. W. Jerusalem. Leipzig (Klinkhardt), dt. 1908.
Durkheim, Emile (1895b): Die Regeln der soziologischen Methode. Ffm. (Suhrkamp), 1999.
Eder, Klaus (1977): Zum Problem der logischen Periodisierung von Produktionsweisen. Ein Beitrag zu einer evolutionstheoretischen Rekonstruktion des Historischen Materialismus. In: Jaeggi, Urs und Honneth, Axel (Hg.): Theorien des Historischen Materialismus. Ffm. (Suhrkamp), S. 501–523.
Eder, Klaus (1986): Die Zivilisierung staatlicher Gewalt. Eine Theorie der modernen Strafrechtsentwicklung. Kölner Zeitschrift für Soziologie und Sozialpsychologie, Sonderheft 27: 232–262.
Eder, Klaus (1997): Institution. In: Wulf, Christoph (Hg.): Vom Menschen. Handbuch Historische Anthropologie. Weinheim/Basel (Beltz), S. 159–168.

Ekstein, Rudolf; Fallend, Karl und Reichmayr, Johannes (1988): ›Too late to start life afresh‹. Siegfried Bernfeld auf dem Weg ins Exil. In: Stadler, Friedrich (Hg.): Vertriebene Vernunft II. Emigration und Exil österreichischer Wissenschaft. Wien/München (Jugend und Volk), S. 230–241.

Elias, Norbert (1970): Was ist Soziologie? Weinheim/München (Juventa).

Encyclopaedia Judaica (1928): Das Judentum in Geschichte und Gegenwart. Zweiter Band. American Jewish Joint Distribution Committee (S. 588–597). Zweiter Band. Berlin (Eschkol A.-G.).

Encyclopaedia Judaica (1971). Volume 2. American Jewish Joint Distribution Committee (S. 827–832). Jerusalem (Keter Publishing House Ltd.).

Erdheim, Mario (1984): Die gesellschaftliche Produktion von Unbewußtheit. Eine Einführung in den ethnopsychoanalytischen Prozeß. Ffm. (Suhrkamp).

Erdheim, Mario (1992): Siegfried Bernfeld, Erik H. Erikson und die zwei Kulturen der Psychoanalyse. In: Hörster, Reinhard und Müller, Burkhard (Hg.): Jugend, Erziehung und Psychoanalyse. Zur Sozialpädagogik Siegfried Bernfelds. Neuwied (Luchterhand), S. 75–88.

Erich, Theresia (1992): Siegfried Bernfeld in Berlin. Eine Arbeitschronik. In: Fallend, Karl und Reichmayr, Johannes (Hg.): Siegfried Bernfeld oder die Grenzen der Psychoanalyse. Materialien zu Leben und Werk. Ffm. (Stroemfeld/Nexus), S. 163–180.

Fallend, Karl (1992): Von der Jugendbewegung zur Psychoanalyse. In: Fallend, Karl und Reichmayr, Johannes (Hg.): Siegfried Bernfeld oder die Grenzen der Psychoanalyse. Materialien zu Leben und Werk. Ffm. (Stroemfeld/Nexus), S. 48–72.

Fallend, Karl und Reichmayr, Johannes (Hg.) (1992): Siegfried Bernfeld oder die Grenzen der Psychoanalyse. Materialien zu Leben und Werk. Ffm. (Stroemfeld/Nexus).

Fatke, Reinhard (1986): Psychoanalytische Beiträge zu einer Schultheorie. Eine Erinnerung an verdrängte Anstöße. Die Deutsche Schule 1: 4–15.

Fatke, Reinhard (1992): Siegfried Bernfeld und die Psychoanalytische Pädagogik. In: Benner, Dietrich; Lenzen, Dieter und Otto, Hans-Uwe (Hg.): Erziehungswissenschaft zwischen Modernisierung und Modernitätskrise. Beiträge zum 13. Kongress der Deutschen Gesellschaft für Erziehungswissenschaft vom 16.–18. März 1992 in der Freien Universität Berlin. 29. Beiheft der ZfPäd. Weinheim/Basel (Beltz), S. 380–384.

Fatke, Reinhard (1993): ›Rationalisierung der Erziehung‹? Kritische Anmerkungen zu Siegfried Bernfelds Programm einer ›Psychoanalytischen Pädagogik‹. In: Trescher, Hans-Georg; Büttner, Chistian und Datler, Wilfried (Hg.): Jahrbuch für Psychoanalytische Pädagogik 5. Mainz (Matthias-Grünewald), S. 78–94.

Fischetti, Raffaele (1997): Notizen für eine klinische Pädagogik. Journal des Psychoanalytischen Seminars Zürich. Sondernummer ›Zur Theorie und Praxis der operativen Gruppe‹: 93–100.

Fischl, Hans (1926): Die Lebenslüge der wissenschaftlichen Pädagogik. Der Kampf 19(7): 280–285.

Fleck, Ludwik (1935): Entstehung und Entwicklung einer wissenschaftlichen Tatsache. Einführung in die Lehre vom Denkstil und Denkkollektiv. Ffm. (Suhrkamp).

Foerster, Friedrich Wilhelm (1910): Schule und Charakter. Beiträge zur Pädagogik des Gehorsams und zur Reform der Schuldisziplin. Zürich (von Schulthess).

Fölling-Albers, Maria und Fölling, Werner (2000): Kibbutz und Kollektiverziehung. Entstehung – Entwicklung – Veränderung. Opladen (Leske & Budrich).
Frei, Bruno (1920): Jüdisches Elend in Wien. Bilder und Daten. Wien/Berlin (Löwit).
Frei, Bruno (1928): Marxistische Erziehung. Ein Vortrag von Dr. Siegfried Bernfeld. Der Abend. Nr. 213, Ausgabe vom 14. September.
Freud, Anna (1926/1927): Einführung in die Psychoanalyse. Vorträge für Kinderanalytiker und Lehrer (1922–1935). In: Die Schriften der Anna Freud. Band I: 1922–1936. Zürich (Kindler), 1980, S. 3–145.
Freud, Sigmund (1895): Studien über Hysterie. In: Ders.: Gesammelte Werke. Band I. London (Imago), 1952, S. 75–312.
Freud, Sigmund (1905): Drei Abhandlungen zur Sexualtheorie. Studienausgabe Band V: Sexualleben. Ffm. (Fischer), 1972, S. 37–145.
Freud, Sigmund (1908): Die ›kulturelle‹ Sexualmoral und die moderne Nervosität. Studienausgabe Band IX: Fragen der Gesellschaft und Ursprünge der Religion. Ffm. (Fischer), S. 11–32.
Freud, Sigmund (1911): Psychoanalytische Bemerkungen über einen autobiographischen Fall von Paranoia (Dementia paranoides). Studienausgabe Band VII: Zwang, Paranoia und Perversion. Ffm. (Fischer), S. 135–203.
Freud, Sigmund (1912/13): Totem und Tabu. Studienausgabe Band IX: Fragen der Gesellschaft und Ursprünge der Religion. Ffm. (Fischer), 1982, S. 287–444.
Freud, Sigmund (1914): Zur Einführung des Narzißmus. Studienausgabe Band III: Psychologie des Unbewußten. Ffm. (Fischer), 1975, S. 37–68.
Freud, Sigmund (1915): Trieb und Triebschicksale. Studienausgabe Band III: Psychologie des Unbewußten. Ffm. (Fischer), S. 75–102.
Freud, Sigmund (1916/17): Vorlesungen zur Einführung in die Psychoanalyse (1916–17). Studienausgabe Band I. Ffm. (Fischer), 1969, S. 34–445.
Freud, Sigmund (1919): Wege der psychoanalytischen Therapie. Studienausgabe. Schriften zur Behandlungstechnik. Ergänzungsband. Ffm. (Fischer), S. 239–249.
Freud, Sigmund (1920): Jenseits des Lustprinzips. Studienausgabe Band III: Psychologie des Unbewußten. Ffm. (Fischer), 1975, S. 217–272.
Freud, Sigmund (1921): Massenpsychologie und Ich-Analyse. Studienausgabe Band IX: Fragen der Gesellschaft und Ursprünge der Religion. Ffm. (Fischer), 1982, S. 63–134.
Freud, Sigmund (1923): ›Psychoanalyse‹ und ›Libidotheorie‹. Gesammelte Werke Band XIII. London (Imago), 1940, S. 211–233.
Friedjung, Josef K. (1922): Rezension von Bernfelds »Kinderheim Baumgarten«. Imago. Zeitschrift für Anwendung der Psychoanalyse auf die Geisteswissenschaften 8(6): 511.
Füchtner, Hans (1979): Einführung in die Psychoanalytische Pädagogik. Ffm. (Campus).
Füchtner, Hans (1982): Psychoanalytische Aspekte der Erziehung in der Gundschule. In: Rost, Detlef H. (Hg.): Erziehungspsychologie für die Grundschule. Bad Heilbrunn (Kinkhardt), S. 44–64.
Gamm, Hans-Jochen (1979): Umgang mit sich selbst. Grundriß einer Verhaltenslehre. Ein Beitrag zur Pädagogischen Anthropologie. Hamburg (Rowohlt).
Geiringer, Hilda (1920): Eine proletarische Schulgemeinde. Die junge Schweiz. Organ der schweizerischen Studentenschaft 3/4: 47–58 und 7: 112–117.

Goffman, Erving (1973): Das Unterleben einer öffentlichen Institution. Eine Untersuchung über die Möglichkeiten, in einer Heilanstalt zu überleben. In: Ders.: Asyle. Über die soziale Situation psychiatrischer Patienten und anderer Insassen. Ffm. (Suhrkamp), 1961, S. 169–304.

Gottschalch, Wilfried (1992): Wunschselbst, virtuelles Selbst und Arbeit. In: Hörster, Reinhard und Müller, Burkhard (Hg.): Jugend, Erziehung und Psychoanalyse. Zur Sozialpädagogik Siegfried Bernfelds. Neuwied (Luchterhand), S. 101–116.

Graf, Erich Otto (1990): Forschung in der Sozialpädagogik. Ihre Objekte sind Subjekte. Luzern (SZH).

Graf, Erich Otto (1993a): Heimerziehung unter der Lupe. Beiträge zur Wirkungsanalyse. Luzern (SZH).

Graf, Erich Otto (1993b): Insassenorganisationen als normative Systeme. In: Ders. (Hg.): Heimerziehung unter der Lupe. Beiträge zur Wirkungsanalyse. Luzern (SZH), S. 155–173.

Graf, Erich Otto (1993c): Institutionelle Einflüsse auf die Funktionsweise von Erziehungsheimen. In: Ders. (Hg.): Heimerziehung unter der Lupe. Beiträge zur Wirkungsanalyse. Luzern (SZH), S. 133–153.

Graf, Erich Otto und Sidler, Andreas (1997): Zum Konzept der operativen Gruppe – eine Skizze. Journal des Psychoanalytischen Seminars Zürich. Sondernummer ›Zur Theorie und Praxis der operativen Gruppe‹: 51–63.

Graf, Martin (1988): Schule als Ort der Strukturierung von Erfahrung und Bewußtsein. Unveröffentlichte Lizentiatsarbeit am Soziologischen Institut der Universität Zürich.

Graf, Martin A. (1996): Mündigkeit und soziale Anerkennung. Gesellschafts- und bildungstheoretische Begründungen sozialpädagogischen Handelns. Weinheim/München (Juventa).

Graf, Martin und Lamprecht, Markus (1991): Der Beitrag des Bildungssystems zur Konstruktion von sozialer Ungleichheit. In: Bornschier, Volker (Hg.): Das Ende der sozialen Schichtung. Zürcher Arbeiten zur Konstruktion von sozialer Lage und Bewußtsein in der westlichen Zentrumsgesellschaft. Zürich (Seismo), S. 73–96.

Graf, Martin A. und Graf, Erich O. (2008): Schulreform als Wiederholungszwang. Zur Analyse der Bildungsinstitution. Zürich (Seismo).

Greffrath, Mathias (1979): Die Zerstörung einer Zukunft. Gespräche mit emigrierten Sozialwissenschaftlern. Reinbek (Rowohlt).

Grubrich-Simitis, Ilse (1981): Siegfried Bernfeld: Historiker der Psychoanalyse und Freud-Biograph. In: Bernfeld, Siegfried und Cassirer Bernfeld, Suzanne: Bausteine der Freud-Biographik. Ffm. (Suhrkamp), 1988, S. 7–48.

Habermas, Jürgen (1976): Was heißt Universalpragmatik? In: Ders.: Vorstudien und Ergänzungen zur Theorie des kommunikativen Handelns. Ffm. (Suhrkamp), 1984, S. 353–440.

Habermas, Jürgen (1981a): Theorie des kommunikativen Handelns. Erster Band: Handlungsrationalität und gesellschaftliche Rationalisierung. Ffm. (Suhrkamp).

Habermas, Jürgen (1981b): Theorie des kommunikativen Handelns. Zweiter Band: Zur Kritik der funktionalistischen Vernunft. Ffm. (Suhrkamp).

Habermas, Jürgen (1981c): ›Dialektik der Rationalisierung‹. Jürgen Habermas im Gespräch mit Axel Honneth, Eberhard Knödler-Bunte und Arno Widmann. Ästhetik und Kommunikation 12(45/46): 126–157.

Habermas, Jürgen (1982): Erläuterungen zum Begriff des kommunikativen Handelns. In: Ders.: Vorstudien und Ergänzungen zur Theorie des kommunikativen Handelns. Ffm. (Suhrkamp), 1984, S. 571–606.

Habermas, Jürgen (1984): Notizen zur Entwicklung der Interaktionskompetenz. In: Ders.: Vorstudien und Ergänzungen zur Theorie des kommunikativen Handelns. Ffm. (Suhrkamp), S. 187–225.

Habermas, Jürgen (1987): Wie ist Legitimität durch Legalität möglich? Kritische Justiz 20(1): 1–16.

Habermas, Jürgen (1991): Erläuterungen zur Diskursethik. Ffm. (Suhrkamp).

Habermas, Jürgen (1993): Vergangenheit als Zukunft. Das alte Deutschland im neuen Europa? Ein Gespräch mit Michael Haller. München (Piper).

Heintz, Peter (1968): Einführung in die soziologische Theorie. Stuttgart (Ferdinand Enke).

Heintz, Peter (1972): Structural and Anomic Tensions. In: Ders. (Hg.): A Macrosociological Theory of Societal Systems: 1. Bern/Stuttgart/Wien (Hans Huber), S. 140–148.

Heller, Peter (1993): Edith Kramer über Siegfried Bernfeld. Werkblatt 31: 94–103.

Hepp, Johannes (1911): Die Selbstregierung der Schüler. Erfahrungen mit F. W. Försters Vorschlägen für eine vertiefte Charakterbildung in der Schule. Zürich (Schulthess).

Herrmann, Ulrich (1985): Die Jugendkulturbewegung. Der Kampf um die höhere Schule. In: Koebner, Thomas; Janz, Rolf-Peter und Trommler, Frank (Hg.): ›Mit uns zieht die neue Zeit‹. Der Mythos Jugend. Ffm. (Suhrkamp), S. 224–244.

Herrmann, Ulrich (1992): Bernfelds pädagogische Themen und ihr ›Sitz im Leben‹ – Ein biographischer Essay. In: Hörster, Reinhard und Müller, Burkhard (Hg.): Jugend, Erziehung und Psychoanalyse. Zur Sozialpädagogik Siegfried Bernfelds. Neuwied (Luchterhand), S. 9–21.

Herrmann, Ulrich (1996a): Nachwort. In: Ders. (Hg.): Siegfried Bernfeld. Sämtliche Werke. Band 11: Sozialpädagogik. Weinheim/Basel (Beltz), S. 337–350.

Herrmann, Ulrich (1996b): Erziehung durch Selbsterziehung. Psychoanalytisch inspirierte Pädagogik in Siegfried Bernfelds Kinderheim Baumgarten. In: Fröhlich, Volker und Göppel, Rolf (Hg.): Paradoxien des Ich. Beiträge zu einer subjektorientierten Pädagogik. Festschrift für Günther Bittner zum 60. Geburtstag. Würzburg (Königshausen und Neumann), S. 224–235.

Heydorn, Heinz-Joachim (1970): Über den Widerspruch von Bildung und Herrschaft. Bildungstheoretische und pädagogische Schriften. Band 3. Vaduz (Topos), 1995.

Hoffer, Wilhelm (1922): Ein Knabenbund in einer Schulgemeinde. In: Bernfeld, Siegfried (Hg.): Vom Gemeinschaftsleben der Jugend. Beiträge zur Jugendforschung. Leipzig/Wien/Zürich (Internationaler Psychoanalytischer Verlag), S. 76–144.

Hoffer, Willi (1965): Siegfried Bernfeld and »Jerubbaal«. An Episode in the Jewish Youth Movement. Leo Baeck Institute Year Book X: 150–167.

Hoffmann-Nowotny, Hans (1980): Ein theoretisches Modell gesellschaftlichen und familialen Wandels. In: Hischier, Guido; Levy, René und Obrecht, Werner (Hg.): Weltgesellschaft und Sozialstruktur. Festschrift zum 60. Geburtstag von Peter Heintz. Chur/Zürich (Rüegger), S. 483–502.

Honig, Michael-Sebastian (2002): Institutetik frühkindlicher Bildungsprozesse – ein Forschungsansatz. In: Liegle, Ludwig und Treptow, Rainer (Hg.): Welten der Bildung in der Pädagogik der frühen Kindheit und in der Sozialpädagogik. Freiburg (Lambertus), S. 181–194.

Horn, Klaus-Peter und Ritzi, Christian (2001): Die ›pädagogisch wichtigsten Veröffentlichungen‹ des 20. Jahrhunderts. In: Dies. (Hg.): Klassiker und Außenseiter. Pädagogische Veröffentlichungen des 20. Jahrhunderts. Hohengehren (Schneider), S. 7–21.

Hörster, Reinhard und Müller, Burkhard (1996): Zur Struktur sozialpädagogischer Kompetenz. Oder: Wo bleibt das Pädagogische der Sozialpädagogik? In: Combe, Arno und Helsper, Werner (Hg.): Pädagogische Professionalität. Untersuchungen zum Typus pädagogischen Handelns. Ffm. (Suhrkamp), S. 614–648.

Hörster, Reinhard (1992): Zur Rationalität des sozialpädagogischen Feldes in dem Erziehungsexperiment Siegfried Bernfelds. In: Ders. und Müller, Burkhard (Hg.): Jugend, Erziehung und Psychoanalyse. Zur Sozialpädagogik Siegfried Bernfelds. Neuwied (Luchterhand), S. 143–162.

Hörster, Reinhard (1995): Das Problem des Anfangs in der Sozialerziehung. Praxeologisch-empirische Anmerkungen zu Inszenation des pädagogischen Prozesses. Neue Praxis 1: 2–12.

Jacobs, Daniel; Gifford, Sanford und Goldman, Vivien (2005): Edward Bibring fotografiert die Psychoanalytiker seiner Zeit (1932–1938). Gießen (Psychosozial-Verlag).

Jäckh, Ernst (Hg.): 1931. Politik als Wissenschaft. Zehn Jahre Deutsche Hochschule für Politik. Berlin (Hermann Reckendorf).

Jahoda-Lazarsfeld, Marie (1987): Autorität und Erziehung in der Familie, Schule und Jugendbewegung Österreichs. In: Horkheimer, Max; Fromm, Erich; Marcuse, Herbert et al. (Hg.): Studien über Autorität und Familie. Forschungsberichte aus dem Institut für Sozialforschung. Lüneburg (zu Klampen), 1936, S. 706–725.

Jahoda, Marie (1998): Paul Felix Lazarsfeld in Vienna. In: Lautman, Jacques und Lécuyer, Bernard-Pierre (Hg.): Paul Lazarsfeld (1901–1976). La sociologie de Vienne à New York. Paris/Montréal (Harmattan), S. 135–140.

Jantzen, Wolfgang (1987): Allgemeine Behindertenpädagogik. Band 1: Sozialwissenschaftliche und psychologische Grundlagen. Ein Lehrbuch. Weinheim/Basel (Beltz).

Jensen, Angelika (1995): Sei stark und mutig! Chsak we'emaz! 40 Jahre jüdische Jugend in Österreich am Beispiel der Bewegung »Haschomer Hazair« 1903 bis 1943. Wien (Picus).

Jerusalem, Wilhelm (1899): Einleitung in die Philosophie. 7./8. Auflage. Wien/Leipzig (Wilhelm Braumüller), 1919.

Jerusalem, Wilhelm (1899): Einleitung in die Philosophie. 9./10. Auflage. Wien/Leipzig (Wilhelm Braumüller), 1923.

Jerusalem, Wilhelm (1912): Die Aufgaben des Lehrers an höheren Schulen. Erfahrungen und Wünsche. Wien/Leipzig (Braumüller).

Jerusalem, Wilhelm (1915): Der Krieg im Lichte der Gesellschaftslehre. Stuttgart (Ferdinand Enke).

Jüdisches Lexikon (1929): Ein enzyklopädisches Handbuch des jüdischen Wissens in vier Bänden. Band III. Berlin (Jüdischer Verlag).

Jüdisches Lexikon (1930): Ein enzyklopädisches Handbuch des jüdischen Wissens in vier Bänden. Band IV. Berlin (Jüdischer Verlag).

Kamp, Johannes-Martin (1995): Siegfried Bernfeld im Kinderheim Baumgarten. In: Ders.: Kinderrepubliken. Geschichte, Praxis und Theorie radikaler Selbsterziehung in Kinder- und Jugendheimen. Opladen (Leske und Budrich), S. 451–466.

Kasser, Werner (1963): Biographie. In: Ders. et al. (Hg.): Hans Zulliger. Eine Biographie und Würdigungen seines Wirkens. Bern (Hans Huber), S. 9–52.

Keim, Wolfgang (1984): Die Wiener Schulreform der ersten Republik – ein vergessenes Kapitel der europäischen Reformpädagogik. Die Deutsche Schule 76(4): 267–282.

Kessl, Fabian und Otto, Hans-Uwe (2002): Aktivierende Soziale Arbeit – Anmerkungen zu neosozialen Programmierungen Sozialer Arbeit. Neue Praxis 5(32): 444–457.

King, Vera (2002): Die Entstehung des Neuen in der Adoleszenz. Individuation, Generativität und Geschlecht in modernisierten Gesellschaften. Opladen (Leske & Budrich).

King, Vera und Müller, Burkhard (Hg.) (2000): Adoleszenz und pädagogische Praxis. Bedeutung von Geschlecht, Generation und Herkunft in der Jugendarbeit. Freiburg (Lambertus).

Kloocke, Ruth und Mühlleitner, Elke (2004): Lehren oder lernen? Siegfried Bernfeld und die »Pädagogische Arbeitsgemeinschaft« am Berliner Psychoanalytischen Institut. Luzifer Amor 17(34): 35–58.

Koch, Annette (1974): Siegfried Bernfelds Kinderheim Baumgarten. Voraussetzungen jüdischer Erziehung um 1920. Diss. Hamburg.

Konrad, Franz-Michael (1995): Die Schulgemeinde: Ein reformpädagogisches Modell zur Förderung sozial-moralischen Lernen in Schule und Jugendfürsorge. Pädagogisches Forum 8(4): 181–193.

Kracauer, Siegfried (1921): Autorität und Individualismus. In: Ders.: Schriften. Band 5.1.: Ausätze 1915–1926. Ffm. (Suhrkamp), 1990, S. 81–86.

Kracauer, Siegfried (1924): Philosophie der Gemeinschaft. In: Ders.: Schriften. Band 5.1.: Ausätze 1915–1926. Ffm. (Suhrkamp), 1990, S. 268–273.

Krejci, Erika (1999): Psychogenese im ersten Lebensjahr. Perspektiven kleinianischer Psychoanalyse. Band 6. Tübingen (edition diskord).

Kronen, Heinrich (1981): Wem gehört die Schule? Karl Magers liberale Schultheorie. Ffm. (Haag und Herchen).

Kurzweil, Erich Zwi. (1971): Reflexionen über Siegfried Bernfelds antiautoritäre Erziehung. Pädagogische Rundschau 25(6): 813–825.

Laermann, Klaus (1985): Der Skandal um den Anfang. Ein Versuch jugendlicher Gegenöffentlichkeit im Kaiserreich. In: Koebner, Thomas; Janz, Rolf-Peter und Trommler, Frank (Hg.): ›Mit uns zieht die neue Zeit‹. Der Mythos Jugend. Ffm. (Suhrkamp), S. 360–381.

Landauer, Gustav (1911): Aufruf zum Sozialismus. Wetzlar (Büchse der Pandora), 1978.

Langer, Marie (1986): Von Wien bis Managua. Freiburg (Kore).

Laplanche, Jean und Pontalis, Jean-Bertrand (1972): Das Vokabular der Psychoanalyse. 2 Bände. Ffm. (Suhrkamp).

Lappin, Eleonore (2005): Martin Buber und Wien. David. Jüdische Kulturzeitschrift 67: 12–24.

Lauermann, Manfred (2000): Wiener Kreis als Kreis von Kreisen. In: Faber, Richard und Holste, Christine (Hg.): Kreise – Gruppen – Bünde. Zur Soziologie moderner Intellektuellenassoziationen. Würzburg (Königshausen & Neumann), S. 199–223.

Lazarsfeld, Paul (1923): Die sozialistische Erziehung und das Gemeinschaftsleben der Jugend. Die sozialistische Erziehung. Monatsschrift für die Bildungs- und Kulturarbeit der sozialistischen Bewegung Österreichs 3: 191–194.

Lazarsfeld, Paul F. und Wagner, Ludwig (1924): Gemeinschaftserziehung durch Erziehergemeinschaften. Bericht über einen Beitrag der Jugendbewegung zur Sozialpädagogik. Wien/Leipzig (Anzengruber).

Leichter, Käthe (1973): Leben und Werk. Wien (Europa).

Lewin, Kurt (1939): Experimente über den sozialen Raum. In: Ders.: Die Lösung sozialer Konflikte. Bad Nauheim (Christian), 1953, S. 112–127.

Liebel, Manfred (1970): Siegfried Bernfeld und seine Funktion im Klassenkampf. Das Argument 12(1): 41–47.

Liebel, Manfred (1971): Rezeption von Siegfried Bernfelds Arbeiten zur Heimerziehung. Neuer Rundbrief 2(1): 68–70.

Liebel, Manfred (1974): Zusammenhänge von Jugendfrage und kapitalistischer Produktionsweise. Erziehung und Klassenkampf 4(1): 3–27.

Litovski de Eiguer, Diana und Eiguer, Alberto (1974): Introduction à la théorie des groupes de E. Pichon-Rivière (Buenos Aires). Bulletin de Psychologie. No. spécial groupes: Psychologie sociale clinique et psychanalyse: 45–60.

Lorenzer, Alfred (1970): Sprachzerstörung und Rekonstruktion. Vorarbeiten zu einer Metatheorie der Psychoanalyse. Ffm. (Suhrkamp).

Lorenzer, Alfred (1971): Symbol, Interaktion und Praxis. In: Ders.: Dahmer, Helmut; Horn, Klaus; Brede Karola und Schwanenberg, Enno: Psychoanalyse als Sozialwissenschaft. Ffm. (Suhrkamp), S. 9–59.

Lorenzer, Alfred (1972): Zur Begründung einer materialistischen Sozialisationstheorie. Ffm. (Suhrkamp).

Lorenzer, Alfred (1977): Psychoanalyse als kritisch-hermeneutisches Verfahren. In: Ders.: Sprachspiel und Interaktionsformen. Vorträge und Aufsätze zu Psychoanalyse, Sprache und Praxis. Ffm. (Suhrkamp), S. 105–129.

Lorenzer, Alfred (1979): Die Analyse der subjektiven Struktur von Lebensläufen und das gesellschaftlich Objektive. In: Baacke, Dieter und Schulze, Theodor (Hg.): Aus Geschichten lernen. Zur Einübung pädagogischen Verstehens. München (Juventa), S. 129–144.

Lorenzer, Alfred (1986): Tiefenhermeneutische Kulturanalyse. In: Ders. (Hg.): Kulturanalysen. Ffm. (Fischer), S. 11–98.

Lorenzer, Alfred (1990): Verführung zur Selbstpreisgabe – psychoanalytisch-tiefenhermeneutische Analyse eines Gedichtes von Rudolf Alexander Schröder. Kultur Analysen 2(3): 261–277.

Lüders, Karin (1997): Bions Container-Contained-Modell. In: Kennel, Rosemarie und Reerink, Gertrud (Hg.): Klein – Bion. Eine Einführung. Tübingen (edition diskord), S. 85–100.

Malmede, Hans (1991): Vom ›Genius des Bösen‹ oder: Die ›Entartung‹ von Minderjährigen. Negative Kindheitsbilder und defensive Modernisierung in der Epoche des Deutschen Kaiserreichs 1871–1918. In: Berg, Christa (Hg.): Kinderwelten. Ffm. (Suhrkamp), S. 187–214.

Melzer, Wolfgang und Yitzehaki, Shlomo (1992): Der Einfluß Siegfried Bernfelds auf die Theorie und Praxis der Kibbutzpädagogik. In: Hörster, Reinhard und Müller, Burkhard (Hg.):

Jugend, Erziehung und Psychoanalyse. Zur Sozialpädagogik Siegfried Bernfelds. Neuwied (Luchterhand), S. 119-142.

Mennicke, Karl (1921): Sozialistische Erziehung. Aus einem Kinderheim. Sozialistische Lebensgestaltung 1(11/12): 44-48.

Mennicke, Karl (1926): Das sozialpädagogische Problem in der gegenwärtigen Gesellschaft. In: Tillich, Paul (Hg.): Kairos. Zur Geisteslage und Geisteswendung. Darmstadt (Otto Reichl), S. 311-344.

Mennicke, Carl (1931): Politik und Pädagogik. In: Jäckh, Ernst (Hg.): Politik als Wissenschaft. Zehn Jahre Deutsche Hochschule für Politik. Berlin (Hermann Reckendorf), S. 111-120.

Mentzos, Stavros (1976): Interpersonale und institutionalisierte Abwehr. Ffm. (Suhrkamp), 1996.

Merton, Robert K. (1968): Sozialstruktur und Anomie. In: Sack, Fritz und König, René (Hg.): Kriminalsoziologie. Ffm. (Akademische Verlagsgesellschaft), S. 283-313.

Mitscherlich, Alexander (1963): Auf dem Weg zur vaterlosen Gesellschaft. Ideen zur Sozialpsychologie. Zürich (Ex Libris).

Mollenhauer, Klaus (1972): Theorien zum Erziehungsprozeß. Zur Einführung in erziehungswissenschaftliche Fragestellungen. München (Juventa).

Montessori, Maria (1909): Selbständige Erziehung im frühen Kindesalter. Stuttgart (Julius Hoffmann), 1928.

Moreno, Jakob Levy (anonym) (1924): Das Stegreiftheater. Potsdam (Gustav Kiepenheuer).

Moreno, J. L. (1953): Who shall survive. Foundations of Sociometry, Group Psychotherapy and Sociodrama. New York (Beacon).

Müller, Burkhard (1992a): Sisyphos und Tantalus – Bernfelds Konzept des ›Sozialen Ortes‹ und seine Bedeutung für die Sozialpädagogik. In: Ders. und Hörster, Reinhard (Hg.): Jugend, Erziehung und Psychoanalyse. Zur Sozialpädagogik Siegfried Bernfelds. Neuwied (Luchterhand), S. 59-74.

Müller, Burkhard (1992b): War Bernfeld ein Eklektiker oder war er ein Systematiker pädagogischen Denkens? In: Benner, Dietrich; Lenzen, Dieter und Otto, Hans-Uwe (Hg.): Erziehungswissenschaft zwischen Modernisierung und Modernitätskrise. Beiträge zum 13. Kongress der Deutschen Gesellschaft für Erziehungswissenschaft vom 16.-18. März 1992 in der Freien Universität Berlin. 29. Beiheft der ZfPäd. Weinheim/Basel (Beltz), S. 388-392.

Müller, Burkhard (1993): Bernfelds Beitrag zur Psychoanalytischen Pädagogik: Multidisziplinär – nicht unsystematisch. In: Trescher, Hans-Georg; Büttner, Christian und Datler, Wilfried (Hg.): Jahrbuch für Psychoanalytische Pädagogik 5. Mainz (Matthias-Grünewald), S. 114-123.

Müller, Burkhard (1994): Der Sozialpädagoge S. Bernfeld. Sozialmagazin 19(1): 13-27.

Müller, Burkhard (1995a): Außensicht – Innensicht. Beiträge zu einer analytischen orientierten Sozialpädagogik. Freiburg (Lambertus).

Müller, Burkhard (1995b): Die Bedeutung des ›sozialen Ortes‹ für die Psychoanalytische Pädagogik und die Sozialpädagogik. In: Ders.: Außensicht – Innensicht. Beiträge zu einer analytisch orientierten Sozialpädagogik. Freiburg (Lambertus), S. 69-86.

Müller, Burkhard (2002): Siegfried Bernfelds Begriff der ›Instituetik‹ als Orientierungspunkt für ein Programm der Bildung der Affekte. In: Liegle, Ludwig und Treptow, Rainer (Hg.): Welten der Bildung in der Pädagogik der frühen Kindheit und in der Sozialpädagogik. Freiburg (Lambertus), S. 157–166.

Negt, Oskar (1995): Achtundsechzig. Politische Intellektuelle und die Macht. Göttingen (Steidl).

Niemeyer, Christian (1998): Siegfried Bernfeld (1992–1953). Der ›Entdeckteste‹ aller Sozialpädagogen. In: Ders.: Klassiker der Sozialpädagogik. Einführung in die Theoriegeschichte einer Wissenschaft. Weinheim/München (Juventa), S. 171–189.

Niemeyer, Christian; Schröer, Wolfgang und Böhnisch, Lothar (Hg.): 1997. Grundlinien Historischer Sozialpädagogik. Traditionsbezüge, Reflexionen und übergangene Sozialdiskurse. Weinheim/München (Juventa).

Nowicki, Michael (1979): Theorie der Pubertät und Soziologie der Jugend – Bernfelds Beitrag zu einer materialistischen Jugendforschung. In: Ders.: Jugend und soziale Emanzipation. Studien zum Verhältnis von Jugend, Jugendbewegung und Jugendtheorie. Diss. FU Berlin, 221–245.

Oestreich, Paul (1921): Kinderheim Baumgarten in Wien. In: Internationale Erziehungs-Rundschau. Monatliche Beilage zur »Neuen Erziehung« 8: 59–61.

Paret, Peter (1992): Sisyphos und sein Autor. In: Fallend, Karl und Reichmayr, Johannes (Hg.): Siegfried Bernfeld oder die Grenzen der Psychoanalyse. Materialien zu Leben und Werk. Ffm. (Stroemfeld/Nexus), S. 15–29.

Parin, Paul (1978): Der Widerspruch im Subjekt. Die Anpassungsmechanismen des Ichs und die Psychoanalyse gesellschaftlicher Prozesse. In: Ders.: Der Widerspruch im Subjekt. Ethnopsychoanalytische Studien. Hamburg (Europäische Verlagsanstalt), 1992, S. 112–133.

Parin, Paul und Parin-Matthèy, Goldy (2000): Subjekt im Widerspruch. Gießen (Psychosozial-Verlag).

Parsons, Talcott (1968): Die Schulklasse als soziales System: Einige ihrer Funktionen in der amerikanischen Gesellschaft. In: Ders.: Sozialstruktur und Persönlichkeit. Ffm. (Europäische Verlagsanstalt), S. 161–193.

Poulantzas, Nicos (1978): Staatstheorie. Politischer Überbau, Ideologie, Autoritärer Etatismus. Hamburg (VSA), 2002.

Rehm, Willy (1968): Die psychoanalytische Erziehungslehre. Anfänge und Entwicklung. München (Piper).

Reichmayr, Johannes (1981): Sozialistische Erziehung und Pychoanalyse in der Ersten Republik. In: Adam, Erik (Hg.): Die österreichische Reformpädagogik 1918–1938. Symposiumsdokumentation. Wien/Köln/Graz (Hermann Böhlaus), S. 149–161.

Reichmayr, Johannes (1992): Patienten, Bücher, Kurse nehmen mir den Liebesfederstiel. Siegfried Bernfeld als Psychoanalytiker in Wien in seinen Briefen an Elisabeth Neumann (1922–1925). In: Fallend, Karl und ders. (Hg.): Siegfried Bernfeld oder die Grenzen der Psychoanalyse. Materialien zu Leben und Werk. Ffm. (Stroemfeld/Nexus), S. 107–131.

Reichmayr, Johannes (1994): Spurensuche in der Geschichte der Psychoanalyse. Ffm. (Fischer).

Rosenmayr, Leopold (1962): Geschichte der Jugendforschung in Österrreich 1914–1931. Wien (Österreichisches Institut für Jugendkunde).
Rühle, Otto (1926): Rezension von Siegfried Bernfelds Sisyphos. Das proletarische Kind 6: 122.
Schaxel, Hedwig (1925): Kinderheim Baumgarten. Sozialistische Kultur, Nr. 1, 10. Januar 1925.
Scheu, Friedrich (1985): Ein Band der Freundschaft. Schwarzwald-Kreis und Entstehung der Vereinigung Sozialistischer Mittelschüler. Wien/Köln/Graz (Böhlau).
Schulte, Annette (1999): Bernfelds Kinderheim Baumgarten als ein ›Möglichkeitsraum‹. In: Colla, Herbert, Thomas Gabriel, Spencer Millham, Stefan Müller-Teusler und Michael Winkler (Hg.): Handbuch Heimerziehung und Pflegekinderwesen in Europa. Neuwied (Luchterhand), S. 255–264.
Schwarz, Gerhard (2001): Konfliktmanagement. Konflikte erkennen, analysieren, lösen. Wiesbaden (Gabler).
Simon, Joseph T. (1979): Augenzeuge. Erinnerungen eines österreichischen Sozialisten. Eine sehr persönliche Zeitgeschichte. Wien (Verlag der Wiener Volksbuchhandlung).
Stecklina, Gerd (2002): Otto Rühle und die Sozialpädagogik. Ein biografisch-sozialwissenschaftlicher Zugang. Diss. Dresden.
Sünker, Heinz (2002): Soziale Gerechtigkeit, Sozialpolitik und Soziale Arbeit. Neue Praxis 32(2): 108–121.
Sünker, Heinz (2005): ›New People‹ and ›Old Structures‹: Max Adler and Siegfried Bernfeld on society, education and change. Policy Futures in Education 3(2): 184–193.
Thiersch, Hans (1977): Alltagshandeln und Sozialpädagogik. In: Thole, Werner; Galuske, Michael und Gängler, Hans (Hg.): KlassikerInnen der Sozialen Arbeit. Sozialpädagogische Texte aus zwei Jahrhunderten – ein Lesebuch. Neuwied (Luchterhand), 1998, S. 443–466.
Thiersch, Hans (1986): Die Erfahrung der Wirklichkeit. Perspektiven einer alltagsorientierten Sozialpädagogik. Weinheim/München (Juventa).
Thiersch, Hans (1992): Bernfeld wieder lesen. Ein Briefwechsel der Herausgeber mit Reinhart Wolff, Christian Marzahn, Hans Thiersch. In: Hörster, Reinhard und Müller, Burkhard (Hg.): Jugend, Erziehung und Psychoanalyse. Zur Sozialpädagogik Siegfried Bernfelds. Neuwied (Luchterhand), S. 215–230.
Tillmann, Klaus-Jürgen (1976): Unterricht als soziales Erfahrungsfeld. Soziales Lernen in der Institution Schule. Ffm. (Fischer).
Treptow, Rainer (2000): Sozialpädagogik, Kulturpädagogik und Kulturwissenschaft. Erinnerung an verstreute Perspektiven. In: Henseler, Joachim und Reyer, Jürgen (Hg.): Sozialpädagogik und Gemeinschaft. Historische Beiträge zur Rekonstruktion eines konstitutiven Verhältnisses. Hohengehren (Schneider), S. 55–72.
Treptow, Rainer (2002): ›Schaffung kultureller Tatsachen‹. Siegfried Bernfelds Beitrag zur pädagogischen Struktur- und Prozessreflexivität. In: Liegle, Ludwig und ders. (Hg.): Welten der Bildung in der Pädagogik der frühen Kindheit und in der Sozialpädagogik. Freiburg (Lambertus), S. 167–180.
Trescher, Hans-Georg und Finger-Trescher, Urte (1992): Setting und Holding-Function. In: Dies. (Hg.): Aggression und Wachstum. Theorie, Konzepte und Erfahrungen aus der Arbeit mit Kindern, Jugendlichen und jungen Erwachsenen. Mainz (Matthias Grünewald), S. 90–116.

Utley, Philip L. (1979): Siegfried Bernfeld's Jewish Order of Youth, 1914–1922. Leo Baeck Institute Year Book XXIV: 349–368.
Utley, Philip L. (1975): Siegfried Bernfeld: Left-wing Youth Leader, Psychoanalyst and Zionist, 1910 – April, 1918. Thesis in History at University of Wisconsin: polykopiert.
Vogel, Christian (2003): Strukturelle Probleme der Schulsozialarbeit – Ist Schulsozialpädagogik zukunftsweisend? VHN 72(2): 165–179.
Vogel, Christian (2006): Schulsozialarbeit. Eine institutionsanalytische Untersuchung von Kommunikation und Kooperation. Wiesbaden (Verlag für Sozialwissenschaften).
Weber, Max (1922): Die drei reinen Typen der legitimen Herrschaft. In: Ders.: Soziologie. Universalgeschichtliche Analysen. Politik. Stuttgart (Kröner), 1992, S. 151–166.
Weigand, Gabriele; Hess, Remi und Prein, Gerald (1988): Institutionelle Analyse. Theorie und Praxis. Ffm. (Ahenäum).
Weiß, Edgar (2003): Verdrängung in der Erinnerung? – Das Beispiel Siegfried Bernfeld. In: Gamm, Hans-Jochen und Keim, Wolfgang (Hg.): Jahrbuch für Pädagogik 2003. Erinnern – Bildung – Identität. Ffm./Berlin/Bern/Bruxelles/New York/Oxford/Wien (Peter Lang), S. 105–123.
Weltsch, Robert (1982): Looking back over sixty years. Leo Baeck Institute Year Book XXVII: 379–390.
Wendt, Rainer (1990): Die operative Gruppe. Ein Epilog. In: Dewe, Bernd et al.: Soziale Gruppenarbeit. Neuwied (Luchterhand), S. 93–96.
Werder, Lutz von und Wolff, Reinhart (1969): Nachwort der Herausgeber. In: Dies. (Hg.): Antiautoritäre Erziehung und Psychoanalyse. Ausgewählte Schriften. Band 2. Ffm. (März), S. 672–683.
Winkler, Michael (1988): Eine Theorie der Sozialpädagogik. Über Erziehung als Rekonstruktion der Subjektivität. Stuttgart (Klett-Cotta).
Winnicott, Donald W. (1988): Die antisoziale Tendenz. In: Ders.: Aggression. Versagen der Umwelt und antisoziale Tendenz. Stuttgart (Klett-Cotta), S. 157–171.
Winnicott, Donald W. (1990): Das Baby und seine Mutter. Stuttgart (Klett-Cotta).
Wirth, Karl (1992): ›Mitbegründer der Schulgemeinde‹ als Schueler. In: Fallend, Karl und Reichmayr, Johannes (Hg.): Siegfried Bernfeld oder die Grenzen der Psychoanalyse. Materialien zu Leben und Werk. Ffm. (Stroemfeld/Nexus), S. 86–90.
Wolff, Reinhart (1970): Erziehung ohne Zwang? Über einige Grundfragen antiautoritärer sozialistischer Erziehung. betrifft: erziehung 3(9): 34–38.
Wolff, Reinhart (1992a): Bernfeld wieder lesen. Ein Briefwechsel der Herausgeber mit Reinhart Wolff, Christian Marzahn, Hans Thiersch. In: Hörster, Reinhard und Müller, Burkhard (Hg.): Jugend, Erziehung und Psychoanalyse. Zur Sozialpädagogik Siegfried Bernfelds. Neuwied (Luchterhand), S. 215–230.
Wolff, Reinhart (1992b): Die Wiederentdeckung und Aktualität Siegfried Bernfelds. In: Benner, Dietrich; Lenzen, Dieter und Otto, Hans-Uwe (Hg.): Erziehungswissenschaft zwischen Modernisierung und Modernitätskrise. Beiträge zum 13. Kongress der Deutschen Gesellschaft für Erziehungswissenschaft vom 16.–18. März 1992 in der Freien Universität Berlin. 29. Beiheft der ZfPäd. Weinheim/Basel (Beltz), S. 373–376.
Wolfrum, Verena (1983): Anspruch und Wirklichkeit im Werk von Siegfried Bernfeld anhand

von ausgewählten Schriften aus den Jahren 1912–1933. Würzburg (Königshausen & Neumann).

Würzer Schoch, Elsbeth (1995): Otto Rühle und Siegfried Bernfeld. Eine vergleichende Darstellung zweier Pädagogen, ihrer unterschiedlichen psychologischen und soziologischen Grundlegung und ihrer pädagogischen Relevanz. Zürich (Diss. Phil. I).

Zulliger, Hans (1936): Über eine Lücke in der psychoanalytischen Pädagogik. Zeitschrift für psychoanalytische Pädagogik 10(6): 337–359.

Zulliger, Hans (1961): Horde – Bande – Gemeinschaft. Stuttgart (Ernst Klett).

Renate Maschwitz, Christoph F. Müller, Claudio Neri
Hans-Peter Waldhoff (Hg.)
Die Kunst der Mehrstimmigkeit   Gruppenprozesse

2009 · 298 Seiten · Broschur
ISBN 978-3-89806-838-3

2006 · 351 Seiten · Broschur
ISBN 978-3-89806-455-2

Die psychoanalytisches und soziologisches Wissen verknüpfende Gruppenanalyse nach S.H. Foulkes ist eine eigenständige Methode zur Betrachtung von Gruppenphänomenen. Sie befasst sich einerseits mit der Analyse von komplexen Beziehungssystemen, mit Prozessen der Konfliktdynamik und der Meinungsbildung in Gruppen. Andererseits wird die Methode eingesetzt, um die in jeder Gruppe enthaltene Kraft für Entwicklungsprozesse nutzbar zu machen. In dem vorliegenden Buch schreiben erfahrene GruppenanalytikerInnen aus unterschiedlichen Arbeitskontexten über das Potenzial, das der Gruppenanalyse innewohnt: unbewusste Dynamiken auf unterschiedlichen Ebenen unseres Daseins bewusst zu machen und damit einen Beitrag zur Zivilisierung destruktiver psychosozialer Konflikte zu leisten.

Dieses Buch ist das Ergebnis von Claudio Neris jahrelanger psychoanalytischer Arbeit mit Gruppen und seiner intensiven Forschungen zu Gruppenprozessen. Er untersucht Gruppen allgemein als menschliche Daseinsform und beschreibt Konstitutionsbedingungen, Entstehungen und Verläufe von Gruppenprozessen sowie die Wirkungen, die Eigendynamiken von Gruppen entfalten können. Es ist sein Anliegen, Gruppenphänomene umfassend zu behandeln und kategorial zu erfassen. Zugleich liefert er wichtige Anregungen für die klinische Praxis. Seine Überlegungen bestechen durch die Vielzahl und Dichte seiner Thesen und die gründliche Kenntnis der Materie.

Das in seiner Ausführlichkeit einzigartige Glossar mit den Definitionen der wichtigsten Termini macht dieses Buch zu einem unentbehrlichen Handbuch.

Psychosozial-Verlag

Burkard Sievers (Hg.)
Psychodynamik von Organisationen

Franziska Lang, Andreas Sidler (Hg.)
Psychodynamische Organisationsanalyse und Beratung

2009 · 415 Seiten · Broschur
ISBN 978-3-89806-803-1

2007 · 182 Seiten · Broschur
ISBN 978-3-89806-580-1

Psychodynamische Organisationsbetrachtung hat sich als wichtige, Erfolg versprechende Methode der Beratung und Intervention erwiesen. Der vorliegende Sammelband fasst die neuesten Erkenntnisse der letzten fünf Jahre zusammen. Die Autoren tragen zum Verstehen der unbewussten psychosozialen Dynamik von Organisation, Führung und Management bei, beschreiben Fallbeispiele der psychoanalytischen Organisationsberatung und betrachten den Zusammenhang von Psychoanalyse und Ökonomie. Damit ermöglichen sie Beratern, Managern, Psychoanalytikern, Supervisoren und Studierenden Zugänge zu einem tieferen Verständnis der Organisationen, in bzw. mit denen sie arbeiten.

Namhafte Autoren geben Einblicke in den Stand der Diskussion rund um Konzeption und Praxeologie psychoanalytisch orientierter Beratungspraxis. Prinzipien, historische Bezüge, sich neu entwickelnde Konzeptionen und Methoden – dargestellt anhand von eindrucksvollen Fallbeispielen aus der Beratungspraxis.

Thea Bauriedl, Astrid Brundke (Hg.)

Psychoanalyse in München – eine Spurensuche

Karen Brecht, Volker Friedrich, Ludger M. Hermanns, Isidor J. Kaminer, Dierk H. Juelich (Hg.)

»Hier geht das Leben auf eine sehr merkwürdige Weise weiter ...«

Zur Geschichte der Psychoanalyse in Deutschland

2008 · 385 Seiten · Broschur
ISBN 978-3-89806-849-9

2010 · 219 Seiten · Broschur
ISBN 978-3-8379-2096-3

Mitglieder der vier psychoanalytischen Institute in München machen sich auf die Suche nach den Spuren ihrer psychoanalytischen »Väter« und beleuchten politische Zusammenhänge in Deutschland am Beispiel München. Diese Suche führt sie zurück bis in die ersten Jahre des vergangenen Jahrhunderts. Sie beschreiben die ersten Bemühungen um eine Institutionalisierung der Psychoanalyse in München, die Zerstörung der Psychoanalyse in der NS-Zeit, die konfliktträchtige Aufarbeitung des NS-Erbes aus dem Berliner »Göringinstitut« und die mühsam erkämpfte Rückkehr zur Psychoanalyse nach dem Zweiten Weltkrieg.

Dieses Buch ist der neu aufgelegte Katalog zu einer Ausstellung zur Geschichte der Psychoanalyse in Deutschland, die anlässlich des 34. Kongresses der IPA (International Psychoanalytic Association) im Juli und August 1985 in Hamburg stattfand. Mit ca. 500 Abbildungen, zum großen Teil bis dahin unveröffentlichten Fotos, Dokumenten und Briefen, werden verschiedene Aspekte der Geschichte der Psychoanalyse in Deutschland beleuchtet; einer Geschichte, die besonders für die Zeit des Nationalsozialismus erst bruchstückhaft geschrieben worden ist und gerade für diesen Zeitabschnitt immer wieder zu Diskussionen und Kontroversen führt.

www.ingramcontent.com/pod-product-compliance
Ingram Content Group UK Ltd.
Pitfield, Milton Keynes, MK11 3LW, UK
UKHW041946230426
12048UKWH00008B/168